KB055543

상담 및
심리치료의 과정

Janet P. Moursund · Maureen C. Kenny 공저 | 서은경 역

The Process of Counseling and Therapy 4th ed.

학지사

역자 서문

상담에 입문한 지 23년째다. 상담자로서 성장해 온 과정을 돌아보면 인간발달과 참으로 유사하게 그려진다. 일단 들어오긴 했지만 상담 세계는 온통 모르는 것 투성이었다. 어디서부터 어떻게 해야 하는지 배워도 적용할 수가 없었다. 지식과 실제는 겉돌아서 불안했고 슈퍼바이저에게 매달릴 수밖에 없었다. 지금 생각해 보면 그때 슈퍼바이저들의 안내는 유익하고 양질의 것이었는데, 내가 받아먹을 준비가 안 되어 있다 보니 슈퍼비전이 '슬퍼비전'이고 '술퍼비전'이었다. 무능한 내 자신에 대한 자괴감과 슬픔으로 눈물 한잔과 술 한잔을 번갈아 기울이는 시절이 한참 이어졌었다.

이제는 내가 상담수련생과 초심 상담자의 안내자 역할을 하고 있다. 내 슈퍼비전의 유일한 목표는 내담자를 위해서라도 상담자의 자기효능감을 저하시키지 않겠다는 것이다. 그러나 참으로 겸손한 상담자가 많아 늘 부족하다고 느낀다. 그래서 나와의 슈퍼비전 시간을 마친 순간, 시작할 때보다 상담자로서의 효능감이 떨어지지만 않게 하자고 소박하게 목표를 조정했다. 시간이 흘러 나는 깜깜하고 막막한 상담자 발달단계를 벗어났지만 상담은 여전히 고행의 길로 느껴진다. 무엇을 어떻게 해야 하는지 이전보다 많이 알고 있다 하더라도, 내담자 한 분 한 분과 시작하고 끝맺는 긴 과정은 매번 새롭다. 그래서 비슷한 발달단계에 있는 동료들이 참 귀하고 든든하다. 같이 고민하고 해결책을 찾는 동반자의 존재가 없었다면 지금까지 과연 상담을 지속할 수 있었을까 싶다.

어쩌면 지금 배우는 과정에 있는 상담수련생들과 초심 상담자들에게는 나보다 더 지지와 격려, 안내가 필요할 것이다. 성장통을 격하게 치르며 지금에 이른 나이기에 후배님들의 성장통을 모른 체하기가 참 불편하다. 성장에 따르는 통증을 피할수는 없더라도, 막막함으로 인한 불안과 좌절감을 줄이는 것은 슈퍼바이저로서의 의무라 생각한다. 그러던 중 이 책을 만났다. 상담이 무엇인지, 내담자와 무엇을 하는지, 내담자를 효과적으로 도우려면 어떤 것을 활용할 수 있는지, 상담 과정에 부딪힐 수 있는 난관들은 어떤 것이 있고 어떻게 준비할 수 있는지 등을 생생하게 이해할 수 있으면, 슈퍼바이지들의 막막함과 불안은 줄어들고 부족감은 덜어 낼 수 있으리라 생각한다. 이 책의 내용은 내가 슈퍼바이지들에게 전달하고 싶고 전달해야 하는 것과 일맥상통한다. 상담의 하드웨어에 해당하는 본질은 변하지 않는다고 생각한다. 물론 심리장애 유형에 따른 검증된 근거기반 치료모델은 지금도 계속 갱신되고 있고, 상담자라면 누구든 이것들을 익히고 적용하는 부단한 학습을 이어 가야 한다. 그러나 이제 막 입문한 새내기 상담수련생이나 석사를 막 졸업하고 상담현장에 나와서 힘겨워하는 초심 상담자들에게는 기본기를 착실히 닦아 가는 것이 더 필요할 것이다. 기본기가 잘 다져져 있을 때 여러 기법과 전략은 그 효과를 발휘할 수 있다.

『상담 및 심리치료의 과정』은 상담의 기본 중의 핵심 기본에 해당하는 내용들을 담고 있다. 이것이 내가 이 책을 선택한 이유다. 사실 네 번째 개정판(2002)이 나온 지 한참 지났다. 최근에 나온 교재도 많다. 그러나 상담의 본질은 변하지 않고, 초심 상담자의 발달 수준에 맞추어 쉽고 간결하고 매우 실용적인 핵심을 전하는 책은 그리 많지 않다고 생각한다. 이 책의 두 저자는 교육자이면서 상담 현장에서 실무자로 활동해 온 사람들이기 때문에 실제적이고 실용적인 안내 지침을 생생하고 풍부하게 전하고 있다. 내가 이 책을 번역하면서 느꼈던 명쾌함을 여러분도 느낄 수 있으리라 믿는다. 혼자 진행한 긴 여정의 번역 작업이었지만 새내기 후배 상담자들에게 조금이라도 도움이 되는 책을 전할 수 있다는 기쁨으로 무사히 마칠 수 있었다.

여러분은 혼자가 아니다. 응원과 격려하는 마음으로 함께하는 선배 상담자들이 여러분 곁을 지키고 있다. 타고난 상담자는 없다. 길러질 뿐이다. 혼자 성장하는 상담자는 없다. 밀어 주고 끌어 주고 함께 뛰는 내담자-상담자 관계처럼, 상담자와 슈퍼바이저의 관계도 마찬가지다. 여러분의 성장에 아주 작은 힘을 보태고자 하는 한 명의 슈퍼바이저의 선물로 이 책을 활용해 주면 감사하겠다.

마지막으로, 출간된 지 한참 지난 이 책을 번역서로 세상에 나올 수 있도록 허락해 주신 학지사 김진환 사장님께 깊이 감사드린다. 그리고 지속적으로 소통하며 세세하게 다듬어 주는 수고를 기꺼이 해 주신 편집부 여러분께도 고마움을 전한다.

2021년 8월
서은경

저자 서문 I

-자넷 모우슨트

9년이나 지난 시점에서 또 다른 개정판이 나올 때, 독자나 학생들은 가장 먼저 "왜?"라고 질문할 것이다. 새로운 것을 팔아 더 많은 돈을 벌기 위해 기존 책자를 무용지물로 만드는 겁니까?(내가 학생이었을 때 굳게 믿었던 생각이다.) 아니면 저자들이 쓴 책들을 혼합한 개정판을 출간하면 더 많은 영광(그리고 더 나은 홍보 기회)을 누리게 됩니까?

친애하는 독자 여러분, 필자는 두 질문에 대해 "아니요."라고 답할 수 있어서 기쁘다. 개정판을 낸 진짜 이유는 개정이 필요했기 때문이다. 7년 동안 많은 일이 일어났다. 많은 연구가 이루어졌고, 심리치료의 새로운 측면이 발견되거나 재발견되었으며, 심리치료와 상담이 이루어지는 사회적 분위기가 엄청나게 변했다.

또한 필자는 1985년 이 책을 처음 저술했을 때의 기본 전제들이 변하지 않았다고 말할 수 있어서 기쁘다. 그리고 실제로 초판(그리고 두 번째, 세 번째 개정판)으로 돌아가 살펴보아도, 지금의 필자가 동의하지 않을 만한 중요한 내용이 없다는 사실도 기쁜 일이다. 요컨대, 그때 필자가 심리치료에 대해 믿었던 것을 오늘날 여전히 믿고 있으며, 그 생각은 여러분이 지금 손에 들고 있는 이 책의 핵심을 이루고 있다.

이러한 기본적인 유사성을 감안할 때, 초판의 서문 일부를 공유해도 되리라 생각한다. 책을 쓰는 것에 대한 내용이다.

…… 이 책은 최대한 정직하게 쓴 심리치료사가 되는 방법에 대한 이야기다. 또한 나에 대한, 치료자인 나에게 중요한 것에 대한, 내가 어려워하는 것에 대한 그리고 나에게 효과가 있는 것에 대한 많은 이야기다. 그것 중 일부가 여러분에게도 효과가 있기를 희망한다. 그러나 한편으로는 그것 중 일부가 여러분에게 맞지 않았으면 하는 마음도 있다. 왜냐하면 모든 치료자는 각양각색의 교사와 모델로부터 배운 조각조각을 취하기도 하고 거부하기도 하면서 자신만의 독특한 스타일을 구축해야 하기 때문이다. 이 책의 내용 중 여러분이 사용하지 않기로 결정한 내용은 여러분이 채택하기로 결정한 내용만큼이나 중요하다. 여러분은 취사선택을 결정하는 바로 그 과정에서 자신만의 개인적인 치료 수행 방식과 작업 시 자기 존재 방식을 만들어 갈 것이다.

이야기를 시작하기 전에, 여러분의 이해를 돕기 위한 몇 가지 안내 사항이 있다. 하나는 모든 현대 미국 작가의 골칫거리인 대명사와 관련된 것이다. 즉, 그녀의 혹은 그의, 그 혹은 그녀, 그녀의 것 혹은 그의 것과 같이 남녀 공용어가 없는 언어를 다루어야 한다는 것이다. 내 해결책은 치료자를 일관되게 '그녀' 혹은 '그녀의'로, 내담자를 '그' 혹은 '그의'로 지칭하는 것이다. 이 선택에 두 가지 이유가 있다. 첫 번째 이유는 독자의 입장에서 봤을 때, 모든 균형을 맞추기 위해 남성 대명사와 여성 대명사를 오락가락 바꾸어 사용하는 것은 산만하다고 생각했기 때문이다. 두 번째 이유는 관성처럼 작동하고 있는 내 자신의 성차별적 편견 때문이다. 모호한 상황에서 '권위'는 남성의 것이라고 생각하는 내 자신의 무의식적 경향성에 자주 놀랐다. 우리 사회의 성차별 문제를 잘 알고 있는 여성 전문가인 내가 여전히 이런 식의 생각에 희생되고 있다면, 다른 많은 이도 그럴 것 같다. 치료자(보통 신분이 높은 사람으로 인식되는)를 '그녀'라고 부르는 것은 내 자신과 독자 여러분 모두를 다른 인식 차원으로 확 이동하도록 도울 것이다.

내가 자유로이 사용하는 또 다른 지름길은 대부분의 책에서 '상담사'와 '상담'이라는 단어를 생략하고 '치료사' '치료' 또는 '심리치료'라는 표현을 사용하는 것이다. 둘 다("상담사와 심리치료사……" "상담에서 혹은 치료 회기에서……") 사용하는 것은 복잡하고 번거로운 일이다. 오락가락 바꾸어 쓰는 것은 혼란스럽게 한다. 상담과 심리치료의 차이를 보여 주는 아주 좋은 사례를 만들 수 있다 하더라도, 그 차이의 정확한 특성은 누가 어떻게 주장하느냐에 따라 달라진다. 그뿐만 아니라 많은 심리치료사가 많은 상담을 하고, 많은 상담사가 많은 심리치료를 하고 있기 때문에, 그 둘 사이를 구분하는 선은 점점 더 모호해지고 있다. 이 책은 내가 '심리치료'라 칭하는 것에 대한 내용이다. 또한 유능한 상담사들의 직업 생활 대부분을 차지하는 것에 관한 책이다.

초판 서문에 쓰지 않았던 내용은 아마도 17년이 지난 지금만큼 내가 확신하지 못했기 때문이다. 이제 나는 확신을 가지고 말한다. 우리가 심리치료나 상담이라 부르는 이것은 (제대로 이루어졌을 때) 두말할 나위 없이 관계의 문제다. 심리치료 효과를 창출하는 것은 내담자와 치료자 간의 관계다. 심리치료의 실제 과정과 진정한 기쁨은 치료적 상호작용을 통해 구축되는 일종의 사이 공간에서 일어난다. 그것은 상호존중에서, 변화와 성장을 열망하는 내담자의 진심에서, 내담자의 지혜에 대한 치료자의 배려에서 자라난다. 분명한 것은 치료자의 기술은 또 다른 주요 요소다. 그러나 탄탄한 치료 관계를 기반하지 않는 기술로는 내담자를 거의 도울 수가 없다.

따라서 여러분이 적극적 경청, 진단 및 계약 수립과 치료자들이 하는 다른 모든 기술적인 것에 대해 읽을 때, 그 모든 것은 이해하기 어렵고 말로 표현하기 힘든 다른 무언가에 의존한다는 사실을 기억해야 한다. 즉, 치료자가 행하는 모든 것에는 기꺼이 서로에게 실재하는 존재가 되고자 하는 진정성 있는 관계가 필요하다. 진정성과 진실함은 이 책이 설명하고자 하는 심리치료의 핵심이다.

지난 몇 년 동안 필자의 직업 생활은 많은 우여곡절을 겪었다(필자의 교수 직함 끝에는 '명예교수'라는 단어가 붙었다). 그래서 필자는 『상담 및 심리치료의 과정』의 새 개정판을 작업하면서 혼자 씨름하지 않기로 결심했다. 친절하게도 프렌티스 홀 출판사의 좋은 사람들은 필자와 작업하는 것에 관심이 있는 다른 교수, 저자, 치료사를 찾아 주었다. 이 책은 그러한 공동 노력의 산물이다.

저자 서문 2

-모린 케니

이 책이 출간된 지는 꽤 되었지만, 내 이름이 실린 것은 이번 네 번째 개정판이 처음이다. 간단히 말하자면, 이 책은 개정이 필요했고 자넷은 도움이 필요했다. 작년 한 해 동안 자넷은 오리건주에, 필자는 플로리다주에 있으면서 함께 일했다. 이메일과 익일 배송 덕분에 동서를 가로지르는 프로젝트가 유지될 수 있었다.

이번 개정 작업은 나에게 놀라운 경험이었다. 내가 치료에서 하는 것이 무엇인지를 정의하고, 그것이 왜 그토록 중요한지를 이해할 수 있었던 시간이었다. 필자는 자넷이 말하는 내용의 대부분에 동의할 수 있었기 때문에 함께 글 쓰는 것이 더 수월했고, 임상의로서의 필자를 타당화할 수 있었다.

필자는 이 교재를 수업에서 수년간 사용해 왔기 때문에 그 강점과 약점을 잘 알고 있었다. 새 개정판 작업을 시작했을 때, 필자는 감수자들의 의견과 필자의 아이디어 모두를 사용했다. 이 책의 많은 참고문헌은 상담 분야에서 가장 최근에 한 작업을 포함하도록 갱신되었지만, 우리는 언제나 시대를 초월하는 말을 잊지 않으면서 작업했다.

이번 개정판의 가장 분명한 변화는 '다양성 다루기'라는 새로운 장을 포함한 것이다. 미국의 변화하는 인구 통계를 감안할 때, 그러한 장을 포함하는 것이 설득력 있다고 여겨졌다. 확실히 플로리다주 남부에 살고 있는 필자의 입장에서, 다문화 사회는 학문적 개념이 아니라 현실이다. 이 새로운 장에서 우리는 나이, 민족성 또는 성적 지향성에 상관없이 자기 자신과는 다른 개인들과 작업하는 일반적인 방법에 대한 감각을 제공하려고 노력했다.

　책 쓰기 여정을 도와주신 분들께 감사드린다. 필자의 동료인 아드리아나 맥이천은 필자에게 많은 참고자료를 빌려 주었고, 훌륭한 피드백을 제공하였다. 조교 살리마 파텔은 엄청난 컴퓨터 작업을 해 주었고, 각 장과 참고문헌을 편집하는 수고를 해 주었다. 짐 코에니는 필자에게 법의식을 일깨워 줬고 법률 자문 및 법적 노하우를 제공해 줬다. 필자가 가장 친애하는 친구, 조아나 페라의 열정은 타의 추종을 불허한다. 그녀가 다른 인생을 살았더라면 분명 치어리더를 했을 것이다. 치료 실무 파트너인 이렌 마샬이 보여 준 일과 우정에 대한 지지에 고마움을 표한다. 물론 가장 친한 친구이자 동료인 남편 찰리 위니크에게 특별한 감사를 드린다. 그는 누구보다 '책'의 내용을 많이 들어 주었고 지속적으로 지지해 주었다. 마지막으로, 자신의 이야기를 나에게 맡겨 주고, 도움과 변화를 희망하는 내담자들이 없었다면, 나의 지식을 이 책에 빌려줄 수 없었을 것이다.

　이 책은 상담과 심리치료 분야에 막 입문한 사람들과 발을 들여놓은 지 얼마 안 된 사람들을 위한 것이다. 학습은 우리 직업 생활에서 필수적이고 계속 이어지는 부분이다. 초심자와 숙련자 모두가 기본 사항을 상기하고, 새로운 치료 기술을 배우기 위한 도전을 해야 한다. 치료기관 또는 사설센터에서든, 입원 환자 또는 외래 환자든, 학교, 교회 혹은 개인병원에서든, 우리는 모두 동일한 목표, 즉 내담자의 치유와 성장을 위해 노력하고 있다. 이 책이, 여러분이 보다 효율적이고 품격 있게 순조로운 작업을 하는 데 도움이 될 수 있다면 우리는 성공했다고 할 것이다.

차례

제11장 치료자 돌봄과 충전   337

제1장

제일 중요한 것부터

심리치료란 무엇인가? 여러 사람에게 물어보면 다양한 답변을 얻을 수 있다. 심리치료사들은 텔레비전과 영화 속에서 볼 수도 있고, 심지어 매일 듣는 라디오에서 그들의 조언이 들리기도 한다. 오늘날 심리치료의 가시성에도 불구하고, 많은 사람은 여전히 심리치료가 무엇을 뜻하고 또 무엇을 수반하는지 잘 모르는 것 같다. 어떤 경우에는 문제 해결로 가는 과학적인 접근이고, 또 다른 경우에는 신비로운 경험에 가까운 것이기도 하다. 일부 치료자들은 역기능적인 행동과 사고 패턴을 변화시키는 관점에서 자신들이 어떤 일을 하는지 설명한다. 반면, 다른 치료자들은 무형의 무의식적 감정과 신념을 탐색하는 것에 대해 말한다. 어떤 치료자들은 당신에게 진료실에 있는 긴 의자에 누워 보라고 권하고, 또 다른 이들은 내담자에게 비명을 지르거나 베개를 때려 보라 권할지도 모른다.

실제로 행해지는 심리치료의 모습은 매우 다양하여, 심리치료를 의미 있게 정의하려는 대부분의 시도는 실패로 끝날 가능성이 크다. 사실 '심리치료'보다는 '심리치료들'에 대해 이야기하는 것이 더 합리적일 수 있다. 심리치료들은 '내담자' 혹은 '환자'라 불리는 사람(혹은 사람들)에 의해 고용된 '치료자'라 불리는 또 다른 사람이(혹은 사람들이), 내담자들의 개인적인 혹은 사회적인 문제를 스스로 해결하도록 돕는다는 공통점이 있다. 내담자와 치료자의 관계가 추구하는 목표는 내담자가 더 좋게 느끼고 더 효율적으로 기능하도록 돕는 것이다. 심리치료에 대해 이 이상의 내용으로 넘어가면 논쟁이 시작된다.

이 책은 심리치료를 수행하고 있는, 혹은 수행하려고 준비하는 사람들을 위한 것이다. 오로지 단일 체계 내에서 작업하는 특정 치료자들을 위한 책이 아니다. 실제 상황에서 실제 내담자와 작업하는, 심리치료의 최전선에서 일어나는 것에 대한 책이다. 이 책의 두 저자는 많은 종류의 문제를 겪고 있는 다양한 사람과 작업하는 심리치료 실무자들이다. 우리는 여러 다른 출처에서 참고한 아이디어, 통찰과 전략이 효과적인 심리치료를 수행하는 데 유용하다는 사실을 발견했다. 물론 무엇을 하고 어느 방향으로 갈지를 계획하는 데 도움이 되는 개념적인 이론 기반을 염두에 두고 내담자를 이해하려고 노력했다. 이 책의 목적상, 우리가 설명하는 심리치료의 근간이 되는 특정 이론을 아는 게 중요하지는 않다. 여기에 제시된 아이디어들은, 대부분의 이론이 지향하는 것과 양립할 수 있다는 점에서 이론을 초월한다. 치료자가 된다는 것은 발달적 과정을 따르는 것이라고 생각한다. 다시 말해, 당신은 달리기 전에 걷는 훈련이 필요하다. 그리고 향후 특정한 이론에 대한 전문성을 갖고 그에 입각하여 심리치료를 수행하게 될 것이다. 그러나 당신은 아직 그러한 시간과 공간에 있지는 않다.

이 책이 이론적 지향성을 띠는 책이 아니고, 우리 모두 내담자와 작업하는 실제적인 방법을 알고자 하는 열망이 있다 하더라도, 시작하기 전에 이 책에서 어떤 일이 일어날지 명확히 하고, 우리 서로가 친숙해지기 위해 몇 페이지의 지면을 할애할 필요가 있다. 이는 우리가 앞으로 함께하면서 원활하게 의사소통하는 데 도움이 될 것이다. 친숙해지는 과정을 갖는 것이 이 첫 번째 장의 주된 목표이다. 우리는 심리치료와 그것이 어디서 왔는지에 대한 전반적인 이야기를 조금 할 것이다. 그리고 오늘날 존재하는 놀라울 정도로 다양한 형태의 심리치료에 대해 논의할 것이고, 그것의 효과성에 대한 증거를 간단하게 살펴볼 것이다. 마지막으로 치료의 몇 가지 기본적인 가정들을 제시할 것이다. 그러면 치료 작업 자체로 넘어갈 준비가 될 것이다.

자, 그렇다면 우선, 심리치료는 정말 무엇에 관한 것인가? 사람들에게 진정으로 심리치료 서비스가 필요한가? 사람들은 분명히 스스로 살아남아 성장할 수 있고, 자신의 문제를 극복할 수 있다. 물론 대부분의 사람은 삶의 문제를 스스로 해결할 수 있지만, 그렇다고 모든 사람이 다 그렇게 할 수 있는 건 아니다. 사람은 무언가에 압도되고 불행하다고 느끼고, 대처하는 자연스런 과정이 붕괴되어 막히거나 혹은 원하는 만큼 신속하게 곧바로 움직여지지 않을 때가 있다. 그리고 바로 이럴 때 치료자에게 연락하게 된다. 치료자의 임무는 자연스러운 성장 과정이 충분히 잘 진행되지 못할 때 도움을 제공하는 것이다.

그럼 치료자는 어떻게 개입하는가? 치료자가 내담자의 친구, 목사, 어머니, 바텐더 혹은 미용사와는 어떤 면에서 다르게 행동하는가? 여기서 심리치료의 다양한 형태가 나타난다. 치료자가 생각하는 사람들이 좌절하고 막히게 되는 원인과 방식에 따라, 치료개입의 내용도 달라진다. 그러나 모든 치료자는 공통적인 관점에서 행하고 있는 것이 있고, 그것이 우리를 치료자로 만드는 것이다. 즉, 우리는 상대방과 그 사람의 욕구에 주력하는 방식으로 관계를 창조하고 그 안에서 작업한다. 우리는 이 사람과 함께 존재하는 관계 형태를 개발한다. 이 관계는 깊은 수준의 이해와 돌봄을 기반으로 한 진솔한 양방향적 접촉을 포함하지만, 당사자들 중 오직 한 사람의 개인적 성장과 풍요를 확보하는 데 그 목적을 둔다는 점에서 특별하다.

그렇다고 치료자가 내담자와의 관계를 통해 성장하지 않는다는 의미가 아니다. 만약 치료자가 자기 임무를 잘 수행하고 있다면, 결과적으로 성장할 것이고 성장해야 한다. 그러나 치료자의 성장과 학습은 부수적인 혜택이다. 치료적 관계의 주요한 목표는 내담자를 성장시키고 강화하는 것이다. 변호사, 의사, 교사와 같은 일부 다른 전문가들도 비슷한 일방향적인 초점을 가진다. 그러나 기대되는 감정, 사고 및 행동 변화의 주요 수단으로서의 다른 사람과의 개인적 관계는 심리치료에서만 활용한다. 즉, 우리가 상대방과 함께 만들어 낸 독특하고 차별화된 관계를 그 상대방의 긍정적인 변화와 성장을 이끌어 내는 수단으로 사용한다는 것이다.

1. 치료, 그때와 지금

서양 문화의 많은 다른 측면과 마찬가지로, 심리치료의 역사는 실제로 고대 그리스인들로부터 시작한다. 고대 그리스 문화에서는 신체적 · 정신적 질병 모두를 초자연적인 과정이라기보다는 자연적인 것으로 인식했으며, 그리스인들은 정신장애를 다른 방식으로 확인했다. 이들이 정신장애를 구별한 방법은 현대의 기준에서 본다면 조잡할 수 있지만, 오늘날의 분류 방식과 유사한 측면이 있다. 그들은 치료자와의 관계를 잠재적인 치유인자로 인식하지는 않았지만, 전문적인 개입을 통해 정신질환을 치료하는 전통을 만들기 시작했다.

이 전통은 가까운 중동의 선진국을 통해 퍼져 나갔으며, 8세기에 이르러서는 바그다드와 다마스쿠스와 같은 도시에 있는 많은 대형 병원에 정신질환을 치료하기 위한 정신과 부문이 생겼다. 서방은 뒤처져 있었지만, 13세기에 들어서는 프랑스, 영국, 독일 및 스위스 주요 도시에 있는 병원에서 정신적으로 아픈 사람들을 위한 정신과적 돌봄을 제공하기 시작했다. 그러나 서구의 정신건강 운동은 중세에 존재했던 갈등적인 견해들에 의해 퇴보하였다. 대중적인 견해 중 하나는 '정신이상'은 자연적인 원인의 결과로 발생되고, 정신이상을 겪는 이들도 인간적인 대우를 받을 자격이 있다는 것이었다. 이와 경쟁하는 견해는, 사악한 악령의 존재가 정신병리를 일으켰다는 것이다. 후자의 견해로 인해, 치료법에 악령에 사로잡힌 개인의 몸에서 악령을 몰아내기 위한 퇴치의식과 여러 고통스러운 행위가 포함되었다(Barlow & Durand, 1999).

17세기 중반 무렵에는 정신질환에 대한 미신적인 견해는 적어도 잘 교육받은 사람들 사이에서는 점차 시들해졌다. 그러나 미신적인 견해를 대체했던 방식들이라고 해서 훨씬 더 계몽된 것들은 아니었다. 어떤 경우의 정신질환 치료법들은 지금의 시점에서 보면 고문으로 간주될 수 있다(예: 피를 빼내 흘려보내기, 온도를 최대치로 올리기, 고립시키기). 적어도 그 당시에는 정신질환 치료에 대한 관심과 마찬가지로, 정신병자로부터 정신이 온전한 사람을 보호하는 데 많은 관심을 기울였다. 정신적으로 아픈 사람들은 위험하고 예측할 수 없는 존재로 인식되었고, 무시하기에는 그들의 행동이 너무나 이상해졌을 때는 주로 격리했다.

이러한 견해는 점진적으로 변해 갔다. 18세기 들어서는 정신질환에 대한 심리사회적 모델이 지배적이었으며, 도덕적 치료가 치료 현장에 들어오고 있었다. 도덕적 치료의 기본 원칙은 환자의 사회적 상호작용을 격려하고 강화하기 위해 정상적인 환경에서 치료를 받아야 한다는 것이다. 환자에게 가해진 제약들이 없어졌고, 환자 교육에 중점을 두었다. 도덕적 치료를 통해 환자의 최대 75%가 호전되었다. 이 결과보다 훨씬 더 중요한 것은 도덕적 치료가 이끌어 낸 개혁적 영향이었다. 즉, 치료 센터들은 더 인간적인 환경을 구축했고, 치료법은 덜 강압적이고 더 치료적인 방식으로 변화했다.

그리고 얼마 지나지 않아 정신과는 진정한 과학의 한 분야가 되었다. 계몽주의 시대에서는 의사와 학자들이 논리와 이성을 찬미했고, 논리적 사고를 모든 인간의 타고난 권리로 생각했다. 이성이 그들의 가장 높은 신이었으니, 이성을 잃은 사람들을 얼마나 동정했겠는가. 그들은 이성과 선의를 통해 인류가 완벽해질 수 있다고 믿었다. 따라서 그들은 정신병은 치유될 수 없다는 숙명론적 믿음을 극복했고, 정신적으로 아픈 사람들을 위한 기관을 설립했다. 그들의 계몽운동은 과거 죄수처럼 격리 감금되었던 정신질환자들에 대한 많은 학대를 막아냈다. 이러한 치료적 선구자들의 주된 목표는 입원 환자는 족쇄가 필요한 '미친 사람'이 아니라 치료가 필요한 '정신적으로 아픈 사람'이라는 것을 대중들에게 납득시키는 것이었다.

계몽운동은 히스테리와 신경증에 대한 연구, 식이요법, 약물치료와 환경 개선을 통한 치료 등을 통해 계속됐다. 여기 이 책에서는 프랑스와 독일의 훌륭한 치료센터 개발, 치료방법으로 최면 사용, 그리고 어떤 방식으로든 '환자와의 대화'를 통해 '환자와 함께 그리고 환자를 위한' 무언가를 할 수 있다는 점진적 이해에 대해 기술하지는 않을 것이다. 물론 이 계몽운동 발달 경로를 따라가다 보면, 지그문트 프로이트의 작업 성과라는 엄청난 이정표를 발견하게 된다. 젊은 신경과 전문의에서 정신과 의사로 변신한 그의 저서들은 당대 사람들을 충격에 빠뜨렸고, 현 시대에도 이어지고 있는 정신과와 심리치료 과정의 기본 틀을 제공하였다. 이후에 정신분석이라 불리었던 프로이트의 대화치료는 19세기 말미에 서구 세계에 퍼져 나갔으며, 1900년대 초반에 이르러서는 사실상 받아들일 수 있는 심리치료 방법으로 지배적인, 유일한 것이 되었다. 이러한 분위기는 제2차 세계대전이라는 대격변의 시기가 도래할 때까지 계속되었다. 프로이트를 따르는 영향력 있는 다른 많은 이론가는 전통적인 정신분석적 원리들에 뿌리를 두고 훈련을 받았다. 큰 전쟁이 끝나면서 정신과적 치료 세계에서 프로이트의 명성에 도전하는 유일한 경쟁자는 칼 로저스라는 일리노이 출신의 젊은 미국인이었다. 이 미국 중서부의 농장 일꾼이 차이를 만들어 낼 거라고 누가 생각이나 했겠는가? 그러나 그는 해냈고 그 차이는 엄청난 것이었다.

로저스의 내담자 중심 접근은 앞으로 벌어질 일들의 전조였다. 로저스는 구체적인 기술보다 치료적 관계의 중요성을 강조했다. 태프트와 알렌의 '관계치료', 프로만의 '단기 심리치료', 헤르츠버그의 '적극적 심리치료' 그리고 쏜의 '지시적 심리치료'와 같은 다른 접근들도 나타나기 시작했다. 더 엄청난 변화들이 2개의 중요 영역에서 발생하고 있었다. 그 첫 번째인 지역 정신건강 운동은 정신분석적 접근을 훈련받지 않은 치료자들의(말도 안 되지만, 이들 중 많은 이가 의사가 아니었다.) 활동을 승인해 주고, 중산층과 그 이하 계층을 위한 심리치료 개념을 대중화했다. 그리고 치료에 있어 사회문화적 요인들을 강조하는 물결을 일으키며 번성하기 시작했다. 두 번째로는 행동주의 심리학자들이 쥐와 비둘기를 대상으로 한 연구를 넘어서, 그들의 학습이론을 인간에 적용하여 훌륭하고 널리 알려진 성공을 거두고 있었다. 댐은 무너지고, 정신건강에 대한 열기의 홍수로 나라가 침수될 판이었다.

정말 대단한 홍수였다. 1960년대와 1970년대 후반은 모든 이가 의식 함양을 경험할 수 있도록 하는 인간-잠재력 운동의 개화기였다. 그런데 문제는 치료받는 일 자체가 아니라 누구에게 치료를 받느냐 하는 것이었다. 라이프스프링(Lifespring) 이나 EST(Evolution and Spiritual Teachings)와 같은 상업적 사업체들이 교외 거주자들에게 자기 인식과 그것을 얻는 힘을 소개하기 위해 갑자기 생겨나기 시작했다. '커플을 위한 결혼 만남 집단'은 주로 교회를 통해 이루어졌다. 아동과 학부모들은 '가족 주말(Family Weekend)'에 초대되었다. 모든 종류의 정신질환과 비질환(nonailment)을 위한 치료센터들이 거의 하루가 멀다 하고 나타났다. 다양한 접근, 이론과 유행은 별다르지 않는 황당한 방식으로 늘어났다.

2. 치료 창고

1920년대는 오직 하나의 심리치료 접근법이 있었다. 1930년대는 아마도 일반적으로 그 영향이 미비한 하나를 제외하면, 여섯 가지 정도의 치료적 접근법들이 있었다. 그 이후는 사실상 대폭발의 시기였다. 다른 모든 분야와 마찬가지로, 심리치료는 1940년대에 극적으로 변했고, 그런 일은 다시는 일어나지 않을 것이다. 심리치료 이론들은 어디에서나 나타나기 시작했고 계속해서 많아졌다. 카라수(Karasu, 1986)는 그 당시에 400개가 넘는 심리치료 형태가 있다고 추산했다. 의심할 여지없이 그 숫자는 계속 증가하고 있다. 지금은 심지어 경쟁하는 접근법들과 다양한 주장의 정글을 통과하는 길잡이격인 치료에 대한 소비자 안내서를 구입하는 것도 가능하다. 이러한 경쟁의 질은 현재 정신건강 현장에서 가장 혼란스러운 측면 중 하나다. 노크로스(Norcross, 1986)는 치료 시스템의 급증은 심리치료적 접근들이 제각각 효력 있음을 주장하는 대혼란을 야기한다고 보고하면서, 추가적인 이론 개발보다는 통합의 필요성을 강조했다. 1980년대 이후에는 심리치료가 절충주의와 통합으로 나아가고 있다는 많은 징후가 보인다. 골드프리드와 캐스톤과이(Goldfried & Castongnay, 1992)는 이 움직임을 다양한 접근법 가운데 가장 좋은 것들을 조합하여 효과적인 치료법을 개발하는 것으로 설명한다. 이론에 있어 절충적 접근들은 단일한 어떤 이론적 정향을 초월한다. 통합으로 가는 흐름은 기본적으로 내담자와 그의 문제가 갖는 복잡성을 하나의 이론으로 설명할 수 없다는 견해를 전제하고 있는 것으로 보인다(Corey, 2001).

일반적으로 오늘날 가용할 수 있는 치료 종류를 결정하는 데 있어 가장 주요한 영향을 미친 사건은 관리 의료 체제의 출현이다. 상담자와 치료자는 이제 PPOs, HMOs, PCPs[*] 라는 대단히 이해하기 어려운 언어들과 씨름하며 헤쳐 나가야 한다. 그리고 때로는 내담자와 상담 일정을 잡는 매 회기마다 보험 제공자에게 승인을 받아야 한다. 상담 회기 수를 조절할 뿐만 아니라 점진적으로 주어진 진단 범주에 부합하는 치료 종류도 표준화하고, 실무자들에게 이를 따르도록 지시할 것이다 (Erskine, 1998). 와이스와 와이스는 관리 의료 체제의 치료적 함의에 대해 논의하면서 다음과 같이 언급했다. "건강 돌봄에 들어가는 사회적 비용을 통제하기 위한 관리 의료 체제의 출현으로 인해 대부분의 사람의 보험회사가 응급처치 격의 심리치료만을 지원하기 때문에, 이들을 위해 실제 심층적인 심리치료 방식으로 작업하는 것은 불가능하게 되었다"(Weiss & Weiss, 1998, pp. 45-46). 도움이 필요한 사람들에 대한 서비스를 축소할 가능성과 내담자들의 사적인 비밀 정보를 보험회사에 보고하는 것에 대한 윤리적 문제를 염려하는 일부 치료자들은 관리 의료 체제를 전혀 따르지 않고, 자비로 치료 비용을 지불할 수 있는 내담자와만 작업한다. 다른 치료자들은 내담자에게 필요한 횟수보다 더 적게 치료를 진행할 것이고, 내담자나 치료자는 서로 원하는 만큼 하기 어려울 것이며, 치료활동을 위한 시간보다는 보고서를 작성하고 양식을 기록하는 데 시간을 더 쓸 거라고 예상하면서도 관리 의료 체제 내에 머물기로 결정한다.

다양한 많은 경쟁적인 치료적 접근법이 존재하고, 관리 의료 체제의 부정적인 면들이 꾸준히 늘어나고 있음에도 불구하고, 이러한 혼동 속에서도 어떤 질서를 발견할 수 있다. 그 질서를 발견하기 위해서는 치료적 접근들의 차이점에 주목하기보다는 유사성을 살펴보는 것이 더 도움이 된다. 우리는 이론 A는 출생 외상을 고려

---

[*] PPO: 미국 진료 계약 기관(Preferred-Provider Organization). 보험 회사 같은 대규모 기관과 계약에 의해 의료 서비스를 제공하는 회사.

HMO: 미국 보건 기관(Health Maintenance Organization).

PCP: 미국 1차 의료기관(Primary Care Provider).

하고 있기 때문에, 이론 B는 모든 인간은 논리적일 수 있다고 가정하고 있기 때문에, 혹은 이론 C는 '지금-여기'에 초점을 두고 있기 때문에 옹호한다는 식으로 그 차이점들을 외치는 데 익숙하다. 아마도 오해의 소지가 있겠지만, 우리는 유사성을 알아차리는 데는 덜 익숙하다고 생각한다. 모든 심리치료자는 하나 또는 몇 개의 시스템에 존재하는 독특한 것을 수행하기보다 우리가 공통적으로 가지고 있는 것을 더 많이 실천한다. 만약 그렇지 않았다면, 이 책은 쓰일 수 없었을 것이다. 이 책은 복수의 심리치료에 대한 책이 아니고, 단수의 심리치료에 대한 책이기 때문이다. 이 책은 우리의 공통된 기반에 관한 책이고, 우리의 다양한 전문성을 뒷받침하는 신념, 기술, 태도를 바탕으로 한 책이다. 라자루스(Lazarus, 1986)는 이론적 지향성과 상관없이 필요한 성공적인 치료자의 특징을 '사람에 대한 진솔한 존중, 비판단적 태도, 따뜻함, 유머와 진정성'이라고 설명했다. 도구와 기술들도 도움이 된다. 그러나 치료적 관계를 창조하고 유지하는 것이 심리치료사에게 필요한 가장 중요한 기술이다. 현재 심리치료 현장이 특정 문제를 가진 특정 내담자에게 가장 적합한 접근법을 상세히 설명하는 방향으로 가는 것처럼 보이지만, 그렇다 하더라도 치료자들은 우리의 생각에 동의하지 않는 동료들이 우리에게 가르쳐 줄 수 있는 모든 것에 대해 개방적이어야 하고, 우리 모두가 다르기보다는 더 많은 점에서 유사하다는 사실을 기억해야 한다.

3. 성과 평가하기

1950년대 초반으로 돌아가 심리치료라는 주전자가 끓어오르기 시작할 때와 마찬가지로 한스 아이젠크라는 영국인은 새롭고 놀라운 성분을 첨가했다. 그는 치료 효과성에 대한 연구를 오랫동안 수행한 후에, "신경증적 환자 집단의 대략 3분의 2정도는 심리치료를 받든 그렇지 않든 발병 이후 2년 내에 현저하게 회복하거나 향상된다."(Eysenck, 1952, p. 322)라고 결론을 냈다. 상상하는 바와 같이, 이 발언에 대한 정신건강 지역사회의 반응은 불신이었다. 아이젠크가 사용했던 자료, 통제 집단과 연구에 참여한 치료자들에 대한 의구심을 포함하여, 그의 연구에 반대하는 즉각적인 논평들이 나타났다.

1970년 초반에 연구자들은 아이젠크의 원자료로 돌아가 그의 연구와 통제 절차에 중대한 오류가 있다고 결론 내렸다. 그러나 그들의 작업은 치료 효과성 연구에 관한 한 그저 시작에 불과한 것으로 보였다. 이후 치료 효과성 평가 문제를 해결하기 위해 많은, 작은 표본 연구를 결합하여 재분석하는 정교한 통계적 방법을 사용하려했다. 루보르스키, 싱어와 루보르스키(Luborsky, Singer, & Luborsky, 1975)는 집단 대 개인 치료, 시간 제한 대 비 제한, 내담자 중심 대 다른 전통적 접근들, 그리고 행동치료 대 정신역동치료에 대한 비교 연구를 가장 먼저 수행한 사람들이었다. 이들은, 심리치료를 찾은 사람들의 높은 비율이 도움을 받지만 그들이 받은 치료의 종류에 따른 일관된 효과성 차이는 그 어디에서도 찾아볼 수 없었다. 1977년 스미스와 글래스(Smith & Glass, 1977)는 개별적으로 진행한 400개에 가까운 연구의 결과를 재분석하는 훨씬 더 큰 규모의 연구를 진행하고 그 결과를 발표했다. 그들은 전반적으로 심리치료가 확실히 유익하다는 것을 발견했다. 치료를 받은 내담자는 치료를 받지 않은 비교군의 75%에 해당하는 사람들보다 치료 이후 평균적으로 더 호전되었음을 발견했다. 그러나 스미스 팀은 치료 유형에 따른 효과(행동주의 치료 대 비행동주의 치료) 혹은 심지어 경험이 많은 숙련 치료자와 비숙련 치료자 간 차이도 단지 무시할 정도의 근소한 차이만을 발견했다. 20년 이후에도 루보르스키 등(Luborsky et al., 1993)은 치료 유형 차이에 따른 결과를 평가했을 때, 단지 작고 유의하지 않은 차이만을 발견했다. 사용된 치료유형의 차이를 밝힐 수는 없지만, 적어도 하나 분명한 것은 치료가 도움이 된다는 것이다. 실제 최근 연구에서 이전에는 치료가 불가능하지는 않지만 매우 어렵다고 여겨졌던 성격장애를 가진 사람들에게조차도 심리치료 효과가 있음이 입증되었다. 페리, 배논과 이아니(Perry, Banon, & Ianni, 1999)는 정신역동치료, 인지행동치료, 혼합치료와 지지적 심리치료가 성격장애자들에게 모두 효과적인 치료법임을 발견했다. 그리고 이는 장애에 대해 심리치료를 하지 않고 자연스런 과정을 거친 경우와 비교했을 때 심리치료를 통한 회복의 속도가 7배나 빠르다는 결과와 연결될 수도 있다.

이러한 경험적 연구 결과에도 불구하고, 어떤 사람들은 여전히 회의적이다. 많은 사람은 심리치료자들이 수행하는 것에 대해 여전히 의혹의 시선으로 바라본다. 그들은 심리치료가 정말 단지 큰 사기일 뿐인지, 소위 치료자라 하는 사람들이 단지 사람들을 말하게 하고 그들의 돈을 챙기는 존재들인지 아닌지 궁금해 한다. 만약 어떤 치료는(그리고 치료자들이) 좋을 수도 있고 어떤 경우는 그렇게 좋지 않을 수도 있다면, 예비 내담자들은 이 차이를 어떻게 알 수 있을까? 경험적 연구를 통해 심리치료의 효과성을 결정한다는 것은 매우 어렵기 때문에 더 복잡해질 뿐이다.

우선 첫 번째 이유는, 정신건강이 향상되었다는 것을 어떤 구체적이고 측정 가능한 방식으로 정의하기란 대개 어렵다. 정신건강 향상을 설명하는 변인들을 규정하기도 힘들고, 향상을 판단하는 기준을 파악하기도 힘들다. 무엇으로 내담자의 진전과 발전을 정확하게 측정하는가? 만약 내담자가 기분이 나아졌다고 한다면, 정말 나아졌다고 여길 수 있는가? 내담자는 아마도 단지 치료자를 기쁘게 하려고, 그냥 자신이 나아졌다고 스스로를 납득시키기 위해서 하는 말일 수 있다. 그렇다면 치료자는 치료를 시작했을 때보다 치료 이후 내담자가 나아졌는지를 보기 위해 사전 · 사후에 어떤 종류의 검사를 실시해야 하는가? 그런데 만약 측정한 점수들이 실제 다르다면, 그것이 실제 의미 있는 변화를 반영한다고 말할 수 있는가? 그리고 만약 다르지 않다면, 아마도 실제적인 변화를 측정하지 못했을 수도 있다. 우리는 치료자에게 치료가 효과적이었는지를 물어볼 수 있다. 그런데 치료자의 보고에 분명한 편향이 있을 수 있다. 어떤 치료자가 내담자 진척 상황을 보고하고 싶어하지 않을까?

더 객관적인 접근이 더 좋을 수도 있다. 향상의 지표가 될 수 있는 실제적인 행동은 무엇인가? 그것은 애초에 잘못된 것이 무엇이냐에 따라, 환경적인 제약에 따라, 내담자가 실제로 가용할 수 있는 선택지 수와 종류에 따라 다르다. 심리치료 범주에 들어가는 수많은 다른 활동이 존재하는데, 심리치료를 단일한 종류의 치료로 보는 게 실제 의미가 있는가? 아마도 어떤 한 종류의 치료가 일부 내담자들에게는 효과적일 수 있으나, 다른 내담자들에게는 그렇지 않을 수 있다. 어떤 종류의 정신건강 문제는 어떤 심리치료적 접근에는 적합하지만 다른 치료적 접근에는 적합하지 않을 수 있다. 이 후자의 견해는 신뢰를 얻고 있는 것으로 보인다. 점점 더 많은 연구자가 "치료에서 효과적으로 작용하는 것이 무엇인가?"를 질문하지 않고, "어떤 상황에서, 어떤 유형의 내담자에게 가장 효과적으로 작용하는 것이 무엇인가?"를 질문한다.

치료 현장에 있는 치료자들은 자신의 방식이 이 모든 연구 결과에 의해 입증되었는지 여부를 알지 못한다. 대부분의 연구는 확실히 치료 효과성을 지지하는 것으로 보인다. 하지만 이 결과가 모든 치료자의 방식에, 또는 모든 내담자의 치료에 대한 것인가? 또는 경험이 없는 치료자들이 경험이 많은 치료자만큼 도움이 된다는 뜻인가? 그렇다면 우리는 진정 수년간의 훈련을 받아야 할 필요가 있었겠는가? 확실히 그 연구는 옳지 않다. 우리가 내담자와 함께하는 일이 다른 어떤 경합 치료법보다 더 효과가 있다는 것을 안다. 사실상 연구자들조차도 현재 흘러가는 성과 연구 추세는 자신들이 표방하는 치료에 유리하게 편향되는 경향이 있다고 주장한다. 루보르스키와 그 동료들은(1999) 치료 성과 연구를 수행하는 연구자들이 일반적으로 그들 자신의 치료 스타일을 측정할 때 가장 유리한 결과를 찾아 보고했다고 주장한다. 편향된 연구자가 말하는 것을 혹은 편향된 연구자의 연구가 주장하는 것을 어느 누가 믿을 수 있겠는가?

이 모든 활동에서 성과 연구를 하는 사람들이 간과한 치료의 한 가지 중요한, 정말로 중요한 측면이 있다. '아무도 볼 수 없는 내담자의 내면에서 무엇이 일어나고 있는가?' 하는 것이다. 심리치료는 어떤 특정 장애를 치료하는 것뿐만 아니라 고통을 최소화하고 성장과 학습을 극대화하여 사람들이 살면서 겪는 고난의 시기를 통과하도록 돕기 위한 것이다. 어떤 내담자들에게는, 심리치료가 문제를 해결하고 병을 치료하는 게 아니라 문제가 지속되는 기간을 줄이고 그 고통을 더 견딜 만하게 만드는 것일 수 있다. 지난 세기의 진정한 경이로운 약물 중 하나인 아스피린은 질병을 낫게 하는 것보다 기분을 나아지게 하는 데 훨씬 더 많이 사용되었다. 팔이나 다리 깁스는 부러진 뼈를 치료하는 게 아니라 뼈가 스스로 회복되는 동안 뼈를 지탱하고 보호하는 역할을 한다. 심리치료 특유의 기여는 이와 거의 유사한 방식으로 설명할 수 있다. 치료적 관계의 보호와 지지 안에서 내담자는 스스로를 치유하는 법을 배울 수 있다. 치료 기술은 방향성을 제공할 수 있지만, 치료 과정의 공통적인 요소이자 가장 중요한 요소는 내담자와 치료자의 관계다.

우리는 어떤 사례에 있어서는 심리치료가 진정으로 치료할 수 있다고 믿는다. 심리치료는 내담자가 성장하고 변화하도록 하고 치료가 없었다면 불가능했을 방식으로 사물을 보도록 도와준다. 우리는 다른 많은 경우 심리치료가 실제적으로 질병의 지속 시간을 단축한다고 믿는다(그리고 실제 **질병**이라는 단어의 의미를 정의하는 데 많은 시간을 할애할 수 있다). 심리치료가 치료하거나 자기 치유 과정을 크게 재촉하지 않을 때조차도, 우리는 심리치료가 질병이 수반하는 고통, 불안 및 기타 쇠약하게 만드는 정서적 증상을 상당히 줄일 수 있다고 믿는다. 일부 어려움을 겪고 있는 사람들은 단지 지지적인 심리치료자가 있다는 것과 치료자의 정확한 경청에서 위안을 얻는다. 마지막으로, 연구가 이 가능성을 간과하고 있는 것으로 보이지만, 심리치료는 예방적인 조치로 엄청난 잠재력을 가지고 있다. 뭔가가 막 잘못되기 시작하고 있는 바로 그때 치료를 시작하면, 나중에 정서적 또는 신체적으로 질병이 만개하는 것을 막을 수 있다. 더 나아가 치료는 다음 세대로 장애가 전수되는 것을 예방한다. 자신의 학대, 근친상간, 정서적 박탈 혹은 중독 경험을 다룬 내담자가 자신의 아이들에게 동일한 고통을 안겨 줄 가능성은 훨씬 낮아진다. 아이들에게 학대받은 어린 시절을 겪지 않도록 노력하는 것은, 내담자 자신의 장애를 돌보는 것일 수도 있다.

지금까지 언급한 모든 내용은 사실이 아니라 믿음, 신념과 희망에 관한 것이다. 이것들을 뒷받침할 만한 자료는 없고, 타당성을 입증할 만한 연구 결과도 없다. 그러나 이는 내담자에게서 또 다른 내담자로 이어지는 상담 회기를 통해 태어난 믿음이고, 우리가 심리치료사로 계속 활동하게 하는 이유이다. 이 가설들을 검증할 때까지 연구가 갈 길은 멀다. 사실상 지금은 실무자들이 형세를 역전시켜 연구자들에게 전통적인 연구가 효과가 있는지 진지하게 질문해야 할 때일 수 있다. 가필드(Garfield, 1992)는 치료에 영향을 미치는 변인들을 통제하고 평가하기가 지극히 어렵다고 했다. 실험실 연구에서 성취할 수 있는 종류의 통제를 치료 성과 연구에서 성취하기란 불가능하다. 전통적인 연구를 통해 심리치료라고 불리는 믿기 힘들 정도로 복잡한 관계 안에서 일어나는 일들의 세부적인 요소들을 측정할 수 있을까? 치료자 성격 특성, 내담자 성격 특성, 표출된 문제, 문화적 환경 등등 관련된 변인이 너무나 많다. 이 모두를 설명하는 게 가능한가? 연구자들이 만약 심리치료에서 일어나고 있는 것에 대해 정확하게 이해한다면, 아마도 덜 '과학적인' 새로운 접근법을 개발해야 할지도 모른다. 이 얼마나 흥미로운 도전인가. 이것은 매혹적인 주제이기는 하지만 여담이니, 심리치료 실제라는 눈앞에 놓인 과업으로 돌아가자.

4. 이론, 가정, 가치

우리는 현대 심리치료 실제를 안내하는 많은 치료 이론이 있다는 것과 어느 누구도 다른 모든 것을 넘어서는 어떤 한 이론의 우월성 혹은 정확성을 증명할 수 없다는 것을 강조하면서, 이제 모든 치료자도 이론가가 될 필요가 있다고 주장하려고 한다. 모순이라 생각하는가? 우리는 그렇게 생각하지 않는다. 치료자의 작업을 지지하고 조직화하는 기저의 구조가 없다면, 개입 계획의 일관성이 크게 떨어질 것이며 치료자는 자신이 무엇을 성취할 수 있는지를 결코 파악할 수가 없다.

사실상 모든 심리치료사는 어쨌든 고려하고 있는 성격 이론과 치료 이론을 가지고 있다. "무엇이 지금의 조지의 모습을 만들었나?" "왜 스웬슨의 아이는 끊임없이 문제를 일으키는가?" "왜 젠은 항상 좋지 않은 남자친구를 만나는 걸까?"와 같은 질문에 대한 답변 안에 개인의 이론은 존재할 수 있다. 그러나 개념화되지 않은 순진한 이론은 모순, 불일치, 미신과 낡은 정보로 가득 차 있을 때가 너무나 빈번해서 위험하다. 우리가 전제하고 있는 것들을 공개적으로 개방하고, 체계적인 방식으로 배열함으로써, 우리가 유지하고자 하는 부분은 무엇이고, 없이 가는 게 더 나을 부분은 무엇인지를 결정할 수 있다.

이럴 때는 우리의 선배들이자 더 현명한 동료들의 이론을 배움으로써, 우리 자신의 가능성을 넓혀 나갈 수 있다. 프로이트, 로저스나 펄의 저서를 읽을 때, 혼자서는 생각해 보지 못했던 아이디어들을 얻는다. 당신은 그것들을 수용할 수도, 거부할 수도 있다. 그러나 설령 그것들을 거부하더라도, 그렇게 거부하는 자기 이유에 대한 숙고를 통해 당신은 이전보다 더 풍부해진다. 우리가 거부한 이론에서조차도 배우는 게 있다. 우리 각각은 다른 것보다 더 매력적이고 편하게 느껴지는 어떤 이론적 입장을 발견할 것이다. 그리고 그것은 그냥 괜찮다. 무엇보다 아마도 심리치료의 성공에 매우 중요한 영향을 미치는 것은 치료자가 자신이 선택한 접근에 편안함을 느끼는 것이다. 당신의 접근은 당신에게 제2의 피부처럼 느껴지는 것이어야 한다. 만약 당신이 선택한 접근이 정말 편안하게 느껴진다면, 당신은 그것을 더 명확하게 기억할 것이고, 더 적절하게 사용할 것이다. 당신의 성격과 맞지 않는 이론적 틀은 다루기 불편하고 마음에 들지 않을 것이고, 그것을 사용할 때도 불편하고 부자연스러울 것이다. 귀걸이를 하고 헐렁한 배기팬츠를 입고 있는 당신의 할아버지를 상상해 보라. 할아버지는 불편해 할 수 있고 아마도 바보스럽게 보일 수도 있다. 맞지 않는 이론적 틀을 사용하는 것은 우리를 그저 불편하게 만들 수도 있고 때로는 바보처럼 보이게 할 수 있다. 물론 우리의 이론은 우리가 다른 이론들을 배우면서 성장하고 변한다. 그러나 우리의 이론은 여전히 우리의 것이어야 한다. 각각의 아이디어를 훈습하고, 정교화하면서 우리가 믿고 있는 다른 것들과 통합해나가야 한다. 그렇게 할 때라야 내담자들과 함께 우리의 이론을 편안하게 사용할 수 있다. 예를 들어, 저자 중 한 사람(모린 케니)은 치료자로서 매우 비지시적인 경향이 있다. 이러한 방식은 그녀에게는 자연스러운 것이고, 그녀가 관계하는 일상적인 방식과 일치한다. 또 다른 한 사람(자넷 모우슨트)은 보다 적극적이고, 종종 내담자들이 시도해 볼 아이디어와 실험들을 제안하기도 한다. 그리고 이것 역시 그녀가 치료실 밖에서 행동하는 방식과 일관된 모습이다. 이러한 두 치료 방식은 분명한 이론적 아이디어와 우리가 무엇을, 왜 하는가에 대한 분명한 인식에 근거한 것들이다. 그것은 우리가 작업할 때 초점과 방향을 제공해 주며, 서로 관련 없는 요령과 기술 꾸러미 그 이상의 가치가 있는 것이다.

치료자들이 특정 이론에 대해 동의하지 않는 것이 상대적으로 용이하다는 것을 알고 있지만, 이론들이 기반으로 삼는 기본 가정과 가치에 대한 어느 정도의 합의는 필요하다. 이러한 가정들은 우리가 문제에 대해 생각하고, 개념화하고, 해결 방안을 설정하는 방법을 알려 준다. 궁극적으로 심리치료는 문제를 해결하기 위해 무언가를 하는 것이다. 이 책의 저자와 독자가 "문제를 해결하기 위해 무언가를 하는 것"이 어떤 식으로 성취될 것인지에 대해 함께 생각해 보려 한다면, 이 점에 대해 동의할 필요가 있을 것이다.

심리치료는 다음 두 가지 기본적인 가정 없이는 성공적으로 수행될 수 없다. 첫 번째 가정은 치료 사업의 가치에 관련된 것이다. 해리스(Harris, 1994)는 임상적 관계에 가져오는 치료자의 기대가 자기 충족적 예언으로 작동될 수 있다고 제안한다. 부연하자면, 만약 치료자가 시작점부터 긍정적인 기대를 가지고 있고, 내담자도 그 기대에 동의한다면, 치료는 강화될 것이다. 치료 과정에서 치료자의 믿음은 내담자가 믿을 수 있도록 초대하고, 믿는 내담자들은 도움을 받을 가능성이 더 많아진다. 반대로 만약 우리가 하고 있는 것을 믿지 못한다면, 우리는 사기꾼이거나 그와 다를 바 없다.

모든 성공적인 치료자에 의해 공유되는 두 번째 가정은 우리의 내담자들은 변할 수 있고, 그럴 기회를 만들 수 있는 역량이 있다는 것이다. 이것은 인간 본성에 대한 믿음이다. 이는 사실이라기보다는 철학이기 때문에 시험해 볼 수 없다. 이는 우리가 알아야 하는 것과 그 지식에 기초하여 책임질 수 있는 선택을 해야 한다는 것을 자유로이 배울 수 있는(혹은 적어도 그렇게 될 수 있는) 인간의 능력에 대한 믿음이다. 내담자 중심에서 행동주의 그리고 실존주의에 이르기까지 모든 심리치료자는 이 믿음을 공유해야 한다. 정통 행동치료가 갖는 큰 역설 중 하나는, 치료자는 먼저 내담자가 어떤 행동을 변화시키고자 하는지를 파악하려고 노력함에도 불구하고, 모든 행동은 외부 자극에 의해 조성된다고 믿는다는 것이다. 실존주의 치료에서의 큰 역설 중 하나는 우리가 살고 있는 세상이 '무의미하게' 보인다는 것을 알면서도, 내담자가 살면서 의미를 창조하고 인간 조건인 불안과 함께 살아가도록 돕는 작업을 한다는 것이다. 그러나 자극과 반응에 대한 과학이나 실존적 고뇌의 철학이 뭐라 말하든 간에, 개인의 현상학적 경험은 선택하고 결정하고, 그러한 선택과 결정에 의해 자신의 삶을 변화시켜 간다는 것이다. 심리치료는 그 현상학적 진실에 기반하고 있고, 이 사실은 내담자들에게와 마찬가지로 치료자에게도 중요하다.

우리에게는 이 두 가지 기초적이고 핵심적인 가정을 넘어서는, 사람들과 그들이 기능하는 방식에 대한 일련의 질문들이 있다. 치료자들마다 질문들은 마땅히 다를 수 있고, 우리 각자의 질문들에 대한 답변은 우리 자신의 믿음에 기초해야 한다. 다음에 제시된 네 가지 질문은 우리가 치료자로서 행동하는 방식을 결정하는 데 중요하게 작용하는 것이다. 이는 우리 각자가 취해야 하는 입장에 대한 문제를 제기한다.

① 사람들은 어떻게/왜 지금과 같은 존재 방식을 가지는가?
② 그들은 어떻게/왜 특정한 역기능적이거나 고통을 초래하는 방식으로 생각하고 느끼고 행동하기를 지속하는가?
③ 그럼 나는 내담자가 부정적인 자기 방식을 변화하도록 촉진하기 위해 무엇을 할 수 있는가?
④ 나는 어떤 종류의 변화와 방향을 기꺼이 지지하고 도와야 하는가?

이 질문들에 대한 답변은 시간이 지남에 따라 달라질 수 있다. 지금부터 10년 후에 믿을 것을 오늘은 믿지 않을 수 있다. 그러나 당신은 무언가를 믿어야 하고 그것이 무엇인지를 알아야 한다. 이 질문에 대한 답변과 그것들로부터 파생된 다른 것들은 당신이 가진 모든 치료 기술 구조의 근거 기반이 된다. 근거 기반이 없는 기술은 당신과 내담자 모두를 혼란스럽게 만드는, 관련성 없이 아무렇게나 쌓아 놓은 요령과 만병통치약 무더기로 전락할 것이다.

　네 가지 질문에 대한 명확하고 일관된 답변을 가진 당신이라면, 치료자가 될 준비가 된 것이다. 자발적이고 진정성 있게 행동하고, 매순간 당신이 취할 행동을 구상할 때 자신감을 가지고 창의력을 발휘하고, 일관된 참조 틀에 기반하여 수행하고 있는지를 확인하라. 당신은 '옳다고 느끼는' 것을 행할 수 있다. 이후 빠르게 흘러가는 상호작용 과정에서 무엇이 일어났는지 분석하는 시간을 가질 때에서야 그것이 옳았음을 믿게 된다. 그 느낌은 당신이 전문가로서 가지는 근거 기반의 믿음에 부합할 것이다. 내담자의 불안과 동요에도 불구하고 당신은 침착하게 머물 수 있을 것이고, 내담자의 절망 앞에서도 안정적이고 낙관적인 태도를 취할 수 있을 것이며, 내담자가 가진 치유의 잠재력을 감지하면서 그의 고통과 분노를 함께 겪어 나갈 수 있을 것이다.

　모든 치료자가 이 정도의 수준에서 기능하지는 않을뿐더러, 우리 중 어느 누구도 항상 그렇게 하지는 못한다. 이는 우리가 추구하는 이상일 뿐이다. 어쨌든 그것에 제대로 부응하지 못해도 괜찮다. 모든 상담 회기에 그렇게 하지 못해도 괜찮다. 우리가 계속해서 배우고, 성장하고, 항상 우리 자신과 동료들에 대한 확고하고 일관된 믿음을 가지고 기술을 향상시켜 나간다면, 우리는 우리의 일과 능력에 만족할 수 있을 것이다. 실제로 우리가 심리치료를 지속하도록 하는 매력적인 특징들 중 하나는 우리는 항상 배우고 성장하며 더 나아질 수 있다는 사실이다.

　이제 우리는 도입부의 마지막이자 본론의 시작점에 이르렀다. 좋은 심리치료에 기여하는 기술들은 무엇인가? 우리는 어떻게 그 기술들을 계속해서 성장시키고 향상시킬 수 있는가? 우리가 시작한 긴 여정은 아마도 평생 동안 지속될 것이며, 다른 많은 사람의 생애에 영향을 미칠 것이다. 우리는 문을 열었다. 이제 함께 들어가 보도록 하자.

제2장

기초 기술

모 든 집이 튼튼한 토대 위에 세워져야 하는 것처럼, 우리 치료자들도 확실한 기본적인 기술들을 갖춘 상태에서 치료를 시작해야 한다. 당신이 계획하는 것이 헛간이든 저택이든 간에, 안전한 집이 되게 하는 공고한 구조는 필요하다. 당신이 종국에 선택할 이론적 지향성이 무엇이든 간에, 어떤 기본적인 기초 기술들에 의지하게 될 것이다. 모든 종류의 치료에 반드시 존재하는 일부 기술들은 칼 로저스의 치료 작업에 그 뿌리를 두고 있다. 로저스는 모든 성공적인 상담 관계의 본질적 요소로 여겨지는 세 가지 기본 조건을 제시했다. 그것은 정확한 공감, 무조건적인 긍정적 존중 그리고 진술성이다. 기본 기술들은 경청하는 방법, 즉 내담자가 말하고 있는 것에 집중하는 방법과 우리가 집중하고 있다는 것을 내담자에게 전달하는 방법을 포함한다. 내담자가 문제를 명료하게 알 수 있도록 돕는 방법과 다양한 해결책을 생각하고 결정하고 실행하는 방법을 알아야 한다. 감정을 표현하도록 격려하는 방법과 격려하는 시기에 대해서도 알아야 하고, 또한 그러한 감정들로부터 언제 어떤 식으로 물러나 내담자에게 안도감을 제공해야 하는지도 알아야 한다.

기초 기술은 내담자가 자신의 문제, 욕구와 걱정거리에 대해 이야기하도록 격려하는 치료자의 행동이다. 기초 기술이 목적하는 바는 이로운 변화가 일어날 수 있는 영역에 초점을 맞추는 것이고, 내담자 자신과 내담자가 처한 상황의 새로운 측면들을 탐색하는 것이다. 치료자의 기초 기술은 유능한 모든 의사소통자가 하는 것과 유사하나, 대화에 참여하는 양자 관계에서 오직 한쪽(내담자)에만 초점을 둔다는 것이 여느 의사소통 기술들과는 다른 점이다. 게다가 치료적 기초 기술은 목적 지향적이다. 그저 시간을 즐겁게 보내기 위한 것이 아니라 구체적인 목표를 성취하기 위한 것이다. 그리고 내담자가 이득을 얻을 수 있도록, 내담자를 위하는 방향으로 사용된다. 좌담가는 자신에 대한 일화로 대화를 독점하거나 무관심한 파트너를 포기하고 다른 사람으로 시선을 옮길 수 있다. 또한 상호작용을 이용하여 자신이 중요하게 또는 똑똑하게 보이게 하거나, 다른 사람을 조정하거나 혹은 사회적 이득을 취하기도 한다. 그에 반해 치료자는 이 특별한 순간에 자신의 상담실을 방문한 이 특별한 내담자의 안녕을 위해 전념한다. 치료자의 주요 관심사는 자신의 욕구가 아니라 내담자의 욕구다. 물론 내담자는 앞으로 일어날 일들에 대한 책임을 공유하지만, 내담자가 허락하는 선에서 이루어진 상호작용이 치료적일 수 있도록 하는 것은 치료자의 몫이다.

치료 회기는 단지 함께 시간을 보내는 두 사람의 우연한 만남이 아니다. 치료자가 자신의 사례 서류철에 라벨을 붙이기 위해 내담자의 사적인 삶을 파헤치거나, 내담자를 어떤 진단적 범주 안에 깔끔하게 고정하려 하거나 혹은 내담자의 비용으로 치료자의 호기심을 만족시키기 위한 심문의 시간이 아니다. 심리치료 모든 순간에서의 치료자 임무는 내담자가 배우고, 탐색하고, 문제를 해결하고, 성장할 수 있게 하는 환경을 창조하는 것이다. 치료 초반에 해야 하는 평가와 진단이 중요한 목표라 하더라도, 치료자는 치료적 환경을 육성해야 하는 자신의 책임을 간과해서는 안 된다. 그 어떤 것을 성취하려 노력하든 간에, 우리는 치료적 환경을 주의 깊게 살펴봐야 한다. 치료 분위기는 내담자와 치료자가 나누는 이야기 내용보다는 서로가 이야기 나누는 방식에 더 많은 영향을 받는다. 치료적 환경은 생각과 감정을 표현하는 의사소통 과정에서 만들어진다. 대체로 내담자는 의사소통 내용에 대한 책임을 지고, 치료 목표는 내담자와 치료자가 함께 협상해 나갈 것이다. 그러나 심리치료 과정 그 자체에 대한 규칙과 기대를 설정하는 것은 치료자의 책임이다.

의사소통 과정은 치료를 구축해 가는 과정이다. 이 과정은 상호작용의 질, 관계 개방성과 내담자가 느끼는 당신과 당신의 조력 능력에 대한 신뢰 정도를 결정한다. 무엇보다도 당신의 임무는 이 과정에 참여하는 것이다. 이는 내담자에게 주의를 집중하는 것을 의미한다. 당신이 경청하는 방식은 치료에서 일어나는 다른 모든 것에 영향을 미칠 것이다. 기술을 갖춘 경청은 가장 기초적이면서도 필수적인 하나의 치료 활동이다. 훌륭한 경청 기술은 심리치료 근간 그 이상일 수 있다. 그것은 가장 우선적인 치료적 개입일 수 있다. 칼 로저스는 적절한 조건(공감, 존중, 진솔성)이 주어지면 내담자는 긍정적인 방향으로 성장하고 변화할 것이라고 주장하면서, 현대 미국 심리치료의 발전을 주도했다. 로저스와 그 추종자들은 경청(그리고 정확하게 그렇게 하는 의사소통)이 곧 치료라 생각한다. 다른 사람들에게 있어 공감적으로 경청하는 예술은 단지 성공적인 치료에 필요한 요소가 아니라, 다른 모든 치료 활동이 의지하고 있는 것이다. 결국, 우리가 치료에서 행하는 모든 것이 의사소통에 의해 성취된다. 그것이 우리가 내담자들과 함께 하는 일이다. 의사소통은 정보를 수신하고 전달하는, 즉 경청하고 반응하는 것이다.

우리는 기술적으로 주의를 기울이는 행동의 구체적인 일부 특성을 살펴보면서 이 장을 시작할 것이다. 훌륭한 경청자는 단순히 조용히 듣는 것 이상의 많은 일을 어떻게 하는지 살펴볼 것이다. 그런 다음 치료의 인지적인(사고) 그리고 정서적인(감정) 초점과 관련된 기술들에 대해 논의할 것이다.

치료자 혹은 상담자로서 일한 경험을 가진 독자들은 그런 기초적인 것들을 재검토하는 것을 처음에는 불필요하다고 느낄지도 모른다. 그러나 우리는 종종 기초 기술들을 재검토함으로써 얼마나 많은 혜택을 얻을 수 있는지 발견하고 놀란다. 우리는 불가피하게 지금 하고 있는 것보다 과거에 더 효과적으로 사용했던 지침이나 기술들을 상기해 본다. 재검토는 이미 당신이 진정으로 잘 알고 있다고 생각하는 어떤 것에 대한 수업을 듣는 것과 같다. 종종 배운 것에 놀라고, 잊고 있었던 것들을 다시 떠올리게 된다.

따라서 만약 당신이 경험이 많은 치료자라면, 이 장을 읽을 때 실험을 해 보라고 권하고 싶다. 현재 진행하고 있는 당신의 내담자 한두 명을 생각해 보라. 만약 가능하다면 가장 최근 상담 회기의 녹음이나 노트를 검토해 보라. 우리가 치료의 기초 기술에 대해 논의할 때, 잠시 멈추고 스스로에게 다시 질문해 보라. 당신이 검토한 회기에서 이러한 기술을 충분히 활용했는지, 다시 기본으로 돌아간다면 다르게 어떻게 진행할지 그리고 그렇게 했을 때 그 결과는 어떨지 살펴보라.

1. 경청

경청은 종종 수동적인 행동으로 여겨진다. 즉, 한 사람은 적극적으로 말하는 화자이고, 경청자는 단지 들리는 것을 수용하는 사람으로 여겨진다. 치료자의 상투적인 특징이 경청이지만, 훌륭한 경청자는 진정 매우 적극적이다. 치료자의 임무는 내담자가 말하고 있는 것을 정말로 듣고 이해했음을 확실시하는 것이다. 즉, 대화의 모든 내용(언어적·비언어적)을 듣고 반응하는 것을 확실시하는 것이다. 치료자는 때로 내담자가 말로 표현한 것보다 표현하지 않은 것이 더 중요할 수 있다는 사실을 안다. 치료자는 표면적이거나 즉시적으로 보이거나 다루기 편한 것만이 아니라 내담자가 걱정하는 모든 부분에 대해 이야기하도록 돕는다. 내담자가 주의를 기울이고 있는 경험에 대해 반응하고, 비판단적으로 듣고 있음을 전달해야 한다. 또한 치료적 경청은 내담자가 자기 내면의 목소리를 들을 수 있도록 돕고, 속도를 늦추어 느긋하게 내담자 자신의 지혜를 존중할 수 있도록 돕는다. 로저스는 다음과 같이 말한다.

> 내담자가 경험한 모든 부분에 대한 치료자의 수용적 경청은, 내담자가 스스로를 경청할 수 있도록 하는 본보기 역할을 한다. 그리고 치료자가 내담자 내면의 감정을 수용하고 판단하지 않음으로써, 내담자도 스스로를 비판단적으로 자기수용하게 된다. 치료자가 진심으로, 일관된 모습으로, 정직하게 존재함으로써, 내담자도 자신을 그렇게 대하게 된다(Baldwin & Rogers, 1987, p. 47).

최근에 폴슨, 트러스콧과 스튜어트(Paulson, Truscott, & Stuart, 1999)는 모든 종류의 상담에서 내담자들이 가장 도움이 되었다고 인식하는 것은 자발적인 자기 노출이라고 했다. 치료자가 잘 경청하고, 판단하지 않고, 적절한 자기 노출의 본보기를 보여 주면 내담자는 자신을 경청하고, 자신이 발견한 것을 기반으로 삼을 수 있게 된다.

다행스럽게도 치료적 경청은 단번에 배울 수 있는 단일한 기술이 아니다. 훌륭한 치료적 경청자가 되는 데 기여하는 몇 가지 구체적인 기술과 전략들이 존재한다.

1) 작은 격려

작은 격려는 내담자가 자기 노출을 지속하도록 돕는 치료자의 작은 행위들이다. 그것은 언어적 혹은 비언어적일 수 있다. 언어적 격려 반응에는 "**계속 이야기해 보세요.**" "**그래요.**" "**그렇군요.**", 혹은 "**어허.**" 등이 있다. 또 다른 유형의 언어적 격려 반응은 내담자가 방금 말한 중요한 단어 혹은 문구를 반복하는 것이다.

내담자: 그가 매일 그녀와 함께 있는지는 모르겠어요.

치료자: 그녀와 함께요?

이런 종류의 치료자의 반응은 내담자가 말하고 있는 것을 명료화하고 그것에 대해 더 많이 이야기하도록 초대한다.

관심 어린 눈빛, 초대하는 미소, 끄덕임, 상체를 앞으로 기울이는 자세는 비언어적인 작은 격려 반응들이다. 얼굴 표정과 자세만으로도 격려의 메시지를 전할 수 있고, 여기에다 언어적 격려 반응을 같이 수반하여 표현할 수도 있다. 비언어적 격려를 수반하지 않는 언어적 격려 반응은 잘해 봐야 부자연스럽게 보이고, 최악은 겉치레 가짜 반응으로 보일 수 있다. 따분해하는 목소리로 시계를 보면서 "그래요." 그리고 "어허."라는 반응은 내담자의 마음을 빠르게 닫아 버린다. 동일한 말이라도 비언어적 격려 반응을 수반하는 경우는 그와는 정반대의 효과를 보인다.

작은 격려 반응을 사용하면, 당신이 내담자에게 관심을 가지고 있으며, 내담자의 이야기를 더 듣고 싶어 한다는 것을 전달할 수 있다. 이는 의사소통의 흐름을 방해하지 않고 내담자가 계속 이야기하도록 초대한다. 트루악스(Truax, 1966)가 보여 준 것처럼, 작은 격려 반응은 내담자의 의사소통 방식과 그 순간에 다루고 있는 주제에 상관없이 내담자의 이야기를 촉진한다. 그리고 내담자가 가장 다루어야 할 영역과 관심사를 향해 부드럽게 나아가게 하는 강력하고 절묘한 방법이기도 하다.

2) 의역하기

의역하기를 설명하는 가장 쉬운 방법은 우리 모두가 겪어 본 글쓰기 경험에 비유하는 것이다. 보고서나 에세이를 쓸 때, 일반적으로 다른 전문가들의 자료를 참고해서, 그들의 아이디어를 자신의 말로 옮긴다. 당신은 표절하지는 않고 그들의 생각을 기반으로 하여 글을 쓰고자 한다. 내담자의 말을 의역하는 것도 동일한 방식을 취한다. 우리는 내담자가 말한 것을 취하고(결국 내담자가 전문가다), 그것을 기반으로 하여 그 말이 의미하는 바를 우리가 이해한 내용과 혼합하여 전달한다.

의역하기를 내담자가 방금 말한 것을 다시 말하는 것이라고 생각하면 쉽게 느껴진다. 그러나 '내담자가 말한 것'의 의미는 단순히 내담자가 표현한 단어들에 대한 반복 그 이상을 포함한다. 품격 있는 의역은 내담자가 말한 단어 하나하나에 그치지 않고, 그 말의 의미를 포착하는 것이다. 치료자가 이해한 것을 보다 생생하게 전하기 위해 구체적인 예시 혹은 은유를 사용하여 치료자 자신의 말로 그 의미를 표현한다. 전형적으로 의역은 내담자의 전체 행동을 요약하는 것으로, 생각하고 느끼는 것의 핵심을 반영해 준다. 치료자의 의역 반응을 통해 내담자는 자신이 진술한 내용을 다시 들을 수 있고, 치료자가 자신을 경청했다는 사실을 확인할 수 있다. 또한 내담자는 치료자의 의역 반응에서 잘못된 부분을 수정할 수도 있고, 생각의 흐름에서 벗어나기 전에 잘못 이해한 부분을 다룰 수도 있다. 다시 말하면, 좋은 의역 반응은 치료자와 내담자가 함께 여행하고 있음을 명확하게 하기 위해 의사소통 채널을 일정하게 조율하면서, 둘 모두에게 지속적인 피드백을 제공하기 위한 것이다.

많은 내담자에게 치료 회기는 공감적으로 귀기울여 주는 경청자를 처음 경험하는 시간일 수 있다. 판단하지 않고, 논쟁하지 않고, 소리치지 않고 조율하면서 들어주는 것 자체로 치유적일 수 있다. 사람들이 존경하는 어떤 사람이 내가 실제로 한 말뿐만 아니라 내가 느끼고 있는 것, 표현한 것, 목소리 톤, 몸짓과 내가 생략한 것에 관심을 기울여 주면, 내가 나를 훨씬 더 풍부하게 표현하는 방법을 배울 수 있다. 이 모든 것이 이후 치료 작업의 기반을 구축하는 것들이다.

의역하기는 때론 반영하기(reflecting)라고도 한다. 그러나 의역은 거울에 비춰진 대로 정확하게 복사하는 것이 아니다. 내담자가 말한 것을 정확하게 반복하는 것은, 특히 반복적으로 되풀이할 때 내담자는 좌절감을 느낄 수 있다. 물론 경우에 따라, 당신이 내담자가 방금 말한 것 중에 중요한 어떤 부분에 주의를 기울였으면 할 때, 내담자가 말한 정확한 단어를 되풀이하는 것은 효과적일 수 있다. 그리고 단어를 되풀이할 때 적절한 비언어적 표현을 수반하면 더 효과적이다(마찬가지로 비언어적인 표현에는 반영해 주는 의역 반응이 필요하다). 예를 들어, 자신이 신혼 시절에 제대로 역할 분담을 하지 않았고, 충분히 돌보지 않았다는 등의 이유로 죄책감을 느꼈다고 항상 말하는 내담자가 있다고 가정해 보자. 그는 상황이 어떻게 변했고, 지금 자신이 모든 것을 어떻게 해야만 하는지를 설명한다. 내담자가 말하기를 "이제는 아내의 권리에 매우 익숙해졌다고 느껴요."라고 하면, 당신은 "**당신은 이제 아내의 권리에 매우 익숙해졌다고 느끼는군요……**"라고 반응한다.

의역이든 반영이든 내담자가 다루고 있는 것을 더 깊이 탐색하거나 더 잘 이해할 수 있도록 초대해야 한다. 이렇게 하기 위해서는 재진술, 반영, 강조 혹은 다른 비언어적 요소를 활용하여 내담자가 이미 발견한 것에 뭔가를 더 추가해야 한다. 단순히 내담자가 말한 것을 정확하게 앵무새처럼 반복하는 것은 대체로 도움이 되지 않을 것이다. 치료자와 내담자가 각각 이해하고 의미한 것들이 잘 혼합되어 어우러질 때 치료적 순간이 창조된다.

종종 치료자가 의역 반응을 할 때 표면적으로 주목하는 것이 내담자 메시지의 인지적 측면이라고 하지만, 최상의 의역 반응은 내담자의 감정과 행동을 이해하는 것이다. 예를 들어, 단 한 번도 수용해 주지 않은 부모에게 얼마나 화가 나는지를 말하고 있는 내담자가 있다고 하자. 내담자가 말하는 동안, 그의 얼굴에는 슬픔과 허망함이 묻어난다. 치료자는 다음과 같이 의역 반응을 할 수 있다. **"그 말은 지지가 부족한 부모님에 대해 화가 났다는거군요. 그리고 그들로부터 당신이 원하는 걸 얻을 수 없다는 게 슬프게 느껴지는 것 같아요."** 이 의역 반응은 내담자가 말한 내용(수용과 지지의 상실), 언어화한 감정(분노), 그리고 비언어적 행동(슬픔과 실망)을 고려한 것이다.

내담자가 치료자의 의역 반응에 대해 승인 혹은 거부 의사를 표하도록 초대하는 것은 중요하다. 내담자가 주기적으로 수정하는 교정 피드백을 제공한다고 해도, 당신은 실수하는 것에 대해 그렇게 걱정하지 않아도 된다. 왜냐하면 치료자가 내담자를 이해할 수 있도록 치료 과정의 한 부분이 되어 달라고 초대하는 것이기 때문이다. 당신의 의역 반응에 대한 내담자의 교정은 다음에 해야 할 일을 결정하는 데 도움이 될 것이다. 만약 당신이 앞서 제시됐던 내담자에게 **"제가 제대로 듣고 있는 건가요?"**라고 말한다면, 내담자는 다음과 같이 말할 수 있다. "네, 부모님과의 관계를 생각하면 슬퍼요." 혹은 "아니요, 슬프지는 않아요. 그저 부모님과의 관계가 변하지 않을 거라고 생각하기 때문에 좌절스러울 뿐이에요."라고 반응할 수 있다. 첫 번째 반응이 나온다면 슬픔과 상실감에 대해 더 탐색하도록 초대할 수 있다. 반면, 두 번째 반응은 치료자의 인식을 교정하게 하고, 적어도 지금은 내담자가 슬프지 않고 혹은 슬픔에 대해 더 논의하고 싶지 않다고 알려 주는 것이다.

적절하게 사용된 의역 반응은 매우 효과적인 치료적 반응이다. 그러나 부적절하게 사용된 경우에는 치료 과정을 둔화시키고 내담자를 짜증나게 할 수 있다. 오직 의역 반응만 하는 치료자는 다음에 해야 할 일을 모르는, 그 모름을 숨기려 애쓰는,

길 잃은 혹은 혼란스러워 하는 사람으로 비칠 수 있다. 예를 들어, 내담자가 직장에서 겪는 문제를 당신에게 열심히 말한 다음에, "선생님은 제가 뭘 어떻게 해야 한다고 생각하시나요?"라고 묻는다고 생각해 보자. 이때 당신이 "제가 당신에게 어떻게 하라고 말해 주길 진정으로 원하시나요?"라고 반응한다면, 이는 중대한 실수이고 도움이 안 되는 반응이다. 기억하자. 가장 효과적인 의역 반응은 내담자가 방금 이야기한 것에 무언가를 더 추가하고, 추가한 무언가에 내담자가 주의를 기울이게 하고, 탐색할 새로운 길을 가리키는 것이어야 한다. 앞의 내담자 질문에 대해서는 치료자가 **"이렇게 옴짝달싹을 못할 때는 너무 기분이 안 좋지요…….**" 혹은 **"당신은 해결에 도움이 되는, 여기서 벗어나는 데 도움이 되는 의견을 구하고 있군요."**라고 하는 게 좀 더 유용한 반응이다. 또한 다음과 같이 전혀 의역 반응이 아닌 답변을 할 수도 있다. **"제 조언이 궁극적으로 당신에게 매우 도움이 되리라 여겨지지는 않아요. 우리가 같이 좀 더 정리해 볼 수 있는지 봅시다."**

의역 반응을 사용하는 데 따르는 또 다른 문제는 동일한 단어들을 되풀이하면서 매번 똑같은 방식으로 반응할 수도 있다는 것이다. "저는 당신이 ~라고 말하는 것으로 들린다……" "그러니까 당신은 저에게 ~라고 말하고 있다……" "당신은 ~로 느끼고 있다는 것처럼 들린다……" 이 모든 것은 좋은 도입 반응이다. 그러나 지나치게 많이 사용하면 내담자를 짜증나게 할 수 있고, 치료 지침서에서 말하는 법을 배웠다는 인상을 줄 수 있다. 반응을 이끌어 내는 당신의 방법을 다양화하자. 내담자를 이해하고 관심을 가지고 있다는 사실을 전달할 수 있는 다양한 예시와 이미지를 활용하자.

마지막으로, 설령 맞다고 확신하지 못한다 해도, 내담자가 말하려는 것에 대한 당신이 추측한 내용을 내담자와 나누도록 하라. 치료자가 꼭 기억해야 하는 것이 있다. 당신이 한 반응을 바로잡는 내담자에게 개방적인 태도를 유지하는 한, 내담자는 당신의 완벽한 정확성을 진정으로 기대하지는 않는다. 앉아서 고개를 끄덕거리며 이해하는 척하는 것보다는 실수하는 것이 더 낫다. 그리고 당신이 단지 확인하지 않아서 잘못 이해한 것들을 누적시키는 것보다는 차라리 틀리고 내담자에게 교정받는 게 더 낫다. 잘못 이해하거나 오해한 부분을 밝혀내고 수정할 수 있다면, 이는 자연스런 대화의 일부분이고 해로운 것이 아니다. 내담자와 함께 당신이 부정확하게 이해한 것을 점검한다면, 내담자는 당신에 대한 존경심을 잃지 않을 것이다. 나아가 실수할 수 있음에 대한 당신의 기꺼운 자세는 내담자와의 라포 형성에 도움이 될 수 있다. 대부분의 초심 치료자에게는 놀랍게 들리겠지만, 대다수의 내담자는 자신의 치료자들에게 지극히 관대하다.

3) 인식 점검

인식 점검은 의역과 마찬가지로 내담자가 방금 말한 것을 명료화하고 강조하는 것이다. 의역을 넘어 내담자에게 일어날지도 모르는 것에 대한 치료자의 추론을 포함한다. 내담자가 마지막 소통에서 전달한 내용에만 국한하여 추론하는 것이 아니라, 내담자의 전체 반응들에 근거해 추론하는 것이다. 또한 추론의 정확도에 대한 피드백을 요청하는 것도 항상 포함한다. **"당신이 직장에 대해 이야기할 때, 매우 안 행복해 보이고 그래서 직장을 그만둘 생각을 하는 것 같다는 인상을 받았어요. 그런가요?"** 혹은 **"왠지 두 사람은 그간 잘 못 지내 온 것처럼 보이고, 두 사람 모두 결혼 생활이 행복하지 않다고 여기는 것 같네요. 제 말이 맞나요?"** 이런 반응은 내담자들에게 필요하다면 치료자의 추론을 교정할 수 있는 기회를 제공한다. 인식 점검은 내담자가 치료자에게 실제 한 말을 넘어서기 때문에, 다음 반응으로 넘어가기 전에 내담자에게 추론이 정확한지 확인하는 과정이 특히 중요하다. 명칭에서 의미하는 바와 같이, 확인하기는 인식 점검에 필수적인 부분이고, 당신은 내담자가 피드백을 제공하는(혹은 제공하지 않는) 방식에 곧바로 주의를 기울여야 한다. 너무 즉각적으로 동의하거나 마지못해 시큰둥하게 동의하는 내담자를 예의주시하자. "네(너무나 빨리 반응하는), 그러니까, 글쎄, 제가 하고 싶은 다른 말이 있었어요……." "글쎄, 일종의, 그렇다고 생각해요……." 내담자는 자기 이야기를 하는 데 너무 몰두한 나머지 실제 당신이 하는 말을 경청하지 않을 수 있다. 아니면 당신의 말에 동의하지 않지만 그렇다고 말하고 싶지는 않을 수도 있다. 또 다른 경우에는 인식점검이 과녁을 벗어났을 수도 있다. 즉, 내담자가 머물고 있는 곳에서 벗어나거나 이야기 중 더 깊이 탐색해야 하는 곳에서 벗어나 내담자를 제대로 만나지 못하고 있을지도 모른다. 당신이 이해한 내용이 실제 정확한 것이라 해도, 전달할 적절한 시기 혹은 표현(어쩌면 두 가지 모두)이 틀렸을 수 있다. 이럴 때는 치료자의 인식 점검에 대한 내담자의 피드백 내용과 반응 방식은 이후에 참조할 것으로 저장해 두고,

내담자가 지금 행하고 말하고 있는 것으로 다시 돌아가 집중하라.

대화 중에 드러난 서로 불일치하거나 부조화한 부분들을 다룰 때, 의역 반응과 인식 점검을 조합해서 사용할 수 있다. **"지금 이번 이별이 얼마나 혼란스럽고 화가 나는지에 대해 말하고 있어요. 그런데 얼굴은 미소를 짓고 있네요. 그 미소는 뭘 말하고 있나요?" "말씀은 화나지 않는다고 하시지만, 목소리는 화난 것 같아요. 당신한테도 목소리가 화난 것처럼 들리나요?"** 기억하자. 인식 점검의 목적은 치료자의 견해를 내담자가 수용하도록 설득하거나 내담자의 오류나 누락을 잡아내려는 것이 아니다. 공감하는 척하면서 우리가 내담자들이 느꼈으면 하는 방식으로 내담자가 느끼도록 강요하기는 너무나 쉽다. 내담자는 "치료자는 전문가니까, 선생님이 말한 것처럼 아마도 나는 그것에 대해 정말 화났고, 슬펐고, 무서웠던 거야. 단지 그랬다는 사실을 몰랐던 거야."라고 판단할 수 있다. 내담자 피부 속에서처럼 생생하게 느낄 수 있는 권한은 우리가 아니라, 내담자에게 있음을 상기시켜 줄 필요가 있다. 인식 점검을 통해 치료자는 내담자의 내면에서 일어나고 있는 내밀한 경험들에 대해 배울 수 있다. 때로 치료자의 인식 점검을 통해 내담자는 자신에 대해 더 깊은 자기 자각을 할 수도 있고, 때로 치료자의 입장을 더 명료하게 이해할 수도 하고, 때로 두 경우 모두가 가능하기도 하다. 치료자가 기본 기술들을 어떻게 조합해서 사용하든 간에, 치료자의 임무는 내담자가 제공하는 교정 피드백을 수용하고 거기에서부터 시작하는 것이다.

인식 점검과 의역 반응은 종종 환상이나 비유(메타포)의 형태로 제공될 때 매우 효과적이다. **"당신의 말은 지금 압력밥솥 안에 있고, 끓어 넘치기 일보직전이고, 더하면 뚜껑이 날아갈 것 같다는 것처럼 들려요. 그게 당신한테는 어떻게 느껴지나요?" "당신은 큰 파도를 타고 있는 그 순간에서조차도, 막 입문한 신참 서퍼(surfer)로 자신을 느끼는 것처럼 보여요. 그래서 항상 균형을 잃을까, 나자빠질까 두려워하고요. 그런가요?"** 비유는 치료자에게 간접적으로 대안 반응을 제공하고, 내담자의 생각, 행동, 감정에 대한 새로운 가능성을 제안하기도 한다. 또한 비유는 내담자가 단순히 사실적으로 문제를 기술할 때는 명확하게 보이지 않았던 다른 가능성들을 보도록 돕는다(McClintock, 1999).

4) 요약

요약 반응은 여러 가지 목적으로 사용될 수 있다. 초기 면접 시작점에서 내담자를 신속히 준비시키는 데 사용할 수도 있고, 특정 주제나 문제에 대한 논의 내용을 마무리 정리할 때 사용할 수도 있다. 이야기된 것들을 요약함으로써 회기가 어떻게 진행되고 있는지 치료자 스스로 확인할 수도 있고, 내담자가 좀 더 면밀하게 자신의 생각을 탐색하고 자기 스스로 이해한 것을 강화하는 데 사용할 수도 있다. 또한 내담자에게 회기가 잘 진행되고 있음을 재확인시키는 데 사용할 수도 있고, 치료자가 막혔거나 혼란스러울 때 생각과 감정에 집중하기 위해 사용할 수도 있다. 특히, 내담자가 두서없이 헤매고 있어 언어표현 감각을 다시 찾아 주려 할 때도 요약 기술을 사용할 수 있다.

어떤 목적으로 사용되든, 요약 반응은 항상 동일한 보편적 형태를 띤다. 그간 논의된 내용들의 주요점을 한데 모으고, 한데 모인 꾸러미에서 검증될 수 있는 것들을 선택한 다음, 선택한 것들을 확증하거나 교정한다. 내담자가 자신의 문제에 대해 어떻게 이해하고 있는지, 그것에 대해 타인들과 어떻게 이야기해 왔는지, 결정을 하는 데 얼마나 힘들었는지를 설명하는 데 15분에서 20분 정도 걸린다. 치료자는 내담자가 말한 내용을 명료화하고 그 기저에 존재하는 정서를 파악하면서, 이 모든 것을 요약 정리한다. 그럼 이제 내담자는 의사결정 과정을 추구할지 그가 경험하고 있는 감정들에 초점을 맞출지를 결정한다.

　　지금까지 제가 당신을 놓치지 않고 제대로 따라왔는지 확인해 주세요. 당신은 아들과의 많은 문제가 있었어요. 아들은 아침에 일어나기 힘들어하고, 학교 과제를 제대로 한 적이 없고, 평소 당신에게 못되게 굴고 있다고 이해했어요. 그리고 아들의 잘못된 행동을 다루는 방식에 대한 의견이 남편과 불일치하는 상태고요. 남편은 종종 아들을 조롱하고 수치스럽게 하고, 그러면 당신은 아들을 옹호하고 구해 주느라 바빠요. 이전까지는 아들을 위한 중재에 전력을 다했으나 별 소용이 없었고요. 최근에는 이런 일들이 더욱 심각해져서 지금은 자신이 뭘 해야 하는지 모르겠는 상황이라고 이해해요.

아이비와 아이비(Ivey & Ivey, 1999)는 요약 반응이 유용하게 사용될 수 있는 세 가지 상황을 제시한다. 회기를 시작할 때 하는 요약 반응은 이전 회기에서 다루었던 내용을 반복하여, 회기와 다음 회기 사이에 연속성을 제공할 수 있다. 회기 중간에 하는 요약은 이전에 논의됐던 내용을 한데 모으고, 내담자가 이후 다루어 나갈 주제로 이동하는 것을 돕는다. 마지막으로 회기 말미에 하는 요약은 치료 작업을 끝내는 것을 돕는다. 여기서 요약 반응은 논의한 내용들을 모아 정리할 뿐만 아니라 시간이 거의 다 됐다고 알리는 역할도 한다. **"우린 오늘 이 시간 동안 많은 것을 이야기했어요. 당신의 일과 그것이 어떻게 스트레스로 작용하고 있는지, 임박한 부모님의 방문 계획과 오셨을 때 처리해야 할 일들, 거기다 새로운 아파트 공사 상황에서 이 모든 것을 적절히 조절하는 일에 대해 나누었어요. 이것은 마치 당신이 서로 다른 방향으로 뻗고 있는 많은 요구를 처리하고 있는 걸로 들려요. 마치기 전에 이것에 대해 마지막으로 하고 싶은 말이 있나요?"**

5) 나-진술문

치료자의 '나-진술' 반응은 치료자 자신의 느낌, 생각 혹은 행동에 대한 진술을 의미한다. 이는 치료자가 믿고 있거나 내담자에 대해 이해한 것을 전달하는 것과는 명백히 다르다. 이러한 구별과 개인적인 자기 반응을 갖는 것은 매우 중요하다. **"당신에게 뭘 해야 한다고 말하는 게 저는 편치가 않네요."** 라는 표현은 자신의 불편한 감정을 직접적으로 인정하는 것이다. "당신의 질문이 저를 불편하게 해요." 혹은 "그 말은 저를 혼란스럽게 하네요."라는 반응은 치료자의 감정과 시야를 흐리게 한 책임이 내담자에게 있다고 전달하는 것이다.

나-진술 반응은 종종 의역 반응 혹은 인식 점검과 함께 사용할 때 가장 효과적이다. **"그녀에게 그걸 말하고 싶었으나 그녀가 뭐라 말할지 몰라 두려웠군요. 당신 이야기에 집중하는 동안, 제가 잔뜩 긴장하고 있다는 걸 알았어요. 이런 느낌이 당신에게도 일어났나요?"** 치료자 자신의 반응을 설명함으로써, 그런 반응이 특이한 것이 아님을 전달할 수 있고, 동시에 내담자가 치료자와 동일한 방식으로 느끼거나 느껴야 하는 것은 아님을 전할 수 있다.

우리는 치료자의 기본적인 소통 기술과 대화에 매우 능한 사람들의 기술을 비교하면서 이 장을 시작했다. 이미 언급한 바와 같이, 이들의 주된 차이 중 하나는 치료의 초점이 참여하는 두 사람 중 오직 한 사람에게만 있다는 것이다. 의역, 인식점검, 요약 이 모든 기술은 오직 내담자에게만 초점을 둔다. 이와 반대로 나-진술 반응은 초점을 치료자에게로 옮긴다. 그렇게 함으로써 내담자가 경험하는 압박감을 이완시킨다. 그저 눈을 한 번 깜빡거림으로써 보다 선명하게 볼 수 있는 것처럼, 주의를 잠시 치료자에게 이동시킴으로써, 내담자가 자기 반응을 더 나은 시야로 들여다볼 수 있는 기회를 갖게 한다. 내담자 반응과 치료자 반응을 대조해 봄으로써, 치료자는 내담자와의 관계에서 중립적이고 떨어져 관여하지 않는 관찰자 역할에서 벗어나 내담자와 함께하는 실재 인물로 존재하게 된다. 이것이 관계가 이루어지게 되는 방식이다. 진정한 접촉은 두 사람 사이에서만 가능하다. 치료자가 정직한 자신의 생각과 느낌을 보유하고 있는 한 사람으로 존재할 수 없다면, 치료적 관계에서 진실한 참여자가 될 수 없다.

　물론 치료자는 나-진술 반응의 과도한 사용을 주의해야 한다. 무엇보다 치료적 면담의 목적은 내담자의 성장을 촉진하고, 자기이해를 늘리고, 개인적 목표를 성취하도록 돕는 것이다. 치료자의 다른 모든 기술과 마찬가지로, 나-진술 반응도 그러한 목적으로 사용되어야만 한다. 치료자의 나-진술 반응은 항상 **"당신의 입장에서 ~ 당신에 관해서~."**라는 암묵적 메시지를 포함한다. 따라서 치료자는 다음과 같이 반응할 수 있다. **"전 지금 이 순간 혼란스러움을 느껴요."**(당신이 이야기하고 있는 것에 대해서), 혹은 **"그 상황에서 저라면 화가 날 것 같아요."**(당신의 욕구가 무시된 방식에 대해서), 혹은 **"이전에 남동생에 대해 당신이 이야기했던 내용이 지금 기억나네요."**(그래서 당신이 지금 말하고 있는 것이 그것과 어떻게 연결되는지를 생각해 보고 있어요.). 돌보는 마음으로 사용하는 치료자의 나-진술 반응은 내담자에 대한 치료자의 관심과 지지를 지속적으로 확인시켜 주고, 내담자와 치료자 사이에 다리를 놓아서 내담자가 자신의 욕구와 목표에 대해 더 깊이 탐색해 들어갈 수 있도록 한다.

2. 문제 해결

사람들은 문제를 가지고 있기 때문에 치료를 받으러 온다. 그리고 치료자가 자신들의 문제를 해결하는 데 도움을 제공하리라 기대한다. 우리는 여기에서 문제 해결 과정을 가장 효과적으로 촉진하는 데 도움이 되는 일부 기술과 전략들에 대해 살펴볼 것이다.

1) 목표 설정

자명한 이야기이지만 내담자들은 종종 치료에 임하게 된 문제가 진짜 어디에서 비롯되었는지를 모른다. 아이의 저항행동 때문에 치료를 시작한 내담자가 나중에는 자신과 아내의 갈등 관계를 드러내 보일 수도 있다. 처음에는 공황발작에 대한 고통을 호소했던 내담자가 좀 더 주장하고 싶은 욕구를 드러낼 수도 있다. 일부 내담자들은 처음에는 문제를 드러내는 것에 대해 수치스러워하거나 당혹스러워하다가, 점차 문제를 더 안전하고 덜 위협적인 것으로 바라볼 수 있게 된다. 신뢰할 만한 치료자임을 확인한 후에서야 내담자는 진정 고민하고 걱정하고 있는 것에 대해 용감하게 드러낼 것이다.

내담자가 그러한 어려움에 처해 있을 때는 이야기 시작점을 찾을 수 있도록 도와야 한다. 그러나 시작점이 문제의 가장 중요한 측면, 즉 다른 모든 문제를 일으키는 가장 근본적이고 기저하는 원인일 필요는 없다. 당신은 엉킨 낚싯줄을 풀려 할 때 상대적으로 덜 엉킨 느슨한 한쪽 끝을 찾아 거기서부터 작업할 것이다. 이처럼 치료자와 내담자도 처음에 동의한 시작점부터 문제를 풀어 나가면 된다.

여기에서 가장 핵심적인 주제는 '동의'다. 만약 내담자가 다른 어떤 것을 고민하고 있는 동안, 당신은 내담자가 해결할 필요가 있다고 여겨지는 문제를 목표로 품고 있다면, 당신은 내담자와 서로 어긋나는 작업을 할 가능성이 있다. 예를 들어, 젊은 대학생 내담자가 낙제를 해서 치료를 찾았다고 하자. 내담자가 말을 할 때, 당신은 미루는 습관, 알코올 남용, 지나친 유흥, 충분하지 않은 공부에 대해 파악하기 시작한다. 그러고선 내담자가 좀 더 효과적인 수행 습관과 만족을 지연시킬 수 있는 역량을 기르고 세상에 대한 자기중심적 견해를 줄여야 할 필요가 있다고 확신한다. 그에 반해, 내담자는 교수들이 왜 자신에게 그토록 불공평하게 대하는지에 대해 알고 싶어 한다. 아마도 내담자와 치료자가 모두 동의할 수 있는 목표를 설정하기 전까지 치료는 제자리걸음일 것이다. 특히, 현 관리 의료 체제하에서는 목표 설정이 효과적인 치료를 위한 가장 중요한 부분에 해당한다. 이들은 단기치료와 치료자와 내담자가 함께 동의한 구체적인 목표 성취에 주력하기를 요구한다. 보험 제공자들은 심지어 당신과 내담자가 서명한 치료 목표를 보여 주는 처치 계획서를 요구할 것이다. 좋건 싫건 효과적인 치료적 처치법을 찾기 위해 여유롭게 방황할 수 있는 날들은 얼마 남지 않은 듯하다.

혼란스럽고 압도되어 있는 내담자는 자신을 위해 당신이 설정한 목표를 거부하진 않을 것이다. 그에게는 모든 것이 잘못되어 있고 더 나아지기 위해 어디서부터 시작해야 하는지 아무 생각이 없다. 친구, 가족, 동료들과 사이가 나빠지고 있고, 자신이 그저 엉망진창으로 느껴질 뿐이다. 그가 뭘 이야기하든 간에 이야기는 산만하게 퍼지기 마련이다. 그는 아내와의 갈등에 대한 논의를 시작하면서, 가족들이 어쨌든 그녀를 결코 좋아하지 않기 때문에, 이 모든 것을 가족에게 털어놓을 수 없고, 곧 있을 가족 단합 모임을 떠올리며, 모든 사람이 큰 싸움을 하게 될 거라고 어떻게 확신할 수 있는지 이야기를 전개한다. 그러다 그의 상사는 진정한 폭군으로 변했고 모두가 자기를 깔보고 피하고 있다고 한다. 그가 속한 볼링팀은 회원들이 할 일이 너무 많아서 몇 주일째 만나지 못하고 있고, 운동이나 사회적 만남을 하지 못하고 있는 것이 두렵다고 한다. 그리고 자신이 맡은 기한이 다 된 큰 프로젝트를 이달 말까지 지속할 수 있을지 걱정한다. 이러한 내담자를 만날 때는 내담자가 뭔가 할 수 있는 단 한 가지, 문제의 한 부분에 집중하도록 도와야 한다. 이야기가 퍼지면 다시 돌아오도록 요청하고, 내담자가 다루어 온 중요한 주제들에 대해 목록을 만든다(내담자가 말할 때 칠판에 써 내려 가는 것도 집중 과정에 더 도움이 된다). 혹은 당신이 내담자를 위해 요약을 해 줄 수도 있다. 요약 정리가 마무리되면 이제 내담자가 집중하고자 하는 하나의 항목을 선택하도록 초대한다. 종종 시작해 볼 수 있는 가장 덜 중요한 것을 선택해 보도록 격려하는 것은 매우 효과적이다. 그렇게 하면 내담자가 해결 가능한 문제를 처리할 가능성이 높아진다. 내담자의 치료 과정은 성공경험과 함께 시작할 수 있을 것이고, 사기 진작과 동기 부여에 효과적일 수 있다.

무엇을 할지 초점을 선택하고, 이후 작업에서는 선택한 것을 해결할 수 있는 문제로 만들어 가야 한다. "부모님이 저를 아이 취급하지 않았으면 좋겠어요."는 치료 상황에서 직접적으로 다룰 수가 없다. "부모님과의 관계에 잘 대처하는 방법을 배우고 싶어요."는 치료 상황에서 다룰 수 있다. 해결 가능한 문제는 내담자가 원하는 변화, 그러면서도 스스로 만들어 낼 수 있는 변화를 의미한다. 성취 가능한 해결은 타인들의 행동에 의존하지 않는다. 현명한 치료자는 아무리 바람직한 변화라 하더라도 치료 목표로 가족, 친구, 동료 등의 변화를 추구하는 내용을 수용하지는 않을 것이다. 치료는 내담자가 책임지고 담당하고 있는 자기 자신의 생각, 느낌, 행동에 대한 변화만을 도울 수 있다. 다른 이들에게 일어나는 변화들은 내담자의 새로운 행동으로 인해 일어나는 것이고, 때로 그러한 변화들은 매우 바람직할 수 있다. 그러나 다른 이들의 변화가 치료의 주된 목표가 될 수는 없다. 내담자들에게 '당신은 당신과 함께 여기에 있는 도움을 구하러 온 사람 혹은 사람들과만 작업할 수 있다'라고 알려 주는 게 유용할 것이다. 일부 내담자들은 이 말에 대해 다음과 같이 반응할 수도 있다. "그렇지만 그 문제의 원인은 제가 아니라 부모님이에요!" 당신은 내담자의 말이 사실이라고 동의할 수 있을지라도, 지금 고통스러워하고, 치료 장면에 있고, 문제를 더 나은 방향으로 해결하고자 하는 이가 내담자라는 것도 진실이다.

다음의 예와 같이 자신의 문제를 정형화해 놓은 내담자와 작업하는 것은 엄청나게 힘들다. "제가 원하는 것은 오직 남편이 돌아오는 것뿐이에요. 남편 없이는 결코 행복해질 수 없어요." "회사에서 상사가 다른 사람으로 바뀌기만 하면, 모든 것이 좋아질 거예요." 치료자는 엄청난 인내와 공감 비축량을 끌어내야 한다. 내담자 통제하에서 긍정적이고 성취 가능한 작은 몇 가지 목표를 계속 찾아보면서, 내담자가 경험한 절망과 좌절감을 이해해야 한다. 그러한 목표 발굴이 전체 문제를 풀어 나가는 첫 걸음이라 할 수 있다. 처음 시작점에서 내담자나 치료자나 설정한 목표가 정확히 어디로 이어질지 몰라도 괜찮다. 예를 들어, 내담자와 치료자 모두 현재 내담자와 부모의 관계 패턴을 파악하는 데 동의할 수 있다. 그들의 관계 맥락에서 어떤 일이 일어나는지를 이해하는 것은 성취할 수 있는 목표이고, 일단 성취가 되면 이는 문제를 정의하고 해결해 나가는 발판이 될 수 있다.

내담자가 자신의 상황을 탐색하고, 당신이 내담자와 함께 문제 해결을 위한 다음 단계를 시작할 수 있는 지점을 찾으려 할 때, 내담자는 종종 경로를 이탈할 것이다.

내담자는 혼란을 느낄 수 있고, 주제를 변경할 수 있고 자신이 애쓰고 있는 지점을 잃어버릴 수도 있다. 원래 초점으로 다시 돌아감으로써, 내담자는 씨름하고 있는 뒤죽박죽 엉켜 있는 생각들을 분별하고 해결 가능성을 찾아볼 수 있게 된다. 이럴 때 '지연된 의역(a delayed paraphrase)'을 시도해 보라. 내담자가 옆길로 벗어나기 직전에 말하고 있었던 것이 무엇이든 간에 그것을 다시 언급하라. 곁가지로 흐른 주제는 원래 목표와 연결되어 있는 배경일 수도 있다. 이렇게 하면 내담자는 자신이 말하는 모든 것에 당신이 주의를 기울이고 있고, 자신의 모든 것을 의미 있게 활용할 수 있도록 도와줄 거라고 생각하면서, 자기 생각의 흐름을 다시 찾아갈 수 있다.

　내담자가 해결 가능한 문제를 파악하도록 도와주기 위해서 치료자인 당신은 스스로의 방향감을 유지해야 한다. 치료자가 내담자의 혼란스러움에 동승하여 길을 잃거나 내담자가 처한 어려운 상황에 압도될 만한 여유는 없다. 여기 두 가지 안내 지침이 당신을 도울 것이다. 첫 번째는 시도해 볼 수 있는 것들은 언제나 존재한다는 것을 기억하는 것이다. 내담자의 역경이 아무리 절망스럽다 해도, 환경이 너무나 열악하다 해도, 내담자가 좌절, 비참, 죄책 혹은 미친 상태에 머물러야 할 의무는 없다. 궁극적으로 우리 각자는 우리의 삶에 어떻게 반응할 것인지를 책임진다. 언제나 선택할 대안들이 존재하고, 그중에서 우리는 선택할 수 있다. 내담자는 진정으로 꽉 막혀 무기력하게 느낄 수 있다. 그러나 치료자는 실제로 내담자가 어떤 것을 변화시킬 수 있다는 인식을 유지해야 한다. 두 번째는 당신이 문제 해결의 책임을 지지는 않는다는 것이다. 당신의 과업은 내담자를 대신해서 일하는 것이 아니고, 내담자가 가용할 수 있는 대상이 되는 것이고, 가용할 수 있는 기술들을 확보하는 것이다. 당신은 도울 수 있다. 그것이 당신이 돈을 받고 해야 하는 일이다. 치료자가 돕지만, 궁극적으로 목표를 설정하고 의사결정을 하고 변화를 수행해야 하는 사람은 내담자다. 종종 초심 치료자들은 그들의 내담자들보다 더 열심히 일하는 것 같다. 그들은 내담자들보다 더 많은 노력을 쏟고 치료에 더 많이 헌신한다. 치료자가 너무 열심히 일하고 훨씬 많은 책임감을 가질 때, 내담자는 뒷전으로 물러나 치료자에게 짐을 나르게 한다.

　지금까지 말은 이렇게 했지만, 여전히 치료자는 문제 해결 과정에서 어떤 방향성과 구조를 제공하는 역할을 한다. 코틀러(Kottler, 2000)는 내담자와 함께 목표를 설정할 때 참고할 네 가지 지침을 다음과 같이 제안한다.

① 목표를 구체적으로 정하라. 구체적인 목표는 내담자가 가고 있는 곳을 스스로 볼 수 있도록 도울 뿐 아니라, 자신이 얼마나 왔는가를 알아차리는 데 도움이 된다. "저는 적어도 일주일에 세 번 정도는 친구와 시간을 보내고 싶어요."는 구체적이고 측정 가능한 목표다. "저는 좀 더 사회적으로 되고 싶어요."는 그렇지가 않다.

② 현실적인 목표를 정하라. 힘들게 노력한 것에 대한 보상으로 내담자는 성공 경험이 필요하다. 성취할 수 없는 목표를 설정하는 것은 내담자의 사기를 꺾고 좌절시키는 것이다. 작은 목표에서 시작해서 좀 더 큰 목표로 나아가도록 하라.

③ 당신이 선택한 목표가 내담자의 주된 주제와 실제로 연관되어 있음을 명확히 하라. 단순히 구체적이고 도달할 수 있는 것이기 때문에 목표로 설정하지는 말라. 내담자도 원하는 것이어야 하고, 그의 당면 문제와 직접적으로 연관되는 것이어야 한다.

④ 한 팀으로서 목표를 협상하라. 뭘 해야 하는지 내담자에게 말하는 것은 쉬울 수 있다. 그러나 내담자가 당신의 조언을 따를 가능성은 적다. 실행 계획을 세우는 과정에 내담자를 참여시키라. 그래야 내담자도 **자기 계획 설정 과정에 당신의 참여**를 허용한다. 내담자가 목표를 정하고 그것을 이루기 위해 전념해야 한다는 것을 확실시하라.

2) 질문 사용하기

질문은 모든 대화의 중요한 부분이다. 가장 최근에 당신이 친구와 앉아 대화한 시간을 생각해 보라. "어떻게 지내?" "그건 언제 있었던 일인데?" "넌 뭐라고 말했어?" 당신이 누군가와 의사소통할 때면, 더 많은 정보를 얻기 위해 혹은 들은 내용을 좀 더 명료화하기 위해 질문을 사용한다. 내담자와 작업할 때도 마찬가지다. 이상적으로는 당신의 내담자가 자기 자신에게 질문하고 답을 하는 과정에서, 어느 한 지점에서 다음 지점으로 논리적으로 이동해 나가고 또 다음 질문을 하고 답하는 과정으로 나아갈 수 있다. 그러나 치료는 대체로 이상과는 거리가 멀다. 내담자가 스스로에게 중요한 질문들을 하지 않거나 엉뚱한 답을 하고 다른 질문으로 건너뛰어 스스로도 당신도 혼란스러워질 때가 있다. 그럴 때는 당신이 생각하기에 가장 도움이 되리라 여겨지는 방향으로 내담자를 초대할 수 있다.

대체로 당신은 내담자가 일반적인 것에서 구체적인 것으로, 과거에서 현재로, '그때 거기'에서 '지금-여기'로 이동하게끔 질문을 사용할 것이다. 그렇게 할 때 내담자는 자신이 가진 자료들을 질서정연하게 정리하고, 주변적인 것에서 가장 핵심적인 사실과 감정들을 분리해 낼 것이다. 예를 들어, 내담자에게 어떻게 느끼는지 물어보면, "우울해요."라는 답을 얻을 수 있다. **"'우울해요.'라는 게 무슨 뜻이지요?" "얼마나 오랫동안 그렇게 느껴 왔나요?"**와 같은 이어지는 일련의 질문들은 내담자가 경험하는 우울을 명료화하는 데 도움이 될 것이다.

경험이 많은 치료자는 면담의 흐름을 방해하거나 왜곡할 가능성이 있기 때문에 단도직입적인 질문을 가급적 피한다. 질문을 사용하는 데는 위험한 것이 있다. 빠질 수 있는 몇 가지 함정에 대해 알아 두는 것이 그것들을 피하는 데 도움이 될 것이다. 가장 보편적인 위험 중 하나는 치료자가 부주의하게 회기를 통제하는 것이다. 치료자가 중요하다고 생각하는 곳으로 내담자의 주의를 집중시킴으로써, 앞으로 논의될 것과 논의되지 않을 것을 치료자가 통제한다. 치료자의 질문과 이에 대한 내담자의 답변이 교차적으로 이루어지다 보면, 내담자는 이러한 대화에 익숙해지고 치료자의 다음 질문을 기다리게 된다. 이런 식으로 내담자의 기대가 이어지면 실제로 치료자는 내담자에게 중요한 것이 무엇인지 들을 기회를 놓칠 뿐만 아니라, 내담자가 자기 행동에 책임지는 법을 배우기 힘들어질 것이다. 내담자는 치료자가 문제를 해결하고 나쁜 감정을 없애거나 자신의 세계를 변화시킬 수 있는 마술적 사고나 제안을 해 주리라 기대하며 수동적으로 기다리게 된다.

질문 사용의 또 다른 위험은 내담자에게 강요하는 것이다. 내담자가 말하고 싶지 않거나 수용하기 싫어하는 무언가를 말하도록 혹은 수용하도록 떠미는 질문을 하는 것이다. "진짜 그렇게 생각되지 않나요?" "그렇지 않나요?" "~에 동의하나요?" 이는 강요하는 질문들이다. 보다 더 미묘한 강요는 동일한 질문을 되풀이해서 결국 내담자가 포기하고 치료자가 듣고자 하는 것을 말하게 하는 것이다. 언어적인 함정을 파 놓고 의기양양하게 내담자 말문을 닫아 버린다("저에게 당신은 ~라고 말했어요. 그리고 나중에 ~를 인정했지요. 어떻게 그 두 가지가 모두 사실일 수 있을까요?"). 혹은 치료자가 단순히 연속해서 너무 많은 질문을 늘어 놓을 수 있다. 내담자가 아닌 치료자가 생각한 가장 좋은 이야기 주제에 대해 내담자가 말하도록 질문하는 것이다. 이러한 심문도 강요의 한 형태다. 이것은 내담자가 스스로 생각할 수 있도록 힘을 실어 주고 격려하는 것이 아니다.

좋은 질문은 내담자가 자기 이야기를 하고, 그 이야기를 명료화하여 빠진 부분을 메우고, 핵심적인 부분을 변별할 수 있도록 돕는다. 이런 질문들은 내담자에게 당신의 견해를 수용하라고 하거나 혹은 당신에 대한 신뢰가 충분히 형성되지 않았는데 내담자에게 더 많은 자기 노출을 하도록 강요하지 않는다. 내담자의 학습이 당신의 학습보다 더 중요하다. 당신의 질문은 내담자가 자기 자신의 속도로 자기 진실을 발견하고, 자기 목표를 성취할 수 있도록 돕는 방향으로 고안되어야 한다.

실제 질문의 형태를 띤 위장된 해석 반응을 조심하라. 특히, 치료 초반의 해석은 불안정하고 신뢰하기 어렵다. 항상 치료자 자신의 주관적 생각, 의견 혹은 가설로 표현되어야 한다. 패터슨과 웰펠(Patterson & Welfel, 2000)은 상담자들이 종종 실제로는 질문이 아닌데 질문의 형태로 표현하는 습관에 빠진다고 경고한다. "아내가 그럴 때면 어머니가 떠오르나요?" 혹은 "화난 남편을 대하는 방식으로 상사를 대하고 있다고 생각하나요?"와 같은 반응은 질문의 형태를 띤 해석이다. 이런 방식보다는 차라리 당신이 인식한 것에 대한 책임을 지는 반응이 더 낫다. **"화난 남편을 대하는 방식으로 당신은 상사를 대하고 있을 수 있겠다는 생각이 들었어요."** 그런 다음, 내담자에게 당신이 인식한 내용이 적절한지 피드백을 구하는 반응이 필요하다. **"제 말이 맞다고 여겨지나요?"** 혹은 **"타당한 이야기라고 여겨지나요?"**

이 모든 것을 종합하여, 우리는 문제 해결을 위한 질문 사용 시 가장 중요한 몇 가지 규칙을 제안할 수 있다.

① 회기를 시작할 때 개방형 질문을 사용하라. 내담자는 자기 자신의 방식으로 이야기할 기회를 가지게 되고, 그 순간 내담자는 자신에게 가장 중요한 것에 집중할 수 있다.

② 내담자가 말하고 있는 것을 당신이 제대로 이해하지 못했다면 명료화를 위한 질문을 하라. 내담자가 뭔가를 잘못한 게 아니라, 당신이 혼동한 것으로 인한 질문임을 명확히 하라. "제가 뭔가 놓친 것 같아요, 그가 이전에 결혼했었다고 하셨나요?"

③ 한 단어로 답할 수 있는 '예-아니요' 질문(폐쇄형 질문)은 가급적 피하라. "낮에 일하시나요 밤에 일하시나요?" 혹은 "집에 들어와 아내와 싸웠던 게 밤 몇 시였

나요?"와 같은 폐쇄형 질문은 문제 해결의 책임 소재가 내담자에서 치료자에게로 이동하게 한다.

④ 내담자 이야기에 빈 구석이 있다면, 채워 넣기 위한 정보를 물어보라. 개방형 질문으로 요청하라. "그것에 대해 그녀에게 이야기했나요?"라는 질문보다는 "그다음 당신은 어떻게 했나요?" 식으로 말하라.

⑤ 내담자가 답하기를 피한다면, 그때는 답하라고 강요하지 마라. 당신은 필요하다면 그 질문으로 항상 다시 돌아갈 수 있다. 말하고 싶지 않아 하는 내담자에게 강요해서는 안 된다.

⑥ 내담자로부터 멀어지는 질문이 아니라 내담자를 향해 원을 그리듯 다가가는 질문을 하라. 만약 내담자 외부의 것에 대해 질문할 필요가 있을 때는 그것에 대한 내담자의 인상 혹은 생각을 묻는 형태로 질문하라. "그녀는 뭘 원했나요?"라는 질문보다는 "당신은 그녀가 뭘 원한다고 생각했나요?" 혹은 "지금 생각해 보면, 그녀가 원했던 것이 뭐라고 여겨지나요?"가 더 나은 질문이다.

⑦ 새로운 대안들을 발굴하고 내담자 자신의 해결책을 찾도록 하는 방향으로 이어지는 질문을 하라. "당신은 ~에 대해 생각해 본 적이 있나요?"라는 식으로 묻지 마라. 그보다는 "당신이 생각해 본 것들에는 어떤 것들이 있나요?"라고 질문하라.

⑧ 내담자의 방향을 뒤따르는 질문을 하라. 갑작스런 주제 전환은 피하라. 만약 내담자가 말하고 있는 것이 또 다른 탐색해 봄직한 중요한 주제와 연관되어 있다면, 나중에 다시 돌아와 다룰 수 있도록 머리에 새겨 두라. 당신이 만약 **당장** 알고 싶어 하는 마음을 제대로 담아내지 못하겠으면, 주제 전환을 하는 이유를 내담자와 나누어라. "룸메이트에 대한 이야기를 들으면서 당신이 함께 살았던 다른 사람들에 대해 궁금해졌어요. 혹시 자라면서 형제자매들과도 같은 종류의 경험을 한 적이 있나요?"

3) 피드백

대부분의 내담자는 문제 해결 과정의 어느 지점에 갇혀 꼼짝 못하게 된다. 만약 그들이 갇히지 않았다면, 문제를 해결하기 위한 당신의 도움은 필요하지 않았을 것이다. 때로는 의역 반응 혹은 사려 깊게 구조화된 질문은 막힌 부분에서 벗어나 그들 자신의 길을 찾도록 도울 것이다. 그러나 어떤 경우에는 추가적인 정보가 필요할지도 모른다. 이때 치료자의 피드백이 도움이 될 수 있다. 치료자의 피드백은 내담자가 말하고 있거나 행하고 있는 어떤 것에 대한 당신의 인상을 전하는 진술이거나, 치료적 의사소통에서 일어나고 있는 것에 대한 당신 자신의 반응을 전하는 것이다.

치료자의 질문처럼 피드백도 오용될 수 있다. 치료자 자기 생각이나 해결책을 강요하거나 내담자가 자기를 위해 스스로 무언가를 하도록 돕기보다는 너무나 빨리 치료자가 직접 나서는 함정에 빠지기 쉽다. 다른 이들도 마찬가지겠지만, 우리 치료자들은 현명하고 통찰력 있고, 영리한 사람으로 보이기를 원한다. 허둥대고 있는 내담자에게 답을 주거나 우리에게 일어난 중요한 통찰을 내담자에게 전하고 싶은 마음을 자제하기가 어렵다. 이러한 순간에 치료자는 '지금 이 순간'이 엄청나게 훌륭한 아이디어를 전달해야 하는 마지막 기회가 아니라는 사실을 스스로에게 상기시킬 필요가 있다. 만약 그 아이디어가 진정 유의미한 것이라면, 기회는 다시 올 것이다. 피드백 사용의 가장 중요한 규칙은 바로 '기다려라'이다. 당신의 말을 내담자가 들을 준비가 되었을 때가 언제인지는 내담자 스스로 알려 줄 것이다. 많은 경우 직접적으로 요청할 것이고, 적어도 당신의 피드백을 원한다는 어떤 비언어적 신호를 보낼 것이다. 두 번째 규칙은 '정직하라'이다. 만약 당신이 내담자와 공유하고 싶지 않은 어떤 것에 대해 내담자가 요구한다면, 당신이 공유하기를 유보하는 이유에 대해 말하라. **"제 생각을 말하는 것이 당신에게 도움이 되는 일인지 확신하기 어렵네요."** 혹은 **"지금 제 생각에 대해 아는 것이 당신에게 어떤 도움이 될까요?"**라고 하는 게 정직한 대답이다. 이런 당신의 정직한 답변을 통해 당신과 내담자의 관계를 탐색하고 관계하는 과정에 대해 알아 갈 수 있다.

만약 당신의 피드백이 도움이 될 것이고, 지금이 바로 그것을 나눌 적기라고 여겨지면, 소량의 피드백을 제공하라. 너무 많은 양의 피드백을 한꺼번에 제공하면 과부하가 걸린다. 내담자는 그것을 다 소화할 수 없고, 혼란스러울 수 있으며 심지어 당신에게 분개할 수도 있다. 내담자 스스로는 자각하지 못하고 있지만, 내담자가 자기 문제를 설명할 때뿐만 아니라, 치료자 당신과 함께 있을 때 보여 주는 그의 행동에서도 당신은 많은 것을 알아차릴 것이다. 이 모든 것을 내담자에게 말할 필요는 없다. 그저 하나를 선택하고 다음으로 넘어가기 전에 그 하나에 대해 작업하도록 하라. '다음'이라는 곳에 결코 이르지 못할 수도 있다. 당신이 공유했던 부분이 단지 내담자의 초점을 변화시키고, 자신이 처한 상황에 대한 새로운 다른 측면을 생각해 볼 수 있도록 한다면 그것으로 충분하다.

내담자에 대한 당신의 내적 반응을 이야기할 때, 당신이 반응하고 있는 내담자의 행동을 구체화하라. **"당신의 목소리가 약해질수록 전 당신을 이해하려고 안간 힘을 써야 한다는 사실을 알았어요. 그리고 저한테 일어나고 있는 걸 들여다보니, 제 생각이 여기저기로 떠다녀서 당신 이야기가 들리지 않아요." "마침내 그녀가 집에 왔을 때, 당신은 보고서에 얼굴을 묻고 앉아서는 그녀에게 아무 말도 하지 않았다고 말했어요. 만약 당신이 나에게 그렇게 했다면, 나는 당신한테 화가 나고 마음이 상했을 거예요."** 먼저 내담자의 행동을 기술하고, 그다음 당신의 반응을 제공하면 당신이 생각하고 느끼고 있는 것과 내담자가 행동하고 있는 것 사이에 분명한 경계를 유지할 수 있다. 당신의 반응에 대한 내담자 책임을 강요하지 않고, 단지 내담자가 자기 행동을 살펴보도록 초대할 뿐이다. 내담자는 더 깊이 생각해 보게 되고 어떤 다른 행동으로 이동할 수 있게 된다.

대체로 물어보지 않았는데도, 내담자는 당신의 피드백에 대한 자신의 내적 반응을 공유한다. "저는 그런 식으로 생각해 본 적이 없어요." "그러니까 제가 약하게 말하면 오히려 사람들은 집중하기 힘들어진다는 말씀이지요?" 만약 내담자가 당신의 피드백을 무시하고 다른 주제로 넘어간다면, 이는 아직 적절한 때가 아니라는 것이고 당신이 말한 것을 다룰 준비가 안 되어 있다는 것이다. 만약 내담자가 연속해서 여러 번 그렇게 한다면, 그리고 당신의 피드백이 진정으로 내담자가 논의하고 있는 것과 확실히 관련되어 있다면, 당신은 그것에 대해 말하고 싶을 수 있다. **"제가 관찰한 것을 당신과 나누려 할 때마다 흥미로운 일이 일어나는 것 같아요. 제가 본 것에 대해 당신에게 말해 주고 싶네요."** 치료자의 피드백에 대한 또 다른 공통적인 반응은 침묵이다. 침묵하는 동안 내담자는 당신이 했던 말을 면밀하게 생각해 볼 수도 있고, 혼란을 느낄 수도 있고, 혹은 당신의 지적에 언짢아하고 있을지도 모른다. 침묵 이면에서 일어나고 있는 것을 파악하는 것은 중요하다. 내담자가 골똘히 생각할 수 있는 시간을 줘라. 그런 다음 그것에 대해 물어보라. "지금 기분은 어떠세요?"

아이비와 브래드퍼드 아이비(Ivey & Bradford Ivey, 1999)는 피드백 사용을 위한 추가적인 유용한 안내 지침을 다음과 같이 제시한다.

① 피드백은 내담자가 그것을 얻고자 하고 준비가 되어 있을 때 성공할 가능성이 더 높다.
② 피드백은 사실에 근거하고 구체적이어야 한다. 모호한 피드백은 내담자를 더 혼란스럽게 할 뿐이다. "당신은 누구와도 잘 지낼 수 없을 것 같이 보여요." 하는 식의 피드백은 내담자에게 도움이 안 된다. 그것보다는 "때때로 당신은 다른 사람들에게 화가 나 그들을 밀어내는 것처럼 보여요. 여기 나와의 관계에서도 그렇게 하고 있고요. 이러면 사람들이 당신에게 가까이 다가가기가 어려워져요." 라고 하는 게 더 낫다.
③ 피드백은 비교적 비판단적이어야 한다. 적절한 목소리 톤과 몸짓 언어를 사용하라.
④ 내담자가 피드백을 어떻게 받아들이는지 확인하라. 그래야 개방적인 의사소통을 유지할 수 있다.

4) 조언하기

치료자에게 조언하기는 대단한 유혹거리다. 내담자가 해야 하는 것을 우리가 안다고 생각할지도 모른다. 내담자가 자신의 방식으로 해야 할 것들을 발견하고자 고군분투하는 것을 지켜보는 것보다 약간의 조언을 제공하는 것이 훨씬 쉽다고 생각할 수 있다. 유감스럽게도 조언하기는 종종 내담자를 위한 것이기보다는 치료자에게 이득이 되는 것일 때가 더 많다. 사실상 조언하고 싶은 충동은, 내담자 문제에 관여하는 당신의 반응을 더 주의 깊게 살펴볼 필요가 있다는 신호일지도 모른다. 마이어와 데이비스(Meier & Davis, 1997)는, 조언하기는 내담자와 서로 신뢰하는 관계가 구축되기 전까지는 사용하지 말아야 하는 개입이라고 주의를 준다. 우리는 좀 더 강조하려 한다. 신뢰하는 관계가 구축된 이후라 하더라도 조언하기는 피하라. 당신의 조언을 따르기보다는 내담자 스스로 좋은 조언을 발견하도록 하는 게 훨씬 좋다.

위기 상황에 있는 내담자에게 조언하는 것은 적절하다. 내담자가 뭔가를 실행해야 하는 상황인데, 스스로 책임질 수 있는 선택을 할 정도로 명료하게 생각하지 못하는 상황일 때는 조언이 필요하다. 그러나 내담자가 스스로 작업할 수 있는 시간이 있는 상황에서 조언하기는 의사결정에 부적절하다. 돌보는 책임이 있는 치료자로서 **"저는 당신의 성적 행동에 대해 염려가 되고 성병으로부터 자신을 보호하는 방안을 검토해야 한다고 생각해요."**라고 개입하는 것은 적절하다. "저는 그 남성이 당신에게 적절하지 않는 사람이라고 생각해요."라는 반응은 책임 있는 개입도 아니고 내담자의 의사결정 능력을 존중하는 개입도 아니다.

그러나 조언과 정보를 혼동하지 않도록 주의하라. 내담자가 분명하게 정보를 요청할 때 그리고 내담자가 원하는 정보를 당신이 가지고 있을 때 그리고 치료자에 관한 정보를 알아내려고 하는 게 아니라고 여겨질 때는 내담자와 정보를 공유하는 것이 타당하다. "선생님은 제가 의대 수업을 따라갈 수 있다고 생각하시나요?"라는 질문은 "제가 의사가 되려고 노력해야 할까요?"라는 질문과는 다르다. 앞의 질문에 대한 적절한 치료자의 반응은 다음과 같을 수 있다. **"과학과 수학이 당신에게 항상 매우 도전되는 과목이었다는 사실을 감안해 보면, 당신은 정말 열심히 해야 할 걸로 여겨져요. 그리고 지금 당장은 당신이 학업적으로 의대 프로그램을 충분히 감당해 낼 준비가 되어 있는지는 확신할 수 없어요."** 두 번째 질문에 대한 적절한 치료자 반응은, 내담자의 의사결정에 대한 어려움, 다른 누군가가 그에게 해야 할 것을 말해 줬으면 하는 내담자의 명백한 욕구 혹은 치료자 자신의 갈등, 즉 스스로 선택하는 것이 내담자에게 얼마나 중요한 것인지 알면서도 조언하고 싶어 하는 마음에 대해 나누는 것이 적절하다.

내담자가 요청하는 것이 분명하게 조언이 아니라 정보에 관한 것이라 할지라도, 기저하는 내담자 정서가 의존과 무력감의 일종인지 아닌지를 주의 깊게 살펴보는 것은 여전히 중요하다. 정보 요청이 돌봐 달라는 간접적인 표현일 수도 있고 혹은 의사결정을 미루려는 수단일 수도 있다. 만약 치료자가 이러한 것이 의심된다면, 우선 무력감이나 결핍감에 대해 반영해 보고 그 이후에 요청한 내용을 다루는 것이 효과적이다. 관련된 정서를 충분히 훈습할 때까지는 문제 해결 과정으로 들어가지 않고 기다릴 필요가 있다. **"매우 어려운 질문들에 대해 당신 대신 제가 답해 줬으면 하는 것으로 들려요. 당신을 위해 제가 이러한 도전이 되는 선택을 대신 해 줬**

으면 하는 마음이 있는지 궁금하네요"

조언하기로 결정한 치료자는 경계해야 한다. 조언을 제공하는 데에는 많은 함정이 존재한다. 그 하나는 당신의 조언이 내담자에게 전혀 새로운 것이 아닐 수도 있다는 것이다. 몇몇 선의를 가진 친구 혹은 가족들이 이미 제안한 것일 수도 있다. 설령 당신의 조언이 새롭고 유용한 것일지라도 내담자가 그것을 따를 가능성은 매우 희박하다. 통상적으로 사람들은 다른 사람들의 조언을 따르지 않는다. 일부 내담자들은 당신의 조언을 적극적으로 수용할 수도 있다. 그런 다음 조언대로 한 결과가 성공적이지 않을 때는 당신에게 화낼 수도 있다. "남자친구와 헤어지라고 말씀해 주셔서 대단히 감사해요. 덕분에 실제로 발렌타인데이를 혼자서 즐겼네요!" 마지막으로, 조언이 설령 도움이 되었다 하더라도, 조언 제공으로 인해 내담자가 자신의 모든 문제를 해결하기 위해 당신에게 더욱더 의존하는 관계를 만들 수 있다.

지금까지 우리가 다룬 모든 기법(작은 격려, 의역하기, 인식 점검, 요약, 나-진술, 목표 설정, 질문하기, 피드백 그리고 정보 제공)은 문제 해결 과정의 모든 단계에서 사용되거나 재사용될 수 있다. 이 모든 기법은 내담자가 선택할 수 있는 선택지를 발견하고, 선택의 결과를 탐색하고, 실행 계획을 결정하거나 성공을 평가하는 데 도움이 된다. 또한 문제 해결 과정의 모든 단계와 연관되어 있는 정서를 다루는 데도 유용하다. 그러나 정서 작업을 할 때는 추가로 고려해야 할 것들이 있다. 다음에서 이에 대해 다룰 것이다.

3. 감정 다루기

감정은 모든 어려운 문제의 필수적이면서도 필연적인 요소다. 문제의 인지적 측면은 누가 봐도 알 수 있는 가장 분명한 영역일 수 있다. 우리는 이것에 대해 결정을 내릴 필요가 있고, 그것을 어떻게 관리해야 할지 생각해 내야 한다. 그러나 우리가 알아낸 것에는 일어나고 있는 것에 대한 감정들로 가득 차 있다. 일부 치료자들은 심리치료가 효과적이려면 내담자가 감정을 경험하고 표현해야 한다고 믿는다. 치료 과정에서 감정을 다루지 않는다면, 다루어지지 않은 감정으로 인해 이미 마무리된 인지 작업이 손상될 수 있다. 감정은 치료 과정을 진행하는 데 도움을 준다.

왜냐하면 "강렬한 정서 반응은 신속하게 반응들을 재조직화할 수 있고 조망이나 의미체계를 폭넓게 변화시킬 수 있기 때문이다"(Johnson, 1996, p. 40).

그런 다음 치료자는 작업에 있어 인지적인 요구와 감정적인 요구 사이의 균형을 도모해야 한다. 둘 중 하나에 초점을 두어 다른 하나를 배제해서는 안 된다. 실제 치료에서는 인지적 작업과 정서적 작업은 서로 뒤얽혀 있다. 내담자는 느끼고 정보를 처리하고, 의사결정 딜레마에 수반되는 감정을 경험하고, 스스로의 결정뿐만 아니라 정서에 대해 선명하게 생각할 필요가 있다. 하지만 이 논의를 위해 인지적 작업으로부터 정서 작업을 분리해 냈다. 이제 우리는 내담자 정서 작업에 관한 주제들 중 몇 가지를 살펴보기로 한다.

내담자가 자신의 정서 문제를 훈습하도록 돕는 첫 번째 단계는 그 감정들이 무엇인지를 알아차리도록 하는 것이다. 많은 사람은 고통스러운 감정을 억압하고 인식의 장 밖으로 밀어내고, 감정이 아닌 다른 것을 생각하면서 오랜 시간을 보낸다. 다른 이들은 그들이 경험한 정서에 대해 혼란스러워 한다. 슬픈데 화를 내고, 두려운 것인데 죄책감을 느끼고, 마음이 아픈 것인데 억울하다며 분개하기도 한다. 매우 강렬하게 느끼면서도 그러한 감정들을 알아차리지 못하기도 한다. 감정을 억압하거나 감정을 잘못 이해하는 두 유형의 내담자 모두 치료 시간에 감정을 밖으로 내보내 경험하고 그 감정이 어떤 것인지를 알 필요가 있다. 그리고 내담자 감정에 대한 최종 권한은 치료자가 아닌 내담자에게 있다. 내담자가 처음에는 혼란스러워 하거나 멍해지거나 압도될지도 모르지만, 종국에는 감정을 직접 체험하는 오직 한 사람, 바로 내담자가 최고의 판사다. 이러한 사실을 때때로 내담자에게 다시 상기시키고 자신의 내적 경험을 살펴보는 방법을 재학습하도록 도와야 한다.

내담자들은 종종 그들이 무엇을 느끼고 있는지 변별할 수 없는 상태에서 치료에 온다. 느끼고 있는 것을 확인하는 데 필요한 누적된 정보가 부족할 뿐만 아니라 아예 접촉조차 안 될 수 있기 때문에, 더 많이 아는 치료자가 이끄는 대로 자신들의 문제 원인을 생각하기 쉽다. 치료자가 내담자 감정을 잘못 명명하게 되면 내담자의 혼란스러움은 가중된다. 따라서 치료자는 내담자의 정서적 경험에 이름표를 붙이지 않도록 주의를 기울여야 한다(Greenberg & Safran, 1990, p. 65).

만약 우리가 감정에 이름표를 붙이지 않는다면, 내담자가 감정에 대해 말하도록 어떻게 도울 수 있을 것인가? 많은 내담자는 매우 소량의 감정 단어를 가지고 있다. 설령 친숙하거나 반복해서 일어나는 정서 반응을 알아차린다 할지라도, 그것을 어떻게 묘사해야 하는지, 다른 종류의 감정들과 어떻게 비교하는지, 다른 사람들도 그처럼 느끼는지를 어떻게 파악할 수 있는지 모른다. 허친스와 콜바우(Hutchins & Cole-Vaught, 1997)는 감정 단어에 대한 유용한 목록을 만들었다(〈표 2-1〉 참조). 감정을 말하기 어려워하는 내담자들에게 목록에서 그들이 경험했거나 지금 경험하고 있는 것을 가장 잘 설명하는 단어 혹은 단어들을 찾아보도록 격려할 수 있다. 내담자가 자신의 감정과 가장 근접한 단어를 목록에서 찾아봄으로써, 그는 관찰하고 질문하고 비교하는 자연스러운 과정을 경험할 것이다. 또한 자신에 대한 치료자의 평가에 치우치지 않고 그렇게 할 것이다.

감정은 중요하고 어디에나 있다. 또한 감정은 우리의 가장 사적이고 보호된 영역으로 들어가는 문이기도 하다. 감정에 대한 정직한 탐색은 필연적으로 자신에게 있어 가장 의미 있고, 가장 부드럽고, 가장 연약한 부분에서 자기를 들여다보도록 인도한다. 감정 표현에 있어 내담자가 준비된 것보다 더 많이, 너무 빨리 혹은 너무 깊이 들어가게 되면, 내담자가 치료자에게 현혹되었다고 느끼거나 배신감을 느낄 수도 있으므로 주의를 기울여야 한다. 감정은 위협적일 수 있다. 많은 내담자는 바보처럼 보일까, 통제력을 상실할까 혹은 고통스런 감정에 압도될까 걱정한다. 어떤 내담자들은 자기감정들에 대해 강렬한 죄책감을 경험한다. 우리 문화에서는 종종 소녀들은 화를 내면 안 된다고 배운다. 소년들은 두려워하고 슬퍼하는 게 남자답지 못한 것이라 믿는다. 허용되지 않은 감정이거나 매우 강렬한 감정을 표현할 때는, 내담자에게 허용의 메시지를 전달하면서("**그렇게 느껴도 괜찮아요**." "**당신이 느끼는 감정이 잘못된 것도 아니고 바보스러운 것도 아니에요**."), 그리고 보호하고 있다는 메시지를 전달하면서("**당신이 준비된 것보다 더 많이 느끼지 않아도 돼요**." "**두려움, 증오, 슬픔을 스스로 느끼는 것만큼 자신을 돌보는 방법을 아는 것도 중요해요**."), 점진적인 과정으로 나아가도록 준비시킬 필요가 있다.

내담자가 감정을 탐색하도록 너무 강하게 몰아가면, 기대했던 것과는 정반대로 내담자는 더욱 강력하게 방어적으로 후퇴한다. 내담자가 마주할 준비가 안 된 강한 감정을 경험하게 하면, 부인 혹은 왜곡 반응을 초래할 수 있고, 치료자에 대한 신뢰

〈표 2-1〉 감정 묘사 단어 목록

단어의 상대적 강도	감정 범주				
	분노	갈등	두려움	행복	슬픔
약한 느낌	약오른 성가신 불쾌한 짜증난 배알이 꼴리는 노한	차단된 얽매인 엮인 곤경에 처한 끌려가는	불안한 걱정되는 신경이 날카로운 꽉 조인 뒤숭숭한	즐거워하는 기대하는 편안한 자신감 있는 자족하는 기쁜 만족하는 안도하는	심드렁한 따분한 혼란스러운 실망한 불만스러운 어수선한 체념한 자신 없는
중간 정도	혐오스러운 곤혹스러운 시달리는 몹시 화가 난 성난 학대하는 분개하는 함정에 빠진 앙심을 품은 이용당한	갇힌 압박감을 느끼는 너덜너덜한 껄끄러운	겁나는 놀란 몹시 불안한 무시무시한 겁먹은 떠는 협박당한 우려하는	아주 기뻐하는 열렬한 행복한 희망에 찬 환희에 찬 놀란 활기찬	버려진 부담스러운 낙심한 괴로워하는 침울한 진이 빠진 공허한 상처 입은 외로운 길을 잃은 슬픈 불행한 짓눌리는
강렬한 느낌	성난 끓어오르는 타 버린 멸시하는 격분한 씩씩대는 맹렬한 가증스러운 얼얼한 노발대발하는 잔뜩 성이 난 들끓는 노여움 몹시 흥분한	찢긴 접질린 강요당한	절망적인 압도된 전전긍긍하는 자지러지게 놀란 잔뜩 겁에 질린 소스라치게 무서운 공포에 사로잡힌 극심한 고통에 시달리는	아주 열성인 황홀해하는 아주 신이 난 열광적인 홀린 흥분한 자유로운 성취감을 느끼는 감동한 자랑스러운 아주 멋진 아주 흥분한 도취된	고뇌에 찬 짓밟힌 풀이 죽은 암울한 자포자기한 무력한 절망적인 굴욕적인 비참한 압도된 숨막히는 극심한 고통에 시달리는

출처: Hutchins & Cole-Vaught (1997).

감 상실로 이어지는 이유가 된다. 한번 신뢰를 잃게 되면 내담자는 자기 고통으로부터 벗어나는 데 필요한 치료자의 보호와 허용의 메시지를 이용하기가 훨씬 더 어려워진다. 내담자가 더 깊이 들어가도록 격려하는 것과 물러나 기다리도록 지지하는 것 사이에서 섬세한 균형을 유지해야 한다.

치료자는 감정 작업이 까다로운 일이라는 사실을 기억해야 한다. 일부 내담자들은 감정 탐색을 매우 주저하기도 하고 감정 표현하기를 어려워하기도 한다. 또 어떤 이들은 감정에 빠져 길을 잃기도 하고, 말 그대로 생각하는 능력을 상실할 수도 있다. 내담자에게 조심스럽게 다가가라. 그리고 내담자가 준비되지 않았다면 감정을 느끼도록 강요하지 말라. 내담자가 어떤 강렬한 감정을 경험하고 있다면, 그 감정이 점점 고조되고 있다면, 통제력을 잃고 있다면 혹은 도움이 되지 않는 방향으로 향하고 있다면, 조용하게 담담하게 그 상황을 다루어라. 속도를 늦추어라. 이야기가 나왔으니 말이지만, 치료에는 시간이 걸린다.

1) 시기 선택

기본적인 기술을 이해했다고 하면, 다음 과제는 적절한 때를 포착하는 기술이다. 좋은 질문과 요약 기술을 보유한 치료자라 하더라도 적절한 때를 확보하지 못하면 실패하기 마련이다. 내담자가 울고 있는데 질문한다거나 계속 말하고 있는데 요약 반응을 하는 건 내담자에게 도움이 안 된다. 질문이나 요약 반응을 너무 자주 하면, 내담자가 이해하기 힘들 수도 있고 강요당한다고 느끼거나 덫에 갇혔다고 느낄 수도 있다. 그렇다고 너무 늦게 반응하면 내담자 정서는 이미 변해 있고, 그 순간은 지나 버리며 내담자는 다른 곳으로 이동해 버린다. 내담자의 사고 흐름을 방해하지 말고, 내담자가 말하다 자연스럽게 잠시 멈추는 그 순간을 치료자가 들어가는 때로 사용하라. 그럴 수 있는 순간이 왔다면, 내담자가 말한 것 중에 가장 최근 부분에 대해 반응하라. 만약 더 이전 내용에 대해 말해야 한다면, 치료자가 하려고 하는 것을 내담자에게 알려라. **"당신이 ~에 대해 말하기 전에 눈물이 고이는 것을 봤어요. 그 순간 어떤 감정이었어요?" "방금 말한 것에 매우 관심이 가요, 그런데 몇 분 전에 잠시 언급했던 것으로 돌아가고 싶기도 해요. 그때 당신이 했던 말이 뭘 의미하는지 좀 더 이야기해 주실래요?"**

이미 지나간 내담자 감정이 아니라 치료 회기 동안 내담자가 경험하고 있는 감정을 다루는 것이 훨씬 생산적이다. 내담자가 느꼈었다고 한 것과 지금 느끼고 있는 감정 간의 불일치성에 대해 언급할 수도 있다. 치료자는 내담자가 묘사하고 있는 상황을 다시 느껴 보도록 격려할 수 있다. 때때로 지금 현재의 감정에 대해 말해 보도록 요청하는 것만으로도 그때 상황을 다시 경험해 볼 수 있다. **"이걸 말하고 있는 지금 이 순간 어떤 기분이 드나요?"** 어떤 경우에는 좀 더 직접적인 초대가 효과적이기도 하다. **"지난 밤에 느꼈던 식으로 지금 한번 느껴 보세요."**

보다 직접적인 개입을 할 때는 치료자는 정확성과 시의 적절성에 대한 확신이 있어야 함을 기억하라. 의심이 든다면 하지 말라. 준비가 되지 않은 곳으로 내담자를 밀어 넣기보다는 조짐이 좋아 보이는 어떤 것에 대한 탐색할 기회를 놓치는 게 더 낫다. 치료자가 관찰한 것은 미래에 살펴볼 거리로 보관해 두라. (그것이 그렇게 중요한 것이라면 내담자는 결국에 다시 돌아오게 되고 살펴볼 기회를 스스로 잡을 것이다.) 그런 다음 치료자와 내담자 사이에서 지금 이 순간 일어나고 있는 것에 다시 집중하라.

2) 치료자의 감정

치료란 내담자에게 어떤 정서적 반응이 일어나기를 희망하면서 이루어지는 치료자와 내담자 간의 상호작용이다. 그러나 내담자만이 정서적 반응을 경험하는 건 아니다. 치료자 또한 경험한다. 더 유능한 치료자와 덜 유능한 치료자 간의 차이 중 하나는 더 유능한 치료자는 치료적 탐색을 심화해 나가기 위해 자기 자신의 감정을 사용한다는 것이다. 덜 유능한 치료자는 그러한 자기감정을 간과하거나 그 가치를 평가절하하는 경향이 있다. 숙련된 치료자들은 스스로가 정서적으로 반응적이기를 기대한다. 정서적으로 민감한 자기 지점을 알고 있고, 정서적 온도계 역할을 하는 진단적 도구로 고도로 발달된 자신의 민감성을 사용할 수 있다.

일부 내담자들과 작업하는 것은 즐거운 경험이고, 마음으로부터 우러난 공감을 하고, 그들이 감정을 표현하도록 도울 수 있다. 그러나 어떤 내담자들과의 작업에서는 불편한 감정이 일어날 수도 있다. 때로 내담자들은 치료자에 대한 감정이 아닌데 치료자에게로 감정들을 잘못 쏟아내기도 한다. 이러한 경우에는 치료자는 화가 나고, 방어적이 되고 상처를 입을 수도 있다. 그렇다고 내담자 때문에 화가 났음을 꼭 집어 말하는 것은 치료적이지 않다. 그러나 치료자는 내담자가 어떤 통찰을 얻기를 희망하면서 무엇이 일어났는지 그 과정에 대해 공유할 수 있다. "**당신이 저에게 소리치기 시작했을 때 당혹스러웠어요. 그러면서 한편으로는 혹시 제가 당신을 화나게 했을 수도 있다는 생각이 들었어요.**" 내담자와의 상호작용에서 일어난 치료자의 감정은 내담자가 사는 동안 중요한 이들과의 관계에서 경험한 것과 닮아 있을 수 있다. 이것은 내담자의 내적 세계를 이해하는 데 있어 치료자와 내담자 모두에게 중요한 정보가 될 수 있다.

내담자와 즐겁게 작업하는 것과는 달리, 어떤 내담자들의 이야기를 듣는 것은 어렵거나 아주 터무니없이 불쾌할 수 있다. 치료자는 내담자가 행한 혐오스럽고, 부도덕하고 혹은 정말 바보같이 여겨지는 일들을 듣는 위치에 있을 수 있다. 그러나 이런 반응들을 내담자와 나누는 것은 유익하지 않다. 치료자는 내담자의 자기 개방에 대해 따뜻하지는 않더라도 중립적으로 반응할 수 있어야만 한다. 내담자에게는 치료자가 이런 이야기를 입 밖으로 꺼내 말하는 유일한 사람일 수 있고, 치료자의 반응은 내담자의 이어지는 자기 개방에 영향을 미친다.

치료자 자신의 감정과 내담자 감정에 대한 민감성을 강화하고자 노력하면서, 치료자가 특별히 주의를 기울여야 하는 수많은 구체적인 신호 혹은 위험을 알리는 경고 신호들이 있다. 그중 하나가 치료자의 반응 전체를 구성하는 부분들끼리 불일치하는 것이다. 치료자의 목소리 톤이 말하고 있는 단어와 맞아 떨어지지 않거나, 치료자가 취하는 몸짓과 얼굴 표정이 불일치할 수도 있다. 내담자가 이런 불일치를 인지하든 안 하든, 치료자는 주의를 기울일 필요가 있다. 이는 치료자 자신에 대해 중요한 어떤 것을 간과하고 있음을 알리는 신호이다. 또 다른 유용한 개인적 경고 신호는 자세 변화다. 잠시 동안 "내 몸이 무엇을 말하고 있는 거지?"라고 자문해 보아라. 몸을 앞으로 기울이고 있는지 혹은 의자에 등을 대고 앉아 있는지, 다리를 꼬거나 팔짱을 끼고 있는지, 턱을 손으로 괴고 있는지, 이마를 긁고 있는지, 뒷목을 문지르고 있는지, 내담자가 취하고 있는 자세를 자신이 취하고 있는지, 이 모든 것은 치료자가 주의를 기울여야 할 필요가 있는, 즉 지금 일어나고 있는 중요한 어떤 것을 알려 주는 신호들일 수 있다.

주의 집중에 대해 말하자면, 내담자에게 주의를 기울이고 있지 않은 순간을 주목하라. 우리 모두는 내담자가 말하고 있는 동안 다른 것을 생각하고, 대화 과정에 실제 참여하지 않고 있다는 사실을 알아차리는 순간에 대한 경험을 가지고 있다. 그러한 실수가 우연히, 무작위로 일어나지는 않는다. 치료자가 살펴봐야 하는 어떤 것이 촉발되고 있음을 알리는 경고다. 다 그렇지는 않지만 대체로 촉발 인자는 내담자 의사소통의 일부분이다. 당신이 안 듣기 시작한 바로 직전에 내담자가 했던 말 혹은 했던 행동으로 돌아가라. 그리고 그것을 그 순간에 일어난 치료자의 내적 상태와 연결하는 다리로 활용하라. 만약 내담자와 관련된 어떤 것을 발견하게 된다면, 내담자가 촉발하는 것을 지금-여기 회기 과정에서 다루어라. 만약 그렇지 않고 회기와는 상관없는 외부적인 치료자 자신의 문제라면, 이후에 살펴볼 거리로 옆으로 치워 두는 게 나을 것이다.

3) 치료자의 감정 공유하기

치료 회기에서는 갑자기 일어나는 모든 것으로 인해 압도되기 십상이다. 당신은 내담자가 말하고 행하는 모든 것에 주의를 기울이면서 동시에 멀리 떨어져서 자기 자신을 어떻게 관찰할 수 있을까? 그리고 이것이 가능하다 하더라도, 당신이 관찰한 것을 공유할지 말지를 어떻게 결정해야 할까? 주목해야 할 것이 너무 많고, 고려해야 할 것도 너무 많고, 모든 것이 너무나 빠르게 일어난다. 거기다 여기에 기저하는 전제도 있다. 즉, 치료자는 내담자와 항상 소통해야만 한다는 것 그리고 치료자 자신을 위해 타임아웃을 할 수는 없다는 것이다. 그렇게 못하기 때문에 가장 적절한 방법은 내담자에게 잠시 기다려 달라고 요청하고 무엇이 일어나고 있었는지, 그것에 대해 어떻게 생각하고 느끼고 있는지를 파악하는 것이다. **"잠시만요, 당신이 그것에 대해 이야기할 때 화가 나는 절 발견했어요. 잠시 살펴봐야 할 것 같아요." "당신이 말한 것에 대한 제 느낌을 살펴볼 잠시 동안 그 생각을 유지해 볼래요?" "그게 당신에게 어떤 것일 수 있는지 제가 느껴볼 수 있도록 시간을 주세요."** 분명히 이 같은 반응들을 너무 자주 사용하게 되면 내담자를 방해할 수 있다. 그러나 신중하고 정직하게 사용한다면, 많은 치료적 목적을 성취할 수 있다.

첫째, 이러한 치료자의 반응은 의도대로 정확하고 분명하게 작용한다는 것이다. 내담자들은 치료자에게 생각할 시간을 준다. 치료자는 약간의 시간을 가지고 생각

을 정리하고 주의 집중을 회복하고 당면한 주제에 대한 더 선명한 초점을 가지고
내담자에게로 돌아온다. 자유투를 던지기 전에 집중하기 위해 여러 번 드리블을 하
는 농구 선수처럼, 치료자도 스스로에게 시간을 줌으로써 성급히 뭔가를 하지 않
고, 이런 경험이 없었다면 떠오르지 않았을 선택지들을 고려해 볼 수 있다.

둘째, 치료자 역시 감정이 있고 욕구가 있고 불완전하다는 것을 개방적으로, 그
렇지만 미안해 하지 않고 담담하게 인정하는 반응이 내담자가 본받을 수 있는 의사
소통 모델로 작동한다는 것이다. 치료자는 자신의 내적 과정들을 어떻게 자세히 살
펴보고 말할 수 있는지를 내담자에게 보여 주고 있는 것이다. 이것은 그 무엇보다
도 내담자가 심리치료 과정에서 배워야 하는 것 중 하나다. 교사들은 이미 오래전
부터 기법이나 기술을 습득하도록 하는 데 가장 효과적인 방법 중의 하나가 기법과
기술을 직접 시연해서 보여 주는 것임을 알고 있다. 치료에서 치료자의 내적 반응
을 개방하는 것을 보여 주는 것은 내담자에게 정보도 주고 허용의 메시지를 제공하
는 효과가 있다. 즉, 내담자는 지금-여기에서의 감정과 반응들을 공유하는 것은 치
료 상황에서 수용될 수 있는 것이고 자신도 치료자처럼 할 수 있음을 알게 된다.

치료자는 한 사람이고 또 다른 한 사람인 내담자에게 반응하는 존재다. 치료자의
반응은 그 내담자에게 반응하는 타인들의 방식과 유사할 수 있다. 만약 내담자가
특정 방식으로 말할 때 치료자가 짜증이 나거나 긴장하게 되거나 무시하게 된다면,
어쩌면 다른 사람들도 똑같은 반응을 할 수 있다. 그러나 그러한 사람들 중에 정직
하고 비판단적으로 쏘아 붙이지 않고 자신들의 반응을 공유하는 사람은 얼마 되지
않을 것이다. 치료자가 내담자 행동과 그것과 연관된 자기 내적 반응에 대한 피드
백을 제공하는 것은 내담자가 사회적 관계에서 타인들로부터 원치 않는 반응을 어
떻게 끌어내고 있는지를 이해할 수 있도록 하는 첫 단계일 수 있다. 결과적으로, 이
경험을 통해 내담자는 이전과는 다른, 보다 보상이 돌아오는 유형의 상호작용으로
나아갈 수 있는 대안적인 행동을 선택할 수 있게 된다.

아마도 가장 중요한 것은 치료적 관계에 관한 치료자의 적절한 개방의 효과일 것
이다. 내담자와 치료자 자신의 정직한 반응을 공유할 때, 치료자는 내담자에게 존
경과 신뢰감을 전달하고 있다. 치료자가 느끼고 있는 것을 충분히 정직하게 전달하
는 것이 내담자를 존중하는 것이다. 치료자는 내담자가 치료자의 반응을 소화할 수
있다고 신뢰한다. 그리고 내담자도 치료자에게 동일하게 반응하는 것을 환영한다.

오늘날의 사회적 환경에서 보기 어려운 이런 종류의 의사소통은 그 자체로 치유적일 수 있고, 내담자를 치유적인 관계로 초대하는 것이다. 이런 의사소통은 내담자에게 다른 누군가와의 접촉, 그저 사회적 관례와 정중한 거절을 넘어선 접촉, 대부분의 우리가 너무 고통스러워 보호하려 하는 연약하고 취약한 부분들을 긍정하는 접촉을 경험하게 해 준다. 나아가 치료적 과정은 내담자가 자기 내면의 가장 중요한 핵심을 긍정하는 데 그 뿌리를 내려야 한다.

제3장

첫 면담

많은 치료자가 내담자와의 첫 면담 전에 상당히 불안해한 다. 초심 치료자의 경우에는 그 정도가 때로 압도적이기 도 하다. 뭔가 잘못할까 봐, 바보처럼 보일까 봐, 아무 말도 못할까 봐 초심자들에 게 얼마나 긴장될 수 있는 일인지 서로 나누는 것도 좋다. 이미 알고 있겠지만 어느 정도의 불안은 유익하다. 수행을 잘하도록 동기화하고 내담자와 치료자 자신에게 일어나고 있는 것에 민감하게 해 준다. 그러나 늘 그러하지는 않다. 도움이 안 되고 불편하게 하는 불안일 수도 있다. 치료자가 내담자와 함께 무엇을 성취해야 하는지 알 때 불안은 처리될 수 있고, 내담자와의 첫 만남 동안 두 사람 모두 알아야 할 필 요가 있는 것을 확보할 수 있다.

거의 대부분의 첫 회기는 치료자와 내담자가 실제로 만나기 전부터 이미 시작된 다. 첫 회기 일정을 잡고, 내담자 이름과 몇몇 정보를 파악하고 만날 일시를 정한 다. 내담자는 접수면접자와 사전 회기를 가질 수도 있다. 접수 면접에서 내담자가 어떤 이유로 도움을 청했는지, 치료를 통해 무엇을 기대하는지 등에 대해 말한다. 첫 치료 회기 이전에 내담자에게 어떤 일이 일어나고 있는지, 어떤 종류의 도움이 필요한지에 대해 전반적으로 살펴보는 것은 유익하다. 사실 치료기관에서 일하는 치료자들은 내담자와의 첫 번째 접촉에서부터 본인이 모든 것을 정하는 경우가 많 다. 관리 의료서비스를 받고 있는 내담자의 경우는 첫 전화통화에서 보험 적용 가 능한 범위를 명확히 해야 하고 내담자 보험이 치료자에게도 배상되는지 여부를 확 인해야 한다. 앞으로 만날 내담자와 첫 통화를 할 때 내담자 주소와 전화번호 그리 고 의뢰인의 이름을 확보하는 것이 좋다. 어떠한 이유로 내담자가 약속을 지키지 못하면, 무슨 일이 있는지를 알아보기 위한 이후 절차를 밟을 수 있기 때문이다. 일 정을 잡는 데 실수가 있거나 시간과 날짜를 잘못 알아서 못 오는 것을 내담자가 마 음이 변해서 나타나지 않는 것으로 가정해서는 안 된다. 어떤 치료자들은 내담자가 첫 회기에 나타나지 않아 내담자에게 전화를 하면서, "제가 당신을 책임질 것입니 다."라는 식의 치료적이지 않은 관계를 설정하려 한다. 우리는 이러한 관계 방식에 반대한다. 치료자는 내담자와 처음 접촉할 때 적어도 한 회기가 제대로 진행될 수 있도록 많은 노력을 기울이기 때문이다. 무엇보다 대부분의 사람에게 치료자를 만나러 오는 것은 쉬운 결정이 아니다. 따라서 첫 번째 만남에 참석할 것인지를 미리 확인하는 것은 그만큼 중요하다.

1. 사전 준비

새로운 내담자를 만날 준비를 할 때, 자신이 준비가 되어 있는지를 스스로 점검하는 것은 유익하다. 물론 치료적 관계는 내담자와 치료자 두 사람 사이에 구축되는 것이지만, 치료자는 치료적 관계에 참여할 준비가 되어 있는지, 주의 집중을 방해할 수 있는 개인사들을 처리해 두었는지를 살펴봐야 한다. 이에 대해서는 '중심 잡기(centering)' 주제를 다룰 때 좀 더 자세히 언급할 것이다. 요약하자면, 치료자 자신에게 집중할 수 있고 다른 사람과 충분히 함께 머물 수 있는 능력은 치료자의 전문적 도구의 가장 중요한 부분이다.

치료자의 치료 환경에 대해 살펴보라. 내담자와 만나는 물리적 공간이다. 내담자가 도착하기 전에 내담자와 함께 작업하게 될 치료실에 대해 최종적으로 여유 있게 점검해 보라. 치료자 혹은 내담자에게 필요한 모든 것(휴지, 종이, 펜, 약속 기록장 등)이 사용할 수 있는 상태인지 확인하라. 그리고 깨끗하고 편안하게 느껴질 수 있는지도 살펴보라. 물리적 공간을 점검하는 것은 치료자가 다른 치료자들과 치료실을 공유하는 상황일 때는 매우 중요하다. 다른 치료자가 치료실을 사용하고 비웠다는 것을 확인하기 위해 충분히 여유 있게 치료실에 도착하라. 그리고 치료실에 들어가 의자에 앉아라. 치료자와 내담자 의자나 카우치를 편안하게 느낄 수 있는 거리로 재조정하라.

치료적 과업을 수행하기 위해 요구되는 외부 공간을 조직화하는 것만큼, 치료자의 내적 환경도 정리해야 한다. 치료자의 신념체계는 치료적 환경에 상응하는 것으로, 치료자가 치료자로서 기능하는 작업 공간이다. 치료자 자신을 점검하는 순간을 가져라. 자신이 뭘 하려 하는지, 보편적으로 치료 과정은 어떠해야 한다는 것이 있다면 왜 그렇게 생각하는지, 어떻게 그러한 목표를 성취할 수 있는지 그리고 자기 자신의 특별한 방식은 무엇이고 그렇게 하는 이유는 무엇인지를 점검해 보는 것이다. 일종의 비행 전 사전 점검인 것이다. 이러한 자기 점검을 통해 내담자의 복잡하고 독특한 반응 패턴을 알아 가는 작업을 준비한다.

물론 첫 면담 전에 내담자에 대해 파악할 수 있는 정보들, 예를 들어 기관에서 제공하는 여러 장의 질문지 혹은 의뢰자의 보고서 등을 모으는 데 많은 시간을 들여야 한다. 치료자는 내담자에 대한 편견 혹은 선입견을 가지고 관계를 복잡하게 만들고자 하는 의도가 없다. 내담자는 자기가 보여지고 싶은 대로 치료자에게 자신을 보일 권리가 있다. 내담자는 치료자가 자신에 대해 무언가를 알고 있거나 그럴 거라 유추하고 있다고 생각한다. 내담자는 질문지를 작성하는 데 혹은 접수 면접자와 면담하는 데 상당한 에너지를 썼을 수 있다. 그런데 자기 치료자가 이 자료를 사용하지 않는다면 무슨 소용이 있을까? 더 나쁜 것은 내담자가 치료자를 의심하는, 즉 치료자는 자신에게 정직하지 않을 것이고, 실제로 자신에 대한 어떤 결론을 내려놓고 있을 것이고, 그걸 자신과 공유하지 않을 거라 의심할 수 있다는 것이다. 분명한 것은 이러한 의심이 좋은 작업 관계를 형성하는 데 도움이 안 된다는 것이다. 모든 것을 감안할 때 치료자는 새로운 내담자에 대해 가용할 수 있는 모든 정보를 숙지해야 하고, 그렇게 했음을 내담자에게 알리는 것이 좋다. 그런 다음에 치료자는 내담자에 대한 어떤 의견을 구체적으로 가지기보다는 내담자에 대해 전혀 모른다는 전제 하에서 진행했으면 한다고 내담자에게 전할 수 있다. 내담자에게 직접 이야기를 듣는 것이 다른 누군가가 한 내담자에 대한 생각을 채택하는 것보다 훨씬 의미있는 일이다. 진정 이런 식으로 첫 만남을 시작한다면, 낯설고 새로운 상황에서 어디서부터 시작할지 혹은 무엇을 해야 할지 몰라 하는 내담자가 편안해지도록 도울 수 있다.

2. 치료 착수

당신 자신이 난생 처음으로 치료자와 함께 이제 막 앉아 있는 내담자라고 상상해 보라. 당신은 삶의 어떤 부분에 대해 정서적으로 고통스럽고 상처를 입은 상태다. 상황은 안 좋게 돌아가고 있고, 해결하기 위해 무엇을 해야 하는지 알 수가 없다. 자신이 상당히 부적절하고, 무능력하게 느껴지고, 자신이 알고 있는 다른 사람들보다 덜 가치롭다고 생각하고 있다. 다른 사람만큼 좋은 사람이 아니거나 자신에게 일어나고 있는 일들을 처리할 수 없는 사람으로 느낀다. 대부분의 사람은 도움을 구하는 바로 그 행동이 실패자임을 자인하는 의미로 받아들인다. 당신은 자기 문제를 해결할 수 없어서 어쩔 수 없이 돈을 지불하고 경청자에게 의지해야만 한다. 그래서 이미 스스로에 대해 기분 나쁘게 느끼고 있는 상태에서, 난생 처음 보는 낯선 이와 지금 앉아 있다. 그리고는 자신이 얼마나 무능하고 부적절한지 치료자에게 말한다. 더 안 좋은 것은 이 낯선 사람이 당신의 방어를 꿰뚫어 볼 수 있는 훈련받은 사람이고, 당신 내면의 어둡고 수치스러운 것을 타인들이 모르게 하려고 사용하는 전략들이 먹히지 않는 사람이라는 것이다. 더 나아가, 당신은 치료자가 당신을 꿰뚫어보도록, 당신에게 말리지 않도록, 벌거벗기고 여러 부분으로 나누고, 그중 당신이 그간 덮어 두려고 애써 왔던 바로 그 부분들을 똑바로 들여다 볼 수 있도록 도와야 할지도 모른다. 당연히 불안할 수밖에 없다.

첫 면담에서 치료자에게 가장 도전이 되는 과제는 내담자가 이완할 수 있고, 자신이 원하고 필요로 하는 것을 얻을 수 있는 곳일지도 모른다는 희망을 감히 가질 수 있도록 하는 환경을 조성하는 것이다. 자료를 모으고 기본적인 규칙을 정하고, 목표를 설정하는 일들은 가장 먼저 해야 하는 치료 환경 조성 과제보다는 후순위다. 치료적 환경을 조성하는 것은 치료에 선행하는 것이 아니다. 치료의 시작인 것이다. 내담자가 치료가 뭔가 다른 종류의 장소이고, 안전하고 진정 자기 자신을 위한 장소라는 것을 이해하기 시작할 때, 치유적 치료는 일어나기 시작하는 것이다. 만약 내담자가 이러한 경험을 하지 않는다면, 치료자는 중요한 어떤 작업들을 할 수가 없을 것이다. 치료자는 내담자가 뭔가 낯설고 불편한 것을 하고 있을 때 느낄 수 있는 불안을 경험하고 있다는 사실을 꼭 인지해야 한다. 내담자가 무엇을 기대하고 있는지를 물어라. 치료자가 첫 회기를 어떻게 운영하는가에 따라 반응이 달라질 것이다. **"우리가 실제 뭔가 작업하기 전에 기본적인 정보를 살펴볼 필요가 있을 것 같아요."** 혹은 **"아마도 함께 하면서 당신에 대한 많은 것을 질문하게 될 거예요. 그렇지만 저는 지금 그간 당신에게 무슨 일들이 있었는지에 대해 들으면서 시작하고 싶네요."**

내담자의 불안 수준에 주의를 기울이면서 동시에 내담자 목표 달성을 위해 효과적으로 작업하고자 한다면, 치료자가 해야 할 두 번째 과업은 내담자로부터 충분한 정보를 얻는 것이다. 그러나 치료자가 내담자를 평가하고 있는 동안, 내담자도 치료를 평가하고 있음을 기억하라. 치료자가 말하는 것의 가장 핵심적인 부분은 이곳, 이 사람, 이 과정에 대한 내담자의 첫 인상과 관련된 것이고, 이런 것들이 내담자 기대와 얼마나 부합하는지에 대한 것일 수 있다. 내담자는 두려울 수 있고, 그 두려움에 대해 말하고 싶을 수 있다. 예를 들어, 내담자는 여성 치료자와 작업할 수 있을지 확신하지 못할 수도 있고, 자신의 종교적 신념이 존중받을 수 있는지 알고 싶을 수도 있다. 혹은 비밀 보장에 대해 염려할 수도 있다. 이런 모든 걱정은 존중되고 논의되고 다루어져야 한다. 그렇지 않으면 치료실 중심에 앉아 있기는 하지만, 좋은 작업을 위해 필요한 친밀감을 방해하는 보이지 않는 벽을 치고 있을 것이다.

치료자가 이러한 사람과 이야기할 때는 자신의 치료적 의도와 유능함으로 설득하기보다는 정직하고 진솔한 관계를 맺으려 노력해야 한다. 또한 내담자가 어떤 사람이고 무엇을 원하고 있고, 치료자가 어떻게 도울 수 있는지에 대한 인지맵을 설계하기 시작할 것이다. 한꺼번에 하기에는 너무 많고 마음에 새길 것도 너무 많다. 이 모든 것을 해 나가는 데 도움이 되는 세 가지 원리가 있다. 첫째, 스스로 중심을 잡아라. 둘째, 내담자가 이끄는 대로 따라가라. 셋째, 자연스럽게 행동하라(진솔한 자기 자신으로 존재하라).

1) 중심 잡기

내담자와 마찬가지로 치료자들도 균형감이 깨질 수 있다. 내담자가 자신의 균형감을 다시 회복하는 것을 돕기 위해서는 치료자 자신이 중심을 잡아야 한다. 치료자의 개인적인 걱정거리들은 옆으로 치워 둬야 내담자와 작업하는 데 온전히 자신을 투입할 수 있다. 브렘스는 '중심 잡기'를 "지금 이 순간에 대한 온전한 자각(Brems, 2000, p. 290)"이라 했다. 치료자는 자기목표를 자각하고 있어야 하고, 자기기술에 자신감을 가지고 있어야 하며, 곧 수행할 과업에 집중할 준비가 되어 있어야 한다. 이렇게 중심을 잡고 있음으로 인해 치료자는 내담자가 어떻게 스스로 기능할 수 있는지를 보여 주는 하나의 모델로서 역할하게 된다. 나아가 중심을 잡고 있는 치료자를 보면서 내담자는 보호받고 있다고 느낄 수 있고 자기 문제를 다루어도 된다는 허용의 메시지를 전달받을 수 있다. 치료자의 중심 잡기는 첫 면담에서 특히 중요하다. 왜냐하면 첫 면담에서 내담자는 치료자가 어떤 사람인지, 자신에게 어떤 기대를 가지고 있는지, 치료자에게 기대할 수 있는 게 어떤 것인지, 치료란 것이 대충 어떤 것인지에 대한 첫인상을 형성하기 때문이다. 파인과 글래서(Fine & Glasser, 1996)에 따르면, 내담자의 인상은 관계 매우 초기에 형성되는데, 어쩌면 첫 회기의 첫 몇 분에서조차도 형성될 수 있음을 강조한다. 첫인상은 참으로 중요하다. 내담자가 치료자를 좋아하고 치료자가 유능하고 호혜적이라고 느낄 때, 치료 과정은 분명 더 부드럽게 흘러간다. 치료자가 자기 중심 잡기 기술을 배우고 훈련한다면 내담자도 또한 그렇게 할 가능성이 많아진다.

내담자가 도착하기 전에 치료자 자신이 내담자에게 전적으로 집중할 준비가 되어 있는지 스스로에게 물어보라. 자신의 마음이 깨끗하고 내담자가 말하는 것에 대해 개방적인 마음일 수 있는지 아니면 자기 셔츠에 묻은 얼룩을 내담자가 볼까 걱정하고 있는지, 자신이 응원하는 야구경기가 우천으로 연기됐는지 궁금해하고 있는지, 길거리 친구들과 돌아다니고 있는 아이들을 생각하고 있는지 살펴보라. 만약 당장 해결할 수 없어 보이는 것들로 전전긍긍한다면, 내담자와의 작업을 마무리하고 자기 시간을 가져라. 걱정할 수 있는 것들이라고 스스로 생각하면서 이것들을 목록으로 만들고 한편에 치워 두라. 우습게 들릴지도 모르겠지만 한번 해 보면 이것이 얼마나 효과 있는 전략인지 알게 될 것이다.

그리고 자기 호흡을 자세히 살펴보라. 뭔가 불편하고, 불안하거나, 잘 느껴지지 않는다면, 호흡이 얕거나 불규칙할 가능성이 높다. 내담자가 치료실에 들어오기 전에 호흡을 안정시킬 시간을 가져라. 깊이 들이쉬고, 천천히 숨을 밖으로 뱉기를 여러 차례 하라. 숨을 내쉬면서 몸에서 긴장감이 빠져나가는 것을 스스로 느껴보라. 몇 분 동안 자신의 몸과 감정에 대해 집중하는 기회를 줘라. 스스로에게 일깨워 줘라. 아직 시간은 충분히 있고, 하루 동안 이미 일어난 일들에 매이지 말고 혹은 다음에 일어날 수 있는 것들을 걱정하지 말고 지금-여기에 존재하라고 말이다. 이 과정을 순차적으로 할 수 있다면, 내담자와 함께하는 다음 한 시간 동안은 내담자에게 온전히 반응하면서 충분히 '지금-여기에서 함께' 존재할 수 있을 것이다. 만약 잠시라도 치료자 개인 주제들을 옆으로 치워 두지 못해 내담자가 가용할 수 있는 대상이 되지 못한다면, 자신의 주의 집중과 자각을 방해하는 미완결 주제를 해결하기 위해 동료, 슈퍼바이저 혹은 치료자를 만나야 할지 모른다.

2) 내담자 따라가기

치료자가 느긋해져서 스스로에게 집중하고 중심을 잡게 되면, 내담자를 만날 준비가 된 것이다. 자, 이제 내담자를 초대할 시간이다. 내담자의 욕구, 행동, 생각과 감정에 대해 문을 활짝 열고 들을 시간이다. 만약 내담자가 맹렬히 돌진해도 된다는 치료자의 허용의 신호를 기다린다면 신호를 줘라. 이미 말하기 시작하고 있다면 그냥 들어라. 내담자가 혼란스러워 하고 어느 정도의 이야기 구조를 필요로 한다면, 내담자가 말하고자 하는 것을 시작할 수 있도록 다가가 질문을 하라.

내담자를 통해 내담자를 알아 가기 위해서는 치료자는 내담자가 자신의 이야기를 할 수 있도록 하는 방법을 발견해야 한다. 특별히 중요한 이야기의 어떤 부분들이 있을 수도 있고, 명료화가 필요한 어떤 사실적 정보도 있을 수 있다. 그러나 지금 당장 그런 부분들에 대해 걱정하지 말라. 이후 살펴볼 수 있는 충분한 시간이 있다. 처음 시작할 때는 내담자가 자신의 의제를 따라가도록, 이 순간 자신의 전경에 떠올라 있는 그 무엇이든 간에 이야기할 수 있도록 격려해야 한다. 만약 치료자가 자기 질문 목록에 몰두하게 된다면, 내담자는 처음 방문하는 이곳으로 오게 한 이유들에 대해 언제 말하나 궁금해질 것이다. 처음 시작하는 새로운 내담자에게는 자신의 문제와 정서적 상처에 대해 말하는 것이 정말 끔찍할 정도로 위험하게 느껴질 수 있음을 꼭 기억하라. 내담자가 자기 이야기를 할 때, 치료자가 경청하고 있음을 알게 하고, 내담자 이야기에 충격을 받거나 기뻐하거나 기분 상하지 않아야 한다. 고개를 끄덕거리거나 내담자 말을 재진술하면서 격려하라. 서두르지 말라. 내담자가 자기 생각을 정리할 수 있도록 시간을 줘라. 무엇보다 내담자 문제에 대해 조언하거나 해결하려고 뛰어들지 말라. 치료자의 유능성을 증명하려고 애쓰지 말라. 훌륭한 경청자들은 그들이 경청하고 있는 사람에게 거의 항상 지혜롭고 현명한 사람으로 보인다.

특히, 초심 치료자들은 어떤 사회적 제스처를 통해 첫 회기에 내담자가 친숙함을 느끼도록 하려는 경향이 있다. 커피나 음료를 제공하거나 날씨나 교통상황에 대해 언급하거나 오늘 자신의 책상이 얼마나 지저분한지 말하면서 내담자를 편하게 해주려 한다. 이는 대체로 몇 가지 이유에서 좋은 생각은 아니다. 우선 전문적인 작업 관계에 적절한 말투가 아니다. 또한 치료가 어떤 것인지 오해할 수 있다. 내담자가 뭘 해야 하는지 불안과 혼란스러움이 커질 수도 있다. 브렘스는 "최고의 치료자들은 내담자와 사회적 한담(잡담)을 하지 않는다."라고 했다(Brems, 2000, p. 15). 그러나 어떤 특정 인종 집단과의 작업에서는 이런 보편적인 안내 지침이 예외일 수 있다. 이는 제10장에서 논의할 것이다.

이야기하는 방법에 맞고 틀린 것은 없다고 내담자에게 전하면서, 대화의 장으로 초대할 수 있는 시작하는 질문 혹은 진술은 매우 많다. **"당신에 대해 알고 싶네요. 지금 이 시점에서 어떻게 치료를 결심하게 되셨나요?" "지금 치료를 찾게 된 이유에 대해 말해 주세요." "나중에 어떤 구체적인 질문들을 하게 될 것 같은데, 지금은 당신 마음에 떠올라 있는 그 무엇이든 좋으니 저에게 말해 줬으면 좋겠네요." "당신을 어떻게 도와드리면 될까요?"** 첫 면담을 시작할 때는 내담자가 어디에서 시작하든 문제가 되지 않는다. 중요한 것은 내담자가 시작하고 그렇게 하는 동안 내담자의 치료를 특징지을 관계의 질을 경험하는 것이다. 존슨은 치료자는 "진실, 사실주의 혹은 정신병리의 관점에서 내담자가 언급하는 것을 평가하는 데(Johnson, 1996, p. 35)" 관심을 가지지 않기를 제안한다. 그저 치료자는 내담자를 경청하고, 이야기를 듣고, 내담자에 대한 관심과 존중의 마음을 가지고 있음을 느낄 수 있도록 해야 한다.

치료가 진행되면서 치료자는 많은 수준에서 경청한다. 가장 쉽고 가장 분명한 수준은 내용이다. 내담자는 자신에게 중요한 것을 말하고 있다. 그리고 누군가가 이것에 주의를 기울여 주기를 원한다. 내담자는 치료자가 그것을 기억해 줄 것이며, 이후에 이야기하는 내용과 그가 이미 이야기했던 것을 연결하여 이해해 주기를 기대할 권리가 있다. 또 다른 수준의 경청은 비언어적 의사소통에 해당한다. 몸짓, 목소리 톤, 시선 접촉과 얼굴 표정 등이 그것이다. 내담자의 비언어적 의사소통은 내담자의 실제적 단어에 대한 일정한 해설인데, 내담자가 표현하는 단어들이 진정 무엇을 의미하는지를 설명하거나 정교화하는 역할을 한다. 단어와 비언어적인 것들은 일종의 이중주다. 각각 중요한 역할을 하고 서로 상호작용하면서 진정한 메시지가 전달된다.

경청의 세 번째 수준은 스타일 혹은 패턴에 대한 것이다. 대화의 리듬, 그것의 일치성과 논리, 내담자의 적극적 혹은 소극적 입장, 보통 발달하게 되는 라포(혹은 그것의 결핍) 등이다. 처음으로 만나는 치료 시간은 치료 과정에 대한 미리보기와 같다. 또한 내담자의 사회적 상호작용 전체 세계의 축소판이기도 하다. 치료자는 치료 도입 회기의 전반적인 밀물과 썰물의 흐름에 주의 집중함으로써, 내담자의 관계, 자기감, 강점과 취약점에 대해 많이 알 수 있다.

3) 치료자 자신으로 존재하기

마지막 안내 지침은 가짜-전문가적 직업의식이 갖는 위험성에 대한 경고다. 치료자는 자기 자신을 어떻게 드러내야 할지 몰라서 불안하고 확신이 부족할 때, 그래서 내담자가 자신을 뭘 해야 할지 모르는 어설픈 아마추어로 보일까 봐 두려울 때, 아는 것이 많은 사람으로 보이려 비상한 노력을 할 수 있다. 전문용어와 심리학 용어를 섞어 쓰지 말라. 치료자는 내담자가 사용하는 것과 동일한 종류의 언어를 편안하게 사용할 수 있어야 한다. 터너와 헤르센은 다음과 같이 제안한다. "전문용어와 기술적 언어 대신에 내담자가 무엇을 하는지 그리고 어떻게 반응하는지에 대해 분명한 행동용어로 말해 주는 사람이 가장 훌륭한 면담자다. …… 이는 치료자가 정신분석적 접근 혹은 행동주의적 입장인지 상관없이 적용되는 진실이다 (Turner & Hersen, 1994, pp. 17-18)." 또한 무뚝뚝하거나 아무 반응을 하지 않거나 지나치게 사교적이고 친숙하게 대하면 진솔한 따스함과 관심을 담아내는 환경을 만들지 못한다. 자발적이고, 인간적이며 진심으로 대하는 치료자 자기 자신일 수 있는 것이 전문적 가면을 쓰는 것보다 훨씬 더 가치 있다. 이것이 가장 중요한 치료적 도구다. 당신이 이제 막 치료자가 되는 법을 배우기 시작한 사람이라 해도, 진정한 있는 그대로의 자기를 보여 주는 것을 주저하지 말라. 초심 치료자로서 새로운 역할을 편안하게 혹은 효과적으로 해내지 못할 수 있다. 물론 이후에는 경험이 쌓이면서 유능성과 더 많은 기술을 획득하게 될 것이다. 그러나 허울과 가식을 기꺼이 내려놓으려고 할 때, 유능감과 기술을 가장 빨리 획득하게 될 것이다.

'자연스러운 자기 자신으로 존재하기'는 단순한 원리이지만, 항상 실천하기는 그리 쉽지 않다. 당신은 때때로 스스로 자기 아닌 모습으로 있거나 모르는데 안다고 하며, 진실되지 못한 방향으로 빠지기도 할 것이다. 당신은 때론 내담자의 역경에 관여된 친구 혹은 친척들을 내담자와 함께 비난하면서, 혹은 조금만 더 이완된 상태라면 가능하지 않다는 것을 알겠지만, 자신이 제공할 수 있는 것보다 더 많은 것을 주겠다고 약속하면서 내담자와 잘 지내고 있다고 여길 수 있다. 그렇다고 절망하지 말라. 누구나 실수를 한다. 그리고 정직해지는 과정에서 때때로 비틀거리며 실수할 가능성은 있기 마련이다. 사실상 실수는 피할 수 없다고 본다. 그래도 괜찮다. 치료자가 위험을 감수하면서 자기 내담자와 진정한 접촉을 시도하고자 하는 관계라면, 내담자는 치료자의 실수에 대해 관대할 것이다. 치료자가 스스로에게 실수할 수 있음을 허용하라. 그리고 내담자에 대한 관심, 존중, 정직을 탑재한 진실한 태도로 돌아가라. 내담자를 진지하게 대하려 노력하고, 서로의 다름에 대해 훈습하고, 내담자와 진정한 인간 관계를 형성하는 것은 치료에 착수하기 전 과정에서 가장 중요한 부분이다.

3. 정보 수집

치료적 관계 형성에 대해 나눈 많은 이야기는 내담자에게 치료자가 진실하고 신뢰할 수 있는 사람임을 느끼게 하는 것과 관련되어 있다. 내담자의 치료자에 대한 신뢰감은 치료자가 자신에 대해 알아 가고 있고, 자신의 걱정과 고통을 수용하고 있다고 여길 때 생긴다. 다른 한편으로는, 내담자가 볼 때 치료자가 치료적 변화 과정을 시작하기 위해 필요한 정보를 수집하면서, 회기 내에서 무엇을 해야 하는지 알고 있다고 여길 때 생긴다. 첫 회기에서 내담자는 주로 치료자가 얼마나 자신의 얘기를 주의 깊게 경청하는지뿐만 아니라 치료자가 하는 질문의 질적 수준에 기초하여 치료자의 유능성을 평가할 것이다.

치료자마다 요청하는 정보의 종류, 순서, 세부 사항에 차이가 있다. 그럼에도 불구하고 한편으로는 "이 모든 것에 대해 다 알아낼 거다."라는 태도와 "내담자가 말하고 싶은 그 어떤 것이라도 좋다."라는 태도 사이에 최적의 균형점이 있다는 것에 대부분 동의한다. 패터슨과 웰펠(Patterson & Welfer, 2000)은 지나친 질문은 삼가라고 경고한다. 지나친 질문은 개방적 의사소통이 아니라 내담자를 역할에 순응하는 소극적인 상태로 몰아간다. 그럼에도 불구하고 치료자가 내담자에게 가장 효과적인 치료의 종류를(만약 있다면) 결정하기 위해 꼭 파악해야 하는 것들이 있다. 치료자의 가장 우선해야 할 일은 튼튼한 관계를 구축하는 것이지만 내담자를 소극적으로 만들 위험을 감수하고서라도 알아야 하는 정보들은 꼭 챙겨야 한다. 이미 지적한 바와 같이 '챙겨야 할 정보'에 주의를 기울이는 것은 실제로 치료자에 대한 내담자의 신뢰감을 강화하는 데 도움이 된다. 특히, 치료자의 질문 방식이 개방적이고 섬세할 때 더 그러하다.

개방형 질문은 딱딱하게 구조화된 심문 형태를 띠지 않고 필요한 정보를 구할 수 있다. 내담자가 자발적으로 제공하는 내용을 치료자의 질문으로 연결하는 매개로 사용하라. 치료자의 질문에 내담자가 답하기 전에 내담자가 원한다면 그 이야기에 대해 더 정교화할 수 있도록 허용하라. 그리고 가능한 한 언제든지 한두 마디로 답할 수 있는 질문은 피하라. "당신과 당신 파트너는 종종 다투나요?"보다는 **"당신과 당신 파트너 관계에 대해 말해 주세요."**라고 하라. "당신은 좋은 지지망을 가지고 있나요?"보다는 **"과거에 다른 사람들은 당신을 위해 어떻게 하였나요?"**라고 질문하라.

많은 치료자는 첫 면담을 하는 동안 내담자에 대한 매우 상세한 그림을 얻고자 노력한다. 어떤 치료자들은 첫 몇 회기를 거치면서 그림을 완성해 가는 것을 선호하기도 한다. 일부의 경우는 치료자가 소속된 기관 혹은 고용주가 구하는 어떤 정보를 요청받기도 한다. 처한 상황이 어떠하건 간에 치료자는 내담자에 대해 파악해야 할 기본적인 사실을 미리 결정하고 이를 명확하게 확인하는 것이 유익하다. 일단 치료자가 파악해야 할 목록을 맘에 새겨두면, 편안해질 수 있고 치료를 진행하면서 드러나는 다른 추가 정보들에 개방적으로 접근할 수 있다. 여기 비교적 철저하게 작성된 질문 목록이 있다. 치료자 자신의 '파악해야 할 항목 세트'를 만들어 사용하는 것은 유익할 수 있다.

① 사실적 정보(사전 확보된 자료가 없을 때): 주소, 전화번호(직장, 집, 휴대전화), 연령, 성별, 직업.
② 불만 사항: 무엇이 잘못되었나, 언제 시작되었나, 전에도 일어났었나, 안 좋게 돌아가는 다른 것이 있나, 이 모든 것이 지금 이 시점에서 내담자의 삶에 어떻게 영향을 미치고 있는가.
③ 신체 건강: 전반적인 신체컨디션, 식습관, 운동, 현재 복용 중인 약물, 질환, 상해, 수술, 물질사용(카페인과 니코틴 포함), 질환에 대한 가족력, 특히 정신과적 질환.

④ 현 주거 환경: 내담자 집에 살고 있는 사람, 집/직장/학교에서 보내는 시간, 하고 있는 다른 활동들, 전반적인 재정 상태, 법적 문제.

⑤ 역사: 가족사, 아동기 양육사, 자서전적 정보.

⑥ 관계: 결혼 상태, 중요한 인물, 자녀, 사회적 접촉과 사회활동의 빈도.

⑦ 강점: 친구, 흥미와 취미, 대처기제(현재의 어려움을 다루는 데 효과적으로 보이지 않는 내담자의 선택 행동들도 포함).

⑧ 직업사: 현재 직업, 고용 형태와 장점, 실직기간.

⑨ 학업사: 최종 학년, 무단결석, 유급, 학업장애.

⑩ 우울 수준: 자살 가능성, 과거 자살 시도와 현재 자살 사고.

앞의 질문 목록은 면담하면서 하나씩 확인하는게 아니라, 때로는 이미 다루어진 내용과 간과된 내용을 상기시키는 용도로 언급될 수 있다. 어떤 부분들은 따로 설명할 필요가 없는 것일 수도 있고, 어떤 것은 이미 수집된 정보를 다룰 수도 있으며, 어떤 부분은 내담자의 비언어적 행동으로부터 유추될 수도 있다. 많은 정보는 내담자에 의해 자연스럽게 자발적으로 드러난다. 정보가 자연스럽게 드러나지 않을 때는 질문하라. 경험으로 보건대 내담자가 혼란스러운 상태이거나 불안해하면 할수록, 직접적인 질문의 형태로 더 구조화된 방식으로 진행할 필요가 있다.

앞서 언급한 바와 같이 체계적인 질문 방식이 가진 대표적인 문제점은 내담자로 하여금 치료자가 책임을 질 것이고, 뭘 해야 할지, 언제 할지를 치료자가 알려 줄 거라는 기대를 갖게 한다는 것이다. 그러한 기대는 이후 치료적 작업에 심각한 방해가 될 수 있다. 궁극적으로 자기 작업은 자신이 해야 한다는 것을 알아야 한다. 수동적 참여가 아닌 적극적 참여가 되어야 한다. 치료자의 질문들이 무언가를 찾아내거나 꿰뚫어본다 하더라도, 내담자가 단지 뒤에 앉아 질문에 답하는 식의 수동적 참여와는 매우 다른 적극적 참여 방식이어야 한다. 만약 치료자가 첫 회기의 대부분을 정보 수집 활동으로 보내게 된다면, 내담자에게 첫 회기는 이후 다른 회기들과는 그 목적이 다르기 때문에 다른 방식으로 진행됨을 전달해야 한다. 예를 들어 보자. **"첫 번째 만남은 거의 항상 다른 회기들과는 다릅니다. 치료 과정에 대해 전달할 몇 가지 사항이 있습니다. 또한 이후 치료 회기에서는 아니겠지만 오늘은 좀 더 많은 질문을 드릴 겁니다. 그리고 마지막에는 저와 함께 작업하는 것이 당신에**

게 도움이 될 수 있을지를 결정할 것입니다." 이런 도입부 안내는 첫 회기 동안 일어날 것과 진짜 치료가 시작될 때 일어날 것을 분명하게 구분한다.

첫 면담에서 수집된 정보의 양과 종류는 일부분 치료자의 이론적 오리엔테이션과 제공하려는 치료 유형에 따라 달라질 수 있다. 행동주의 치료자는 변화시킬 구체적인 행동과 그 행동의 선행 사건과 결과에 대해 알 필요가 있다. 보다 정신분석적으로 접근하는 치료자는 내담자의 발달사와 초기 부모 형제와의 관계에 관심을 기울일 것이다. 내담자 중심 치료자는 의도적으로 치료 의제를 가지지 않고 내담자가 그 순간 자기 전경에 떠올라 있는 그 무엇이라도 말해 보도록 격려할 것이다.

치료자의 치료 이론에 부합하는 전략이 무엇이건 간에 내담자는 오직 내담자 자신의 인식과 신념에 대해서만 말할 수 있음을 기억하라. 내담자가 세상을 경험하고 이해하는 방식은 현재 사건들로부터 비롯된 것이 아니라, 내담자 전체 생애 사건들과 현재 상황의 상호작용에 의해 비롯된 것이다. 내담자가 주목하지 않고 있거나 언급할 만큼 중요하게 생각하지 않는 것들이 있을 수 있다. 아니면 내담자가 왜곡하거나 오직 선택적으로 말하는 것도 있을 수 있다. 생략과 왜곡된 것들 또한 중요한 자료다. 자신의 현재 문제를 해결할 능력이 없는 것은 자신의 참조 틀을 벗어나 새로운 가능성을 볼 수 있는 능력, 즉 너무나 익숙한 스트레스를 다른 방식으로 대처하는 능력이 없는 것과 관련되어 있다. 치료자가 수집한 정보는 내담자의 눈먼 영역, 즉 내담자를 제한하는 오래된 사고, 감정과 행동 습관들을 확인하는 데 도움이 되어야 한다. 이것들은 내담자의 개인적인 역사이기 때문에 스스로는 있는 그대로 볼 수가 없다. 이 점을 마음에 새겨둘 때, 치료자 정보 수집이 효율적이고 목적 지향적일 수 있다. 또한 수집된 정보는 특정 질문 순서를 버려야 할 때와 뭔가 잘못되어 가고 있음을 알아차리는 데 도움이 된다. 나중에 다시 돌아와 작업할 수 있게 된다.

정보 수집에 대해 마지막으로 하고자 하는 말은, 치료자는 내담자를 밀어붙이고 괴롭히거나 말하고 싶어 하지 않는 정보를 얻기 위해 꼼수를 쓰지 말아야 한다는 것이다. 대부분의 내담자에게 첫 면담 시간에 직면과 강요를 사용하지는 않는다. 코미어와 코미어(Cormier & Cormier, 1998)는 내담자를 직면시키기 전에 라포와 신뢰가 구축되어 있어야 한다고 했다. 내담자에게 민감하고 당혹스럽거나 고통스러운 것들을 개방하라고 요구하는 것은 치료자가 심문자 역할을 취하는 것을 의미한다. 이를 통해 치료자의 의제가 내담자의 것보다 더 중요하다는 인상과 함께 내담자보다는 치료자가 이야기 주제를 결정한다는 인상을 줄 수 있다. 그뿐만 아니라 만약 내담자가 다시 방문하게 된다면, 이후 진행될 치료 회기의 색깔을 정하는 힘겨루기가 시작될 수 있다. 때로는 아무리 고통스럽다 하더라도 치료자에게 모든 것을 쏟아부으려는 데 몰두하고 있는 내담자를 자제시키는 것도 필요하다.

어떤 내담자는 초기 면담에서 아직 안전한지도 모르는 환경인데 너무나 많이 이야기하고서는 노출당했다고 느끼거나 당혹스러워 할 수 있다. 그러한 내담자에게는 면담을 마친 이후 겪을 수 있는 공황 상태를 예방하기 위해 "조금만 속도를 늦추어 보세요."라고 제안할 수 있다. 신속한 평가를 통해 시작하자마자 '치료적 (therapeutic)'인 것이 최선이다(Brenner, 1982, p. 29).

훌륭한 안내 지침은 신뢰와 안전함이 가장 우선이어야 하고, 그다음이 정보여야 한다는 것이다.

1) 진단과 평가

만약 당신이 두통이 있거나 기침을 계속하거나 손목이 붓고 아파서 의사를 만나러 간다면, 당신은 의사가 당신을 살펴보고 뭐가 잘못되었는지 말해 주기를 원할 것이다. 당신의 질병에 대한 진단을 기대할 것이다. 생애 처음으로 치료에 온 많은 내담자는 이와 동일한 기대를 가지고 있다. 그리고 초심 치료자는 종종 빠른 진단을 제공하고 싶어 한다. 진단에 대한 부담은 첫 회기를 마치고 작성된 보고서와 진단이 완료되기를 원하는 기관이나 보험회사의 요청이 있을 때는 더해진다. 불행히도 논리적으로 치료에 앞서 진단이 이루어지는 의학모델은 심리치료에 거의 전적으로 적합하지 않다. 정확한 심리적 진단은 일련의 전체 회기에 걸쳐 이루어질 수 있기 때문에, 진단은 불가피하게 치료 과정과 뒤섞이게 되는 것이지 앞서거나 뒤서거나 할 수가 없다. 진단에 필요한 정보를 모으는 과정에서 치료가 일어날 수 있는 것과 마찬가지로 진단은 치료 과정에서 발견된다.

불안하고 방어적이거나 양가적인 내담자와 이루어진 치료 한 회기에 기초하여 정확한 평가가 이루어지는 것은 불가능할 때가 많다. 게다가 치료자의 평가 방식은 치료자가 사용하고 있는 치료 모델에 따라 달라질 것이다. 행동주의자의 기초자료, 교류분석자의 각본 분석, 다중모델 치료자의 BASIC ID, 이 모든 것은 미국에서 정신 진단을 위해 사용하는 표준안 DSM-IV[*](정신장애 진단 및 통계 매뉴얼, 4판. 1994년 미국정신건강의학회 발간)의 깔끔한 범주에 부합하지 않는다. 윤리적인 치료자의 첫 번째 책무는 내담자의 안녕이어야 한다. 즉, 치료 계획을 세우기 위해 자료를 모으고 가설을 형성하고, 이 특정 한 사람에게 치료적으로 행해질 수 있는 것을 알아봐야 한다. 다른 목적을 가진 평가는 후순위이어야 한다.

당신이 내담자를 진단하거나 명명하는 데 부정적인 느낌을 가진다 하더라도 그것은 종종 필요하다. 진단은 내담자의 치료 성과를 예측하는 데 그리고 경험적으로 가장 효과적인 치료를 선택하는 데 도움이 된다(Othmer & Othmer, 1994). 또한 치료자가 어떻게 질문해 나갈지를 안내한다. 그러나 치료자의 잠정적 진단을 확증하는 정보만을 찾고서는 안이해지지 않는 것 또한 중요하다. 그 진단은 검증되어야 할 가설이고, 만약 더 많은 정보가 가설이 틀렸음을 말한다면 버려야 한다.

만약 치료자가 근무하는 기관의 규칙 때문에 혹은 제3의 치료 비용 지불자에게 청구하기 위해 공식적인 진단을 내려야 한다면, 다음 두 가지를 깊이 유념해야 할 것이다. 첫 번째는 치료자가 사용하고 있는 진단체계(DSM-IV 혹은 다른 어떤 것이든)는 중요한 특징을 찾아내 간략화한 범주이기 때문에, 내담자가 말하고 보여 주는 것에 잘 맞아 떨어질 수도 있고 아닐 수도 있다는 것이다. 진단을 위해 가장 자주 사용되는 DSM-IV는 다소 협소하게 정의된 범주들이다. 종종 이러한 범주 중 하나에 내담자를 끼워 넣으려는 것은 마치 너무 작은 신발에 발을 끼워 맞추려고 애쓰는 것과 마찬가지다. 이런 식의 진단을 내리라는 요구를 받을 수 있다. 하지만 진단을 하고 나면 그 진단이 전적으로 정확해야 한다는 요구를 받지는 않는다. 기껏해야 대략적으로 얼추 맞아떨어진다. 두 번째는 치료자의 진단은 내담자에 대해 더 많이 배워 가면서 수정되고, 혹은 내담자 스스로 수정해 나가기도 한다는 것이다. 특히, 치료자가 조급하게 진단을 내려야 하는 상황에 처하게 된다면 이후 진단을 수정해 나가야 함을 꼭 기억해야 한다. 이후 이어지는 치료 회기에서 더 많은 정보가 드러나고 다른 결론에 이를지도 모른다. 그렇다고 치료자가 실수했다고 여길

---

[*] 역자 주: 미국정신의학협회(APA)에서 2013년 다섯 번째 개정판인 DSM-5를 발행함.

필요는 없다. 그보다 치료자는 새로운 정보에 개방적인 태도를 유지해야 한다. 치료자는 진단을 내린 이후에, 진단명을 사용하기 위해 그에 부합하는 정보들을 걸러 내고 싶은 엄청난 유혹이 생긴다. 이것이 자기 충족적 예언이다. 내담자가 뭘 하든, 뭘 말하든 상관없이 치료자는 내담자가 편집증 혹은 주요 우울장애나 불안장애라는 신념을 지지하는 방향으로 내담자 행동들을 해석할 수 있다. 최초 진단은 그 자체로 생명력이 있다. 정원의 잡초처럼 잡초를 뽑아내고 다른 보다 유용한 것으로 대체했어야 할 때조차도 지속되는 경향이 있다.

이러한 이유 때문에, 어쩌면 더 많은 이유로, 내담자와 공식적인 진단명에 대해 나누는 것은 대체로 좋은 생각이 아니다. 내담자에게 이런 저런 "장애를 가지고 있다."라고 말하는 것은 오해의 소지가 있을 뿐만 아니라 겁먹게 할 수 있다. 진단명은 엄청나게 사실적으로 들린다. 내담자는 자신이 들은 진단명이 잠정적인 하나의 가설, 즉 다수의 부분적으로 진술된 인상들을 요약한 약칭이라고 이해하기보다는 진실이라 여길 가능성이 크다. 그렇게 되면 이것이 내담자의 질병이 되고, 내담자는 자기 자신에 대해 자신보다 더 잘 알고 있는 누군가에 의한 치료를 수동적으로 기다리면서 무기력하고 무지한 사람이 되어 버린다.

4. 응답

내담자는 당연히 치료자로부터 답을 구하고자 한다. 무엇보다 스스로 답을 찾을 수가 없어서 치료자를 찾았기 때문이다. 자신이 뭐가 문제인지, 치료자가 자신을 더 나아지도록 도울 수 있을지 알고 싶다. 그리고 나아지는 데 시간이 얼마나 걸리는지, 얼마나 그 과정이 어려울지, 비용은 얼마나 드는지 알고 싶다. 나아가 입 밖으로 꺼내 물어보지 못하는 질문과 의식적으로 자각조차 못하고 있는 질문들도 있다. 예를 들어, "당신은 진짜 누군가요? 어떤 사람인가요? 내담자에 대해 이해하고 내담자의 편에서 진짜 돌봐 줄 건가요? 신뢰할 만한 사람인가요?" 등의 질문이다. 치료자에게 그 밖에 어떤 대답을 듣건 간에 내담자는 이미 이 모든 질문에 대한 자신의 답을 내릴 것임에 틀림없다.

허친스와 콜바우는 "내담자가 하는 구체적인 질문에 대해 직접적으로 응답하는 것이 가장 좋다."(Hutchins & Cole-Vaught, 1997, p. 57)라고 조언한다. 시작 때부터 개방적이고 정직한 의사소통을 보여 주는 것이 가장 좋다. 물론 내담자가 입 밖으로 꺼내지 않은 많은 질문에 직접적인 답을 할 수는 없다. 그러나 내담자가 요청하는 것에 대해 기꺼이 개방적인 태도를 취하거나 혹은 내담자의 최대 관심사가 아니라고 여겨져 정직하게 답하지 않는 것도 내담자를 어느 정도 안심시키는 데 도움이 된다.

대부분의 내담자가 가진 가장 긴급한 질문은 "문제가 뭔가요? 고쳐질 수 있나요?"이다. 다시 진단하기로 돌아오게 된다. 우리가 발견한 내담자에게 진단적 피드백을 제공하는 가장 유용한 방법은 두 단계를 거치는 것이다. 첫 번째는 내담자가 말한 내용을 요약하는 것이다. 그렇게 함으로써 치료자가 자신을 경청하고 있었음을, 자신이 이야기한 것을 이해하고 있음을, 그리고 차분히 감정 표현 없이 있다고 해서 말하고 있는 자신을 이상하거나 미친 사람으로 생각하지 않음을 전한다. 또한 내담자에게 제공하는 요약은 그 자체로 일종의 진단이고, 그 순간 내담자에게 일어나고 있는 것을 기술하는 것이다. 요약은 아마 적어도 정신의학 전문용어만큼 정확하고 내담자에게는 더 이해하기 쉬운 방식일 것이다. 만약 내담자와 기술적 진단 정보를 공유하기로 결심했거나 요청받는다면, 진단 과정을 이해하기 쉽도록 분명하게 설명해 줘라. 그리고 내담자에게 진단명은 치료자에게 전한 일련의 증상들을 설명하기 위해 사용하는 단어일 뿐임을 알려라. 그래야 진단명은 그저 일련의 특정 증상들의 약칭으로 전문가에 의해 사용되는 용어일 뿐이고, 평생 따라다니는 꼬리표가 되어서는 안 된다는 것을 내담자가 이해할 수 있다.

이제 요약을 해 줬으면, 두 번째 단계는 다음에 일어날 일을 생각하는 것이다. 당신은 내담자와 함께 계속 갈 것인가? 이 내담자가 치료에 적합한가? 내담자 문제를 다룰 수 있는 자격이 당신에게 있는가? 만약 그렇다면 당신이 내담자와 작업할 가장 좋은 사람인가? 만약 당신이 함께 작업한다면 어떤 방식의 작업이 될 것인가? 이러한 질문들은 첫 치료 회기가 마무리되기 전에 다루어져야 한다.

1) 내담자와 계속 갈 것인가

당신을 찾아온 모든 새로운 내담자에게 서비스를 제공하려 할지도 모르겠으나,

그렇게 하지 말아야 하는 많은 타당한 이유가 있다. 그중 단연 으뜸의 이유는 치료가 내담자에게 도움이 될 수 있는가와 관련되어 있다. 스카일러(Schuyler, 1991)는 성공적인 치료와 연관된 많은 환자 변인을 제시했다. 내담자의 도움 추구, 희망, 신뢰, 헌신, 준비도, 내담자에게 지각된 치료자의 유능성과 따뜻하고 안전한 치료적 관계, 자신에 대한 개방성 등이다. 이러한 요인들 중에 하나 혹은 더 많이 결여되어 있다면, 당신이 이 내담자와 효과적으로 작업할 수 있을지 재고해 보라. 이러한 요인들 중 하나가 빠져 있다고 자동으로 치료를 거절하라는 말이 아니라, 당신이 추구하는 특정 형태의 치료가 이 사람에게 유용하게 작용할 수 있을지에 대해 진지하게 생각해 보라는 뜻이다. 예를 들어, 치료 과정에 적극적으로 임할 준비가 되어 있지 않거나 자기 자신에 대해 기꺼이 이야기할 준비가 되어 있지 않은 사람과 효과적인 작업 관계를 구축하기는 매우 어렵고 좌절감을 느낄 수 있다. 당신은 이러한 어려움과 좌절을 감내할 준비가 되어 있는가? 실제 치료에서 우리는 법원 명령을 받아 온 내담자 혹은 오직 자신의 파트너를 달래는 차원에서 온 배우자처럼, 다른 사람의 요구를 충족시키기 위해 치료에 오는 내담자와 효과적인 작업을 하기는 대체로 어렵다는 것을 안다. 일부 치료자들은 또 다른 방식으로 그러한 내담자와 작업할지도 모른다. 그러나 우리는 대체로 그렇지 못했다. 치료자 각자는 자신의 한계와 경향성을 인지해야 한다. 앞으로 당신이 어떤 내담자를 만날지 결정함으로써, 어느 정도는 자신을 위한 방침을 빨리 생각하고 안내 지침을 설정하기 쉬워질 것이다.

특정 내담자와는 작업하지 않는다고 결정하는 또 다른 이유는 당신이 아닌 다른 사람이 그 내담자를 더 잘 도와줄 수 있기 때문이다. 당신은 어떤 유형의 문제들에 있어서는 그것들을 다루는 훈련이 안 되어 있을지도 모른다. 예를 들어, 아동 학대 혹은 성기능 장애 치료는 특화된 기술을 요구한다. 첫 면담의 목적 중 하나는 내담자에게 가장 적합한 치료를 확인하고 선별하고 의뢰하는 것이다. 만약 당신이 내담자가 보이는 문제들을 다루기 위해 필요한 훈련이 안 되어 있다면, 내담자에게 그렇다고 말하고 동료에게 의뢰하라. 그렇게 하는 것은 윤리 강령에 의거한 것이기도 하고, 단순히 생각해서도 좋은 것이고 상식에 부합하는 행동이다. 일부 치료자들은 이런 생각을 받아들이기 힘들어 하기도 한다. 이들은 다른 누군가에게 내담자를 의뢰하는 것이 자신이 실패했거나 무능하게 보일 것이라고 여긴다. 그러나 전혀 그렇지 않다. 적절히 의뢰할 수 있는 능력은 숙련되고 책임감 있는 실무자의 전형적인 특징이다.

어떤 내담자와의 작업 여부를 결정하는 과정의 또 다른 부분은 치료자와 내담자가 동일한 목표를 공유하는지를 살펴보는 것이다. "목표와 전략을 선택하는 과정에 적극적으로 참여하는 내담자는 치료적 권고 사항들에 보다 더 순응적이다. 따라서 내담자는 치료 목표가 내담자 자신의 개인적 목표라고 느낄 수 있어야 한다"(Tryon, 1998, p. 223). 치료자와 내담자는 치료를 통해 성취하고자 하는 것에 대한 동의를 반드시 이루어 내야 한다. 이러한 동의를 이루는 하나의 방법은 치료를 통해 얻고자 하는 내담자 목표에 대해 치료자가 이해한 것을 요약하고, 이에 대한 피드백을 내담자에게 요청하는 것이다. 대안적으로는 치료자가 내담자에게 적합하다고 생각한 자신의 잠정적 목표에 대해 언급하고, 내담자가 원하는 것과 일치하는지를 물어보는 것이다. 이때 개방형의 진술로 하고, 내담자가 보완하고, 더 자세히 진술하거나 수정할 수 있는 충분한 기회를 제공하는 것이 중요하다. 또한 치료자가 처음으로 공식화한 내용을 내담자가 편집하는 식으로 생각해도 도움이 된다. **"이것이 제가 이해한 우리가 향하고 있는 곳에 대한 내용입니다. 조금이라도 당신 생각과 부합하지 않는 것이 있다면 수정해 주실래요?"**라는 식의 편집하기는 내담자를 초대하는 좋은 반응이다.

내담자와 치료자가 치료적 목표들의 모든 구체적 사항에 다 동의할 필요는 없다. 둘 모두가 중요하고 작업할 만한 가치가 있다고 여기는 어떤 교차 지점을 발견하면 되고, 어느 한쪽이 불쾌하고 무례하게 느끼는 어떤 목표를 설정하지 않으면 된다. 목표는 이동하고 달라질 수 있고 치료가 진행되면서 때때로 재조정할 필요가 있다. 처음 메뉴는 치료 과정 내내 준수되어야만 하는 변경 불가능한 최종 계획이 아니라, 단지 시작점이고 작업 개시를 위해 필요한 견고한 기초다. 목표 설정에 대해서는 제4장에서 더 다룰 것이다.

만약 치료를 위해 내담자를 다른 곳으로 보내기로 결정한다면, 사실을 그대로 전달하라. 당신은 내담자가 여기보다는 다른 곳에서 도움을 더 잘 받을 수 있고, 당신보다는 다른 치료자가 내담자와 더 나은 작업을 할 수 있다고 믿는다고 하라. 이는 치료자가 무능한 사람이거나 내담자가 나쁜 사람임을 의미하는 게 아니다. 당신은 단지 내담자에게 가장 유익할 수 있는 치료를 제공하고자 할 뿐이다. 이런 정보는 당신 스스로 그러는 게 좋겠다는 타당한 이유가 확실해지는 즉시 내담자에게 제공하고, 누구를 추천할 것인가에 대해 내담자와 논의하라. 그렇기 때문에 첫 면담 초반부터 내담자를 도와주겠으니 당신을 믿어 달라고 하거나 당신과 함께하는 작업에 적극적으로 참여하라고 독려하지 말라. 결국 그 치료 회기를 마칠 때 내담자는 거절감만 느끼게 된다. 예를 들어, **"마티, 당신이 말한 어려움에 대해 들으니 저는 당신과 함께 작업할 가장 적합한 사람이 아니라 여겨집니다. 그러나 이 분야에 특화된 여러 명을 알고 있습니다. 이들 중 한 사람을 당신에게 추천해 드리고 싶습니다. 당신과 작업하고 싶은 마음이 있기 때문에, 이런 말씀을 드리기가 안타깝고 유감이지만 당신이 겪고 있는 문제들에 관한 더 많은 훈련과 경험이 풍부한 치료자를 만나는 게 좋겠다고 생각합니다."**

내담자가 알아야 하는 많은 정보와 함께 당신이 내담자와 작업하고자 하는 마음을 전하라. 당신과 계속 갈지를 내담자가 스스로 결정하기 위해 필요한 정보다. 치료자 당신은 내담자가 힘겨워 할 수 있는 것을 알려야 하는 윤리적인 책무가 있다. 또한 내담자는 당신의 자격과 전반적 방침(업무 시간과 비용, 보험 가능 범위, 고용인 부담, 늦은 취소 혹은 회기 불참에 대한 비용 지불 여부, 녹취 여부 혹은 다른 종류의 상세 기록 여부, 연체 비용 처리 방식)을 알아야 한다. 많은 치료자는 이러한 치료 방침을 설명하는 표준안을 사용하고, 첫 회기가 시작하기 전에 앞으로 만나게 될 내담자가 읽도록 요청한다. 이는 내담자가 치료에 참여하기 전에 자신이 뭘 시작하는지에 대해 확실히 이해하도록 돕는 시간을 주는 것이다. 내담자가 언제든 다시 확인할 수 있도록 치료 방침 안내 자료 복사본을 내담자에게 주는 게 좋다.

당신은 내담자와 이야기했고, 내담자와 작업하는 게 적절하다고 결정했고, 내담자는 당신이 어떤 식으로 작업하는지 알았고, 치료 방침을 읽고 서명했다. 그리고 당신이 이해한 내담자에게 일어나고 있는 문제가 무엇이고, 앞으로 어떤 게 일어날 필요가 있다고 생각하는지, 내담자에게 어떤 치료자로 임하게 될지 내담자와 대화를 나누었다. 그다음 단계에서 해야 하는 것은 내담자가 원하는 것을 파악하는 것이다. 내담자에게 직접적으로 물어라. 내담자가 이후 치료 회기를 예약할 것이라고 추측하지 말라. **"이러한 문제에 대해 저와 함께 작업하는 것을 어떻게 생각하시나요?"** 혹은 당신이 생각하는 것을 말하라. **"적어도 당분간은 일주일에 한 번 당신을 만나고 싶습니다. 어떠십니까?"** 당신은 내담자가 결정을 위해 진지하게 생각해 볼 시간을 갖도록 격려할 수 있다. **"사람들은 때때로 계속 할지 말지를 결정하기 전에**

하루나 이틀 정도 첫 치료 회기에서 있었던 일에 대해 생각해 보고 싶어 합니다. 우리는 많은 이야기를 나눴고, 이것들이 때론 압도적으로 느껴질 수 있다고 이해합니다. 생각할 시간이 필요하시다면 그렇게 하시고, 결정한 바를 알려 주시겠습니까?"

2) 어떤 식으로 내담자와 함께 작업할 것인가

치료 지속에 대해 당신이 묻기도 전에 이미 내담자는 결정할 수도 있고, 혹은 내담자에게 적합할 것으로 보이는 치료 종류에 대해 논의할 때 결정할 수도 있다. 첫 치료 회기 마지막 부분으로 가면 서로가 어떤 사람이고 치료가 어떻게 진행될 것인지에 대해 어느 정도 각자의 생각이 정리된다. 그러나 내담자는 심각하게 불리한 입장에 있다. 내담자는 단지 첫 면담에서만 치료를 경험했고, 첫 면담 회기 구조는 이후 회기와는 매우 다르다. 또한 내담자의 치료에 대한 생각은 다른 치료자와의 경험에 의해, 혹은 당신의 개인적 스타일과는 매우 다르고 종종 매우 부정적인 치료 과정을 보여 주는 영화, 책 혹은 TV에 의해 영향을 받을 수 있다. 기본적인 사항에 대해 자세히 설명하지 않으면, 서로가 생각하기에 올바른 일을 상대방이 왜 안 하는지 궁금해하며 거북하고 혼란스러워진다. 당신이 생각하는 이후 회기 동안 일어날 일들에 대해 직접적으로 내담자에게 이야기하는 것은 윤리적인 책무일 뿐 아니라 치료자의 훌륭한 치료적 감각이다. **"우리가 함께하는 이 시간은 당신이 원하는 것을 말하는 데 사용될 것입니다."**라는 반응은 비지시적 접근의 좋은 틀이다. 일부 치료자들은 내담자가 입찰 방식을 사용했으면 하는 마음이 있을지도 모른다. **"저는 치료 회기를 시작할 때마다 당신이 그 치료 회기 동안 다룰 구체적인 행동 혹은 문제가 무엇인지 물어볼 것입니다."** 또 다른 치료자들은 정서 탐색에 가장 관심을 가질 것이다. **"당신이 저에게 말한 것의 많은 부분이 고통스러운 감정과 연관되어 있고, 그 감정들은 삶을 즐기는 당신의 능력을 방해합니다. 함께 작업할 때 그 감정들을 탐색하고 변화시킬 수 있는 방법을 찾아갈 것입니다."** 모든 종류의 치료에서 진실이라고 여겨지는 기본적인 기대들이 있다. 그중 하나가 종종 의미 있는 향상을 볼 수 있기까지는 수 주일이 걸린다는 것이다. 그리고 때때로 내담자가 기분이 나아지기 전에 기분이 더 안 좋아지기도 한다는 것이다. 변화는 일정한 속도로 일어나지 않고, 종종 '이 보 전진을 위한 일 보 후퇴식'으로 일어난다(Meier & Davis, 1997). 이러한 치료가 갖는 면면에 대해 내담자와 논의하는 시간을 갖는 것도 유익할 수 있다.

그럼에도 불구하고 당신 자신이 기대하는 것을 공유하기 전에 내담자에게 치료에서 일어날 거라 기대하는 것이나 희망하는 것에 대해 이야기할 기회를 주어라. **"혹시 우리가 어떤 식으로 작업할 것인지에 대해 생각하고 있는 게 있나요?" "우리가 함께 작업하기로 가정한다면, 치료가 어떨 것 같은지 상상이 되나요?"** 만약 내담자가 이전 치료 경험을 가지고 있다면, 어떤 점이 특별히 도움이 되었는지, 도움이 되지 않았는지를 물어보라. 이런 질문은 내담자가 원하는 것을 스스로 명료화하는 데 도움이 된다. 그리고 내담자의 답변은 어느 만큼의, 어떤 식의 구조화가 내담자에게 가장 도움이 될 수 있는지를 치료자가 가늠하도록 돕는다.

당신 자신의 행동이 완벽하게 적합한 것이라고 확신한다 하더라도, 내담자에게는 이상하게 보이거나 이해할 수 없는 것으로 보일 수도 있음을 기억하라. 당신이 무엇을 하고 있고, 왜 하고 있는지를 내담자에게 말하라. 만약 당신이 노트 기록을 할 계획이라면, 그것이 어떻게 사용되고 처음 몇 회기 이후에도 그렇게 할 것인지 여부에 대해 설명하라(우리 견해로는 내담자가 말하는 동안 노트 기록을 하는 것은 내담자의 생각을 놓칠 뿐 아니라 내담자가 지금 말하고 행하고 있는 것에 대한 치료자의 주의가 흐트러질 수 있다). 힐과 오브라이언은 "내담자들은 치료자가 뭘 적는지 수상쩍어 하고 어떤 것은 적고 어떤 것은 적지 않는지 궁금해한다"(Hill & O'Brien, 1999, p. 89)라고 했다. 아직 모든 것을 생생하게 기억할 수 있는 치료 직후 몇 분 동안 급히 써 내려가는 것이 훨씬 낫다.

많은 치료자는 자신의 치료 회기를 녹음하고, 어떤 기관들은 정규적으로 훈련과 슈퍼비전을 위해 녹화를 한다. 다시 말하지만, 당신이 왜 치료 회기를 녹음하고, 그 녹음 파일을 어떻게 사용할 것인지를 내담자에게 설명하라. 그리고 내담자가 당신의 설명을 이해하고 수용했음을 확실히 하라. 특히, 녹음한 내용에 대한 비밀 보장, 즉 누가 들을 것인지 혹은 볼 것인지 그리고 내담자 인적 사항을 보호하기 위해 어떤 사전 조치가 있을지를 내담자에게 알리는 것은 매우 중요하다. 여러 주 동안 계속 녹음되는지 혹은 치료 회기에 대한 녹음 자료가 영구 보관되어 재사용되는지, 내담자의 친구 혹은 지인들(기관의 훈련 프로그램에 참여하는 학생, 같은 직장에서 일한 이전 동료, 그 지역에 있는 또 다른 기관에서 일하는 내담자 아내의 지인)이 녹음 자료를 듣거나 보지 않을 것임을 어떻게 확실시할 수 있는지? 녹음 자료가 어떻게 사용될 것이고 치료가 종결되면 어떻게 처리될 것인지를 간단히 설명하는 것만으로도 내담자의 불안은 대체로 충분히 누그러질 수 있다.

3) 얼마나 자주, 얼마나 오래, 어느 정도의 비용이 드는가

분명한 것은 내담자에게 치료를 얼마나 자주 할 것인지 그리고 어느 정도의 기간 동안 치료할 것인지를 말하기 전에, 치료자는 내담자를 위해 어떤 방식으로 하는 게 가장 유익할지를 결정할 필요가 있다. 구조화된 상황에서는 이미 대체로 결정된 사항이 있다. 모든 내담자는 매주 만나고 보통은 50분간 치료를 한다. 어떤 특정 내담자들에게는 빈도를 늘이거나 줄이는 게 더 유익할 수도 있다. 대부분의 내담자와 대부분의 치료 방식에서 일주일에 한 번 만나는 형태가 적합하다. 치료 약속을 지키는 과업을 단순화하는 게 내담자와 치료자 모두에게 도움이 된다. 치료 초반에 치료 가속도를 붙이기 위해서는 적어도 일주일에 한 번씩 치료를 할 필요가 있다. 이보다 더 긴 간격으로 가면 라포 발달이 상당히 느려지고 작업이 고르지 않게 되고, 쌓이는 게 아니라 단절된다. 어떤 내담자들, 특히 극심한 위기 상황에 있는 경우에는 일주일에 한 번보다 더 많이 봐야 한다. 경우에 따라서는 직장에서 허락하지 않거나 먼 데로 여행을 가거나 해서 매주 약속 잡기 어려운 경우가 있어 적은 빈도로 일정을 잡을 수도 있다. 내담자의 보험회사 혹은 내담자 자신의 재정 상황이 여의치 않아 전체 치료 횟수가 제한될 때는, 적은 빈도로 치료 일정을 잡는 게 수 개월에 걸쳐 지지적인 치료적 관계를 유지하는 방법일 수도 있다.

매주 보는 치료 회기처럼, 50분 치료도 치료 일정을 유지하는 데 도움이 된다. 어떤 이론적 고려라기보다는 대부분 치료자 편의성 때문일 때가 많고 이는 보편적인 현상이다. 50분은 여유를 가지고 자세히 탐색하고 작업할 수 있고 치료자나 내담자에게 지나치게 피로해질 만큼의 시간은 아니다. 게다가 50분 치료를 하면 치료자가 회기와 회기 사이에 10분의 휴식시간을 가질 수 있다. 10분 동안 얼른 커피 한 잔을 마시거나, 전화 업무를 하거나 화장실 볼일을 보거나 치료 회기 내용을 빠르게 정리할 수도 있다. 또한 10분 휴식은 다음 내담자가 도착하기 전에 머리를 맑게 환기할 수 있는 시간이기도 하다.

50분 치료 시간에 다소 편차가 있을 수도 있다. 아동이나 심각하게 혼란스러워 하는 성인은 50분 동안 주의 집중을 유지할 수가 없다. 그런 내담자의 경우는 한 주에 두 번씩, 매 회기 30분 진행이 더 효과적이다. 커플이나 가족 혹은 특정한 치료 과정에서는 한 시간 치료로는 그날의 작업 주제를 마무리하기에 충분치 않다. 90분 치료가 더 적합할 수 있다. 맥클린톡은 치료 일정을 잡을 때 유연한 접근을 선호한다. "나는 내담자에게 필요하다 여겨지고 금전적 시간적 여건이 허락한다는 전제하에서 만남의 빈도와 치료 시간을 다양하게 조정한다"(McClintock, 1999, p. 64). 다음에 다룰 주제는 치료 비용이다.

치료 비용은 얼마나 드는가? 오늘날 대부분의 정신건강 서비스는 관리 의료 체계 맥락에서 제공되기 때문에, 종종 처음 전화통화에서 치료 비용에 대한 질문을 다룬다. 당신은 보험회사에서 제공하는 치료자이기 때문에, 많은 내담자는 단순히 한번 둘러보는 마음으로 당신을 찾을 수도 있다. 이런 경우의 내담자들은 당신과의 치료를 통해 자신이 얻을 수 있는 이득에 대해 고민해 볼 것이다. 그러나 다른 내담자들은 자신의 친구나 다른 치료자로부터 의뢰받아 당신 이름을 알았을 수도 있다. 이런 경우는 당신과의 치료가 보험 적용이 되는지 명확하지가 않다. 내담자가 어떤 경로로 당신에게 왔든지 간에 치료 비용과 누가 지불할 것인지에 대한 논의는 가능한 한 빨리 이루어져야 한다. 치료 비용에 관해 논의하는 것은 많은 치료자에게 어려운 일이다(이후 제11장에서 더 자세히 다룰 것이다).

비용에 대한 질문은 직접적으로 있는 그대로 짚고 넘어가야 한다. 아무리 얼버무리려 해도 별 소용이 없을 것이다. 내담자가 자기 치료 시간에 대한 비용을 지불한다면, 그 비용이 얼마이고 어떤 방식으로 지불하는지 알아야 한다.

또한 이상적으로 내담자는 치료가 마무리될 때까지 어느 정도의 시간이 소요되는지에 대해 알 권리가 있다. 그러나 실제로는 정확하게 소요 기간에 대해 예측하는 것은 어렵거나 불가능하다. 특히, 단 한 번의 만남을 통해서는 더욱 그러하다. 내담자는 요구되는 치료 전체 기간에 대한 추정치를 치료자가 그 기간 동안 자신을 치유할 것이라는 일종의 약속으로 받아들일 수 있다. (여기서 누가 능동적이고 누가 수동적인지에 주목하라.) 당신은 내담자와 동일한 유형의 문제를 가진 다른 사람들이 보편적으로 어느 정도의 치료를 지속했는지 내담자에게 분명히 말할 수 있다. 이는 종종 어떤 일이 발생했는지 평가하고, 경과가 어떻게 되는지, 앞으로 얼마나 더 지속할 필요가 있는지를 효과적으로 결정한 후에, 당신과 내담자가 구체적으로 어느 정도의 치료 회기를 가질 것인지 설명하는 데 도움이 된다. **"대체로 보건기관에서는 치료 기간을 10회기로 제한하는 것으로 알고 있습니다. 앞으로 두 번 정도 더 만나(7회기 정도가 남아 있으니) 경과가 어떤지, 무엇을 성취했는지, 대략 얼마의 기간이 소요될지를 평가했으면 합니다. 괜찮으시겠습니까?"**

5. 회기 마무리

내담자와의 첫 번째 만남에서는 앞으로 수 주일 동안 지속될 미래 회기들의 풍미를 결정할 모든 전제조건이 만들어진다. 상대적으로 작은 사안들, 즉 누가 어디에 앉는지부터, 보다 중요한 말하고 침묵하는 패턴, 논의할 주제를 결정하는 것, 어디까지 존중될지 혹은 안 될지 등, 내담자는 당신과 함께 하는 치료가 어떠할지에 대한 자기 신념을 발달시킬 것이다. 첫 만남을 마무리할 때 치료자와 내담자 모두에게 가능한 한 편한 방식으로 면담을 마무리하는 패턴을 설정하는 것이 특히 중요하다. 많은 초심 치료자는 내담자가 원한다고 생각하고는 첫 치료 시간을 늘리려고 한다. 상식적으로 우리는 다른 사람이 말할 때 끊어서는 안 되고, 상대가 준비가 되기 전에 대화를 떠나서는 안 되기 때문에 마무리하기를 어려워한다. 무엇보다 우리는 살아 오는 내내 다른 사람들에게 예의를 갖추어 대하라고 배워 왔다. 그렇기 때문에 첫 치료 회기의 마지막 순간은 치료자의 한계에 대한 첫 번째 시험대이자, 내담자와 치료자 모두를 위해 치료자가 회기 시간을 늘리는 것은 정말 '안 된다'고 할지, 한다면 어떻게 말할지를 고민하게 되는 첫 번째 순간이다.

설정된 시간 틀을 준수하는 것이 중요함에도 불구하고, 너무 갑작스럽게 내담자를 중단시키는 것은 현명하지도 유익하지도 않다. 내담자가 한창 긴 설명을 하고 있을 때, 특히 정서적으로 한껏 올라와 뭔가를 다루고 있을 때, "미안합니다, 우리의 시간이 다 되었네요."라고 말하는 것은 차갑고 인정머리 없다고 느껴지게 할 수 있다. 그렇지만 내담자를 방해하지 않으면 할당된 시간을 넘어 시간이 늘어지게 될 수 있다. 이러한 딜레마를 피하는 방법 중 우리가 아는 가장 좋은 방법은 적어도 진짜 마쳐야 하는 시간의 10분 전에 면담을 마무리하기 시작하는 것이다. 예를 들어, "오늘 함께할 수 있는 우리의 시간이 이제 몇 분밖에 안 남았습니다. 그래서 지금 말씀하고 계신 내용 중 일부분은 우리가 다시 만날 때까지 잠시 보류해 두어야 할 것 같습니다. 그래도 제가 주된 핵심 내용을 제대로 이해하고 있는지 한번 살펴보시기 바랍니다……." 혹은 "우리의 시간이 거의 다 되었네요. 오늘 마치기 전에 당신과 함께 몇 가지 명료하게 정리해야 할 내용이 있습니다."라고 할 수 있다. 이런 식으로 주목시키게 되면, 치료 시간이 끝날 때 두 사람 모두에게 해당하는 주어진 시간의 현실을 수용하기 쉬워진다. 코미어와 해크니(Cormier & Hackney, 1999)는 치료 회기를 마무리할 때 치료자가 회기를 요약해 주면 지속성을 가질 수 있고, 치료자가 자신을 경청하고 있었음을 알게 된다고 했다. 또한 다음 회기에 올 때까지 수행할 과제를 제안하는 것도 좋은 방법이다. "시간이 다 되어 가네요. 아이들이 말을 안 들을 때 당신과 아내가 서로 돕기보다는 어떤 식으로 갈라져서 서로로부터 멀어지는지에 대한 오늘의 이야기는 매우 중요하다고 여겨집니다. 그것에 대해 다음 시간에 더 이야기를 나눌 수 있기를 기대합니다. 혹시 다음 한 주 동안 간단한 메모를 해 볼 수 있을까요? 그러면 우리가 두 사람의 갈등적 관계가 구체적으로 어떻게 반복되는지 살펴볼 수 있을 것 같습니다."

당신 상담실에 시간을 확인하기 위해 너무 많이 애쓰거나 머리를 움직이지 않아도 되는 곳에 시계를 꼭 비치해 두라. 사실 상담실 안에 전략적으로 배치한 몇 개의 작은 장식용 시계를 두는 게 좋다. 내담자가 어디에 앉든지 상관없이 치료자는 여러 시계 중 하나를 확인할 수 있기 때문이다. 내담자가 주의를 기울이지 않을 때, 손목시계를 곁눈질로 슬쩍 확인하거나 한쪽 벽면에 있는 시계를 훑어보는 것은 좀처럼 용이하지 않다. 내담자는 치료자가 뭘 하고 있는지 알 것이고, 은밀하게 시간을 확인하려 한다고 인식할 것이다. 그러한 치료자의 행동은 내담자가 서둘러야 한다거나 치료자가 지루해하고 있다거나 자신이 뭔가 잘못하고 있다는 의미로 해석될 수 있다. 또한 남은 시간이 얼마나 되는지 혹은 시계를 확인해야 하는지 아닌지에 대해 고민하게 되면, 내담자에 대한 그리고 내담자가 말하고 있는 것에 대한 치료자의 집중력은 저하될 수 있다. 치료자는 필요한 과업을 수행하고, 우아한 마무리를 위해 시간을 관리할 수 있어야 한다. 그리고 최대한 자연스러운 시간 관리가 가능하도록 상담실을 배치하라.

회기를 마무리할 때 치료자는 내담자 의제에서 치료자 자신의 의제로 이동할 필요가 있다. 이런 이동은 치료의 연속성에 대한 전체적인 의논을 하기 위한 도입부가 될 수 있다. 그리고 치료자가 논의를 마무리할 수 있도록 충분히 일찍 시작해야 한다. 만약 그러고도 시간이 남는다면, 치료자는 의제 이동을 하기 전에 내담자가 말하고 있었던 그 어떤 것으로라도 돌아갈 수 있다. 혹은 회기를 마칠 수도 있다. 첫 치료 회기를 명확히 어느 정도의 시간 동안 지속해야 한다는 마법의 법칙은 없다. 그리고 만약 모든 것이 편안하게 마무리된다면, 다시 들여다볼 필요가 없을 것이다. 경험에 비추어 봤을 때, 당신은 어떤 사안들을 편안하게 마무리하는 데 요구되는 시간을 가늠하는 법과 내담자와 다시 만날 때까지 어떤 주제를 보류하는 방법을 배울 것이다.

가능하다면 언제나 첫 치료 회기는 긍정적인 분위기에서 마쳐라. 당신의 내담자는 희망을 가지고, 자신의 문제들이 해결될 수 있다는 생각을 가지고, 치료가 자신의 문제를 훈습해 나가는 데 도움을 줄 것이라는 생각을 가지고 떠날 수 있어야 한다. 종종 과제를 부여하는 것은 이러한 목표를 성취하게 한다. 단순히 내담자 자신의 문제에 대해 무기력하게 견디기보다는 무언가를 해 보는 것 자체가 좀 더 기분을 나아지게 한다. 또한 내담자를 칭찬할 수 있는 긍정적인 면들을 찾아보는 것도 도움이 된다. **"당신이 보여 주는 충성심에 말문이 막혔어요. 물론 고되고 힘든 일일 수 있지만요."** 혹은 **"정서적으로 혼란 속에서도 아이들 돌봄을 지속하는 당신의 능력은 정말 인상적이에요."** 하는 식의 반응은 내담자가 늘어난 자기 가치감을 느끼면서 떠날 수 있도록 돕는다. 그러나 추상적인 진부한 이야기를 하거나 지키지 못할 약속을 하지 않도록 조심하라. "당신은 몇 주 내에 분명히 달라진 것을 느낄 수 있을 것입니다." 혹은 "지금 당신이 나쁘게 느끼는 정도만큼은 거의 느끼지 않을 것입니다."라는 식의 회기 마무리는 대체로 좋은 방법이 아니다. **"당신을 알게 되어 좋았습니다. 앞으로 함께 작업해 나가기를 기대합니다."**라고 하는 게 더 현실적이고, 더 신뢰할 수 있기 때문에 더 안심시킬 수 있다.

한 시간이 지나고, 웃으며 어쩌면 악수도 하고 내담자는 돌아간다. 만약 당신과 내담자가 계속 가기로 했다면, 두 사람 관계에서 일어나는 가장 흥미롭고 도전이 되는 그런 관계 중 하나로 들어서는 것이다. 당신이 실제로 내담자와의 관계가 도전적이고 흥미롭다고 인식하지 못한다 하더라도 이미 그런 관계는 시작된 것이다.

제4장
▬ ▬ ▬ ▬

치료 초반 단계

늘날 심리치료의 많은 부분을 특징짓는 관리 의료환경
에서조차도 치료 단계는 여전히 존재한다. 단계들이 더
짧아졌을 수는 있지만 여전히 존재한다. 치료 초반 단계는 내담자와의 연결성을 구
축하고 서로에 대해 알아 가고, 성취하고자 하는 것에 동의하는 시간이다.

초반 3회기 내에 작업 관계와 치료적 동맹을 구축하는 것은 성공적인 치료 성과
를 예측하게 한다(Luborsky, Barber, & Crits-Chriestoph, 1990). 작업 관계와 치료적
동맹 구축은 이후 작업에 매우 강력한 영향을 미치기 때문에, 치료 초반 단계는 가
장 중요한 과정일 수 있다. 만약 초반 단계가 분명히 잘 흘러가지 않는다면, 그 이
후 단계를 기대할 수는 없을 것이다. 건강한 작업 관계를 구축하는 것이 바로 치료
초반 단계인 것이다. 관계가 구축될 때 내담자는 치료 중반 단계로 이동한다. 그러
하기에 초반 단계는 내담자가 신뢰감을 형성할 수 있고, 허용과 한계를 경험하며,
치료적 과정이 어떤 것인지 이해하고, 치료를 통해 어떤 종류의 학습과 변화를 기
대할 수 있는지를 알 수 있도록 돕는 시간이다.

치료 시작점에서는 모든 것이 새롭고 이상하다. 내담자나 치료자 모두 서로에게
어떤 것을 기대하는지 아는 게 없다. 내담자는 난생 처음 치료 장소로 오게 한 그
고통으로부터 벗어나기를 원하고 지금 이 순간도 마찬가지다. 치료자는, 특히 초심
자라면 내담자에게(그리고 자기 자신에게) 치료를 통한 변화와 차도를 이루어 낼 수
있음을 증명해 내기를 원할 것이다. 만약 보험회사가 있다면 치료 비용을 최소화하
기를 원할 것이다. 이러한 모든 요인은 '서둘러라, 빨리 고쳐라, 빨리 변화시키라.'
라는 압박으로 작용한다. 모든 이는 결과를 갈망한다. 그러면서 내담자는 자기 자
신의 강점, 자기 변화와 성장을 위한 리듬, 자기 자신을 발견해 나갈 수 있는 분위
기 조성의 중요성을 너무 쉽게 간과하게 된다. 성과를 가져오는 치료자의 재빠른
비법들보다 내담자 자신의 독특한 내적 과정이 훨씬 더 중요하다. 내담자 스스로가
고쳐 나가는 것이 지속적이고 의미 있는 변화를 가져올 수 있다. 치료자에 의해 고
쳐지는 것은 아무리 현명한 것이라 해도, 기껏해야 일시적인 안도감을 줄 뿐이다.

가장 훌륭한 치료는 치료자에게 의존하게 하는 게 아니라, 내담자 자신의 지혜를 발견하도록, 그들 자신의 변화를 만들어 낼 수 있도록, 그들 자신의 유능성을 존중할 수 있도록 안내하는 데 기여하는 것이다.

이미 알다시피, 치료 초반 단계를 위한 가장 훌륭한 조언은 '속도를 늦추고 느긋해지라.'는 것이다. 건물 기초 공사를 위해 시멘트를 쏟아붓는 것은 벽, 문, 창문틀을 잡는 작업에 비해 덜 극적이다. 하지만 가장 먼저 해야 하는 작업이다. 내담자와 치료자 간의 관계는 공고히 구축되어야 하고, 성장의 발판으로 기능하기 전에 내담자가 경험할 수 있어야 한다. 톰슨은 "치료적 관계는 돕는 과정의 핵심이다."(Thompson, 1996, p. 32)라고 했다. 이 관계는 치료자의 수용과 치료자에 대한 개방성과 더불어 내담자의 적극적 관여를 포함해야 한다. 코틀러에 따르면, "조력하는 관계는 특히 안전하고 일관되고 신뢰할 수 있는 그런 관계일 때, 다른 모든 것을 한데 모아 떨어지지 않도록 하는 접착제 역할을 하게 된다"(Kottler, 2000, p. 55). 접착제가 굳으려면 시간이 걸린다. 이 과정에서 내담자의 즉각적인 신체적 안정이 가장 우선이다. 만약 당신이 이 조언을 진지하게 받아들이고 새로운 내담자와의 관계에서 당신이 해야 하는 가장 우선 과제로 인식한다면 보너스를 얻게 될 것이다. 안전하고 일관되고 신뢰할 수 있는 관계에서 내담자는 거의 항상 어떤 안도감과 새로운 희망을 경험하게 된다.

이제 작업 관계를 구축하는 일에 대해 살펴보자. 관계 구축에 포함되어 있는 기술적인 과업이 다소 많이 존재한다. 당신이 이러한 기술적인 과업에 집중하고 잘 해내게 된다면, 대체로 내담자의 초반 변화와 성장은 자연스럽게 따라올 것이다.

1. 라포

우리는 제3장에서 자신의 삶을 관리하는 데 실패했고, 기본적으로 괜찮지 않다는 신념을 가진 새로운 내담자가 보이는 전형적인 패배감에 대해 이야기했다. 오랜 기간을 거쳐 발달시켜 온 방어기제 유형에 따라, 내담자는 치료 상황에서 자신을 강하게 보이는 방식으로 반응할 수 있다("전 진짜 거의 모든 걸 해 봤어요. 전 그저 이런 저런 것들에 대해 이야기하고 약간의 도움을 받고자 할 뿐이에요."). 혹은 얼어붙어 진짜 자신이 원하는 것이 무엇인지 모른 체하거나, 아니면 주어진 가능한 첫 번째 기회의 순간에서 눈물바람이거나 분노하거나 뚱하니 무기력한 태도를 취할지도 모른다. 우리가 '방어'라 할 때는 내담자가 진정 생각하고 느끼고 있는 것을 감추기 위한 의식적인 노력을 의미하지는 않는다. 오히려 정반대다. 내담자들은 자신을 보호하고 삶에 대처하는 방법들을 학습해 왔다. 이 방법들이 내담자고, 내담자는 그런 방법 이외의 다른 방법으로 할 수 있다고는 거의 생각할 수가 없다.

내담자의 반응이 어떠하든지 간에, 그것은 내담자가 지금 이 순간 당신에게 보여 줄 수 있는 최고치다. 그리고 내담자는 치료자로부터 오직 기본적인 하나를 필요로 한다. 수용이 바로 그것이다. 내담자는 치료자가 있는 그대로의 자신을 수용해 주기를, 경청해 주기를 그리고 자신이 말해야 하는 것을 살펴봐 주기를 원한다. 칼 로저스(Rogers, 1951)는 이런 수용을 "무조건적인 긍정적 존중"이라 했고, 이것이 치료적 변화에 반드시 필요한 세 가지 필요충분조건 중 하나라고 믿었다. 그러나 처음에는 내담자가 수용을 거부하고 불신할 수도 있다. 사실 내담자가 관계를 더 좋게 느낄수록, 관계에서 더 많이 수용되고 편안함을 느낄수록, 치료자의 초대에 더 몰두하게 될수록, 내담자는 한편 더 두려워질 수도 있기 때문이다. 내담자는 어떠한 관계도 감히 신뢰할 수가 없다. 내담자에게는 고통과 실망으로 끝난 사람들과 관련된 수많은 과거 경험이 있기 때문에, 치료자와의 관계가 그것들과 다를 수 있다고 기대하는 것은 안전하지 않다고 생각한다.

새로운 내담자가 그런 마음으로 치료자의 맞은 편 의자에 앉아 있다. 겁먹고, 고집스럽고, 슬프고, 강한 그런 내담자다. 내담자가 세상으로부터 자신을 감추기 위해 사용하는 가면 아래에는 대체로 매우 의기소침한 존재가 있다. 내담자 자신은 진정 매우 좋아하기 힘들거나 이해하기 어려운 사람이기 때문에, 치료자도 자신을 이해하지 못하거나 자신을 좋아하지 않을 거라 생각하고 두려워한다. 당신이 치료자로서 우선적으로 해야 하는 일은 이 사람의 모든 것을, 즉 기저하는 감정뿐만 아니라 그 가면까지도 수용하는 것이다.

내담자가 내세우고 있는 것에서 과거를 파기 시작하는 것은 너무 빠르다. 그렇다고 내세우고 있는 게 다인 양하면 너무 늦는다. 당신은 거기에 있는 한 전인적 인간을 위해 존재하는 것이고, 내담자가 당신에게 보여 줄 수 있는 것을 위해 존재하는 것이고, 내담자가 지금 바로 이 순간 숨겨야 하는 것을 위해 존재하는 것이다. 내담자가 당신에게 보여 주는 것을 소중히 여기고, 내담자의 속도에 따라 스스로를 숨길 권리와 욕구를 존중한다. 나중에 당신은 밀어붙이기로 결심할 수도 있고, 직면시킬 수도 있고, 사용할 수 있는 어떤 기법들을 적용할 수도 있다. 그러나 지금은 아니다. 지금 그저 당신이 해야 하는 일은 당신이 할 수 있는 만큼 전적으로 완벽하게 경청하면서 내담자와 함께 존재하는 것이다.

　내담자와 치료자 간에 거의 실재하는 접촉감과 신뢰감을 의미하는 라포는 치료자의 수용을 통해 형성된다. 그리고 치료자의 수용은 치료자가 판단하지 않거나 재촉하지 않고, 인내심으로 가지고 경청하는 모습을 통해 전달된다. 치료자의 진솔한 수용은 치료자가 사용하는 언어뿐만 아니라 얼굴 표정, 자세, 억양, 제스처로도 나타날 것이다. 코미어와 해크니가 지적하기를, "당신의 행동은 내담자가 안전감을 느끼는 데 영향을 미칠 수 있으며, 당신의 수용, 이해와 헌신을 내담자가 경험하기 시작하면서 그의 취약함, 불확실감과 경계 혹은 신뢰 부족감은 옅어지기 시작한다."(Cormier & Hacknet, 1999, p. 34)라고 했다. 치료자는 더할 나위 없이 내담자에게 관심을 가지고 더 많이 듣고자 애쓸 것이고, 또한 인내할 것이고 내담자의 속도와 방식을 따를 것이다.

　"치료는 내담자의 이전 다른 관계에서 경험했던 것보다 더 거리낌 없이 말하고 이해받을 수 있는 기회를 제공한다. 처음으로 이런 이해받는 경험을 하게 되면, 내담자는 자신이 보여지고 있고, 더 이상 '혼자'가 아니라고 느낀다"(Teyber, 2000, p. 46). 치료자의 관심이 내담자를 제한하는 게 아니라 지지하는게 되면, 내담자는 안전하다고 느끼기 시작한다. 바라거나 요구하지 않은 채 기울이는 치료자의 관심과 알고자 하는 자발적 기꺼움은 요즘 인간 관계에서는 정말 찾아보기 힘든 것이다. 내담자는 그런 상황에서 뭘 해야 하는지에 대해 잘 모를 수 있다. 처음에는 경계하며 신뢰하지 않을 수 있다. 그러나 치료자와 자신에 대한 신뢰 가능성을 시험해 보는 과정이 일단락되면 신뢰는 성장한다.

　내담자가 자신의 문제에 대해 기꺼이 자유롭게 말하게 되면, 경청, 존중, 내담자와의 접촉 유지는 상대적으로 쉬워진다. 그러나 종종 내담자는 어디서 어떻게 시작해야 할지 모른다. 모든 것이 혼란스럽고 엉켜 있다. 정말 자신의 핵심적인 문제가 뭔지, 그것을 어떻게 설명해야 할지 모른다. 그저 전반적으로 다 나쁘다고 느껴질 뿐이다. 만약 내담자들이 뭐가 잘못되었는지, 왜 그런지를 안다면 자기 스스로 그것을 해결할 것이다. 많은 내담자는 자신의 문제를 잘 정리해서 논리적으로, 순차적으로 말해야 한다고 생각하고 치료에 임한다. 그러나 그들의 삶이 그런 논리적 패턴을 따르지 않는 것으로 보이기 때문에, 어떤 것을 어떻게 말해야 하는지를 모르는 것이다. 또 다른 이들은 치료자가 논리적으로 잘 정리해서 말해 줄 것이고, 치유되게 하는 어떤 신비한 구조를 제공할 것이라고 기대하며 오기도 한다. 그래서 그들은 치료자의 지시와 질문을 기다리며, 해야 할 것을 알려 주기를 기대한다. 그런 내담자와 작업할 때는 치료자는 내담자가 어떤 대답을 하든지 다 괜찮다고 확인시켜 주면서 자기 표현을 할 수 있도록 이야기 구조를 제공할 수 있다. **"당신이 지금 이 순간 느끼고 있는 것에 대해 말해 주세요."** 혹은 **"지난 며칠 동안 당신에게 어떤 일들이 일어났나요?"**라는 반응은 좋은 시작이다. 혹은 이렇게 말할 수도 있다. **"여기서 말하는 데 있어 맞고 틀린 건 없어요. 원하는 어떤 것이라도 좋으니 시작해 보세요. 그러면 제가 정리하는 것을 도와드릴게요."** 내담자가 어디서부터 시작하는가는 정말 중요하지 않다는 사실을 기억하라. 그래야 뭔가 느리게 가는 것처럼 보일 때도 치료자 스스로 좌절하지 않는다. 내담자가 말하는 모든 것은 연결되어 있고 시작점을 내담자가 선택하는 것은 내담자가 말하는 다른 어떤 것들만큼이나 중요하다.

이러한 초반 몇 회기 동안 인내심을 가지는 것은 매우 중요하다. 치료자가 비언어적으로는 내담자가 말하고 있는 것을 그만했으면 하면서, 언어적으로는 괜찮다고 안심시킨다면 내담자는 믿을 수가 없을 것이다. 우리는 우리가 내담자에게 하는 모든 것을 통해 스스로를 정의한다. 우리가 진짜 느끼고 있는 게 조바심 혹은 못마땅함이라면 사실상 내담자에게 숨기기란 불가능하다. 내담자들은 놀라울 정도로 우리가 내놓는 아주 작은 기색에도 민감하다. 우리가 보이고 있는 기색을 인식하지 못할 수 있는 것처럼, 내담자도 자신이 우리에 대해 어떻게 추론하고 있는지 인식하지 못하고 있을 수 있다. 그러면서도 내담자는 다소 복잡한 정보 분석을 행하고 있을지 모른다. 퐁과 그레스바흐(Fong & Gresbach, 1989)는 다음과 같이 말한다. "신뢰감을 키우기 위해서는 내담자는 신뢰할 수 있는 관찰 가능한 예시를 봐야만 한다. 그래서 내담자는 어느 정도의 시간을 거쳐 신뢰성을 평가하고자 하는 욕구를 해결하기 위해 의식적·무의식적으로 '시험문제'를 만들어 낸다. 어떤 의미에서 보면, 내담자는 '이 치료자는 신뢰할 만하다'는 작업가설이 참인지 그 가부를 결정하기 위한 경험적 자료를 모으는 것이다(p. 27)." 새로운 내담자를 위해 당신이 할 수 있는 가장 치료적인 것은 당신 자신과 내담자가 아무것도 하지 않는 것을 허용하는 것이다. 그저 내담자에게 흐트러지지 않는 관심을 보여라. 전화기 진동벨을 꺼라. 무선호출기를 무음으로 설정하라. 치료실 문에 '방해하지 말라.'는 팻말을 붙여라. 그런 다음 기다려라. 그리고 경청하라. 역설적이게도 어떤 것이 일어나게 하려고 애쓰지 않는 것이 모든 것을 일어나게 하는 가장 중요한 그 무엇이라는 것이다. 이제 당신은 치료적 관계를 만들기 시작한 것이다.

그러나 기다리기와 경청하기가 치료자의 소극적인 역할을 의미하지는 않는다. 오히려 그 반대로 치료자는 자신이 관심을 가지고 있고, 참여하고 있고, 개방적으로 내담자가 표현하고자 하는 것이 무엇이든 간에 진지하게 기꺼이 수용하고자 하는 사람으로 적극적으로 드러내고 있는 것이다. 훌륭한 치료자는 자기 자신을 평가절하하지 않을 것이고, 비평 혹은 평가하는 역할도 하지 않을 것이고, 노력은 하지만 도울 수가 없거나 놀란 방관자의 역할 또한 하지 않을 것이다. 어쩌면 이런 역할은 새로운 내담자가 취하게 되는 것일지도 모른다. 훌륭한 치료자는 자신의 내담자를 소중히 대하는 것처럼, 자기 자신과 자신이 가진 기술을 소중히 여긴다. 치료자의 내담자에 대한 존중은 치료자가 자기 자신과 자신이 하고 있는 것을 존중하는 태도를 통해 어느 정도 전달되기도 한다.

존슨, 반핫셀과 헤르센(Johnson, Van Hasselt, & Hersen, 1998)에 따르면, 라포 구축은 다음 여섯 가지 요소를 포함한다고 했다. 첫째, 치료자와 내담자가 편안할 수 있는 환경 창조, 둘째, 내담자의 문제에 대한 평가와 공감적인 반응, 셋째, 내담자 통찰 수준에 대한 평가, 넷째, 동맹 맺기, 다섯째, 내담자 문제에 대한 치료자 견해의 근거 제시, 여섯째, 내담자로서 자신의 역할을 이해할 수 있도록 돕기가 그것이다. 여기 목록에 '해결하기' '문제의 심각성을 줄이기' 혹은 '처방하기'와 같은 표현이 없음을 주목하라. 행간에 숨어 있는 것은 '관심을 기울이고, 수용적으로, 인내심을 가지고, 자신감 있게, 투명하고 정직하라'는 의미인 것이다. 당신이 행하는 어떤 것보다 당신 존재 자체가 라포 형성 과정을 훨씬 더 촉진한다.

2. 교사로서의 치료자

치료자 역할 중 하나는 교사다. 이는 특히 치료 초기 단계에서 중요하다. 치료자는 가르친다. 내담자에게 치료를 활용하는 방법과 다른 기술들도 가르친다. 내담자는 주로 이런 종류의 가르침을 기대하고, 이를 거부하는 치료자에 대해 당연히 의혹을 가질 수 있다. 내담자는 자기가 해야 할 필요가 있는 것을 하는 데 도움이 되는 정보를 치료자가 제공하지 않고 보류하는 이유에 대해 궁금해 한다. 다른 한편으로 생각해 보면, 우리는 항상 내담자를 가르치고 있다. 우리가 명시적으로 그렇게 하지 않는다 하더라도, 여전히 암암리에 가르치는 일은 일어날 것이다. 코틀러와 브라운은 "치료 실무자들은 내담자가 성취할 어떤 구체적인 목표와 목표 성취를 위한 실행 계획을 담은 효율적인 계약서를 작성한다. 이러한 환경에서의 관계는 교사와 학생의 만남이 된다."(Kottler & Brown, 2000, pp. 83-84)라고 했다. 그렇다면 치료자가 치료 초반 과정에서 관여하기 위해 선택할 수 있는 교육 유형은 무엇이고, 어떻게 할 때 가장 효과적인지에 대해 살펴보자.

1) 말하는 법

치료자 과업 중 하나는 내담자에게 말하는 방법을 교육하는 것이다. 이런 교육은 내담자가 치료실에 들어오면서부터 시작된다. 종종 내담자는 치료자가 자신이 뭘 이야기하려 하는지 알고 있다고 생각한다. 그래서 자신이 기대한 것과는 달리 어떤 것을 이야기하고 싶은가 질문하면 당황스러워 한다. 혹은 내담자는 자신이 알아야 하는 것과 감추고 싶어 하는 것을 치료자가 이해하지 못하는 것에 대해 당혹스러워하거나 경계심을 느낀다. 내담자는 이것저것에 대해 간략히 언급하거나 길고 자세하게 말하기도 하고, 허둥거리기도 하고, 종종 침묵으로 물러나기도 한다. 변화를 이끌어내는 데 가장 효과적인 이야기 방법을 배울 기회를 갖지 못했던 것이다. 비난하고 불평하거나 자기 탓하는 오랜 패턴에 갇혀 있다. 마치 자신이 거기에 존재하지 않았던 것처럼 기계적으로 타인들에 대해 말하거나 사건을 설명한다. 치료자는 내담자가 하는 말 이면에 숨겨져 있는 사람을, 그리고 말의 내용과 같이 가는 감정과 욕구를 파악하느라 애를 먹는다. 그러한 내담자와의 작업에서는 치료자가 좌절하고 인내심을 잃고, 내담자를 방어적이고, 저항적이거나 진정 변화에 관심이 없는 사람이라고 딱지를 붙이기 쉽다. 그러나 내담자를 비난하기보다는 단지 내담자가 어떤 다른 방식으로 스스로에 대해 말할 수 있도록 가르쳐 달라는 의미로 받아들이는 게 가장 좋다.

가르치는 한 가지 방법은 직접적인 설명을 제공하거나 직접적으로 질문하는 것이다. "바로 그때 어떻게 느끼고 있었나요?" 이런 직접적인 질문에조차도 어떻게 반응해야 할지 모르는 내담자가 있을 수 있음을 알고 있어라. 내담자는 "왜 내 치료자는 이것을 질문하고 있는거지?"라고 궁금해한다. "치료자는 어떤 종류의 감정을 의미하고 있는 거지? 이미 방금 말했는데? 그게 뭔지조차 모르겠는데 치료자가 원하는 것을 어떻게 줄 수 있지?" 자신의 내적 공간을 탐색하는 것이 익숙하지 않은, 경험이 없는 내담자들은 생각과 감정을 혼동할 때가 많다. 감정이 어땠는지를 물었는데 생각을 말할 수 있다. "그 일이 있었을 때 당신은 어떻게 느껴졌나요?" "그들이 절 그런 식으로 대하지 말았어야 했다고 느꼈어요." 내담자가 이렇게 대답을 해도 틀린 대답이라고 하지 말라. 좀 더 명시적인 질문으로 그저 따라가라. "그렇게 당신을 대하지 말았어야 했다고 여겨지니, 더 화가 났나요, 슬펐나요, 아니면 다른 어떤 감정이 들었나요?" 나중에 치료자와의 관계가 더 튼튼하게 뿌리를 내리면, 치료자는 생각과 감정은 다른 것이고, "나는 느껴요, 느꼈어요."라는 표현은 거의 언제나 생각을 수반한다는 사실을 알려 주고 싶어질지도 모른다.

보다 덜 직접적인 교육 방법은 선택적 집중이다. 아이비와 브래퍼드 아이비는 "우리는 어떤 것들은 경청하고 다른 것들은 간과하려는 경향이 있다. 어떤 주제들을 다른 것보다 더 면밀하게 들을 수 있도록 하는 경청 패턴을 개발해 왔다."(Ivey & Bradford Ivey, 1999, p. 34)라고 했다. 많은 경우 우리는 내담자가 말하고 있는 것에 대한 개인적인 반응 요소들에 집중할 것이다. 내담자가 말하고 있는 내용 안에 기저하는 감정 색깔을 반영하고, 그러한 감정들을 더 깊이 탐색해 보도록 지지하는 반응을 할 수 있다. 이와 유사하게 다른 사람을 비난하거나 동정하거나 걱정하는 내담자의 행동 혹은 생각에 초점을 맞추고 질문할 수도 있다. 행동주의자 관점에서 보면, 특정 말하기 방식에 대해 관심과 주의를 기울이고, 다른 방식에 대해서는 강화물을 주지 않음으로써 내담자를 강화한다. 사람들은 그런 강화된 것들을 계속하도록 학습하기 때문에, 선택적 집중은 매우 강력한 교육 방법일 수 있다. 그러나 당신이 원하든 원하지 않든 간에 선택적 집중의 강화원리는 작동한다는 것을 알고 있어야 한다. 만약 치료자의 부주의로 길고 결실 없는 여담으로 빠진다거나, 치료자 자신의 욕구나 두려움 때문에 비생산적인 내담자 행동에 과잉반응한다면, 예상한 바대로 내담자가 동일한 방식으로 그 행동을 지속하도록 치료자가 가르치고 있는 셈이다.

과도하게 사용하지 않는다면, 적절한 내담자 행동을 모델링하는 것 또한 좋은 교육 전략일 수 있다. "만약 제가 그 상황에 있었다면, 저도 ~를 느꼈을 거라 생각해요." "당신에게 일어났던 일에 대해 들으니 슬퍼지네요." 만약 이런 발언으로 인해 치료의 초점이 내담자에서 치료자로 이동하고, 내담자가 치료자의 반응이 마치 정상적인 사람이 가져야 할 적절한 것이라 인식하게 된다면 위험하다. 이런 치료자의 자기 노출 발언은 빈번하게 사용해서는 안 된다. 만약 사용하게 된다면 치료자의 발언 이후에 내담자가 자신의 반응을 더 깊이 탐색하는 쪽으로 가는지 혹은 탐색을 그만두는지(아마도 자기가 느끼는 것들이 뭔가 문제가 있다고 생각하기 때문에) 혹은 자기 자신보다 치료자에게 더 관심을 기울이는지를 살펴보라.

마지막으로, 어떤 다른 새로운 기술을 학습할 때와 마찬가지로 내담자들은 자신이 막 배우기 시작한 초보이고, 그래서 정확하게 어떻게 해야 하는지 몰라도 되고, 실수할 수도 있고, 돌아가 다시 시도해 볼 수 있다는 사실을 알 필요가 있다. 그런 허용의 메시지가 꼭 명시적으로 전달될 필요는 없다. 치료자의 침묵이 불친절하거나 심문하는 듯 느껴지지 않는 한, 치료자의 조용하고 인내심을 가진 비언어적 지지적인 태도로 허용의 메시지는 충분히 전달될 수 있다. 당신은 또한 내담자의 어려움을 정상화(normalize)할 수 있다. **"자기 안에서 일어나고 있는 것을 어떻게 설명해야 할지 모를 때 정말 힘들어요." "많은 사람이 시작하는 데 어려움을 경험해요." "때때로 생애 처음으로 어떤 것을 말하게 될 때, 당신이 뭘 생각하는지 혹은 어떻게 느끼는지조차 모를 수 있어요."** 허용의 메시지는 치료자가 직접적인 제안의 형태로 제공할 수도 있다. 내담자가 어떻게 느끼고 있는지, 뭘 원하는지에 대한 생각할 시간을 갖고, 그런 다음 내담자 생각을 치료자에게 말해 보도록 하자고 제안할 수 있다. 아니면 내담자가 우선 말해 보고, 틀리게 말했다고 여겨지면 다시 돌아가 고치자고 제안할 수도 있다.

2) 공통 어휘

모든 치료자는 치료에서 사용하는 개념들을 설명하는 데 특히 유용하다고 확인한 선호하는 언어 수단, 단어, 구문 세트를 가지고 있다. 일부는 자신의 이론적 배경에 근거한다. 행동주의 치료자들은 자극과 반응 그리고 기저선에 대해 말한다. 신경언어학적 프로그래머들은 최소 단서와 퍼지 기능에 대해 언급하고, 정신분석자들은 자아 방어와 카타르시스에 대해 말한다. 너무 많은 전문용어는 치료를 방해하기 마련이다. 치료자가 내담자의 언어를 배우기보다는 내담자가 치료자의 언어를 학습하는 것이다. 한편으로는, 전문용어를 가르침으로써 내담자의 중요한 생각에 대한 빠르고 쉬운 근거를 제공할 수도 있고, 교육과정이 없었다면 내담자 스스로 알아차리지 못했을 패턴과 행동들에 주의를 기울일 수도 있게 된다. 그러나 내담자가 치료자가 사용한 단어를 실제로 이해했는지 확인하라. 로젠탈(Rosenthal, 1998)은 다음과 같이 경고한다. "내담자와 작업할 때, 당신이 사용하고 있는 전문용어 그리고/혹은 약어 모두를 내담자에게 명확하게 설명해야 한다. 효과적인 소통을 위해 두 대의 양방향 라디오 주파수는 동일해야만 한다."

치료자와 내담자 사이에서 만들어진 특수한 언어가 있을 수도 있다. 그 관계에만 존재하는 독특한 것이다. 그런 어휘들은 관계의 특별함을 재확인하게 할 뿐 아니라 의사소통에 있어 지름길 역할을 한다. 특히 치료 과정의 한 부분으로 은유와 비유를 자주 사용할 때 이런 어휘들이 만들어질 가능성이 높아진다. 자신의 우울이 가슴에 박혀 있는 엄청 시커먼 공처럼 느껴지는 내담자는 자기와 치료자 모두 그 표현이 의미하는 복잡한 세부 사항들을 이해할 수 있다고 완벽히 자신하면서 '시커먼 공'에 대해 말할 수 있다. 프리먼, 엡스턴과 로보비츠(Freeman, Epston, & Lobovitz, 1997)는 은유가 그 사람과 그의 문제 간의 관계를 설명하는 데 사용될 수 있고, 가능한 한 내담자의 언어를 많이 사용해야 한다고 했다. 그리고 내담자에게 질문하라고 조언한다. **"만약 우리가 지금 말하고 있는 문제에 이름을 부여한다면, 뭐라고 부를까요?"**(p. 59). 은유가 발달하고 이후 회기에서도 사용된다면, 원래 처음 했던 작업에 대한 회상이 풍부해지고, 전체 치료적 관계의 연속성과 지향성이 형성된다.

치료 초반에는 치료자와 내담자가 사용하고 있는 단어들이 의미하는 바가 둘 모두에게 동일한지 여러 번에 거쳐 확인할 필요가 있다. 내담자 어휘를 편안하게 사용하도록 노력해야 하나, 이질적이고 생경하게 들리는 말투와 단어들은 사용하지 말라. 그런 말투와 단어를 치료자가 사용하면 어색하고 가짜처럼 들릴 수 있다. 내담자의 언어적 경계 역시 존중하라. 내담자에게 불쾌할 수 있거나 내담자가 이해하기 힘들 것 같은 단어들은 피하라. 그럼에도 내담자에게 유용할 수 있는 치료자의 개념들을 배우고 사용할 기회를 제공하라. 직접적인 방식으로 새로운 어휘를 소개하라. 정확한 정의와 예시를 들어라. 만약 가능하다면 내담자 자신의 경험 속에서 예시를 찾아라. 그렇게 하면 새로운 어휘의 의미를 자신이 몰랐다고 창피해하거나 바보 같다고 여기지 않고 배울 수 있다. 서로를 통해 배워 나감에 따라 둘 모두 풍요로워지고, 둘의 공통 어휘는 커 가는 관계 유대를 한 번 더 튼튼히 하는 가닥으로 작용한다.

3) 기술 구축

치료에서 배워야 하는 기술들은 적어도 두 종류가 있다. 하나는 치료 회기 내에서 사용될 기술 세트이고, 다른 하나는 내담자의 오래된 역기능적인 행동을 대체하는, 내담자 일상에서 사용하게 될 새로운 행동들로 이루어진 기술이다. 사실상 대부분의 기술은 두 영역 모두에서 유용하게 사용될 수 있다고 밝혀졌다. 내담자의 삶, 즉 치료실 밖에서의 변화는 치료 회기 동안 연습하고 사용될 수 있다. 그리고 치료 시간에 하는 많은 활동은 내담자의 일상 속에서 매우 유용하게 사용될 수 있다.

대부분의 내담자가 배워야 하는 가장 기초적인 기술 중 하나는 자기 자신의 행동을 추적 관찰하는 기술이다. 종종 놀랍게도 사람들은 그들이 무엇을 행하고 생각하고 느끼고 있는지를 정말 살피지 않는다. 어떤 이들은 한 영역에 대해서는 깨어 있지만 또 다른 영역에서는 완전히 차단되어 있을 수 있다. 다른 이들은 지금 일어나고 있는 것들 때문에 혼란스러워질 수도 있고, 이미 언급한 바와 같이 감정과 생각을 혼동할지도 모른다. 혹은 자신의 내적 행동을 다른 사람에게 투사하거나 다른 사람들의 반응을 자기 자신의 것으로 오인할 수도 있다. 또 다른 사람들은 타인에 대해서는 설명하거나 분석할 수 있고, 자기 주변에서 보고 들은 것들에 대해서는 말할 수 있으나, 정작 자기 자신에 대해 말해 보라는 요청이 있을 때면 곤혹스러워

하며 제대로 설명하지 못한다. 자기 내면을 들여다보는 법을 모르는 것이다.

자기 관찰법 학습은 변화를 위한 필요조건이 아닌 선행조건이다. 만약 당신이 지금 이 순간 어떤 것을 언제, 어떻게 하는지 주목하지 않는다면 다르게 해 보기란 매우 어렵다. 만약 우연한 혹은 보다 의식적인 변화들의 파생효과로 관찰되지 않는 행동에서 변화가 일어날지라도, 내담자가 그런 행동을 살펴보지 않고서는 변화의 지속성을 기대하기 어렵다. 내담자가 자신이 원하는 종류의 변화를 만들고 유지하기 위해서, 자신의 내·외적인 반응들에 민감해지고, 타인들의 반응과 자신의 반응을 구분하고, 자기 행동의 다른 면면들을 구분해 내는 법을 배워야 한다.

자기관찰과 매우 밀접한 것이 이완 능력이다. 많은 내담자는 자신이 언제, 어떻게 긴장하는지 살피는 법을 배우지 못했기 때문에 이완하지 못한다. 그런 내담자들의 경우, 자기관찰을 해야 이완 기술의 필요성을 인식할 수 있다. 다른 이들은 자신이 긴장하고 있다는 걸 알지만 어떻게 대처해야 하는지는 모른다. 긴장에 대한 염려는 다른 종류의 자기관찰을 방해하고, 이완 훈련은 필연적으로 다른 종류의 자기관찰에 선행한다. 이완 기술을 가르치는 것은 행동치료에서는 아주 흔한 일이다. 다른 치료 세팅에서도 마찬가지로 점점 더 행해지고 있다. 치료 초반에 그런 교육을 실시하는 것은 적절하다. 내담자는 이후 치료 작업 단계로 이동하면서 자신이 배웠던 기술들을 사용할 수 있기 때문이다.

또 다른 중요한 기술 세트는 의사소통과 관련된 것이다. 많은 내담자는 슬프게도 의사소통 기술이 결여된 상태에서 치료에 온다. 그들은 선명하게 자신을 표현하는 법을 모르고, 경청하는 방법 또한 모른다. 자신이 의미하는 바를 표현하는 법을 익히는 것은, 치료는 물론 자기 삶에 너무나 이롭다. 경청하는 것을 익히는 것 또한 마찬가지로 확실히 유용하다. 의사소통 기술의 결핍 현상은 너무나 흔하다. 의사소통 기술 교육의 필요성을 충족하고자 하는 수업, 워크숍, 세미나 등이 여기저기에서 일어나고 있다. 이제는 우스갯거리가 될 정도다. 코미디언 조지 갈린은 언젠가 의사소통을 못하는 사람들에 대한 이야기는 이제 질린다고 하면서, "사람들과 소통할 수 없다 해도, 그것에 대해 말하지 말았으면 좋겠어요."라고 했다. 그렇지만 말하거나 제대로 알아듣지 못하는 무능력은 매우 중요한 주제이고 주의를 기울여야 한다. 당신은 직접 내담자를 가르쳐야 할 수도 있다. 아니면 내담자의 의사소통 기술 구축에 도움을 줄 수 있는 다른 곳을 내담자에게 소개해야 할지도 모른다. 당신은 치료 시간을 의사소통 훈련을 위해 사용할 것인지(치료 초반 라포 형성 기간 동안의 의사소통 연습은 매우 유용하게 사용할 수 있다.)와 내담자의 준비도가 어느 정도인지(매우 혼란되어 있거나 의기소침해 있는 내담자들은 다른 곳으로의 의뢰를 꺼릴 수 있다.)를 고려하여 결정할 것이다. 어느 쪽으로 결정이 나더라도 치료 초반 단계에서의 의사소통 훈련은 매우 적절한 부가적 활동이다.

4) 내담자가 되는 법

우리는 치료자로서 치료에 도움이 되는 내담자 행동과, 좌절과 답보를 맛보게 할 내담자 행동을 상대적으로 빨리 알아차린다. 타인들이 달라져야 한다고 말하는 것은 치료적으로 이롭지 않은 대표적인 예다.

일부 내담자에게는 유용하지만 다른 이들에게는 그렇지 않은 행동들이 있다. 예를 들어, 습관적으로 모호한 언어 표현으로 감정을 숨기는 내담자에게는 조용히 내면세계를 살펴보게 하는 게 도움이 된다. 반면에, 수줍고 철수된 내담자는 좀 더 자유롭게 말하는 방법을 배울 필요가 있다. 일부 내담자들은 치료 회기 내내 자신에 대한 이야기만으로 채워 나가는 것을 불편해 한다. 이들은 다른 사람들의 욕구와 문제에 대해 이야기하는 게 더 익숙하다. 따라서 전반적으로 자기에게 초점을 두는 게 더 유용하다고 알려줄 필요가 있다. 테이버(Teyber, 2000)는 내담자에게 치료 과정은 의사를 만나는 것과는 다르고, 내담자의 적극적인 참여가 필요함을 설명하라고 했다. 우리는 체육관에서 운동하는 것과 치료를 비교하는 게 유용하다는 사실을 발견했다. 단순히 헬스 기구 옆에 앉아 있다고 해서 몸에 도움이 되는 건 아니다.

치료자인 당신은 내담자보다 먼저 그가 꾸준히 해야 할 것을 알아차리는 감각이 있을 것이다. 당신 일의 한 부분은 당신이 제공하는 서비스를 내담자가 가장 효과적으로 활용하는 법을 가르치는 것이다. 당신은 이 일을 적어도 두 가지 방식으로 할 수 있다. 하나는 모든 의사소통에서 가장 치료적으로 유용한 주의 집중과 이해를 증진하는 것이고, 나머지 하나는 내담자가 회피하고 있거나 간과하고 있는 주제와 행동들에 주의를 기울이게 하는 방식이다. 내담자가 어떤 이야기를 거듭 반복한다면, 당신은 그 주제에 대해 주의를 기울여야 한다. 당신이 생각하기에 특별한 관련성이 없더라도 내담자에게는 중요하다. 그러나 같은 길을 가고 또 가고 하기보다는 내담자에게 반복적으로 순환하는 주제에 새롭게 접근하는 길을 찾도록 도울 수 있다. 예를 들어, 반복하는 것에 사로잡히지 않는다면, 내담자는 어떤 것을 생각하고 있을 것 같은지, 혹은 이 주제가 이토록 내담자에게 중요해지는 이유는 무엇인지 살펴보도록 할 수 있다.

치료에서 무엇을 그리고 어떻게 말하는지를 배우는 것은 본질적으로 변화에 초점을 둔 학습을 의미한다. 무엇보다 치료의 목적은 변화, 성장, 어떤 것을 이전과는 다르게 만드는 것이다. 내담자가 이런 식의 초점을 확보하도록 돕는 당신은 일종의 계약 체결 과정에 참여하고 있는 것이다. 즉, 당신과 내담자가 함께 새로운 행동, 새로운 존재 방식을 향해 작업하기 위한 계약을 맺고 있는 것이다. 계약 체결은 치료자의 입장에서는 교육하는 것과 관련되어 있기 때문에, 이 장의 한 부분을 할애하기 충분할 만큼 그 자체로 중요하다.

3. 변화를 위한 계약

치료 계약을 맺는 것은 일부 치료적 접근에서는 필수불가결한 부분이고, 다른 접근에서는 선택적 부가사항이다. 2000년대 들어 시장에서는 점점 더 치료에 소요되는 시간을 줄이도록 요구한다. 그리고 치료 계약서를 작성하는 것이 점점 보편화되고 있다. 다음 몇 페이지를 할애하여 치료 현장에서 유용한 것으로 확인된 계약 방법에 대해 설명할 것이다. 그러나 이 방법은 계약 체결에 대한 단지 한 가지 방법임을 기억하라. 우리 방법은 우리에게 잘 부합하는 것이듯, 당신은 자기 스타일에 맞는 다양한 방법을 고안하리라 믿어 의심치 않는다.

1) 치료 계약이란 무엇인가

계약은 공식적인 목표와 목표에 이르는 방법에 대한 진술을 의미한다. 라우버와 하비(1997)는 "내담자는 전문가다. 내담자의 목표는 치료 과정을 이끌어 가는 힘이다. 그리고 치료자는 내담자가 목적한 바를 성취하도록 돕기 위해 치료 관계에 존재하는 것이다."(Lauver & Harvey, 1997, p. 113)라고 주장한다. 말은 쉽다. 그러나 목표와 목적을 구체화하는 일은 복잡할 수 있다. 앞서 말한 바와 같이 어떤 내담자는 자신이 원하는 것을 정확하게 모른다. 어떤 이는 중간에 마음을 바꾼다. 또 어떤 이는 뭔가를 확인할 기회를 가지기 전까지는 자신의 주요한 관심사에 기꺼이 몰두하지 않는다. 당신은 자신의 진짜 목표를 모르거나 말하려 하지 않는 내담자와 작업할 때 어떻게 목표를 구체화하는가? 이 딜레마에 대한 우리의 해결책은 이중적이다. 첫 번째 해결책은 계약 수립 과정을 계속 이어지는 작업이라고 상정하는 것이다. 목표는 이동하고 변한다고 생각하고, 각 치료 회기를 시작할 때 우리의 계약을 갱신하고, 과정을 평가하는 데 할애한다. 두 번째 해결책은 치료 초반에 전적으로 타당한 치료 목표가 되는 '운용할 수 있는 계약'을 찾는 것이다. 내담자의 바람과 욕구를 추려 내고, 어디에서 상처가 났는지 탐색하고, 파고들어 가 작업할 가장 좋은 곳을 선택하기 위해 여러 시간을 할애하여 알차게 쓴다. 이 모든 내용이 당신에게 너무나 쉬워서 다음의 내용을 생각하지 못할 수 있다. 즉, 내담자가 원하거나 필요로 하는 것을 당신이 이해하고, 그것을 성취할 수 있도록 돕더라도, 당신은 내담자의 뜻과 불일치하는 방향으로 작업할 수 있고, 내담자가 전혀 참여하지 않는 몇 주의 시간을 보낼 수도 있다.

　물론 우리는 내담자 스스로 필요한 것을 이해하거나 수용하기 전에, 내담자가 다루어야 할 주제와 내담자에게 이득이 되는 변화를 파악하는 감각이 있을 수 있다. 그래서 때로는 내담자가 스스로의 결론을 내리기 전에, 우리가 먼저 상호의존적인 해로운 관계에서 내담자 스스로 빠져나와야 한다거나 혹은 거부적이고 적대적인 내담자에게 다른 의사소통 방식을 개발해야 할 필요가 있다고 이야기할지도 모른다. 그러나 이러한 것은 보다 만족스러운 가정생활, 더 나은 사회적 관계, 더 굳건한 자존감과 같은 상호 동의된 최종 목표로 가는 수단이자 경로다. 최종 목표에 대한 명시적 동의는 대단히 중대한 요인이고, 치료 계약의 핵심이다. 희망하는 최종 상태를 구체화하게 되면, 과거에 내담자가 노력했으나 그곳에 이르지 못하게 한 방해물들과 더불어 그곳에 이르는 다양한 경로를 탐색할 수 있다. **"지금 그것이 어떻게 해서 작동하지 않고 있나요?"** 혹은 **"무엇이 당신 길을 막고 있나요?"**라는 질문은 처음에는 매우 어렵겠지만 내담자가 자신에게 필요한 변화를 이해하고 노력해 나갈 수 있도록 돕는다. 이러한 질문은 오직 명확하게 공식화된 치료 목표가 있을 때만 사용할 수 있다. 허친스와 콜바우는 문서화된 계약을 강조했다. 그것은 구체적이기 때문에 미래에 참조할 근거가 될 수 있다. "명시적 계약은 조력 관계에서 내담자 변화를 위한 약속이다"(Hutchins & Cole-Vaugh, 1997, p. 228). 다른 치료자들은 더 유연할 수 있는 언어적 계약을 선호한다. 궁극적으로 계약의 구체적인 형태는 아마도 치료자와 내담자가 느끼는 편안함의 정도와 사용할 수 있는 다양한 대안을 고려하여 결정될 것이다.

2) 계약 과정 단계

치료 계약이 어떻게 작동하는지 이해하기 위해, 계약 과정을 여러 단계 혹은 국면으로 나누어 생각해 볼 수 있다. 종종 단계들 간에 중첩될 수도 있고 내담자는 다음 단계로 이동하기 전에 이전 단계를 다시 하기 위해 되돌아가기도 한다. 첫 번째 단계는 문제를 확인하는 것이다. 어떤 게 제대로 안 되고 있는지, 어디서 상처가 났는지, 많은 사람은 자신들이 뭘 갖기를 원하는지보다는 뭘 원하지 않는지에 대해 더 쉽게 말한다. 그래서 "문제가 뭔가요?"라는 질문이 좋은 출발점이 되는 경향이 있다.

치료 계약의 두 번째 단계는 문제 해결을 위한 약속하기다. 내담자는 아직 해결책이 무엇이 될지 모를 수 있다. 그렇지만 자신을 위해 어떤 것을 보다 낫게 만들어 가기 위해 자신의 생각, 감정 혹은 행동을 기꺼이 변화시킬 것을 결심해야만 한다. 치료자인 우리가 내담자의 변화를 위해 기꺼이 노력하는 것은 너무나 당연하다. 그렇기 때문에 내담자에게 자기 삶을 더 나아지도록 하기 위해 자신의 어떤 부분을 기꺼이 변화시킬 것을 요청하는 게 어쩌면 바보스럽게 느껴질 수 있다. 그러나 묻고 답을 듣는 것은 중요하다. 내담자가 변화를 이루어 내야 한다는 사실을 강조하기 때문이다. 내담자 주변 사람들은 이전과는 다른 내담자 행동에 대한 반응으로 달라질 수 있다. 처음 출발은 내담자의 몫인 것이다. 대부분의 내담자는 타인을 변화시키는 방법을 배우기를 기대하면서 치료를 시작한다고들 한다. 이것이 진실이 아니라 할지라도 혹은 부분적으로 그렇다 해도, 치료 초반에 치료는 스스로 어떤 것을 다르게 할 수 있는 방법을 배우고 경험하는 시간임을 내담자에게 명확히 해 두는 것은 여전히 매우 유용하다.

내담자가 변화를 위해 전념하겠다는 약속을 하면, 세 번째 단계, 즉 내담자 목표와 관련된 실행 계획을 결정하는 단계로 이동할 준비가 된 것이다. 실제 치료 작업의 대부분이 일어나는 곳이 여기다. 다양한 방법으로 다른 가능성들을 탐색해 나간다. 이런저런 가능한 실행 과정과 연결된 감정들을 탐색함으로써 새로운 길, 새로운 가설 그리고 새로운 하위 목표를 발견할 수 있다. 넬슨-존스는 다음과 같이 말한다. "하얀색 칠판에 내담자와 공동으로 계획을 세워 나갈 수 있다. 경우에 따라서는 당신이 계획들을 내담자에게 보여 주고, 필요하다면 수정하거나 보다 정교화할 수 있고, 이는 함께 의논하기 위한 일련의 제안 차원의 계획임을 넌지시 전달할 수 있다"(Nelson-Jones, 1993, p. 250). 그래도 넬슨-존스가 말한 것처럼 세 번째 단계가 늘 그리 간단할 것이라 기대하지는 말라. 내담자는 나아가지 못하게 막을 수도 있고, 이리저리 두서없이 가거나 퇴행하기도 한다. 세 번째 단계에서의 작업은 일반적으로 고속도로라기보다는 우회로와 불타오르는 길이다.

문제 확인, 변화를 위한 결심과 실행 계획이 통합되면, 마지막 단계는 계약 충족 여부를 평가하는 방법을 정하는 것이다. 가장 훌륭한 계약은 성공에 대한 객관적인 준거를 포함한다. 그래야 치료자와 내담자 모두가 계약서에 명시된 작업이 마무리된 때를 알 수 있다. "치료는 합의된 목표가 내담자의 삶에서 성취된 정도만큼 성공하는 것이다"(Lauver & Harvey, 1997, p. 187). 물론 내담자의 치료 목표가 충족될 때, 내담자 삶에서 일어날 수 있는 모든 변화를 예측할 수 있는 사람은 없다. 종종 중대한 변화는 그 자체로 또 다른 변화들을 이끌어 내기 때문에, 주변 사람들과 내담자 자신도 매우 놀란다. 그럼에도 불구하고 내담자가 바라는 결과를 관찰 가능하고 측정 가능한 형태로 구체화하면, 치료자와 내담자 모두 궤도에서 이탈하지 않고 순조롭게 갈 수 있을 것이다.

3) 안전 계약

내담자와 유익한 계약 수립 작업을 할 때, 가장 좋은 계약은 안전한 환경을 창조하는 것임을 스스로 일깨우는 게 이로울 것이다. 내담자는 앞으로 자신이 성취하려고 노력해야 하는 목표와 치료자가 그 목표에 동의했음을 미리 정확하게 인지할 때 더 안전하게 느끼고, 치료자는 내담자가 스스로 치료를 통해 기대하는 것이 무엇인지 분명하게 파악하려고 애쓸 때 더 안전하게 느낀다. 목표는 변할 수 있다고 하더라도 최소한 치료자와 내담자가 공통의 출발점에 서는 게 중요하다. 나아가 치료 계약 수립 작업을 함께하면서 두 사람은 상대방의 과업 수행 방식을 이해하는 기회를 가진다. 이렇게 되면 더 이상 낯선 이와의 관계 시작이 아닌 것이다.

안전(Safety)은 치료 계약에 포함시키고자 하는 특성들의 약어이기도 하다. 구체성(Specificity), 알아차림(Awareness), 공정성(Fairness) 그리고 효능성(Efficacy)이 그 특성이다. 지금부터 이것들을 차례대로 살펴보자.

일련의 목표들이 보다 구체적일수록, 성취 기회를 엿보기가 더 좋아진다. 더불어 많은 보건기관은 객관적인 결과 용어로 표현된 치료 목표를 요구한다. 이 기관들에 받아질 수 있는 표현을 내담자가 사용하도록, 그리고 다른 사람이 관찰할 수 있는 방식으로 치료 성공을 정의할 수 있도록 도와라. 내담자가 자신의 과업을 성공적으로 완수한다면, 친구들과 가족이 어떻게 달라진 것을 보고 들을 수 있을까? 만약 바라는 변화들이 내적인 것일 때(전 더 행복할 것 같아요. 덜 두려울 것 같아요. 제 감정에 더 접촉할 수 있을 것 같아요.), 내담자 삶에서 어떤 변화가 일어날 것인가? 어쨌거나 내담자가 중대한 내적 변화를 이뤄 내고 싶은데, 그 변화는 절대 자기 행동 상에 관찰할 수 있는 변화를 보여 주지는 않을 거라고 주장한다면, 치료자는 혼란스러울 수밖에 없다. 그 변화가 진정 중요한 것이라면 어떤 방식으로든 외부로 나타나기 마련인데, 어떻게 그럴 가능성이 없다고 하는가?

알아차림은 내담자가 시작하려는 치료의 함의를 온전하게 이해하는 것과 관련되어 있다. 치료자가 사용할 방법과 그것에 기저하는 신념 구조를 내담자가 알아야 치료가 충분히 실행될 수 있다. 내담자가 당신의 치료 접근법에 대해 더 알고자 한다면 읽을 수 있는 책이나 논문을 제안해 줄 수 있다. 그리고 어떨 때는 좋아지기도 하고 어떨 때는 점점 나빠지는 것처럼 보이는 하강 시기가 올 수 있다는 사실과 가족과 친구들이 내담자의 변화를 항상 지지하는 것은 아니라는 것을 알아야 한다. 내담자 자신이 무엇을 하고 있는지 더 많이 자각하면 할수록, 치료 계약을 준수하기 위해 그리고 그것을 훈습해 나가기 위해 더 많이 전념할 것이다. 하레-머스틴과 동료들(Hare-Mustin et al., 1995)은 "내담자들이 치료의 절차, 목표와 부작용에 대해 알 필요가 있다."(Hare-Mustin et al., 1995, p. 306)라고 조언한다. 이런 정보는 치료를 시작할 때 내담자가 서명한 사전 동의 양식에 포함된다.

내담자가 계약서에 있는 모든 '세부 사항'을 알고 있다는 것은 그 계약서와 계약서 작성 과정이 공정하다는 것을 의미한다. 양 당사자 모두가 돈, 에너지, 시간과 돌봄의 가치를 충족할 수 있는 충분한 정보를 갖는다는 의미에서 둘의 관계는 균형을 이룰 수 있다.

마지막으로, 최고의 치료 계약은 내담자가 **효능감**을 가지고 종결한다는 내용을 포함한다. 치료자가 아무리 내담자에게 필요한 것이 어떤 것인지 확실히 알고 있다 하더라도, 내담자에게 단순히 뭘 해야 한다고 말하는 것은 좋은 치료가 아니다. 때론 내담자가 우리보다 자기 자신에 대해 더 잘 안다는 진땀나는 진실을 떠나서, 내담자가 우리 치료자를 더 이상 필요로 하지 않는다는 마음, 즉 자기 자신의 길을 스스로 향해 나갈 수 있다는 마음으로 종결한다는 것 또한 중요하다. 이것을 성취하는 가장 좋은 방법은 치료 초반부터 마음에 새기는 것이다. 내담자가 치료에 대한 책임감을 가지고 성공적으로 이어지는 선택과 결정을 해 나갈수록, 자연스럽게 내담자의 효능감도 더 많이 두드러질 것이다.

그러하기 때문에 좋은 치료 계약서에는 구체성, 알아차림, 공정성, 효능성 네 가지 요소가 들어가는 것이다.

4) 계약서 작성

좋은 계약이 어떤 것이고, 내담자가 작성하도록 돕는 게 중요하다는 이 모든 말은 다 좋다. 그런데 정확하게 우리가 이걸 어떻게 해야 한다는 것인가? 아이비와 브래퍼드 아이비(Ivey & Bradford Ivey, 1999)는 계약서를 작성하기 위해 치료자가 해야 할 과업을 구조화하는 데 도움이 되는 몇 가지 단계를 설명한다. 첫 번째 단계이자 아마도 가장 중요한 과업이라 할 수 있는 것은 내담자의 이야기를 경청하는 것이다. 자기 인생에서 무엇이 잘못되었는지, 그것들을 어떻게 변화시키고 싶은 것인지, 내담자가 치료자에게 말하는 것을 존중하라. 내담자가 이야기할 때, 그의 강점과 가용할 수 있는 자원들에 특별히 주의를 기울여라. 이후 실행계획을 마련할 때 도움이 될 것이다. 또한 내담자 삶 속에 있는 다른 사람들의 변화가 아닌 내담자 자신의 변화 측면에서 계약서가 구성될 것임을 명확히 하는 것도 중요하다. 만약 내담자 이야기가 주로 다른 사람들이 어떻게 하고 있는지에 대한 것이라면, 지금 이 순간에 치료자가 가장 관심을 가지고 있는 존재는 오직 내담자임을 상기시킬 필요가 있다.

다음 두 번째 단계는 내담자의 목표에 중점을 두는 것이다. **"당신이 상상하는 가장 이상적인 상황은 어떤 것입니까?" "지금과는 다른 일이 일어난다면, 어떤 일이 일어나는 것을 보고 싶은가요?"** 이런 질문들은 원하는 게 뭔지, 상황이 어떻게 변해 갔으면 하는지, 지금의 공포스럽고 두려운 상황에서 얼마나 벗어나고 싶은지에 초점을 맞추면서 내담자를 긍정적인 방향으로 안내한다.

다음 단계에서는 내담자가 원하는 방향으로 상황이 이동하려면, 내담자가 뭘 할 수 있는지에 대해 이야기하도록 초대한다. 여기에는 기저하는 메시지가 있다. 치료자는 내담자를 돕기 위해 존재하는 것이고, 일어나고 있는 것을 처리하는 결정은 사실상 내담자 자신이 해야 한다는 것이다. 많은 내담자가 이 시점에서 자기가 먼저 행동을 취하기를 꺼리고 있거나 어떤 마술적 해결책이 제공되리라 기대하고 있다는 사실에 스스로 놀란다. 일부 내담자는 자신이 시도해 볼 것들이 별 효과가 없을 것이라고 미리 단정함으로써, 자신이 과거에 왜 실패할 수밖에 없었는지 이해하거나 고통을 초래하는 오래된 패턴에 스스로를 어떻게 가둬 왔는지를 이해하면서 더 희망적인 마음을 가지게 된다.

마지막으로, 치료 회기 동안 내담자가 이런저런 아이디어를 생성해 내는 것만으로는 충분치 않다. 중요한 변화를 불러오기 위해서는 이러한 아이디어들이 일상생활 속에서 실현되어야 한다. 계약 과정의 마지막 단계는 구체적인 실행 계획을 마련하는 것이다. 많은 이론적 접근은 마지막 실행 계획 단계에 도움이 되는 전략들을 개발했다. 따라서 치료자는 내담자의 요구와 자신의 이론적 오리엔테이션에 근거하여 실행 전략을 선택할 것이다. 역할 연기 혹은 안내된 심상법을 활용할 수도 있고, 과제 부여 방법을 선택할 수도 있다. 어떤 전략을 사용하든 계약 작성(및 개정) 작업은 단 한 번의 치료 회기로 마무리되지 않을 수 있다. 계약 혹은 일련의 계약 과정을 밟는 것은 치료적 조치의 주요 부분을 차지한다. 어떤 경우에서는 계약한 것들이 왜 실패했고, 어떻게 실패하게 됐는지를 다루는 것이 치료의 중심 초점이 되기도 한다. 어느 경우이든 아이비 모델은 치료 방향을 유지하고, 내담자가 원하는 것을 향해 계속 움직이게 하고, 그의 삶에서 희망하는 변화를 만들어 가는 훌륭한 방법일 수 있다.

5) 계약에 관한 마지막 몇 마디

최상의 환경에서 치료 계약을 한다고 해도 어려움을 겪을 수 있다. SAFE 계약에서 A인 알아차림 영역을 예로 들어 보자. 현실적으로 경험과 지식이 부족한 순진한 내담자는 치료가 어떨지, 어떤 요구 사항이 있을지, 치료 결과 자신에게 어떤 일이 정확히 일어날지 미리 알 수가 없다. 내담자는 미개척지로 모험을 떠나고 있고, 치료자조차도 그 여행이 혹은 그 여행의 끝이 어떻게 될지 자세히 예측할 수는 없다. 치료자가 어느 정도 확실하게 예측할 수 있는 부분조차도 내담자에게 모두 설명하거나 묘사할 수가 없다. 왜냐하면 제한된 소중한 시간을 허비하고, 치료 과정을 방해하는 기대를 내담자에게 심어 줄 수 있기 때문이다. "도움을 요청하는 사람들은 거의 항상 너무나 정서적으로 심란한 상태이기 때문에, 도움이 되는 좋은 제안들을 이해할 수가 없다. (그리고) 치료 절차는 추상적인 설명보다는 내담자들이 직접 체험하면서 이해하기 시작한다"(Lakin, 1991, p. 13).

따라서 우리는 반복 과정을 줄이는 선까지 할 수 있는 만큼의 설명을 하는 것으로 타협했다. 우리는 특정 내담자가 가지고 온 주제들과 내담자가 언급하지는 않았지만 우리가 생각하기에 내담자에게 특별히 중요할 수 있는 주제도 신중하게 다룬다. 내담자의 이해를 방해할 수 있는 기술적 용어와 복잡한 개념 사용은 피한다. 간단히 말해 치료자는 자신이 할 수 있는 최선을 다하며, 나중에 밝혀질 수 있는 오해에 대해 책임지고 바로 잡을 준비가 되어 있다는 것이다.

한편, 의식적으로든 혹은 무의식적으로든 치료에서 성취하고자 하는 것에 대해 거짓말을 하고 있는 내담자라면 어떨까? 치료자가 어떤 사람인지 확인할 기회를 가지기 전까지는 자신의 진짜 고민을 드러내는 위험을 감수하지 않겠다는 내담자라면? 내담자가 가장 고통스러워하는 것을 자신에게조차도 아직 인정하지 않는 내담자라면? 자기 행동에 대한 이유를 타인들에게 돌리고 비난하기로 한 내담자라면? 치료자에게 솔직하지 않은 내담자와 어떻게 실행 가능한 성공적인 계약을 만들 수 있을까? 다시 말하지만, 절충하고 타협하라. 지금 이 순간 내담자가 기꺼이 수용하는 목표들을 중심으로 우리가 할 수 있는 최선을 다하라.

치료자도 내담자도 정확하게 치료 과정에서 어떤 일이 발생할지 알 수가 없기 때문에 치료 계약은 예상치 못한 일에 대한 조정을 허용해야 한다. 머피와 딜런은 "계약은 융통성이 있어야 한다. 치료자와 내담자는 변화하는 환경, 드러나는 정보 혹은 내담자 성장을 고려하여 기꺼이 계약을 협상해야 한다."(Murphy & Dillon, 1998, p. 149)라고 했다. 여기서도 우리는 구체적이고 행동적이고 설명할 수 있는 것이고자 하는 욕구와 유연하고 적응적이고 창의적이고자 하는 욕구 간의 충돌을 볼 수 있다. 그러나 이런 딜레마에도 일종의 은밀한 방식의 해결책이 있다. 치료 전반에 걸쳐 치료 계약은 재협상될 수 있음을 예상하게 하라. 치료 계약은 석화된 것이 아니라 살아 있는 것이다. 다른 살아 있는 것들처럼 성장하고 발전한다. 당신의 내담자가 변해 감에 따라 계약의 하위 세부 사항들 중 일부분들은 이제 필요하지 않을 수 있고, 다른 새로운 세부 사항에 대한 필요성이 생길 수도 있다.

4. 한계 설정

치료 초반 단계에서는 내담자와 치료자 모두 특이한 방식으로 시간을 보내는 것을 학습한다. 지금 이 순간에 집중적으로 참여하는 법을 배운다. 각자의 내면에서 그리고 두 사람 사이에서 무엇이 일어나는지 인식하는 법을 배운다. 그리고 지금 이 순간을 과거(무엇이 잘못되었는지 그리고 무엇이 그 잘못을 바로 고칠 수 있는지를 발견하기 위해)와 미래에(다음에 일어날 것을 예측하고 계획하기 위해) 접촉하는 수단으로 활용하는 법을 배운다. 이후에 일어날 일을 예측하고 계획하는 것을 이 장의 나머지 후반부에서 다룬다. 이런 한계 설정은 중요하다.

아마 치료 과정에 깊이 들어와 있는 내담자 중 대부분이 치료 과정 동안 때때로 치료자의 한계를 시험해 보리라 예상할 수 있다. 반드시 의식적인 시험은 아니다. 이것은 내담자가 타인들과 함께 존재하고 상호작용하는 새로운 방법을 배울 때, 그저 일어나야 할 일의 일부다. 치료자와 함께 있기는 말 그대로 살면서 해 보는 하나의 실험이다. 치료자와 함께 내담자는 건강한 사회적 상호작용에서 수용될 수 있다는 것이 무엇인지, 어떤 것이 허용되는지, 무엇이 필요한지를 탐험한다. 이러한 시험을 위한 안전한 환경을 창조하는 것은 치료자의 주된 책무 중 하나다. 그리고 치료에서 한계를 안전하게 시험해 보려면, 시험에 대한 한계를 설정해야 한다. 즉, 내담자가 거절되거나, 버려짐에 대한 두려움 없이 탐험하고 밀당할 수 있는 분명하고 확고한 경계를 설정하는 것이다.

　각각의 치료자는 자신의 한계가 무엇인지, 스스로에게 기대할 수 있는 것은 무엇인지, 그리고 내담자에게 관여하고 서비스를 제공하는 선을 어디에서 그을 것인지 정확하게 스스로 알아야 한다. 초심 치료자들은 특히 곤경에 빠져 있거나 요구가 많은 내담자에게 점점 더 많이 주는 일에 자신들이 휘말리기 쉽다는 것을 안다. 치료자가 자신이 행할 것과 행하지 않을 것을 미리 알고 있으면, 거절에 대한 죄책감을 느끼지 않을 수 있다. 그리고 속아서 자신이 의도한 것보다 더 많이 제공했다고 분개하지 않고 관여할 수 있는 정도를 분명히 할 수 있다. 치료 초반에 치료자에게 무엇을 기대할 수 있는지 내담자에게 말해 줘야 한다. 그래야 내담자들은 치료자를 최대한으로 활용할 수 있다는 분명한 승인을 확보하고, 동시에 허용되지 않는 행동이나 요구들도 알게 된다. 밤과 주말 동안의 치료자 활용 가능성 혹은 치료실 밖에서의 만남과 같은 주제들은 먼저 솔직하게 논의되어야 한다.

　가장 자주 시험되는 한계들 중에는 시간에 대한 것이 있다. 치료자는 내담자에게 약속된 시간에 맞춰 와야 한다는 것과 치료 회기를 취소해야 한다면 미리 알려야 함을 분명히 한다. 내담자가 늦었다 하더라도 치료 회기는 정해진 시간에 마친다. 내담자가 지각한 것에 대해 치료자 자신을 탓하지 않는다. 사전 통지 없이 빠진 치료 회기에 대해서는 비용 청구를 한다(그리고 보험회사에 빠진 회기에 대해서는 비용 청구를 할 수 없기 때문에, 비용 지불 책임은 내담자에게 있음을 알리는 것이 중요하다). 치료자는 자신에게도 동일한 한계를 부과한다. 치료자는 약속된 정시에 시작하고, 만약 치료 시간을 재조정해야 한다면 내담자에게 충분한 시간을 가지고 미리 알려야 한다. 간혹 약속 잡는 과정에서 오류가 있을 수 있다. 그럴 때는 내담자의 시간 손실과 불편에 대해 배상해야 한다.

　코틀러(Kottler, 2000)는 시간 한계에 대해 논의하고 그것을 굳게 지킬 것을 지지하는 반면, 내담자의 요구에 너무 적극적으로 응하는 것은 반대한다. 예를 들어, 내담자가 늦게 온 시간을 보충하기 위해 한 시간이 다 된 시점에서 추가 10분을 허용하는 것은 늦게 와도 괜찮다고 말하는 것이나 마찬가지다. 사실상 치료자는 이후에 내담자의 이런 행동 패턴을 지속하도록 도왔다는 이유로 자책하게 될 것이다. 이와 유사하게, 계약사항에 분명하게 포함되어 있지 않은 추가 시간, 추가 회기 혹은 잦은 전화 확인은 일상의 한계가 주어진 조건에서 스스로의 문제를 다루어 나가야 하는 내담자에게 도움이 안 된다. 치료자 자신이 내담자에게 자주 불편감을 느낀다면 자기 동기, 즉 스스로를 기쁘게 하고 구해 내고 증명해야 할 필요가 있는지 살펴보는 게 현명하다.

우리는 치료 시간 동안의 행동에 관하여 그저 두 가지 절대적인 한계를 설정하고 시작하는 게 유익하다는 것을 알게 되었다. 첫째, 내담자는 자신 혹은 치료자를 다치게 하지 않는다. 둘째, 내담자가 어떤 것을 파손하면 그것에 대한 비용은 내담자가 지불한다. 이 외에도 치료자와 내담자 중 누군가가 작업을 방해하는 행동을 한다면, 그리고 그 행동이 문제가 될 때는 그 행동을 다루게 될 것임을 협의해야 한다. 이런 식으로 규칙에 대해 언급하면 많은 내담자는 놀란다. 왜냐하면 누군가를 다치게 하거나 어떤 것을 부수고자 하는 마음이 없기 때문이다. 놀라는 반응의 효과는 그 자체로 유익하다. 치료라는 것이 실제로 다른 종류의 관계와는 다르다는 사실을 강조한다. 오직 이 두 가지 한계를 설정하지 못한다면, 세상에서 내가 할 수 있는 게 뭐가 있겠는가?

한계에 대해 기록하는 것이 처음에는 어색할 수 있다. 그러나 언급해야 하고, 명시적으로 언급해야 하고, 처음부터 언급하는 것이 중요하다. 당신은 소개 형태로 말문을 열면서 좀 더 부드럽게 한계에 대해 언급할 수 있다. **"제가 만나는 모든 내담자에게 요구하는 몇 가지 사항이 있습니다."** 혹은 **"이 치료센터에는 시간 사용에 대한 두 가지 규칙이 있습니다."** 어쨌든 어떻게 해서든 한계들을 적어라. 그래야 이러한 내용을 다시 꺼내지 않을 수 있다. 혹여 다시 그래야 한다 해도, 이전에 기초 작업을 해 둔 것에 매우 기뻐할 것이다.

치료자 개인 스타일과 이론적 정향에 따라, 치료자 혹은 내담자 행동에 대한 추가적인 제한을 부과할 수 있다. 예를 들어, 일부 치료자들은 내담자에게 신체적으로 접촉하지 않거나 내담자가 치료자에게 신체적으로 접촉하는 것을 허용하지 않을 것이다. 다른 치료자들은 자신만의 특별한 의자에 앉기도 하고, 내담자를 위한 특별한 의자나 카우치를 사용하기도 한다. 대개 치료자들은 내담자가 치료 회기에 음식이나 음료수를 가져오는 것을 선호하지 않는다. 치료자의 한계와 기본 규칙이 어떠하건 간에 제일 우선이고 가장 중요한 것은, 치료자 스스로가 그 한계와 기본 규칙을 설정하는 의미를 명확하게 하는 것이다. 두 번째는, 처음부터든 어떤 사안이 일어났을 때든 한계와 규칙 그리고 이를 설정하는 의미를 내담자와 나누는 것이다. 그리고 세 번째는, 설정한 것들을 수정해야 할 명확한 치료적 이유가 없는 한 그것을 준수하는 것이다.

한계를 정의하고 유지하는 방식은 내담자마다 다양할 수 있다. 힐과 오브라이언은 "내담자마다 다른 욕구를 가지고 있다. 그래서 각자 다른 종류의 치료적 관계가 필요하다."(Hill & O'Brien, 1999, p. 35)라고 했다. 예를 들어, 치료 시간에 스스로를 해하지 않는다는 규칙은 다양한 다른 방식으로 확장되거나 정교화될 수 있다. 반항적인 10대에게 치료자가 다음과 같이 말할 수 있다. **"네가 여러 주 동안 치료에 와서 화를 내기는 하는데 그 행동을 변화시키고자 하는 마음 없이 그러는 것은 너에게 별 도움이 안 된다. 그리고 나는 그렇게 계속하는 것을 지지하지 않을 것이다."** 또 다른 내담자에게 다른 방식으로 스스로 해하지 않는 규칙을 적용할 수 있다. **"당신의 감정에 대해 저와 나누는 것을 거절하거나 당신 스스로 그런 감정을 살펴보지 않으려 한다면, 당신이 아내와 친구들과의 관계에서 겪고 있는 어려움을 똑같이 반복하게 될 것입니다. 그런 행동을 변화시키고자 노력할 용의가 없으시면 저는 당신을 도울 수가 없습니다."** 또 다른 한계로는 내담자가 스스로를 상하게 하지 않도록 하는 규칙 혹은 치료자가 부상을 입지 않도록 하는 규칙이 있고, 나아가 긍정적인 변화를 향해 가는 것을 방해하는 모든 종류의 행동을 제한하는 규칙을 포함한다. 초기 규칙들이 설계될 때는 내담자도 치료자도 발생할 수 있는 이러한 구체적인 행동들을 모른다. 문제 행동이 발생했을 때 보호를 위한 한계를 준수해야 한다는 것을 명확히 하고, 설명하고 주장하는 것은 치료자의 책임이다.

치료자는 내담자와 함께 한계를 설정하고 유지하는 행동을 통해 내담자의 안녕과 치료자 자신의 안녕 모두에 대한 존중을 표한다. 치료자는 내담자가 자신의 욕구나 가치를 무시하지 않도록 할 것이고, 치료자 자신의 것 또한 마찬가지다. 만약 그렇게 하지 않으면 결국에 내담자가 죄책감을 느끼게 되거나, 더 나아가 그가 필요로 하는 보호를 속이거나, 그 어떤 경우라도 궁극적으로 내담자 치료에 부정적인 결과를 초래할 것이다.

5. 결론

치료 초반에 대해 다룰 내용은 훨씬 더 많다. 우리는 전형적으로 나타나는 문제를 열거하거나 치료에 대한 내담자들의 다양한 접근 방식을 설명했다. 우리는 사람들이 어떻게 갇히게 되고, 어떻게 갇힌 상태에 머무는지, 어떤 식으로 두려워하고 상처받고 화를 내는지 그리고 고통 때문에 어떻게 좀 더 편안해질 수 있는 행동을 못 찾게 되는지를 말했다. 또한 세상을 치유할 수 있을 것 같은 환희의 순간과 왜 다른 일을 하지 않았을까 하는 좌절의 순간에 대해서도 설명했다.

당신도 이러한 것을 겪게 될 것이다. 내담자와의 초반 치료 회기가 어떨지 기대해 보지만, 아무 것도 예측할 수 없으며 항상 놀랄 일이 존재한다는 사실을 배울 것이다. 가장 중요한 배움은 당신은 자기 업무에 대처해 나갈 수 있다는 것과 치료에서 요구하는 것을 처리할 수 있다는 것 그리고 실수를 한다 해도 살아남을 수 있다는 사실이다.

당신이 이 모든 것을 믿기 시작할 때 쯤, 내담자 중 누군가는 지금 익숙한 초기 단계에서 벗어나 다른 단계로(진정 슬그머니) 이동했음을 발견하게 될 것이다. 치료 중반 단계는 초기 단계와는 다르다. 그렇기 때문에 한동안은 다시 새롭고 낯설게 느껴질 것이다. 그럴 때 스스로를 돌보는 한 가지 방법은 치료 제공에 대해 알고 있는 모든 내용을 다시 살펴보는 것이다. 지금쯤이면 꽤 많을 것이다. 당신이 할 수 있는 또 다른 한 가지는 치료 중반 단계에 대해 더 많이 학습하는 것이다. 이 책의 다음 장은 바로 중반 단계에 관한 내용이다.

제5장
■■■■

치료 중반 단계

이 책의 모든 장 중, 치료 중반 작업에 해당하는 이 장을 쓰는 게 가장 어려웠다. 중반 작업이 너무 어려워서가 아니라(분명히 어려울 수는 있지만), 내담자마다 작업의 내용이 너무나 다양하기 때문이다. 여기서 뭘 말하건 간에 매우 유능한 치료자들이 내담자들과 함께 작업한 것을 정확하게 반영할 수는 없을 것이다. 치료 종결 작업과 마찬가지로 초반 단계 작업은 종종 명확하게 예측 가능한 양상으로 진행된다. 그러나 중반 단계 작업은 좀처럼 일정한 패턴을 보이지 않아 예측할 수가 없다. 중반 단계 작업은 내담자와 치료자 두 사람 간의 독특하고 친밀한 상호작용에 기반하여 일어나기 때문에, 깔끔하게 포장하거나 그려 낼 수가 없다. 치료의 핵심 단계인 중반 단계에서는 내담자가 자기 문제와 씨름하면서 스스로를 발견해 나간다. 여기가 문제를 해결하기 위한 실제적인 행동이 일어나는 곳이다.

중반 단계 작업 중에 치료자는 두 가지 주요 책무를 담당한다. 이 두 책무는 언뜻 모순적으로 보인다. 첫 번째 책무는 내담자가 이끌어 가는 대로 따라가면서, 내담자의 배우고 성장할 수 있는 내적인 역량을 신뢰하고, 내담자가 해야만 하는 과업을 하는 것이다. 내담자 스스로 자신의 방식을 찾고, 스스로의 성장을 이끌어 낼 수 있도록 도와야 한다. 우리가 내담자를 위해 그의 성장을 대신할 수는 없다. 우리는 민감하고, 유연하고 모호함을 잘 인내해야 한다. 또한 내담자가 필요로 하는 것을 존중해야 한다. 그러나 우리의 두 번째 책무는 초점과 목표를 가진 작업을 유지하는 것이다. 내담자가 떠돌아다니거나, 쳇바퀴 돌 듯 헛수고를 하거나 불협화음에 빠지지 않도록 도와야 한다. 그렇다면 어떻게 이러한 두 가지 책무를 동시에 수행할 수 있는가?

내담자가 여러 수준에서 기능하고 한 번에 여러 방향으로 이동할 수 있음을 우리가 이해하게 될 때, 이 명백한 모순점은 해결된다. 중반 단계 작업임을 알리는 신호 중의 하나는 치료자와 내담자 모두 혼란스러운 느낌, 무슨 일이 실제로 일어나고 있는지 모르는 느낌, 모든 게 뒤죽박죽된 느낌이 드는 것이다. 혼란과 뒤범벅은 일반적으로 표면적인 현상이며, 이때 우리는 근본적인 작업 방향을 감지할 수 있을 만큼 충분히 뒤로 물러날 수 있어야 하고, 내담자가 자신의 기본 방향을 더 자세히 탐색할 수 있도록 도와야 한다. 내담자가 처음 치료 계기가 됐던 그 문제들이 잘 해결되고 있다고 자주 느낄 때, 중반 단계 작업에서 혼란이 초래될 수 있다. 인생은 완벽하지 않다. 오히려 그 반대지만 형편은 나아진다. 그리고 내담자는 자신을 어떻게 순조롭게 유지해 나갈 수 있는지 알아차린다. 이 지점에서 많은 내담자는 치료를 종결할 것이다. 그들이 원하는 것을 얻었고 만족하고 끝낸다. 관리 의료체계에서는 일반적으로 그런 종결을 지지하고, 종종 내담자의 보험회사는 추가 치료를 보장하지 않을 것이다. 그럼에도 불구하고 일부 내담자는 더 하기를 원한다. 당면한 문제들이 전에만큼 크게 보이지는 않아도 더 많이 배우고 마무리해서 더 많은 성장을 이뤄 내야 한다고 생각한다. 그들은 자신의 잡초 밭의 표면을 잘라 내는 것에 만족하지 않고 뿌리를 뽑고 싶어 한다. 이럴 때 새로운 계약이 성사된다. 새로운 계약은 종종 외적인 문제 해결에서 내적인 성장과 변화로의 이동을 포함한다. 정서적인 문제가 인지적인 문제보다 우선권을 갖기 시작하고, 치료적 관계 그 자체가 흔히 이러한 정서적인 문제를 훈습하는 무대가 된다.

초기 단계에서 중반 단계로의 이동은 주로 인지적인 관심사에서 정서적 작업에 대한 강조로, 외부 초점에서 내부 사건 초점으로, 치료실 밖 관계에 대한 이야기에서 치료 시간 내 관계 경험으로의 전환으로 특징지어진다. 이론적으로는 타당한 설명이지만, 종종 우리가 생각하는 만큼 이동이 그리 명확하지는 않다. 내담자가 어느 단계에 있다고 항상 말할 수는 없다. 특정 단계로 들어가 작업을 마무리하고 떠난 것처럼 보일 때조차도, 내담자가 새로운 문제를 다루게 되면서 같은 종류의 작업을 또다시 해야 할지도 모른다. 작업이 진행되다 말다 하고, 때로는 내담자가 제자리에 정지해 있거나 심지어 뒷걸음질 치는 것으로 보이기도 한다. 이런 현상은 치료 회기가 시작될 때 특히 두드러질 수 있다. 치료자는 자신의 치료 노트를 검토했고, 이전 시간의 좋은 작업을 계속할 준비가 되어 있으나 내담자는 전혀 다른 공간에 있다. "내담자는 치료에 오는 그 사이 시간 동안 자신의 걱정거리에 대한 견해를 바꿨을 수도 있다. …… (혹은) 다른 문제가 더 급박해져서 내담자 문제가 완전히 달라졌을 수도 있다"(Hill & O'Brien, 1999, p. 328).

살펴본다고 한들 내담자가 각 단계를 한결같이 꾸준하게 혹은 고르게 이동해야 하는 특별한 이유는 없다. 내담자들은 1단계에서 손쉽게 해결될 수 있는 많은 외부적인 문제와 전형적인 중간 단계 작업과 관련된 몇몇 내적인 문제를 가지고 있다. 내담자가 생의 초기 재료들을 다루게 될 때, 치료적 관계에 대한 신뢰감은 커진다. 내담자는 새로운 유형의 타인과 함께 존재하는 경험을 하고, 이 경험과 신뢰감을 사용해서 자신의 내적인 문제, 즉 2단계 주제들을 다루기 시작한다. 이후에 내담자는 삶의 초기 재료들을 다른 관점에서 재작업하기 위해 돌아갈 수도 있다. 혹은 새로운 일련의 문제들에 관해 초기 단계 상태로 돌아갈 수도 있다. 내담자는 중간 단계 작업 중에 매우 공포스럽거나 고통스러운 지점에 맞닥뜨릴 수 있고, 안전하게 머물기 위해 혹은 통제감을 유지하기 위해 관계에서 퇴보할 수도 있다. 혹은 좀 덜 위협적인 내용을 다루거나 잠시 동안은 속도를 늦추고 새로운 영역을 열어 보지 않을 수도 있다. 이 모든 것은 치료 과정에서 일어나는 정상적이고 적절한 방향 전환이다.

내담자가 일단 중반 단계 작업에 참여했다고 해서 그 수준에서 작업을 계속할 것이라고 기대하거나 계속하라고 요구해서는 안 된다. 내담자에게 앞으로 향해 가는 것도, 다른 방향으로 이동하는 것도, 바꾸는 것도, 뒤로 후퇴하는 것 모두를 허용하는 것은 내담자의 성장과 변화에 중요하게 작용하는 요인이다. 만약 당신이 자신의 어떤 실수로 인해 작업이 제대로 안 되고 있는가를 고심하며, 좌절하고 조바심을 느끼고 있다면 이런 허용은 어려워진다. 코틀러는 "당신의 노력에 반응하지 않는 사람과 함께 갈 수 있는 가장 좋은 방법을 찾으려면, 당신의 내면을 차분하게 유지해야 할 것이다. 당신은 지금 일어나고 있는 것을 개인적으로 가져갈 수는 없다. 그리고 당신이 좌절스럽고 무기력하다는 이유만으로 내담자를 평가절하하거나 폄하해서는 안 된다."(Kottler, 2000, p. 100)라고 했다. 이 점을 스스로 상기시키라. 그리고 기억하라. 당신이 내담자를 성장시켜서는 안 되며, 당신이 해야 하는 일은 내담자가 자신의 속도로 스스로 성장할 수 있도록 촉진하는 것이다. 이를 기억할 수 있을 때, 치료자인 당신은 내담자가 작업 과정에서 천천히 가고자 하거나 일시적으로 뒤로 물러나고자 하는 마음을 진솔하게 지지해 줄 수 있을 것이다.

1. 변화 원동력으로서의 관계

치료 중반 단계에 이른 거의 모든 내담자는 어떤 방식으로든 접촉 결핍 상태다. 어떤 이들은 가까운 친구가 몇 안 되기도 하거니와, 있다 하더라도 왜곡되거나 건 강하지 못한 관계들이다. 관계 문제는 모든 내담자에게 핵심 문제라 해도 과언 이 아니다. 그들은 과거에 있었던 관계 경험 때문에 타인과 자기에 대한 부정확하 고 건강하지 못한 이해 방식을 발달시켜 왔다. 이러한 패턴은 치료자와의 관계에 서 동일하게 작동될 가능성이 있다. 테이버는 "부적응적인 관계 패턴은 내담자를 개념화하고 치료 관계에서 일어나고 있는 것을 이해하는 데 중요한 정보를 제공한 다."(Teyber, 2000, p. 209)라고 했다. 당신과의 관계에서 내담자가 이러한 관계 패턴 을 작동시키고 있음을 알게 된다면, 치료적 관계를 하나의 실험실로 활용하여 내담 자가 왜곡을 바로잡고 스스로에 대한 자신감과 타인에 대한 신뢰감을 형성하도록 도울 수 있다. 그저 내담자를 존중과 관심을 받을 만한 또 한 명의 인간으로 소중히 여기면서, 정직하고 개방적인 존재로 머무르게 된다면, 당신은 내담자에게 독특한 경험으로 다가가는 일종의 '타인과 함께 존재하기'를 위한 기반을 다질 수 있다.

너무나 쉽고 단순하게 들리겠지만 실상은 그렇지 않다. 내담자가 이 새로운 유형 의 관계에서 자신이 한 부분이 되고자 하는 마음과(이 관계가 자신의 치유에 어떻게 작용할지 느끼면서) 동시에 이것이 새롭고 위험한 땅이라고 강렬하게 느낀다. 내담 자는 이전에 사람들과 친밀하게 지냈었다가 결국에는 심하게 상처받고 끝냈을지도 모른다. 혹은 경계와 방어가 제2의 천성이 될 때까지 기억할 수 있는 한 긴 시간 동 안을 거리두기를 하며 지내 왔을 수도 있다. 일종의 밀고 당기기다. 내담자의 어떤 한 부분은 개방하고 알리고 신뢰하고 싶은 마음이고, 또 다른 한 부분은 관계로부 터 철수해서 자신을 보호하려는 마음이다. 콤스는 내담자의 이런 갈등을 잘 설명하 고 있다.

치료 목표는 자기개념을 변화시키는 것이다. 유기체가 가지는 기본적인 욕구는 자기 유지와 강화다. 즉, 치료 목표는 유기체의 변화를 촉진하는 것인 반면, 유기체 욕구는 모든 희생을 치러서라도 자기 온전성을 유지하는 것이다. 이리하여 치료는 미묘한 딜레마에 빠지게 된다. '자기(Self)'는 내담자의 현실이고, 가장 소중한 보유물이고, 공격받을 때 위협으로부터 보호되어야 하고, 실현 가능할 때마다 가꾸어야 하는 것이다. 따라서 치료는 위협의 부정적인 영향을 피해 가는 방법을 찾아야 한다(Combs, 1989, p. 59).

치료자는 유지하고자 하는 욕구와 변하려는 열망 사이의 경계선에 정확하게 자리 잡아야 한다. 그래야 밀고 당기는 내담자의 내적 상황에 내재된 긴장을 최대한 이로운 방향으로 사용할 수 있다. 내담자가 뭔가를 탐색해 볼 수 있고 실험해 볼 수 있도록, 지금-여기의 관계를 하나의 실험실로 사용하도록 초대한다. 바로 이곳, 우리가 함께 있는 이 방에서 경험해 본다. 우리는 실험에 대한 다른 사람의 설명이나 분석에 의존할 필요가 없다. **"제가 이렇게 말하니 어떻게 느껴지나요?" "지금 당신이 저와 함께 그것에 대해 이야기하는 게 어떤가요?" "좀 전에 당신한테 짜증이 났어요. 혹시 알고 있었나요?"** 치료자는 사적 개방을 본보기로 보여 주고, 내담자도 동일하게 해 보도록 초대한다. 각자 위험을 감수하고 살아남게 되면 다음에 또 할 수 있는 용기를 얻는다. 그러면서 관계도, 내담자도 성장한다.

콤스는 치료자들이 회기 동안 혹은 회기 이후에 내담자가 치료 과정에 더 깊이 들어오는 것을 특별히 방해했던 것이 무엇이었는지 스스로 돌아보고, 관계를 촉진할 수 있는 행동에 대해 체계적으로 검토하기를 제안한다. 방해 요인이 명확히 파악되었을 때는 그것을 다룰 수 있다. 그 방해 요인이 내담자에게 있다면, 이는 치료의 중요한 하위 목표가 된다. 만약 방해 요인이 치료 환경이나 치료자에게 있다면, 이를 해결하기 위해 필요한 것을 확보하는 것은 치료자의 책임이다.

그러나 치료적 관계를 구축하는 데 들어가는 중요하고도 복잡한 또 다른 요인이 있다. 내담자가 치료 과정에 점점 더 많이 참여하면 할수록, 점점 더 많이 취약해질 수 있고, 치료자를 새롭고 다른 방식으로 경험하게 된다. 내담자는 자기 삶의 중요한 다른 사람에 대해 느꼈던 방식으로 치료자를 느끼기 시작하고, 다른 사람이 자신에게 했거나 했어야 했던 것처럼 치료자가 자신을 그렇게 대해 주기를 기대하거나 요구하기까지 한다. 이것이 치료에서 저주이자 축복이기도 한 전이현상이다. 저주인 이유는 진솔한 관계를 방해하기 때문이다. 있는 그대로의 당신을 경험할 수 없고, 다른 사람의 얼굴을 당신에게 갖다 씌우는 사람에게 진실해지기는 어렵다.

반면, 축복인 이유는 전이를 통해 내담자가 그의 오래된 관계를 새로운 방식으로 재경험할 수 있기 때문이다. 치료자는 내담자의 어머니, 아버지, 선생님 혹은 그 누군가를 대신하면서도 오래된 역기능적인 방식으로 상호작용하는 것을 거절한다. 치료자는 내담자의 기대를 충족해 주지 않는다. 그리고 내담자는 치료자의 거절을 직면하면서, 더 이상 효과적이지 않은 옛 방식 대신 새로운 형태로의 관계를 배워야 한다.

테이버는 내담자를 더 잘 개념화하고 그의 문제를 치료적 관계 안에서 해결하는 데 전이 반응을 사용할 수 있다고 했다. 전이 반응은 "내담자의 개인사적 관계와 부모 및 돌보는 사람들과의 갈등의 기원에 대해 나눌 수 있는 출발점이다"(Teyber, 2000, p. 222). 이런 반응은 내담자가 치료자를 반복적으로 잘못 인식하고 있는 것을 알아차리도록 돕는 데 사용될 수 있고, 치료실 밖 관계에서도 마찬가지로 이런 오류적 인식이 어떻게 관계를 방해하는지를 이해하는 데 활용될 수 있다. 내담자는 종종 오랜 관계들에 구축되어 있는 패턴을 유지하는 데 고도로 숙련되어 있다. 그래서 다른 사람을 조정하여 그 관계 패턴을 반복한다. 의도적으로 그렇게 하는 게 아니라 내담자의 이러한 자기 패배적인 사회적 책략은 말 그대로 자기 과거의 중요한 타인들의 역할을 대신하는 사람들과 상호작용하는, 그들이 아는 유일한 방법인 것이다. 다른 방식으로 행동하는 것은 가짜 같고, 위험하고, 불가능하다고 느낀다.

전이 행동은 경험이 부족한 치료자에게 혼란과 좌절을 안겨 줄 수 있다. 내담자는 자신이 가질 수 없는 정보를 요청하거나 들어 주기 어렵거나 곤란한 호의를 요청한다. 내담자는 치료자가 다루기 어려운 비밀을 말할지도 모른다. 내담자 스스로를 비하하거나 잘난 척하거나 혹은 뻔하고 어설픈 거짓말을 할 수도 있다. 치료자의 유능성이나 동기를 의심하기도 한다. 정서적으로 내담자의 행동은 아이의 행동과 유사하다. 부루퉁하고, 격노하거나 무기력하게 앉아 있을 수 있다. 이 모든 과정 내내 치료자는 자신이 내담자의 진짜 목표 대상이 아님을 꼭 기억해야 한다. 치료자는 어떤 중요한 사람(들)을 대신하고 있는 것이고, 그렇게 하는 것은 내담자가 원래 관계에서 적절하게 다룰 수 없었던 것을 해결할 수 있는 기회를 제공하는 것이다.

2. 정서 작업

문제 해결(문제 이해)은 유용하다. 관계 구축과 함께 문제 해결은 치료 초반 단계의 주요 활동 중의 하나다. 그러나 치료 중반 단계로 넘어감에 따라, 우리는 성격 변화의 영역으로 넘어간다. 내담자가 자신의 세계를 어떻게 다루고 있는가를 파악하는 것뿐 아니라 새롭게 반응하고 느끼는 방법, 즉 새로운 방식으로 '존재하기'를 경험하고 배운다. 글래딩은 "상담 시작 단계에서 상담자는 내담자를 조력과정에 참여시키는 데 집중하고, 이 단계가 완료된 이후에는 실행 혹은 작업 단계로 이동하기 위해 내담자와 협력한다."(Gladding, 1997, p. 393)라고 했다. 오래된 패턴을 이해하는 것은 더 이상 당면 목표가 아니다. 작업 단계는 실제로 새로운 패턴, 다른 사람과 지내는 새로운 방식을 시도하는 것을 포함한다. 내담자는 치료 관계를 신뢰하기 때문에, 자신의 오래된 방어를 스스로 내려놓을 수 있다. 내담자는 이전에 봉쇄하거나 왜곡했었던 감정, 감각, 기억들에 마음을 연다. 그리고 다르게 느낀다.

때때로 치료의 이 시점에서의 변화 경험은 즐겁고 아주 짜릿하기까지 하다. 드물게는 매우 무섭기까지 하다. 세상이 갑자기 새롭고, 낯설고, 예측불가다. 내담자는 더 이상 규칙을 모르겠고, 자신이나 타인들에게 무엇을 기대해야 할지도 모른다. 웨슬러와 한킨-웨슬러(Wessler & Hankin-Wessler, 1990)는 사람마다 일종의 설정된 정서가 있고, 이 안에서 상대적인 편안함과 익숙함을 느낀다고 상정한다. 치료나 어떤 다른 강렬한 정서 경험을 통해, 그 안락지대 밖에서 우리 자신을 발견하게 된다면 무의식적으로 뒤로 물러나, 과거 패턴으로 돌아가서 안전하게 느꼈던 곳으로 가려 할 수 있다. 예전의 익숙한 방식으로 존재하게 하려는 이런 끌어당김을 극복할 수 있게 하는 것 또한 치료적 관계다. 치료 관계는 일종의 안전함을 의미하는 곳이고, 실험할 수 있는 자유를 제공하는 곳이고, 성장하고 변화하고 새로운 방식으로 살아갈 수 있도록 지원하는 곳이다.

그러므로 치료 중반 단계는 내담자의 삶에서 지금 무엇이 일어나는지, 그것이 내담자의 이전 사건 및 행동과 어떤 관련성이 있는지를 단순히 살펴보는 것 그 이상을 포함한다. 어머니와 함께 있었던 일에 대해 이야기하는 것은 당신이 그 과정을 시작하는 데 도움이 될 수 있다. 그러나 그것에 대해 단순히 이야기하는 것 이상으로 넘어가지 않으면, 당신은 이어지는 많은 변화를 이끌어 내지 못할 것이다. 내담자는 어떻게든 이전 관계를 정서적으로 재경험하고, 실제적인 경험을 통해 다르게 반응할 수 있도록 배워야 한다. 그런 다음에야 내담자는 새롭게 알게 된 가능성을 받아들이고 오늘날의 관계 세계로 들어올 준비가 될 것이다. 내담자가 새로운 방식으로 반응함으로써, 다른 이들도 그에 대한 새로운 반응을 취하고, 내담자 자기 내부에서도 그에 대한 새로운 반응이 일어난다.

내담자는 한 단계의 난관을 헤쳐 나왔다고 생각했을 때, 또 다른 새로운 난관에 봉착하여 허우적거리는 자신을 종종 발견하게 된다. 한 세트의 자기 문제를 해결하고 안도감을 느끼면, 이제 다른 사람들을 인식할 수 있게 된다. 새로운 문제 출현은 치료자와 내담자가 비슷하게 설명하는, '뭔가 좋아지기 전에 악화되는' 원인일 수 있다. 그러나 사실상 예전 패턴을 해체할 때 일어나는 악화라면, '더 나빠지는' 부분 조차도 일종의 '더 나아지는' 것으로 볼 수 있다. 하나의 새로운 경험은 또 다른 경험을 불러일으키고, 결국 제3의 변화를 가능하게 한다. 마침내 내담자가 변화를 유지하기 위한 노력을 기울일 필요조차 없어질 수 있다. 세상은 말 그대로 다른 곳이 되어 있다. 새로운 반응은 자연스럽게 보이고, 오래된 반응은 이질적이고 부적절하게 느껴진다. 내담자는 여전히 다른 오래된 습관적인 행동을 변화시키기 위해 열심히 노력해야 한다. 그러나 내담자는 전에는 결코 인식하지 못했던 방식으로 그러한 행동을 확실하게 바라볼 것이다.

치료 중반 단계에서 치료자의 주요 과업은 이러한 종류의 자각을 촉진하는 것이다. 치료적 관계 내에서 치료자는 내담자가 다른 사람에게 반응하고, 그들을 대하는 방식을 먼저 알아차리고 변화에 따르는 위험 감수를 위해 필요한 지지를 제공한다. 포트노이는 "새로운 교류 패턴을 학습함으로써, 내담자는 자기 자신과 치료자를 새로운 방식으로 경험한다. 자기와 타인에 대한 경험이 더 풍부해질 수 있고 훨씬 더 친밀해지며 다양한 경험과 연결성에 대한 가능성이 더 커진다."(Portnoy, 1999, p. 22)라고 했다.

치료자가 내담자에게 그리고 내담자는 치료자에게 반응함으로써, 서로가 서로에게 더 잘 적응하게 된다. 전진과 후퇴, 속도 변화, 잠시 휴식, 성장 급등과 높은 모험 급증의 순간들이 있다. 이 모든 과정을 거치는 동안, 치료자는 내담자의 전반적인 목표를 절대 간과해서는 안 된다. 내담자는 우리가 자신을 즐겁게 해 주거나 우

2. 정서 작업   **143**

리의 직관과 연역적 기술을 써서 황홀하게 하거나, 기분을 띄워 주기를 바라지는 않는다. 우리의 목표는 그들의 변화와 성장을 돕는 것이다. 내담자는 지금은 천천히 이제는 빨리, 때로는 뒤로 미끄러지고, 때로는 앞으로 성큼성큼 나아가고, 경우에 따라서는 분명한 목표와 방향성을 가지고, 그러나 어떨 때는 불확실성과 혼란스러운 상태로 자기가 원하는 방식으로 자기 세계를 경험하고자 그 길을 개척하고 있다. 우리가 그 과정을 촉진해 나갈 때 우리의 일을 하고 있는 것이다.

1) 정서와 불편함

자기 자신을 변화시키는 것은(자신의 반응, 감정, 상호작용 스타일) 대체로 불편한 경험이다. 내담자는 익숙하고 예측 가능한 상태에서 이상하고 예측 불가한 상태로 이동하도록 초대받고 있다. 오래되고 친숙한 존재 방식이 문제를 초래하고 있다 하더라도(그렇지 않다면 왜 치료를 찾았겠는가?), 적어도 예전 방식은 그들이 익숙하게 다루어 왔던 것이다. 당신이 모르는 악마보다는 알고 있는 악마가 더 낫다. 안 그런가? 어쩌면 변화는 상황을 악화시킬 뿐이다. 게다가 대부분의 사람은 자신의 문제는 실제로 자기 잘못이 아니며, 그저 운이 나빴을 뿐이거나 자신을 나쁘게 취급했던 사람들과 혼동했다고 스스로를 설득하는 데 엄청난 노력을 기울인다. 그들이 찾고자 하는 것은 세상을 변화시킬 방법이다. 그래야 자신은 늘 평소와 동일한 방식으로 머물면서도 기분 좋아질 수 있고 더 행복해질 수 있다. 물론 그들은 자신이 원하는 대로 되지 않으리라는 것도 어느 정도 안다. 즉, 고통은 내부에서 온다는 것을 안다. 그러나 그렇다는 것을 인정하는 것이 그리고 고통을 해결하기 위해 무언가를 행하는 용기를 소환하는 것이 얼마나 어려운 일인가. 그들은 변화를 원한다. 그러나 두렵다. 변화 없이 동일하게 머물고 싶어 한다. 그러나 이 또한 많은 상처를 남긴다. 이러한 갈등에 존재하는 긴장은 그 자체로 불편함을 초래하기 때문에 이를 또 없애고 싶은 맘도 가지기 마련이다. 또한 그들은 치료자인 당신이 주는 변화에 대한 압력을 느끼거나 상상할 수도 있다. 이는 더한 긴장을 야기한다. 클라크는 "내담자의 이득을 극대화하려는 치료자의 소망과 더 심한 손실에 대한 위험을 줄이려는 내담자의 걱정 간에 갈등이 존재한다."(Clark, 1999, p. 332)라고 했다.

우리 치료자들이 아무리 내담자의 이득을 극대화하고자 한다 해도, 변화를 만들어 내는 과정에서 겪게 되는 불편감에 대한 내담자의 염려도 이야기할 수 있어야 한다. 우리는 내담자를 기분 나쁘게 하고 싶지 않다. 그리고 때로는 좋은 치료를 하기 위해 그렇게 하지 않으려 노력한다. 그럼에도 어느 정도의 불편감은 자연스러운 것이고, 어쩌면 불가피하고, 진정한 변화를 완성시키는 것일 수도 있다. 맨 처음 역기능적인 반응을 어떻게 학습하게 되는지를 생각해 보라. 우리는 어린 시절(그리고 삶 전체를 거쳐), 삶에 대처하는 방법을 배운다. 우리는 수천 번의 선택을 하고, 수천 번의 기대를 한다. 이러한 학습의 일부는 스트레스 상황에서 이루어진다. 작동 중인 모든 영향 변인에 대해 잘 모를 때 이루어지기 때문에 가장 좋은, 가능한 선택이나 결정 혹은 신념을 반영하는 학습은 아닐 수 있다. 이러한 학습은 이후 고통을 초래하는 행동 패턴이나 감정 반응으로 이어지기도 한다. 그럴 때 우리가 상상할 수 있는 가장 좋은 학습은 우리에게 주어진 자원을 고려해 볼 때, 효과가 있을 것이라 믿는 선택과 결정을 하는 것이다. 여기에서 중요한 점은 이러한 결정과 선택은 고통을 최소화하기 위함이라는 것이다. 우리는 두려운 것을 피하는 법, 처벌을 회피하는 법, 얻을 수 없는 것을 희망하지 않는 법을 배운다. 우리는 이러한 패턴에 여전히 매달리는데, 어느 정도 수준에서는 동일한 고통으로부터 자신을 보호하고 있기 때문이다. 도대체 무엇 때문에, 오래된 자기 보호적 행동을 포기하고 혹은 자신에게 상처가 될지도 모르는 새로운 행동을 시도해야 하는가? 거기에는 오직 하나의 가능한 이유가 있다. 우리는 변화를 통해 얻을 수 있는 이로움이 손실보다 더 많다고 믿기 때문이다. 다시 여기, 긴장감에 주목하라. 나는 그것이 잘 되길 희망하지만 더 나빠질까 두렵다. 나는 달라지기를 원하지만 내게 필요한 보호를 포기하는 것이 두렵다. 치료적 관계의 또 다른 주요 기능은 임시 '보호구역'을 제공하는 것이다. 이곳에서 내담자는 변화를 위한 실험을 할 수 있고, 너무나 상처 입기 쉬운 자기 일부분을 노출할 수도 있다. 그리고 현실 세계에서는 너무나 위험해 보이는 것들도 이곳에서 시도해 볼 수 있다.

　우리가 이런 보호된 환경을 유지하기 위해 노력하고, 이 환경을 내담자가 치료적으로 이용하도록 초대할 때, 내담자가 타인에게서 경험한 동일한 종류의 반응을 겪지 않도록 조심해야 한다. 이러한 반응은 안정적이고 유효성이 입증된, 다른 행동방식이 있을 수 없다고 믿는 습관과 같은 익숙한 내담자의 행동체계를 촉발한다. 대신 우리 스스로는 어떤 것을 다르게 해 보는 과정을 시작해야 한다. 매 순간 내담자에게 느끼는 우리 자신의 감정 반응은 종종 '다른 어떤 것'이 무엇이 될지 알려 주는 유용한 안내물이 될 것이다. 내담자에 대한 우리 감정은 아마도 내담자에게 느끼는 타인들의 감정과 매우 유사할 가능성이 높기 때문에, 내담자가 자기 주변인에게서 어떤 반응을 이끌어 내는지를 파악하는 데 신뢰할 수 있는 정보를 제공할 수 있다. 숙련 치료자는 자기감정과 그 감정에 따라 반응하려는 충동을 알아차릴 것이다. 그런 다음 더 깊은 공감 수준으로 이동할 것이다. "이 내담자 내면의 무엇이 이렇게 행동하도록 하는지, 혹은 지금 내가 느끼는 감정은 뭘 이야기하고 있는지, 내담자의 기저에서 동기화시키는 부분에 대해 나는 어떻게 느끼고 있는지, 그 기저하는 부분에 대한 내 첫 반응과는 다르게 어떻게 반응할 수 있는지?" 오래된 패턴에 부합하지 않는 새로운 방식으로 내담자를 대함으로써, 우리는 내담자의 행동체계를 흔든다. 게임에서처럼 우리는 내담자에게 익숙한 것을 차단하고 새로운 것을 시도하게 하는 방향으로 움직인다.

치료자 책무 중 하나는 내담자가 적정 수준에서 불안과 불편감을 견디게 하고, 충분히 활기를 북돋우어 내담자의 변화를 장려하면서도, 회복할 수 없을 정도로 겁먹게 해서 예전 패턴으로 돌아가거나 치료에서 벗어나지 않도록 돕는 것이다. 고통을 경험하는 것보다 고통스러운 경험에 대해 말하는 게 거의 항상 더 쉽다. 많은 내담자는 정서적으로 거리두기를 하고, 느끼지 않기 위해 생각하면서 고통을 경험하지 않으려고 방어할 것이다. 이와는 정반대 끝에 있는 내담자는 고통에 압도되어 전혀 생각할 수조차 없는 상태에서 그저 오직 느끼고 인내하며 다른 일이 일어나기만을 기다린다. 두 경우 모두 성장을 기대하기란 어렵다. 최상은 내담자가 자신의 고통을 경험하고 그것에 대해 생각해 볼 수 있는 것이다. 그래야 뭔가 다르게 반응하고, 다르게 믿고, 다르게 존재한다는 게 어떤 것인지 알 수 있다. 그린버그와 사프란(Greenberg & Safran, 1990)은 "자기 정서 경험의 창조자가 자신이라는 사실을 추상적으로 이해하는 것은 충분치 않다."라고 했다. 단지 느끼고 수동적으로 경험하는 것은 충분하지 않다. "사람들은 자기 경험에 대한 책임을 지는 차원에서, 문제가 되고 있는 감정 혹은 욕망을 실제적으로 경험해야 한다. 그런 다음에서야 사람들이 자기 경험을 구성해 가는 과정을 (혹은 적어도 그 일부를) 이해할 수 있게 된다. 내담자는 경험을 자기가 구성하고 있음을 인식하게 되고, 다른 방식으로 경험을 구성할 수도 있음을 학습하게 되면서 새로운 가능성을 확보한다. 치료 회기에서 새로운 가능성 중 일부를 시도해 보고, 일상에서도 적용해 보는 것은 더 큰 변화, 더 큰 위험을 감수하는 방향으로 이끈다.

2) 승인과 보호

내담자가 이전 방어를 포기하고, 더 즉시적이고 진솔한 방식으로 자기감정을 경험할 수 있게 되면, 매우 새롭고 낯선 강도의 정서를 스스로 다루고 있음을 발견하게 된다. 많은 경우 자신이 행하고 느껴서는 안 되었던 것을 행하고 느끼고 있는 것처럼, 금지되었던 반응을 경험한다. 치료자는 승인과 보호 모두를 제공해야 한다. 내담자가 느껴도 된다고 그리고 다르게 느껴도 된다고 승인해 줘야 한다. 그리고 그러한 감정을 스스로 느끼게 됐을 때 일어날 것이라 예상했던 결과로부터 내담자를 보호해야 한다. 신뢰할 수 있는 치료자의 승인과 보호 없이는, 내담자가 자신의 방어 장막을 뚫고 나아갈 가능성은 낮다. 그리고 그러한 돌파 없이는 오래된 금기를 깨고 자신과 자기 세계를 다르게 경험해도 모든 게 괜찮을 것이고, 살아남을 수 있음을 발견할 기회도 없을 것이다.

골드파브는 치료는 "포용적인 공간의 안전함을 제공하고, 내담자가 새로운 방식으로 존재함에 대해 호기심을 가지고 이해하고 실험하도록 초대하는 관계다. …… 창의적이고, 치유의 공간이다."(Goldfarb, 1999, p. 89)라고 했다. 또한 "한 사람의 전체 경험을 포용할 수 있는 치료적 공간을 상정함으로써, 치료자는 내담자가 자기 자신을 혹은 현재의 제약을 초월해서 변화의 가능성으로 나아가 보도록 요청한다." (p. 90). 내담자 감정에 대응해서 평정심을 잃지 말고 그저 내담자의 감정 표현을 수용해야 치료적 공간을 제공하는 방향으로 순항할 수 있다. 치료자가 내담자가 자신에게 보이는 반응에 놀라거나 성가서 하거나 슬퍼하지 않는다면, 내담자는 치료자에게 훨씬 더 많은 것을 보여도 괜찮을 거라고 생각할 수 있다. 내담자는 만약 누군가가 자신과 함께할 수 있고, 자신이 하는 것을 승인해 줄 수 있고, 결국 다 잘될 거라고 확인시켜 준다면, 참으로 무서운 곳을 들여다보는 것이 안전하다고 느낄 수 있다. 때때로 내담자의 감정을 차분히 공감적으로 반영해 주는 것만으로도 치료자의 지지와 수용은 충분히 전달된다. 어떨 때는 직접적이고 명시적인 승인과 안심시키기도 유용할 수 있다. **"그것에 대해 화를 내도 괜찮습니다." "물론 그때도 두려**

웠을 거고, 지금 이야기하면서도 그때처럼 두려워지는 것도 당연한 거예요." 일부 치료자들은 더 나아가 "당신이 느끼는 것에 머물러 보세요. 잘하고 있어요."라고 일종의 변형된 응원단의 역할을 한다.

내담자가 스스로 자기 내적 경험으로 더 깊이 들어가게 되면서, 점차 아주 오래된 태고적 자료들을 접하게 될 것이다. 수 년간 자각하지 못했던 감정들을 발견할 것이다. 그 감정들은 내담자의 아주 어린 시절에 그 뿌리를 두고 있다. 이 태고적 자료들과 동반하는 것은 주로 결핍감, 자신을 정서적으로 돌볼 수 없는 느낌, 의지할 대상 혹은 자신을 보호해 줄 대상을 원하는 마음이다. 정서 탐색 과정에서 드러나는 의존적인 감정은 예상할 수 있는 것이고, 치료자는 이를 자연스러운 것으로, 그 상황에 적절한 것으로 수용해야 한다. 내담자가 어려져도 된다고 해 주고 그럴 때 보호해 주면, 내담자는 새로운 방식으로 다시 성장하게 된다.

물론 내담자는 이런 종류의 감정이 나타나리라 예상치 못해서 그런 감정을 보이는 것에 대해 당황하거나 죄책감을 느낄 수 있다. 내담자는 치료자에게 자신을 너무 깊이 노출했다고("이제 내 자신의 가장 끔찍한 부분을 선생님한테 보였으니, 절 어떻게 생각하실까요?"), 혹은 전혀 수용할 수 없는 그런 감정을 느꼈다는("내 자신이 이기적이고, 비겁하고, 사악한 그런 존재임을 차마 볼 수가 없어요.") 이유로 스스로를 책망할 수 있다. 만약 내담자가 이런 식으로 자신을 책망하거나 처벌하는 낌새가 보이면, 그렇게 하지 않도록 계약하는 것이 유용할 수 있다. "방금 끝낸 작업을 했다고 해서 자신을 책망하지 않기로 기꺼이 노력하시겠습니까?" "저는 당신이 분노, 슬픔, 두려움을 표현할 수 있는 방법을 찾도록 도울 것입니다. 그러나 우선 저는 확실히 해 두고자 합니다. 어떤 감정이 올라오든 간에 자신을 깎아내리는 용도로 사용하지 않아야 합니다." 의식적인 수준에서 자신의 감정을 수용할 것을 다짐했기 때문에, 내담자는 돌보고 양육적인 방식으로 자신의 무의식적인 저항과 금지를 다룰 준비가 더 잘 되어 있다.

종종 내담자는 자기 욕구를 수용하는 데 어려움을 느낀다. 대부분의 사람에게는 기본적인 생존 욕구를 충족시키는 것은 용납될 수 있다. 그러나 놀랍게도 사람들은 그것보다 더 많은 것을 원하면 왠지 자신을 나쁘거나 결함이 있는 사람으로 간주한다. 그들은 자신이 가질 수 없는 것을 원하거나 다른 사람들이 원하는 것을 자신이 원해서는 안 된다는 무의식적인 규칙을 가지고 있을지도 모른다. 여기서 중요한 점은 이러한 무의식적 금지 또한 작업을 방해한다는 것이다. 내담자들은 자신의 욕구를 차단하거나 욕구가 충족되지 않아 좌절감을 경험했다는 이유로 자기를 처벌한다. 다시 말하지만 치료자의 보호와 승인은 그러한 방해에 맞서게 하고, 내담자가 결국에는 변화시키거나 성장시킬 것을 포함한 자기 전부를 탐색하고 수용하도록 초대한다.

종종 명시적인 승인과 보호가 필요한 또 다른 상황은 이전에 작업했었던 재료들이 다시 드러날 때다. 내담자는 이전에 이미 다루어졌다고 생각했던 고통이나 불편감을 다시 발견할 수도 있다. 이미 다루어졌던 문제가 재등장하는 것으로 인해 내담자는 엄청난 수치심, 좌절감 혹은 죄책감을 경험한다. 여기서 필요한 허용은 새로운 곳에서 오래된 감정들을 다시 다루는 것이다. 이때 내담자는 이 작업이 이전과 같지 않을 것이며, 이전 작업 당시 자기 필요에 부합하는 방식으로 적절하게 다루었던 점 그리고 지금 다시 그것을 살펴보는 것은 자연스럽고 성장 촉진적일 수 있음을 알아야 한다. 또한 치료자의 보호는 여전히 존재하며, 내담자 자신이 이전 작업에 참여했었기 때문에 이제는 혼자서 그것을 해내야 하는 것도 아니라는 사실을 알아야 한다.

아마도 치료자에게 특히 초심 치료자에게 가장 위협적인 것은 내담자가 표현하는 감정들이 치료적 관계 그 자체에 위협적으로 작용하는 상황일 때다. 내담자의 분노가 치료자에게 향할 수도 있고, 내담자가 치료자를 두려워할 수도 있고, 혹은 치료자가 한 어떤 것으로 인해 내담자가 슬퍼하고 실망할 수도 있다. 내담자는 치료자가 마술적인 답변을 가지고 있다고 확신하고, 자신에게 그것을 줘야 한다고 단단히 마음먹고 매우 요구적으로 나올 수 있다. 혹은 강한 긍정적인 감정이 드러날 수도 있다. 내담자는 자주 치료자에게 강한 성적인 감정을 경험하거나 치료자가 치료 관계 밖에서도 가장 좋은 친구가 되어 주기를 바란다. 내담자가 치료자를 향한 그런 강렬한 감정을 표현할 때는 그것이 긍정적이든 부정적이든 어쩌면 전이 반응일 수 있음을 인식하는 게 중요하다. 코리, 코리와 캘러핸은 내담자가 전이 상황에서 경험하는 '사랑, 미움, 분노, 양가성과 의존성'(Corey, Corey & Callahan, 1998, p. 45)과 같은 감정들을 목록화했다. 내담자와 치료자의 관계는 내담자의 예전 반응과 새로운 반응을 탐색하는 데 사용할 수 있는 편리하고 적절한 매개물임을 유념하라. 내담자의 모든 강렬한 감정을 불러일으키는 어떤 것을 행한 사람이 치료자 당신이 아님을 알아야 차분함과 수용적인 태도를 유지할 수 있다. 그래야 결국 치료자는 내담자가 치료자를 향해 갖는 감정이 그의 어떤 행동 패턴으로 인한 것인지 알아차릴 수 있도록 안내할 수 있다. 이러한 감정에 대해 내담자와 함께 이야기 나눠라. "이러한 처리 과정은 치료 진전에 영향을 주기 때문에, 당신에 대한 내담자의 감정을 인지하고 다루는 능력을 개발하는 것은 중요하다"(Meier & Davis, 1997, p. 64).

3) 신체 접촉을 해도 되나 하지 말아야 하나

정서 작업 맥락에서 언급되어야 할 마지막 주제는 치료자와 내담자 간의 신체적 근접성에 관한 것이다. 우선 제일 먼저 이야기해 둘 것은 치료자/내담자 역할 내에 있는 사람들 간의 성적 친밀감은 그 어떤 경우에라도 정당화될 수 없다는 것이다. 유능하거나 윤리적인 치료자는 내담자를 자신의 성적 욕구를 충족하는 데 이용하지 않는다. 내담자는 정서적 친밀감과 취약성을 착각해서 자신의 치료자에게 낭만적인 사랑을 느끼기가 쉽다. 그래서 내담자와의 성적인 관계를 꿈꾸는 치료자가 있다면, 개인적인 욕구를 만족시킬 충분한 기회를 가질 수 있다. 실제로 그러한 관계를 피할 수 있는 가장 치료적인 방법을 찾기가 어렵다. 치료자도 같은 실수를 저지르고, 내담자를 대상으로 경험하는 친밀함과 돌봄의 감정에 대해 정서적으로 혼란스러워지기 쉽다. 이러한 정서 혼란의 위험 때문에, 그리고 대부분의 다른 사람과 마찬가지로 우리 치료자도 성적인 영역에서 상당한 자기기만의 능력을 가지고 있기 때문에, 만약 치료자가 내담자에게 성적으로 끌린다고 스스로 느끼거나 지나치게 내담자를 양육하거나 보호하려는 마음이 느껴진다면 내담자와 접촉하지 않는다는 지침을 활용하는 것이 유용하다.

일부 전문가는 한 걸음 더 나아가, 내담자와 형식적인 악수 이외의 그 어떤 신체적 접촉도 하지 않을 것을 권한다. 그 예로 힐과 오브라이언은 다음과 같이 조언한다. "내담자가 신체 접촉을 침범당하는 것으로 느낀다면 부정적인 결과를 초래할 수 있다. 우리는 접촉의 의미에 대한 오해의 소지가 있기 때문에 초심 치료자는 그 어떤 형태의 신체 접촉도 하지 않기를 권고한다"(Hill & O'Brien, 1999, p. 89). 당신의 의도가 매우 명확한 것이라 하더라도 내담자는 그렇지 않을 수 있다. 치료자의 신체 접촉을 자신과 다른 형태의 관계를 맺고자 하는 의도로 오해석할 수 있다.

많은 내담자가 치료 중반 단계의 어느 순간에는 치료자와 신체적으로 더 가까워지고 싶어 하는 것처럼, 많은 치료자 또한 내담자와 접촉하고, 안고, 잡는다. 이러한 치료자들의 경우에는 내담자를 안는 것은 돌봄을 표현하고, 돌파구를 찾은 것에 대한 환희를 표하는 마음에서 우러나는 자연스런 것일 수 있다. 정서적 소용돌이와 고통의 시간을 보내고 있는 내담자를 위한 강력한 비언어적 지지의 표현일 수 있다. 자신의 삶에서 좋은 양육을 경험해 보지 못한 내담자들에게는 누군가가 잡아 주거나 부드럽게 흔들어 주는 게 도움이 된다. 그리고 종종 신체적 친밀감은 재양육 과정의 한 부분이기도 한다. 코리, 코리와 캘러핸은 다음과 같이 말한다.

> 제때인 바로 그 순간에 제공되는 신체 접촉은 언어로 전하는 공감보다 훨씬 더 많은 것을 전할 때가 있다. 치료자는 신체 접촉 행동에 대한 자신의 동기를 알아야 하고, 신체 접촉의 의미에 대해 스스로 정직해야 한다. 또한 신체적 친밀감에 대한 내담자의 준비도, 접촉에 대한 내담자 문화에서의 이해, 내담자의 반응, 그 접촉이 내담자에게 미칠 수 있는 영향과 내담자와 함께 구축해 놓은 신뢰 수준과 같은 변인들에 민감해야 한다(Corey, Corey, & Challahang, 1998, p. 258).

여기서 우리가 생각하는 가장 중요한 점은 치료자가 내담자와 얼마나 많이 접촉하는가가 아니라 치료자가 언제 그리고 왜 그렇게 하는가이다. 치료자 자신의 욕구를 충족하고자 하는 접촉이거나, 생각없이, 서툴게, 혹은 불쾌한 기법으로서의 접촉은 치료적이지 않다. 안거나 잡는 것은 내담자 과정을 방해할 수 있다. 최악은 상당한 손상까지 입힐 수 있다. 성장을 촉진하기 위해서 신체 접촉은 적절한 때에 제공되어야만 하고, 결코 거짓되거나 착취적이지 않아야 한다. 만약 치료자가 신체적으로 접촉하기로 한다면, 민감성과 진솔성을 확실하게 갖추고 해야 하고, 그 시기도 적절해야 한다. 또한 다음을 꼭 기억하라. 초심 치료자에게(아마도 모든 치료자에게) 가장 안전한 규칙은 조금이라도 의심스러우면 하지 않는다는 것이다. 내담자는 신체 접촉 없이도 성장하고 변화해 갈 수 있지만, 신체 접촉이 있는 많은 경우에 실제로 파괴적이지는 않더라도 치료적 관계가 심각하게 손상될 수 있다.

3. 과정에 뛰어들기

중반 단계 치료는 많은 수준과 많은 방향에서 동시에 작업하는 것으로 특징지을 수 있다. 말 그대로 치료자는 내담자가 어디로 움직일지 모르거나 혹은 치료자가 실수했음을 나중에서야 알게 되는 그런 경우가 있을 것이다. 이렇듯 치료 중반 단계는 모호성을 띤다.

중반 단계 작업 동안, 치료자가 무엇을 하건 내담자에게 크게 영향을 미칠 수 있다. 내담자에게 치료자는 중요한 사람이며, 치료의 역할 관계에 의해 힘과 권위를 가지고 참여하는 치료자이기 때문에, 그리고 종종 치료자가 행하거나 말하는 것이 매우 큰 의미를 가지게 되는 신비롭고 이해하기 힘든 일을 일으키기 때문이다. 내담자는 성공과 좌절에 대한 책임을 치료자에게 지우려는 경향이 있다. 통상적으로 어떤 진전에 대한 공을 내담자가 가져가도록 격려해야 하고, 반면 부정적인 것들에 대한 비난은 치료자가 감내한다. 우리는 내담자들이 우리가 하고 있는 것이 무엇이라고 여기는지, 그러한 인식으로 인해 그들은 어떻게 반응하는지를 되짚어 보고, 명료화하고, 사과하고, 결코 방어적이지 않고 진심으로 관심을 기울일 준비가 되어 있어야 한다. 치료자는 내담자는 항상 옳고 자기 성공의 주체이고, 내담자가 나빠졌다고 결코 비난받지 않는 그런 환경을 구현함으로써, 탐색과 성장을 위한 가능한 한 가장 안전한 환경을 창조한다.

1) 동의 및 부동의

내담자는 항상 옳다. 내담자는 모든 주어진 순간에서 자신이 이해한 현실을 할 수 있는 만큼 최선을 다해 다루고 있다고 추정할 수 있다. 당신은 내담자에게 당신의 현실의 틀을 주장하거나 끼워 맞추기 위해 강요하는 게 아니라, 당신이 내담자의 현실 세계로 들어가야 한다. 이는 내담자가 결코 자신의 생각을 바꿀 수 없다거나, 당신이 내담자의 파괴적이거나 고통을 야기하는 오류적 인식을 직면시키거나 해석할 수 없음을 의미하는 게 아니다. 이는 당신의 직면이나 해석은 잠정적이어야 하고, 내담자가 수정하는 조건으로 이루어져야 하며, 처벌적이기보다는 지지적이어야 한다는 의미다. 우리가 내담자에게 제공하는 해석은 실제로는 변형된 비난일 때가 너무나 많다. 코미어와 코미어는 "치료자의 해석은 내담자의 실제 메시지에 기반한 것이어야 하지, 내담자에게 투사된 치료자 자신의 선입견과 가치에 근거해서는 안 된다."(Cormier & Cormier, 1998, p. 131)는 것을 확실히 하라고 경고한다. 더 나아가 해석은 "내담자의 적극적인 참여하에 협력 정신에 입각하여"(p. 133) 제공되어야 한다고 강력히 충고한다.

치료자가 도움이 되지 않는 가짜 해석을 제공하는 데는 여러 이유가 존재하고, 대부분의 경우는 치료자 자신의 불안정과 연관되어 있다. 우리는 뭐가 일어나고 있는지 이해하지 못하거나, 내담자에게 짜증이 나고 그 짜증냄에 대한 수치심 때문에 부적절함을 느낄 수 있다. 혹은 난간에 갇힌 내담자를 도와주기 위해 무언가를 해야 할 의무가 있다고 스스로에게 말할지도 모른다. 우리의 불편감이 무엇이든 자기 좌절 혹은 자기 비난으로부터 벗어나고자 내담자를 대신 비난하고 있는 것이다. 우리는 인내심을 가지고 수용적으로 지혜롭게 내담자를 대해야 할 의무가 있다. 그래서 우리의 부정적인 감정들을 억압한다. 그러나 부정적인 감정들은 베일을 쓴 비난의 형태로 변장하여 튀어나올 수 있다.

당신이 비난조의 해석을 하고 있다고 여겨지면 뒤로 물러나고 그만두라. 만약 내담자가 당신 이야기를 들을 준비가 되어 있다면, 당신에게 무슨 일이 일어났는지 말하고 당신의 개인적인 일을 내담자에게 떠넘긴 것에 대해 사과하라. 최소한 당신이 행했던 것들이 앞뒤가 맞지 않는 것이었음을 내담자와 나눌 수 있는 때와 방법을 찾아야 한다. 그 문제에 대해서라면 당신은 내담자가 요구할 때마다 자신의 해석과 직면을 철회할 준비가 되어 있어야 한다. **"아마도 제가 그것에 대해 실수했나 봅니다."** 혹은 **"제가 당신을 오해해서 죄송합니다."**라고 하는 게 당신이 말한 것이 맞다고 주장하는 것보다 더 나은 반응이다. 해석의 정확성 여부와는 별개로 내담자는 당신이 말해야 했던 것을 들을 준비가 되어 있지 않았다는 것이다. 그냥 그대로 두라. 만약 당신의 이야기가 그만한 가치가 있었다면, 당신이 혹은 내담자가 그것을 다시 발견할 또 다른 시간이 있을 것이다.

완전히 반대 극에 해당하는 경우도 있다. 치료자가 제공하는 해석을 내담자가 너무나 지나치게 열의를 가지고 반응한다면 곧이곧대로 받아들이지 않는 법도 알아야 한다. 내담자는 진정 고통스러운 주제로부터 치료자를 멀리 두기 위해, 가용할 수 있는 모든 전략을 사용할 준비가 되어 있는, 겁먹었지만 매우 영리한 아이를 자기인식의 장 밖에 숨겨 두고 있다. 이 아이는 쓸모없는 해석을 기뻐하며 와락 움켜잡는다. '만약 내가 치료자를 여기로 유인할 수 있다면, 치료자는 내가 정말 다루고 싶어 하지 않는 것을 알 수 없을 거야!' 만약 내담자가 당신의 해석이 얼마나 통찰력이 있는지, 혹은 전에는 결코 생각조차 하지 않았지만 얼마나 자신에게 완벽하게 맞아떨어지는 해석인지를 말하며 그에 관련된 기억이나 예시들을 늘어놓기 시작한다면, 어쩌면 진정으로 성장을 견인하는 재료를 다루고 있지 않을 가능성이 높다. 내담자가 말하고 있는 것을 경청하라. 하지만 당신의 '위대한' 개입 바로 직전에 진행되고 있었던 곳으로 내담자를 다시 데려올 수 있는 기회를 확보하라.

내담자에 대한 동의와 부동의 오류는 대체로 치료자의 수행에 대한 내담자의 만족 여부에 너무 관심을 쏟기 때문에 일어난다. 만약 당신이 내담자와 논쟁하며 자신의 행동을 정당화하기 위해 애쓰고 있거나 당신이 기적을 일으킬 수 있다는 내담자의 말에 지나치게 민감하게 반응한다면, 아마도 내심 치료자로서의 자기 효능성에 대해 확신하지 못하고 있을지도 모른다. "내가 진짜 맞게 하고 있었나?" "진짜 내가 어떻게 느끼는지 내담자가 몰랐으면 좋겠다." "내가 말한 것을 내담자는 어떻게 생각할까? 내가 뭘 말했던 거지?" 우리는 내담자가 우리를 좋게 생각해야만 한다고 (비논리적으로, 종종 무의식적으로) 요구하는 경향이 있다. 내담자의 칭찬으로 우리의 자아를 북돋우고, 내담자의 비난에 내적으로 흔들린다. 이러한 자기의심을 해결하는 한 가지 방법은 모든 치료 회기에서 내담자가 행한 것이 아니라 치료자로서 당신이 행한 것에 입각하여 당신의 성공을 정의하는 것이다. 셸던 코프는 자신의 학생들에게 다음과 같이 말했다. "환자 치료 결과에 매이지 않을 때, 치료자는 사사건건 일희일비하지 않을 수 있다. 내가 신중을 기해야 하는 그 일에 집중함으로써 나는 나의 일을 해 나간다"(Kopp, 1977, p. 116). 우리 일의 중요한 부분은 치료자로서 내담자의 오해를 사는 대상이 되는 것이고, 모든 대답을 갖지 않은 상태를 인내하는 것이고, 자기 과정을 발견하고 교정하는 내담자의 역량을 확고히 하는 것이다.

2) 침묵

그저 기다리고 지켜보고 경청하고 아무 말도 하지 않는 침묵은, 특히 치료 중반 단계에서 치료자가 사용할 수 있는 가장 유용한 단일 개입일 수 있다. 아마도 매우 짧은 단기 치료에서 혹은 위기에 있는 내담자에게는 덜 유용할 수는 있다 하더라도, 침묵은 자신의 생각과 감정을 통해 더듬더듬 자기 길을 찾아가고 있는 내담자를 방해하거나 정신을 산란시키지는 않을 것이다. 허친스와 콜바우(Hutchins & Cole-Vaught, 1997)는 "때때로 침묵은 내담자가 방해 없이 그 상황에 대해 생각하도록 하는 당신이 사용할 수 있는 가장 중요한 기법이다."라고 말한다. 당신의 침묵은 강력한 진술이다. 침묵은 당신이 거기에 존재하고 있으며, 내담자 과정을 존중하고 있고, 내담자와의 의사소통에 개방적인 마음으로 임하고 있음을 전달한다. 또한 당신의 침묵은 당신이 뛰어들어 내담자를 위해 문제를 해결하고, 내담자를 재촉하고 내담자가 말한 것을 재구조화하는 일들을 하지 않음을 전달한다. 그것은 내담자가 스스로에 대해 생각해 볼 수 있도록, 훈습해 보도록, 자신에게 적합하다고 느껴지는 속도로 가고 싶은 곳으로 가 보도록 승인해 주는 것이다.

내담자가 당신의 침묵을 부정적인 방식으로 해석할 가능성도 있다. 내담자는 당신이 화가 났거나 비난하고 있거나 흥미가 없기 때문에, 혹은 당신이 다음에 뭘 해야 할지 몰라서 아무 말도 하지 않고 가만히 있는 것이라고 생각할 수 있다. 만약 당신과 내담자 사이의 침묵이 불편하게 길게 느껴진다면, 혹은 침묵이 비생산적으로 인식된다면 먼저 침묵을 깨라. '누가 가장 오래 기다릴 수 있을까' 게임에 빠지지 말라. 침묵이 경쟁적이게 되면 더 이상 치료적이지 않다. 침묵이 무엇을 의미하는지, 내담자는 어떻게 경험했는지, 침묵에 대해 무슨 생각을 했는지 내담자와 함께 이야기하라. 치료 회기는 내담자의 전 생애 공간의 축소판이기 때문에 당신의 침묵에 대한 내담자의 반응은 어쩔 수 없이 다른 사람들과 관계하는 일반적인 패턴의 한 부분이다. 즉, 그 회기에서 다룰 훌륭한 치료적 연료, 재료인 것이다.

내담자가 잘못 이해하는 것보다 잠재적으로 더 해로운 것은 치료자 스스로가 자기 침묵을 잘못 사용하거나 잘못 이해하는 것이다. 치료자가 화가 났거나 흥미 없어 한다는 내담자의 인식은 정확할지도 모른다. 만약 그렇다면 잠시 치료자 자신에게 초점을 맞춰라. 당신 안에 뭐가 일어나고 있는가 그리고 그것에 대해 당신이 해야 하는 것은 무엇인가? 내담자와 함께 명확히 정리해야 할 어떤 것이 있다면 그렇게 하라. 만약 실행 가능한 것이 없다면, 동료나 슈퍼바이저와 되짚어 볼 기회를 가질 때까지 한쪽으로 치워 두라. 그런 다음 침묵을 적절하게 사용하도록 자신을 허용하라. 일부 치료자는 자신이 침묵했다고 비난한다. 그들은 침묵하는 것은 아무 것도 안 하는 것이라고 생각한다. 마치 치료 회기 내내 어떤 말들로 가득 채워야 하고, 침묵이 있으면 내담자가 들인 돈이 아깝다고 생각할 것처럼 여기며, 뭐라고 말할지 모르는 것에 대해 자신을 비난한다. 치료자는 침묵에 대한 두려움 때문에 별 도움이 안 되는 이야기를 하게 될 수 있고, 내담자의 말을 충분히 경청하지 못하게 될 수 있고, 내담자가 비언어적으로 말하고 있는 것을 놓칠 수도 있고, 내담자의 과정을 방해하게 될 수도 있다.

치료 중반 단계의 현실은 치료자인 당신이 내담자에게 충분히 적절한 반응을 하지 않을 때가 많다는 것이다. 뭐라고 해야 할지 모르는 느낌이야말로 당신이 그 어떤 말도 하지 말아야 할 때임을 알려 주는 상당히 믿을 만한 지표다. 코틀러는 그저 말하기 위해 말하려는 충동을 억제하라고 조언한다. "깊이 숨을 들이쉬세요. 그 상황을 고찰하세요. 펼쳐지고 있는 것이 보일 때까지 기다리세요"(Kottler, 2000, p. 76). 아무 말을 하지 않는 것과 아무 것도 하지 않는 것은 다르다. 아무 말도 하지 않는 것은 어떤 것을 하고 있는 것이다. 침묵은 치료적 행동이고, 유능한 치료자는 자신이 사용하는 다른 어떤 개입 기법과 동급의 기술이자 유사한 빈도로 침묵을 사용한다.

침묵에 대해 한마디 더 하자면, 우리가 발견한 내담자에 대한 모든 것을 나누어야 한다고 믿고 있다면, 내담자와 함께 조용히 머물기가 어려워진다. 내담자가 자신의 이야기를 할 때 우리는 패턴과 주제를 본다. 그리고 갑작스럽게 이에 대한 해석을 내담자에게 쏟아 놓고 내담자가 타당하다고 여기는지 확인해 보고 싶다. 우리가 인식한 것으로 내담자에게 깊은 인상을 남기고 싶다. 이런 기분 좋은 통찰에 뭔가를 덧보태고 싶고, 그것을 내담자가 건강과 행복의 길로 행진하게 하는 데 사용하고 싶다. 그러면서 우리는 내담자의 내면 작업을 간과하고, 그의 생각의 흐름에서 벗어나, 그가 생각하고 있는 것보다 우리가 생각하고 있는 것이 당연히 더 중요하다고 암암리에 전달한다. 내담자에게 우리가 알고 있는 모든 것을 단지 말하려는 시점이 우리가 가장 효율적으로 기능하지 못하고 있는 순간임을 스스로 자주 일깨워야 한다. 그렇게 하면 내담자는 혼란스러워지고, 불안 수준은 올라가고, 방어가 활성화된다. 우리의 생각과 방향성에 근거하여 내담자를 가르치기보다는 내담자가 스스로 더 나아가 보도록 초대할 수 있는 기회가 생길 때까지 조용히 기다려야 한다.

3) 저항

치료 초반 단계는 내담자의 입장에서는 극심한 고통과 절망의 시간이 될 수 있다. 종종 내담자는 위기 상황에서 치료에 임한다. 자신이 생각할 수 있었던 모든 것이 실패로 돌아간 다음에 마지막 수단으로 치료를 찾는다. 내담자가 자기 삶에서 새로운 기술을 배우고 변화를 경험하게 된다면, 치료가 흥미진진하고 희망적인 시간이 될 수도 있다. 그러나 거의 그렇지가 않다. 초반 단계에서는 치료 그 자체에 갇힌 것 같이 경험될 수 있다. 사실상 '갇힌' 느낌은 치료 중반 단계를 정의하는 특징 중 하나로, 즉 새로운 종류의 과정으로 들어갔다는 분명한 지표 중 하나일 수 있다.

치료적 난국을 명확히 기술하기란 어렵다. 치료자와 내담자는 어떤 주제, 어떤 문제, 어떤 증상, 어떤 관계에서 옴짝달싹 못할 수 있다. 내용이 중요하지는 않다. 난국이라고 인식하게 만드는 것은 '갈 곳도 없고, 아무 것도 안통하고, 답이 없는' 느낌이다. 이런 모든 상황에서 치료자가 취하기 쉬운 행동은 자기 비난이거나("나는 진짜 좋은 치료자가 아님이 틀림없다.") 혹은 내담자 비난이다("내담자가 변화를 원치 않는 게 분명하다."). 특히 이러한 치료자의 반응은 무엇이 일어나고 있는지에 대한 분명한 견해를 제공하기보다는 내담자와 함께 치료자가 진퇴양난의 곳으로 곤두박질치게 하기 때문에 유용하지 않다. 사실상 최악의 저항 행동 중 하나는 정면으로 공격하는 것이다. 그런 공격은 내담자에게 너무 과하다. 내담자는 훨씬 더 강하게 저항함으로써 스스로를 방어할 수밖에 없을 것이다. 오메르는 그 과정을 잘 설명하고 있다. "모든 치료자는 내담자를 점점 더 가팔라지는 경사면으로 밀어 올리려 애쓰는 게 어떤 느낌인지 안다. 때때로 내담자는 공개적으로 치료자의 개입 방향을 지속해서 반대하고, 치료자는 이런 저항을 끝없이 다루어 나가야 할 수도 있다. (좀 더 친절하게는 치료적 중도 탈락을 할 수도 있다.) 한편, 아마도 훨씬 더 좌절스러운 경우일 수 있는데, 아무런 명백한 반대 표시가 없는 경우다. 저항하는 경우와는 반대로 내담자는 일관성 있게 협조적이다. 그러나 그 어떤 진전도 없다"(Omer, 2000, p. 202).

저항은 일어난다. 내담자는 오래된 패턴을 이해하고 떠나보내는 것을 거절하고 변화하기를 거부한다. 그런 행동은 치료자를 좌절시킬 수 있지만, 내담자가 그 순간에 할 수 있는 최선을 보여 주는 행동이라는 것 또한 치료자는 알아야 한다. 베이

커(Baker, 1996)는 저항하게 되는 많은 이유를 설명한다. 어떤 내담자는 뭘 해야 할지를 몰라서, 다른 이는 수행할 수 있는 기술이 없어서, 또 다른 이는 실패를 두려워해서, 혹은 변화가 필요하다는 사실을 인정하고 싶지가 않아서 저항한다. 저항은 내담자 전체 문제의 한 부분이며, 자연스럽고 피할 수 없는 부분이다. 내담자의 저항이 없다는 것은 치료가 필요하지 않음을 의미할 수 있다. 스스로 자기 문제를 해결할 수 있거나 혹은 기껏해야 치료 초반에 제공되는 정보 혹은 기술 구축과 같은 도움이 필요한 경우일 수 있다.

"저항은 무의식적인 재료에 접근하는 것을 막는 내담자의 모든 언어와 행동을 포함한다"(Ivey, Ivey, & Simek-Morgan, 1997, p. 257). 저항은 정신 내적 과정으로, 모든 내담자가 경험하지만 그 당시에는 거의 인식하지 못한다. 저항은 타당한 이유가 있다. 저항은 위협에 대한 자연스러운 반응이다. 그리고 저항은 가 보지 않은 미지의 세계를 탐험하기 위해, 한계가 있다 해도 이미 알고 경험해 본 것을 버리라는 압박으로부터 자신을 보호하는 방법이다(Paterson & Welfel, 2000).

치료는 내담자에게 가장 소중하고 잘 보호된 소유물, 즉 바로 내담자 자신을 바꾸도록 요구한다. 그러한 도전은 끔찍하게 위협적이다. "내가 아닌 누군가로서 어떻게 살아남을 수 있을까?" 그래서 강력하게 방어할 가능성이 있다. 실제로 변화 요구에 대한 방어는 건강한 반응이다. 사람들은 자기감(self-sense)이 고통스러울 때조차도 익숙한 자기감으로 부터 너무 빨리 벗어나서는 안 된다(Mahoney, 1997). 그들 자신의 자연스러운 속도와 과정을 존중하면서 천천히 나아가도록 하는 게 낫다. 치료자는 저항을 무너뜨리려고 하기보다는 인정하고 협력하는 게 좋다.

유감스럽게도, 내적으로 저항적인 내담자이지만 겉으로는 아무것도 하지 않는 것처럼 보일 수도 있다. 이렇게 되면 내담자의 두려움, 압도된 느낌, 지금까지 알고 있는 유일한 자기를 상실할 것 같은 공포감을 우리는 실제로 볼 수가 없다. 우리가 볼 수 있는 것은 내담자의 허세와 남 탓하고 징징거리며 비효과적인 전략을 이어 가는, 비판적이고 수동적인 모습과 혹은 어떤 강력한 치료적 마법을 통해 변화되기를 기다리는 무기력한 모습이다. 아니면 정반대도 있다. 우리는 내담자와 유쾌한 시간을 자주 보낼 수도 있고, 어려움이 최소화되고 여러 회기에 거쳐 지속되는 내담자의 큰 열정을 볼 수도 있다. 이 또한 적절하지 않으며 정반대 유형의 감정을 차단하고 있다는 신호일 수 있다. 여기서 뭔가 매우 중요한 일이 일어나고 있는 것이다. 치료자가 난국 상황에 기꺼이 머물고자 하고, 이런저런 것들이 효과적으로 진행되지 않는 것을 인내하고 심지어 지지하고자 한다면, 이런 태도는 내담자의 지속적인 변화를 가져오는 데 가장 결정적인 요인으로 작용할 수 있다. 내담자의 '갇힘(stuckness)'에 맞닥뜨린 상황에서 치료자는 포기하지도, 구출하지도, 공격하지도 않는다. 치료자는 내담자에게 필요한 승인(변화, 새로운 반응 시도, 다르게 존재하기에 대한)과 보호(내담자 자신을 위협할 수 있는 모든 파국적 가능성으로부터)를 치료적 관계 안에서 발견할 수 있도록 도우면서 내담자의 탐색을 지속적으로 지지한다.

실제 치료 회기 진행 중에 저항의 모든 증거가 나타나는 것은 아니다. 제때에 치료비를 지불하지 않거나 보험 양식을 보내는 것을 잊어버리는 것과 같이, 치료에 불참하거나 빈번하게 취소하거나 만성적으로 지각하는 행동들도 종종 나타나는 저항의 신호들이다. 물론 이러한 일들이 자주 혹은 종종 일어나는 것도 아닌 내담자의 불가항력적 상황에서 뜻하지 않게 일어날 수도 있다. 불참, 지각 혹은 비용 미지불의 문제는 반드시 다루어져야 한다. 저항을 나타내는 행동일 수도 있을 뿐만 아니라 전체 치료 과정을 방해하기 때문이다. 이런 저항 행동을 다룰 때는 비난하지도 공격하지도 않는 방식으로 그저 언급하기만 해라(Teyber, 2000). **"당신은 최근 약속한 세 번의 치료 회기 중 두 번을 취소해야 했습니다. 혹시 취소하신 이유가 우리가 논의하고 있었던 내용들과 관계가 있는지 궁금합니다."** 혹은 **"당신이 평소보다 훨씬 더 자주 약속 시간에 늦고 있다고 깨달았어요. 늦은 이유에 대해 알고는 있지만, 혹시 우리가 이야기 나누어야 할 다른 어떤 이유가 있을까요?"** 이런 질문은 내담자의 저항을 포기하게 하려는 것이 아니라 내담자가 자기가 선택한 행동을 보다 분명하게 보고 경험하도록 초대하려는 것이다. 방어로서의(자연스러운 것이고 이해할 수는 있으나 여전히 방어인) 비협조적인 행동을 인식하는 것은 새로운 방법을 위해 이 '오랜 친구'를 포기하도록 도울 수 있다(Paterson & Welfel, 2000).

이 시점에서 내담자가 갇히게 되는 두 가지 방식, 즉 주요한 두 종류의 저항에 특별히 주의를 기울여야 한다. 하나는 내담자 내부에 존재한다. 내담자의 오래된 갈등 패턴으로 내담자가 알고 있어야 하는 것을 알아 가고, 해야 할 것을 해 나가는 과정에서의 밀고 당기기다. 이것은 지금까지 우리가 이야기해 왔던 문제가 되는 교착상태의 일종이다. 다른 하나는 치료자와 내담자 사이에서 일어나는 교착상태로, 치료적 관계 그 자체에서 옴짝달싹 못하는 상황에 놓이는 것이다. 종종 이 둘은 연관되어 있지만 이들을 구분하는 것이 유용하다. 치료자-내담자 간 난국은 변화의 수단이 될 가능성이 적고, 치료자의 실수로 인해 나타나는 증상일 가능성이 더 많다. 코프는 이런 종류의 고착에 대해 "치료적 난국은 치료자가 준비가 안 된 환자에게 뭔가를 하게 하려고 할 때 일어난다."(Kopp, 1977, p. 13)라고 했다. 만약 당신이 스스로의 의제를 수행하는 데 빠져있거나, 치료 과정을 서둘러 진행하려고만 하거나, 당신이 파악한 문제와 그에 대한 조치를 입증하는 데 몰두되어 있다면, 당신은 치료자-내담자 간 교착상태를 만들 가능성이 매우 크다.

간힌 내담자와 작업할 때 치료자에게 있어 최대의 적은 스스로의 인내심이다. 참을성이 없는 치료자는 자신이 가진 기술 사용을 잊어버리고, 조용히 머물지 못하고, 자신과 내담자를 더욱 더 강하게 밀어붙일 수 있다. 내담자가 종종 '환자(Patients)'라고 불리는 이유가 있다. 그들과 함께 효과적으로 작업하기 위해서는 치료자는 '인내심(patience)'을 길러야 하기 때문이다. 헤어나기 힘든 상황에서 발버둥치는 것처럼, 조급하게 밀어붙이는 것은 치료 과정을 더 망치는 결과를 초래할 뿐이다. 훨씬 더 해로운 것은 내담자의 저항을 다루기 위해 밀어붙이기식 개입을 하는 성난 치료자다. 비판은 일반적으로 성장을 촉진하지 않는다. 성장을 억압한다. 당신은 내담자에게 변화하거나 움직여 나가라고 강요할 수는 없다.

사람들은 자신의 치료자들이 만족할 수 있는 방식으로 변화하기 위해 치료에 오지는 않는다. 많은 이는 실제로 변화를 전혀 원하지 않으며, 대개 변화를 원하는 사람들이라 해도 약간의 노력으로, 불편감을 느끼지 않고 변하기를 원한다. 그러나 우리가 그들의 상황을 이해하고 세상에 대한 그들의 경험을 공감함에 따라, 그들이 살아남기 위해 그리고 자신의 운명을 향상시키기 위해 진정 얼마나 용기있는 결정을 했는지 알게 된다. 우리가 더 나은 판단자로서 그들에게 '좋은' 것이 무엇이고 이미 손상된 자존감에 위험하거나 해로운 것이 무엇인지 안다고 재빨리 가정하는 것이 얼마나 오만한 태도인가. 그들이 우리의 제안을 거절할 때 거절하면 안 된다고 하면서 그들에게 더 효과적으로 보이는 방식으로 해 보라고 주장하는 게 얼마나 황당무계한 일인가. 이와는 반대로 치료자가 기꺼운 태도로 내담자의 입장에 서서 그들을 만나려 하고, 그들의 눈을 통해 세상을 보려 하고, 그들이 자기 직관으로 자신에게 적합하다고 여겨지는 것을 보완하고자 할 때, 치료자의 견해를 활용토록 허용하는 것이 얼마나 엄청나게 타당하고 치유적인 일인가.

4) 벗어나기

지금쯤이면 아마도 당신은 저항이 치료 중반 단계의 필수적인 부분임을 적어도 부분적으로는 확신하고 있으며, 저항적인 내담자와 하지 말아야 하는 것에 대해 상당히 잘 알고 있을 것이다. 그러나 해야 할 것에 대한 설명은 다소 모호하고 일반적이라고 생각할 수 있다. 특히, 내담자가 변화에 대한 열망과 달라짐에 대한 두려움 사이에 사로잡혀, 무기력하게 늘어져 있을 때 적절한 치료적 전략은 무엇일까?

우선적으로 당신이 치료적 교착상태를 다루고 있음을 인식하는 것이 중요하다. 교착상태를 다루는 것이 치료의 정상적이고 예측 가능한 부분이라는 것을 인지하면서 현재 일어나고 있는 것에 대한 정보를 적어 놓는 것만으로도 안심할 수 있다. 스스로의 정서 상태를 살펴보고, 내담자가 당신을 밀어낼 때 좌절하고, 혼란스럽거나 패배감을 느끼는지를 주목하라. 이러한 감정은 곤경에 처해 있음을 알리는 첫 번째 신호일 수 있다. 만약 당신이 배제되고, 평가절하되고, 적대시되고 있다고 여겨진다면, 뒤로 물러나 마음을 가다듬어라. 당신에게 무슨 일이 일어나고 있는지 그리고 내담자에게 당신이 어떻게 반응하고 있는지 살펴보라. 시간을 가지고 당신 자신과 내담자를 부드럽고 관대하게 대하라.

때때로 당신과 마찬가지로 적어도 자신이 난국에 빠졌음을 인식하는 내담자는 뭘 해야 할지 치료자인 당신이 책임지고 말해 줄 것을 요구할 수 있다. "제가 무엇에 대해 말해야 하나요?" "저는 뭘 말해야 할지 모르겠어요" "어제 직장에서 무슨 일이 있었는지 선생님에게 이야기하기를 원하시나요?" 이럴 때 내담자에게 구체적인 지시를 제공하는 것은 좀체 도움이 안 된다. 그렇게 하는 것은 내담자의 무력감 혹은 무능감을 강화할 뿐이다. 대신에 내담자가 필요로 하는 것을 발견하고, 그 순간 전경에 떠올라 있는 것을 알아차리는 능력을 개발하도록 도와줘라. 예를 들어, 부젠탈은 다음과 같이 말한다.

일반적으로 이러한 질문에 대한 나의 대답은 다음과 같습니다. "당신은 유일하게 유효한 나침반을 가지고 있습니다. 그러니까 당신 자신을 들여다보고 지금 당신에게 무엇이 정말로 중요한지 살펴보세요." 때로는 그것을 성찰과 연결시키기도 한다. "당신은 제가 당신에게 중요한 것에 대해 당신보다 더 잘 알고 있다고 생각하는 것 같습니다. 상당히 놀랐습니다. 정말로 그렇다고 생각하십니까?"(Bugental, 1987, p. 216)

내담자의 저항은 그가 매우 중요한 문제를 다루고 있음을 알려 주는 신호다. 과거에 사용하려고 배웠으나 이제는 더 이상 효과가 없는 그런 종류의 행동에 대한 단서이기 때문에, 진단과 치료 계획을 세우는 데 큰 가치가 있다. 당신은 내담자의 패턴이 전개되는 것을 보고, 그것의 근원 원인에 대한 가설을 세우면서, 내담자가 씨름하고 있는 문제가 아닌 지금-여기에서의 경험, 즉 고군분투 그 자체에 초점을 두도록 도와라. 이는 당신이 내담자의 내적 경험을 이해하고 존중하고 있음을 보여 줄 뿐만 아니라, 내담자가 고군분투하는 방식을 다룰 준비가 되었을 때 사용할 적절한 개입 방안을 구성할 수 있도록 해 줄 것이다. 셰이는 다음과 같이 말한다. "과정 반응(Process responses)은 임상가가 생각하고 스스로의 마음을 추스릴 수 있는 시간을 제공한다. 그것은 명백히 환자의 손에 다시 공을 돌려놓는 일종의 말장난과 같다. 환자가 반응을 생각해 내야 하는 동안, 임상가는 문제가 되고 있는 저항에 궁극적으로 대응하는 더 나은 방법에 대한 아이디어를 얻을 수 있다"(Shea, 1988, pp. 512-513).

돕고자 했지만 결과적으로 부적절하거나 비효과적인 당신의 시도에 내담자가 저항하고 있다면, 문제 상황에서 당신이 초래한 몫을 인정하라. 당신은 내담자가 당신을 어떻게 생각하고 느끼고 있다고 여기는지 설명하고, 그것이 맞는지 내담자에게 물어보라. 내담자가 자신의 생각과 감정을 말할 수 있도록 그리고 관계에서 문제가 되는 부분을 탐색해 보도록 격려하라. 만약 당신이 저지른 실수를 인지하게 되면 인정하라. 치료자인 당신이 내담자에게 더 도움 되는 것을 파악할 수 있도록 도와달라고 내담자를 초대하라. 그렇게 함으로써 내담자가 자기 과정을 다시 탐색하도록 도울 뿐만 아니라 교착상태에 대해 소통하는 개인적인 개방성과 책임성을 본보기로 보여 줄 수 있다.

그리고 침묵 역시 하나의 반응임을 항상 기억하라. 당신은 내담자를 비언어적으로 지지하고, 지금 일어나고 있는 것에 조바심내거나 좌절하지 않고 조용하고 침착하게 머물고 있음을 전하면서 그저 기다릴 수 있다. 당신은 조용히 경청하면서도 치료 시간에 나온 말과 움직임들은 빙산에 일각에 불과하며 내담자는 치료자와 자신에 대한 보이지 않은 많은 수준에서 작업하고 있다는 사실을 꼭 기억해야 한다. 보거나 들을 수 없는 경우에서조차도 많은 일이 일어나고 있다.

갇혀 있는 내담자는 자신이 갇혀 있음에 대해 이미 스스로를 비난하고 있기 때문에, 치료자인 당신이 뭘 하더라도 비판으로 인식할 가능성이 매우 크다. 당신의 언행에 대해 방어하느라 애쓰지 말고, 내담자 자신에 대한 비판적인 태도를 다룰 수 있도록 도와라. 내담자는 치료자가 자신의 저항을 전반적인 자기 조직화에 있어 중요한 목적을 띠는 행동으로 이해하고 존중하고 있다는 사실을 알게 되면, 점차 방어적인 태도를 기꺼이 내려놓을 것이다. 내담자 노력에 대한 치료자의 연민과 진솔한 존중의 태도는 성장 과정에서 서로의 적대자가 아닌 서로의 파트너로 받아들이게 하는 토대가 될 것이다.

4. 시기 선택

적절한 시기 선택은 치료 전 과정에서 중요한 부분이지만, 아마도 중반 단계에서 가장 중요하게 작용하는 요인일 것이다. 치료자는 중반 단계에서 매우 폭넓은 치료 전략을 구사할 것이고, 회기마다 그리고 각 회기 안에서 순간순간 가능한 접근들 중 하나를 선택해야 한다. 적절한 개입 시기를 어떻게 잡느냐에 따라 내담자의 자기 개방이 촉진될 수도 있지만 완전히 폐쇄될 수도 있다. 내담자의 내적 과정, 치료자 자신의 반응과 관계 그 자체 사이에서 일어나는 복잡하고 빠른 상호작용에 기반해서, 치료자는 앞서 나가야 할 때, 뒤돌아봐야 할 때, 말을 해야 할 때 혹은 침묵해야 할 때와 지지하거나 직면해야 할 때를 예측하고 결정한다. 부겐탈은 다음과 같이 말한다. "적절한 시기 선택이 가장 중요하다. 내담자와의 첫 만남에서는 부적절한 직면이 여덟 번째 혹은 열 번째 치료 회기에서는 정확하게 명중할 수 있다"(Bugental, 1998, p. 56).

적어도 우리가 아는 한, 개입 시기를 관장하는 구체적인 규칙을 간결하게 설명할 방법은 없다. 윌콕스-매튜, 오튼과 마이너는 "상담 개입 방법과 개입 시기를 선택하는 데 있어, 요리책 방식과는 다르게 적용하는 특별한 기술이 있다."(Wilcox-Matthew, Ottens, & Minor, 1997, p. 288)라고 했다. 치료자의 내담자 내적 과정에 대한 민감성과 매 순간 내담자가 행하는 것에 대한 이해력을 바탕으로, 말하는 타이밍을 결정하는 기술이다. 이러한 지식의 대부분은 비언어적 단서(얼굴표정, 자세 변경, 목소리 톤)에 근거한다. 이러한 단서에 기대어 살펴볼 때, 내담자가 지금 어떤 문제에 대해 조용하게 작업하고 있고, 새로운 통찰에 대해 숙고하고 있고, 자기 발견의 경계를 넓히기 위해 의식의 장을 탐색하고 있다면 가만히 그냥 두라. 내담자가 침묵을 깨면 그가 탐색하는 동안 일어났다고 여겨지는 것에 대한 반응을 보여라.

> 새롭게 보이거나 느껴지는 어떤 것에 대한 내적인 집중을 의미하는 목소리가 있다. 밖으로 명확하게 표현되는 목소리로 내담자가 뭔가에 대해 한창 길게 논하는 중에, 때때로 초점화된 작은 목소리를 들을 수 있다. 그 목소리는 에너지를 잃지 않은 채 속도가 느려지고, 부드러워지고, 잠시 멈추었다가, 이전의 밖으로 표현되던 목소리는 잦아든다. 이는 치료자가 들어야 하고 반응해야 하는 곳임을 알리는 지표인 게 분명하다(Watts, 1989, p. 118).

치료자는 어떤 유형의 침묵은 방해해야 할 필요가 있다. 내담자가 진정 혼란되어 있고, 솔직히 어떻게 진척시켜야 하는지 모르고 있다면, 내담자에게 제안을 하거나, 어떤 구조를 주거나, 시작하기 좋은 지점을 발견할 수 있도록 돕는 질문을 하는 것이 유용하다. 만약 내담자가 두려워하거나 주저하고 있다면, 지지, 보호와 격려가 필요할 수 있다. 내담자가 당신의 행동 때문에 화를 내거나 좌절하고 있다면, 당신과의 사이에서 무엇이 일어나고 있는지에 대해 언급하거나 물어보는 것이 일반적으로 유용한 전략이다. 시기 선택에 관한 기본적인 안내 원칙은 내담자를 끌어들이고 이동시킨 다음 치료자는 빠지고 내담자가 자기 작업을 할 수 있도록 하는 개입이라면 그 어떤 것이라도 하는 것이다.

내담자는 때로 속도를 늦추고, 자신의 현재 위치를 확인하고, 성공을 축하할 필요가 있다는 사실 또한 기억하라. 성장하는 다른 것들과 마찬가지로 너무 빨리 성장하라고 몰아붙이면 오히려 번창해 나가지 못한다. 우리는 종종 뭔가를 서두르려 하고, 내담자가 우리를 신뢰하기를 기대하고 내담자가 준비되기 전에 모험하려고 한다. 어찌되었든 우리는 지금쯤이면 내담자를 너무나 잘 알고 있다. 내담자가 해야 하는 것을 알고 있거나 안다고 생각한다. 그리고 내담자가 그렇게 하도록 도와

줄 수 있다는 것도 알고 있다. 그러나 비료가 지나치게 너무 많으면 오히려 어린 식물에 해로울 수 있는 것처럼, 치료에서 강제로 먹이는 것은 진전을 방해한다. 물론 시기 선택에 오류가 일어날 수 있다. 너무 많은 일을 하려는 것보다는 하지 않으려는 편이 더 낫다.

　좋은 치료에는 일종의 유기체적 리듬인 밀물과 썰물이 있다. 내담자 쪽에서 일어나는 새로운 통찰과 새로운 인식은 내담자 자신과 치료자 모두에 대한 신뢰감을 강화한다. 그리하여 관계는 더 튼튼해진다. 이 새로운 수준에서의 관계는 결과적으로 더 깊은 탐색을 위한 토대를 제공한다. 리듬은 일종의 움직임과 휴식의 교대로도 감지될 수 있다. 고된 일을 하고 나면 종종 가벼워지고 웃게 된다. 매우 정서적으로 많이 올라온 회기 이후에는 정서적 자각을 내담자의 전반적인 이해로 통합시키기 위해 매우 인지적인 회기가 후속적으로 이어질 수 있다. 그리고 아무것도 움직이지 않는 것처럼 보이는 휴면기나 오히려 악화된 것으로 보이는, 즉 극복되었다고 생각했던 고통과 문제로 다시 복귀한 것으로 보이는 교착상태의 중요성을 결코 잊지 말아야 한다. 이러한 패턴을 인식하고, 존중하지 않는 치료자는 내담자 혹은 자기 자신을 비난할 것이다. 그리고 성과 있는 상호작용의 가속도가 줄어들거나 역전되었다고 보일 때 좌절할 것이다.

　이런 식의 부조화가 일어날 때, 즉 당신은 또 다른 대단한 돌파구를 향해 가고자 하지만, 정작 내담자는 뒤꿈치를 세우고 어디로도 가지 않으려 한다면, 당신은 내담자의 리듬에 맞추어야 한다. 당신 자신의 스타일과 오리엔테이션에 따라, 어느 정도 한가한 담소를 나누기도 하고, 가만히 침묵하거나 일어나고 있는 일과 그것의 중요성에 대해 언급할 수도 있다. **"당신은 지금 상당히 힘든 작업을 했어요. 그렇기 때문에 다시 뛰어들기 전에 숨 돌릴 시간이 필요해요." "당신은 지난 주에 작업했던 것들에 대해서는 전혀 이야기하지 않고 있네요. 어떤 특별한 이유라도 있나요?"** 내담자는 잠시 휴식을 원할 수도 있고 혹은 더 깊이 파고 들어가는 것을 미루고자 하는 자기 마음에 대해 당신과 함께 탐색해 볼 수도 있다. 당신은 지금까지 내담자가 뭘 원하든 그의 과정을 존중하고 스스로의 속도로 성장해 나가는 것을 기꺼이 지지하는 태도를 취해 왔다.

1) 회기 마무리

다음에 어떤 작업을 할지 결정하는 주체는 내담자라는 일반적인 규칙에 한 가지 예외가 있다. 바로 치료 회기를 마무리하는 작업과 관련이 있다. 내담자가 매우 정서적인 문제에 몰두해 있을 때, 시간이 다 됐고, 치료가 끝났다는 이야기를 듣게 하는 것은 대체로 치료적이지 않다. 그렇지만 내담자의 작업에 대한 열의에 힘입어 추가 시간을 갖는 게 항상 가능하지도 않거니와 도움이 되지도 않는다. 사피로(Shapiro, 2000)는 '치료 시간' 연장으로 인해 시간 경계가 어떤 식으로 무시되는지 그리고 사실상 내담자보다는 치료자에게 어떻게 더 이득이 되는지 설명했다. 우리 일의 일부분은 치료 시간을 인식하고 내담자의 새로운 주제를 적절하게 다룰 만한 시간이 없을 것 같을 때 다음 회기의 주제로 남겨 두도록 안내하는 것이다. "**이것은 당신에게 매우 중요하고, 어려우며, 민감한 이야기라 여겨집니다. 그런데 우리에게 남은 시간이 5분밖에 없습니다. 저는 지금 이 이야기를 했다가 중간에 끊어지는 걸 원하지 않습니다. 다음 치료 시간 시작할 때 이 이야기를 다시 가져와서 충분한 시간을 가지고 다루는 것이 어떨까요?**" 이런 종류의 개입은 그 주제에 대해 치료자가 관심을 가지고 있고, 중요한 것에 대한 내담자의 판단을 존중하고 있다는 증거가 된다. 또한 치료자가 내담자를 보호하고 성장을 촉진하는 방식으로 치료 회기를 관리하려는 헌신적 태도를 명시적으로 보여 주는 진술이다.

당신의 최선의 노력에도 불구하고 충분히 작업할 시간이 없는데 내담자가 어떤 문제를 꺼내 버리는 경우도 있을 것이다. 실제로 치료 마지막 몇 분을 남겨 둔 상태에서 매우 중요한 정보를 찔끔 흘리는 것은, 치료자에게 매달리거나 추가 시간을 얻고자 하거나 주의를 끌기 위한 일부 내담자의 전형적인 전략이다. 어떤 치료자들은 이를 '폭탄 투하'라고 한다. 내담자가 떠날 때 "그런데 저 직장을 그만두기로 했어요."라고 한다. 이런 종류의 언급에 담겨진 걸게(hook)를 피하려면 자기 통제가 필요하다. 특히, 폭탄 투하에도 불구하고 치료자가 시간 제한을 준수해야 한다고 하면 아마도 내담자는 불행해하거나, 화를 내거나 다른 방식으로 마음 상해하겠지만, 5분이나 10분 혹은 30분의 추가적인 논의 시간에 빠지지 않도록 해야 한다.

우리는 내담자가 치료 회기를 마치고 긍정적인 마음으로 돌아가기를 원한다. 내담자가 회기 동안 경험했던 것들에 기뻐하기를 원하고, 다음 치료에 오는 동안 그들의 문제를 해결하기 위해 기꺼이 애쓰기를 원하고, 다음 치료 시간에 오길 고대하기를 원한다. 우리 스스로도 불편감을 가지고 치료 시간을 마치고 싶지 않는 것처럼, 내담자를 비참하거나 화난 상태로 보내고 싶지 않다. 그럼에도 불구하고 이런 일들은 일어난다. 그럴 때 스스로에게 뭔가 잘못했다고 할 필요는 없다. 사실 치료 시간 동안 그리고 마칠 때 일어나는 불편함은 큰 변화를 불러올 수 있다. 문제를 다루는 것은 내담자에게 마냥 고통스럽기만 하지는 않더라도 언제나 불편할 수 있다. 때로는 상처와 통증이 커지는 것을 피할 수가 없다. 게다가 어떤 문제와 그로 인한 고통은 한 회기에서 다음 회기로 이어질 것이다. 정서작업은 항상 50분짜리의 깔끔한 일괄 프로그램으로 마무리될 수는 없다. 당신도 내담자처럼 정시에 마치는 것이 불편하게 느껴진다면, 불편하지 않은 척할 필요는 없다. 치료자가 느끼는 감정을 솔직하게 인정할 때, 내담자의 불편감을 더 수월하게 다룰 수 있다. 프랑스는 자신의 치료 경험에 대해 말하기를, "내 괴로움 때문인지 아니면 내담자와 한창 중요한 뭔가를 하고 있었기 때문인지는 모르겠으나, 회기를 끝낸 것이 너무나 후회됐을 때는 내담자에게 후회했다고 분명히 밝히는 게 유익하다는 사실을 알았다."(France, 1998, p. 56)라고 했다.

때때로 회기를 끝낸 것에 대한 후회는 더 개인적인 주제일 수도 있다. 치료자는 간혹 뭔가 잘못 처리하고서도 그 손상을 복구할 시간이 없다. 예를 들어, 당신은 부적절한 개입을 했고, 이후에 작업하기 더 효과적인 주제를 쫓거나 내담자에게 도움이 되는 방식으로 반응하지 못했을 수 있다. 만약 개방성, 정직성 그리고 진솔한 돌봄을 바탕으로 치료적 관계가 정성들여 키워졌다면, 이러한 몇몇 나쁜 끝맺음이 있었다 해도 둘의 관계는 살아남을 것이며, 살아남았기 때문에 그 관계는 더욱 강해질 수도 있다. 반면, 치료자가 자주 시간 관리에 실패하여 내담자가 매 회기 막바지를 여유없이 간당간당하게 마치게 된다면, 치료의 유익성보다 불편감이 더 크다고 결론지을 수 있다.

5. 치료 중반 단계 회고

우리는 이 장의 내용을 읽으면서, 얼마나 구체적이지 않은 일반적인 소리인지를 생각하며 고통스러워진다. 일부 내담자에게는 적용되는 내용이지만 또 다른 내담자에게는 그렇지가 않다. 때때로 이러 저러 운운한 내용이 유용하기도 하지만 어떤 때는 그렇지가 않다. 막 입문한 학생들이 손을 들고 명확하고 모호하지 않은 규칙들을 알려 달라 요구하는 것은 정당한 일이다. 우리도 그러한 규칙을 제공할 수 있길(혹은 우리 자신을 위해서도 가질 수 있기를) 소망한다. 그러나 우리가 처음에 말했듯이, 치료 중반 단계 작업은 정말 간단히 개괄하거나 범주화하기가 불가능하다. 일반적으로 중반 단계 작업은 강한 정서 작업을 포함하지만, 또 항상 그렇지만도 않다. 대부분 작업이 어디쯤 가고 있는지 정확히 모를 때가 많고, 당신도 이런 경험을 여러 번 하게 될 것이다. 어떨 때는 침묵이 최선의 개입이기도 하지만, 경우에 따라서는 침묵이 해로울 수도 있다. 대부분의 내담자는 중반 단계 동안 적어도 한 번은 자신이 교착상태에 빠져 있음을 발견할 것이다. 그러나 몇몇 내담자에게는 일어나지 않는 경험일 수도 있다.

치료 중반 단계에 대해 혼란스럽거나 좌절하게 될 때(그런 감정으로부터 완전하게 자유로운 사람은 없다), 모든 내담자가 자신이 원하고 필요로 하는 것을 어느 정도는 알고 있다는 사실을 마음에 새겨 두는 게 우리에게 가장 큰 도움이 된다. 내담자는 성장하고 변화하기 위해 자신의 치료가 어디로 가야 하는지 안다. 때때로 내담자가 가진 지식은 그들의 의식적 인식의 일부이고, 더 깊고 더 유기적인 수준에 있을 때가 더 많다. 내담자의 일부분이 자신을 재촉하면 또 다른 부분은 이를 부지런히 저항할 수 있는데, 내담자는 이를 혼동과 불편감 정도로 의식하고 있을 수 있다. 마이어는 "공감적 경청을 위한 완벽한 모델이나 방략을 갖는 것이 치료자에게 위안이 되는 한, 듣는 경험을 위한 대인 관계적 맥락은 필요하다."(Meier, 2000, p. 172)라고 했다. 중반 단계의 예술은 주로 내담자가 존재하는 모든 수준에서 경청하고, 그 모든 수준에 반응하면서 관계 내에 온전히 존재하는 것이다.

모호하고 항상 예측할 수 없는 중반 단계 작업이 고통스럽고 좌절할 수 있지만, 끝없는 매력의 원천일 수도 있다. 다음에 무슨 일이 일어날지 알 수 없는 상황에서 작업하기란 어렵고 스트레스가 많을 수도 있지만 흥미진진할 수도 있다. 만약 당신이 스스로에게 항상 잘 해야 하고, 항상 정확한 최적기에 좋은 개입을 해야 한다고 요구한다면, 아마도 거의 확실하게 중반 단계가 두려워질 것이며, 상대적으로 효과적으로 작업하기가 어려워질 것이다. 반면, 자신이 경우에 따라 혼란스러워질 수 있음과 '모름'을 스스로 허용한다면, 당신은 내담자를 진정 어떻게 경청하는지 배울 수 있을 것이다. 바로 그 시점에서 당신은 치료자로서의 성장을 시작하게 될 것이다.

제6장

치료 마지막 단계

치료의 마지막 단계는 한 번에 설명하기가 쉽기도 하지만 동시에 어렵기도 하다. 쉬운 이유는 '종결'이라는 목표가 명확하기 때문이다. 이 단계의 주요한 주제는 치료와 치료자-내담자 관계의 마무리와 내담자의 독자적 홀로 서기와 관련되어 있다. 그러나 다른 주제나 다른 문제도 있을 수 있으며, 이러한 것은 내담자들과 치료자들만큼이나 다양하다. 단순한 과정이라고 표현하는 자체가 매우 어리석어 보이지만, 여하간 치료의 끝은 "안녕!" 하고 헤어지는 그런 단순한 끝이 아니다. 치료의 끝은 치료 전 과정의 축소판이며, 하나의 절차이다.

뮤지컬 공연은 종종 작품의 음악적 특징을 고스란히 드러내는 주요 주제곡들이 축소되고 연결된 형태로 되풀이되는 '반복 연주'로 끝난다. 아마도 반복 연주는 치료적 종결을 설명하는 가장 훌륭한 은유일 것이다. 치료 전 과정의 주요 주제, 갈등과 환상들을 종결 맥락에서 재작업하게 된다. 재작업 부분은 내담자가 익숙해진 지지적인 치료 시간 없이 살아가는 일상을 생각할 때, 수면으로 올라올 수 있는 새로운 문제들을 다루는 것과 관련되어 있다. 재작업의 또 다른 부분은 내담자가 획득한 새로운 행동과 반응을 연습하고 보고하고 강화하는 것을 포함한다. 세 번째 관심사는 치료 관계 그 자체에 관한 것으로, 내담자와 치료자 모두의 삶에 의미 있고 중요한 부분이었던 상호작용을 마무리하는 현실을 다루는 것이다.

이 장에서 우리는 치료의 마지막 국면인 3단계와 관련된 여러 가지 문제에 대해 논의할 것이다. 종결을 위한 계획에 대해, 종결과 관련된 내담자의 문제를 다루는 시기에 대해 논의할 것이다. 내담자가 종결 단계 동안 자주 하는 작업의 종류와 그 작업 과정에서 일어나는 공통적인 정서 요소에 대해 다룰 것이다. 또한 종결에 대한 치료자 자신의 반응에서 직면할 수 있는 몇몇 문제에 대해 논의할 것이다. 마지막으로, 장기 치료의 전형적인 종결 단계와는 다른 일부 치료 종결을 소개할 것이다. 그러나 우리가 이러한 주제들을 다룬다 하더라도, 당신이 치료 작업을 마무리할 때 당신과 내담자가 경험할 수 있는 모든 것을 다룰 수는 없다는 사실을 인식하는 것이 중요하다. 종결은 너무나 다양한 방식으로 이루어지고, 내담자 개개인마다 너무나 다를 수 있기 때문에, 종결에 대한 모든 것을 다루는 것은 무리다. 당신이 기대할 수 있는 것은 전문적인 치료자로서 경험하게 될 다양한 종결 과정 각각을 이해하고 계획하는 데 도움이 되는 일련의 지침에 해당되는 개요 정도다.

1. 종결 계획

우리 문화에서는 공개적으로 관계를 끝내거나 접촉 단절에 대한 얘기는 꺼려지는 주제다. 우리는 "안녕, 잘 가." 대신에 "나중에 또 보자."라고 하며, 돌이킬 수 없는 최후로서의 긴 이별(졸업, 이사)을 연락하자는 약속(자주 지켜지지 않는)으로 위장한다. 최고 궁극의 마지막 결말인 죽음조차도 '돌아가(시)다.'라고 말한다. 그리고 많은 종교에서 사랑하는 사람이 죽었을 때, 중요한 관계는 끝낼 필요가 없다고 안심시킨다. 의미 있는 관계를 끝내는 것이 지독하게 고통스럽지는 않다 하더라도 유쾌하지는 않다. 우리 중 그 누구도 돌보던 어떤 것을 포기하고 싶진 않다. 차라리 그런 이별이 일어나지 않을 것이고, 일어나지 않고 있고, 일어나지 않았다고 생각하고서, 시간이 지나 이별의 아픔이 진정되고 새로운 친구와 관심거리를 발견한 이후에 다루는 것이 더 수월하다. 결국 내담자와 치료자도 다른 사람들처럼 모두 대단한 유혹에 빠진다. 종결이 다가오고 있다는 사실을 모른 체하고, 다시 만나자는 가짜 계획을 말하며 이별의 현실을 위장하거나 그들의 최종성을 언급하지 않고 마지막 회기를 슬며시 지나가고 싶을 수 있다.

이런 종류의 회피는 적어도 두 가지 이유에서 실수라 할 수 있다. 첫째는, 이런 회피는 치료 기간 동안 내담자가 극복하기 위해 고군분투했던 매우 방어적인 책략을 계속 연습하도록 격려하기 때문이다. 내담자 체제 내에 있는 부적응적인 것은 스트레스하에서 재등장할 가능성이 매우 높은데, 치료 종결은 종종 스트레스로 작용한다. 내담자가 오래된 행동에 접근하여 재활성화하도록 허용함으로써 (더 나쁜 것은 내담자와 함께 적극적으로 협력해서) 내담자가 이룬 많은 진전을 훼손할 수 있다. 둘째는, 종결 문제에 관한 감정을 명시적으로 다루는 것은 이전에 논의되지 않았던 새롭고 중요한 영역을 탐색할 기회를 제공할 수 있기 때문이다. 이러한 문제는 끝냄, 떨어짐, 떠남과 남겨짐에 직접적으로 관련될 수 있다. 혹은 내담자가 말하기 꺼려했던 다른 걱정이나 문제들과 관련될 수도 있다. 이제 곧 치료가 끝날 것이라는 사실을 내담자가 인정하면서 이런 문제를 다룰 준비가 될 수도 있다.

이론뿐만 아니라 연구도 종결 문제를 개방적으로 다루는 것의 중요성을 지지한다. 킨타나와 홀라한(Quintana & Holahan, 1992)은 치료자에게 내담자와 종결하는 방식을 설명하도록 요청했다. 치료자의 응답에 기반하여 살펴본 결과, 성공적이지 못한 심리치료의 특징은 치료 종결에 대한, 치료 과정에 대한, 종결에 대한 내담자의 정서적 반응에 대한 논의와 검토가 적었다는 것이다.

치료 마지막 단계에서 종결 문제가 전면적인 관심사지만, 사실 치료 과정 내내 논의할 적절한 주제다. 무기한으로 계속 이어지지는 않을 관계 맥락 안에서 문제를 훈습하고, 마무리할 계획을 세우면서 치료가 종결된다는 사실을 인정하는 것은 전체 치료 과정에 영향을 미친다. 내담자는 자기 작업의 방향성에 대해 더 잘 인식하고, 스스로의 진전을 평가하고 책임감을 느낄 가능성이 더 커진다. 종결 계획은 치료 계약 과정의 일부분이 된다. 내담자와 치료자는 치료의 목표와 그런 목표를 성취했음을 어떻게 알 수 있는지 함께 구체화한다. 치료를 하면서 계속 수정될 수밖에 없는 근사치겠지만, 치료자는 새로운 내담자에게 치료가 어느 정도 지속될 것인지 그리고 이런 잠정적인 소요 시간을 예측하는 어려움들에 대해 이야기하는 것이 적절하다. 만약 당신이 계획된 종결 날짜 전에 직장을 떠날 계획을 하고 있다면(훈련 목적 또는 개인적 이유로), 이에 대해 미리 내담자와 마주하고 소통해야 한다. "**척, 저는 9월까지만 여기에서 일을 하고, 다른 클리닉으로 옮길 예정입니다. 함께하는 우리 작업이 도중에 중단된다는 의미입니다. 시간이 가면서 이에 대해 더 많이 이야기하겠지만, 듣고 난 지금 당신 마음은 어떻습니까?**" 척은 당신이 떠날 때, 여전히 화를 내거나 버려졌다고 느낄 수 있다. 그러나 적어도 자신이 고의적으로 호도되었다고 느끼지는 않을 것이다.

내담자와 초기에 치료 계획을 할 때, 치료 진전을 평가하고 치료 목표를 재수정하기 위한 정기적인 점검 조항을 포함해야 한다. 다시 말하지만, 이렇게 잠시 멈추고 점검하는 매 시간이 종결에 대한 생각을 다시 언급할 수 있는 타당하고 적절한 때다. 관리 의료 환경하에서 작업하는 한 가지 이로운 점(아마도 몇 가지 중 하나?)은 처음부터 최대 치료 회기 수가 명확하게 정해질 수 있다는 것이다. 당신과 내담자 모두 분명하게 치료 기간 또는 최소한 보험이 적용되는 치료 기간을 알고, 그에 따라 시간을 적절하게 관리할 수 있다. 그렇다고 내담자가 치료 회기가 얼마나 남았는지 챙길 것이라고 가정하지는 말라. 만약 당신이 시간 제한을 두고 작업하고 있다면, 치료 과정이 어디쯤에 와 있는지 상기시키고 남은 시간 동안 해야 할 것들에 대해 내담자를 이해시키는 것은 당신의 책임이다.

부연하자면, 치료 종결은 첫 번째 면담에서부터 시작한다. 치료의 모든 과정은 종결을 향하고 있고, 그러한 사실은 치료 과정에 내재된 필수적인 측면이다. 우리가 치료적 관계에 들어갈 때, 이미 언젠가는 그것이 끝난다는 사실을 알고 있다. 이에 대해 말하고, 내담자에게는 종결하는 것도 무기한 지속하는 것도 모두 불편할 수 있음을 정상화해야, 내담자가 치료를 잘 종결하도록 도울 수 있다. 그뿐만 아니라 전반적인 관계 마무리에 관한 문제를 다루는 것도 수월해질 것이다.

치료 종결 문제는 치료가 갖는 가장 큰 역설 중 하나인 내담자의 의존성이라는 주제를 건드린다. 패터슨과 웰펠은 "내담자에게 종결을 준비시키기 위해, 치료자는 치료 종결에 앞서 그 주제를 잘 제기해야 하고 치료자에 대한 내담자의 지나친 의존성을 격려하지 말아야 한다."(Patterson & Welfer, 2000, p. 111)라고 했다. 코리, 코리와 캘러핸은 의존을 피해야 할 필요성에 대해 훨씬 더 강조한다. "내담자는 심리치료를 통해 많은 변화와 자율성을 획득할 수 있을 것이라 기대할 권리가 있다. 그러하기에 자율성보다 내담자 의존성을 조장하는 치료자는 틀림없이 내담자의 진전을 방해하고 있는 것이다"(Corey, Corey, & Callahan, 1998, p. 52). 그러나 내담자는 자신의 목표를 성취하기 위해 치료적 관계를 이용할 수 있도록, 치료자에 대한 충분한 의존을 허용해 주기를 바란다. 내담자가 이전에는 너무나 위험하거나 위협적인 것으로 보였던 방식들을 탐색하고 변화시키려 한다면, 치료자가 제공하는 보호와 안전을 수용해야 한다. 그럼에도 불구하고 내담자는 초기 의존성에서 벗어나 결국 자율성과 자기 효능감으로 이어져야 한다. 즉, 자신의 독립성을 길러야 한다. 치료자의 지지와 돌봄을 원하는 내담자의 궁핍과 무력감은 정상적이고, 사실상 내담자가 치료자를 적절하게 활용하도록 돕는 것은 치료의 긍정적인 요인이기도 하다. 그러나 내담자가 우리를 활용하는 법을 배워야 하는 것도 맞지만, 우리를 필요로 하지 않는 것과 동시에 우리와의 관계를 종료할 준비를 하는 일 또한 배워야 한다.

우리는 의존성과 자율성 간의 적절한 균형을 확립하기 위해, 내담자를 위로하고 안심시켜야 한다. 우리가 내담자의 삶의 아무리 중요한 존재가 된다 하더라도, 내담자에게 우리 없이 수행해야 하는 어떤 상황에서 매우 유능하게 해낼 수 있는 역량이 있음을 상기시켜야 한다. 내담자는 그러길 원치 않을 수 있고, 그렇게 하는 것을 매우 불편해할 수도 있다. 그러나 만약 해야 한다면, 할 수 있을 것이다. 또한 내담자는 우리가 그의 일시적인 의존성을 존중할 것이며, 우리로부터 분리되어 나가는 과정을 책임 있고 민감한 태도로 함께할 것임을 알아야 한다. 내담자가 치료를 그만둘 계획에 대해 논의할 수 있는 것과 같이, 우리도 내담자와 함께 유사한 계획을 논의할 수 있다. 궁극적으로 우리 각자는 상대방의 승인이나 동의 없이 그만 둘 권리가 있다. 그러나 대부분의 사람에게 있어 치료는 자발적인 전념행위다. 잘 처리된 치료 과정이라면 치료자와 내담자는 상대방의 의견, 선호 및 인식을 존중하고 가치롭게 여기며, 결정된 사항과 그 이유에 대한 철저한 논의 없이는 그 누구도 관계를 떠나지 않을 것이다. 따라서 치료적 관계는 건강한 모든 성인 관계의 원형이 된다. 그 관계 안에 있는 변화를 위한 전념과 자유는 동전의 양면과 같다.

1) 종결 시기

모든 관계에서처럼 치료는 관계 당사자들 중 한쪽에 의해 종결될 수 있다. 내담자가 치료를 끝내기로 결정하면, 치료자는 내담자에게 머물 것을 강요할 수 없다. 마찬가지로, 치료자가 내담자와의 작업을 중단하기로 선택하면 내담자는 치료자에게 계속하라고 강요할 수 없다. 물론 이상적으로는 이러한 상황은 일어나지 않을 것이며, 내담자와 치료자 모두 함께 공동으로 종결 결정을 내릴 것이다. 미국치료협회 윤리 강령은 치료를 종료하는 시기에 대한 포괄적인 몇 가지 지침을 제공하고 있다.

종결이 가능한 상황일 때, 상담을 통한 더 이상의 혜택이 내담자에게 없음이 합당하게 명확할 때, 상담서비스가 더 이상 필요치 않을 때, 상담이 내담자의 욕구나 흥미를 더 이상 충족하지 못할 때, 내담자가 치료비를 지불하지 않을 때 혹은 기관이나 보험사가 더 이상의 상담서비스에 대한 비용 제공을 제한할 때, 상담자는 내담자의 동의를 확보한 다음, 상담 관계를 종료한다(American Counseling Association, 1995).

치료 종결 사례 중 마지막 경우에 대해 논의해 보자. 어떤 면에서 보험회사나 기관에 의해 임의적으로 종결이 이루어지는 경우는 치료 종결 시점에 대한 의문은 사라진다. 일부 기관과 보험회사는 내담자에게 허용하는 치료 회기 수를 엄격하게 제한한다. 우리는 종결 시기를 결정하는 데 임상적 고려 사항들이 우선되어야 한다고 생각하지만, 재정 및 제도적 한계는 여전히 남아 있는 것으로 보인다. 내담자의 치료 비용을 제3자가 지불하고 있는 경우, 만약 보험회사가 내담자에게 더 이상 치료가 필요하지 않다고 결정하면(훨씬 할인된 요금으로 치료서비스를 제공하지 않는 한) 치료를 끝내야 한다. 스스로 치료 비용을 지불하는 내담자는 의식적으로든 무의식적으로든 비용 대비 치료로 얻는 이득을 평가할 것이다. 그러나 치료자가 단지 비용 때문에 원치 않는 종결을 생각한다면, 적절하지 않는 생각이라는 사실은 변명의 여지가 없다. 치료자는 내담자가 원하는 것과 내담자에게 임상적으로 가장 최선이 무엇인지를 알아야 한다. 이러한 결론으로 무장한 치료자는 가장 유익한 것과 실행 가능한 것 사이에서 가능한 최고의 타협안을 내담자가 잘 풀어 갈 수 있도록 도울 수 있다.

기관에 소속되어 활동하거나 관리 의료체계를 따르는 치료자라 하더라도, 종종 배당된 내담자를 위한 치료 기간 결정에 상당한 자유 재량이 있다. 만약 당신이 더 많은 시간이 필요하다고 기관과 보험회사를 납득시킬 수 있다면, 그들은 추가 회기 요청에 응할 수 있다. 그렇다면 그런 경우에 실제로 치료 종료 시점을 어떻게 알 수 있는가? 내담자와 종결에 대한 대화를 시작할 시점을 당신은 어떻게 알 수 있는가? 여기서 문제가 되는 부분은 치료자는 치료를 종결하지 말아야 하는 많은 이유, 즉 방어 책략, 미해결된 사건, 완전하게 훈습되지 않은 전이, 행동화 등을 인식하도록 훈련받았다는 것이다. 반면, 적절한 종결 징표를 인식하는 훈련은 상대적으로 잘 이루어지지 않았다. 어쨌든 치료를 더 받아서 혜택을 못 볼 사람이 어디 있겠는가? 모든 문제가 해결되고 삶이 완벽하게 정리되는 사람이 어디 있겠는가? 코미어와 해크니는 종결 결정에 대해 다음과 같이 말한다. "종결은 내담자의 모든 문제를 해결했다는 의미도, 행복한 삶을 위해 필요한 모든 방법과 깨달음을 획득했다는 의미도 아니다. 종결은 관계를 지속하는 데서 얻는 것보다 치료 관계로부터 독립함으로 해서 얻는 것이 더 많을 정도로 성장했음을 의미한다"(Comier & Hackney, 1999, p. 73). 코틀러는 내담자가 떠날 준비가 되었음을 알리는 몇몇 구체적인 단서를 우리에게 제공한다. "첫째, 치료 회기에서 나타나는 철수(이탈) 혹은 속도 저하의 증거, 둘째, 치료 약속을 여러 번 잊어버리거나 취소, 셋째, 작업할 새로운 영역을 발견하는 것의 어려움, 혹은 넷째, 치료적 과제 준수 부족이다"(Kottler, 1991, p. 172).

우리는 항상 혹은 종종 내담자의 모든 문제를 훈습하도록 도울 수는 없다. 그러나 많은 경우, 특히 우리에게 상대적으로 새롭고 불확실한 경우임에도 불구하고, 내담자가 할 수 있는 것은 다했다고 하는 것은 오만하고 심지어 위험해 보인다. 만약 내담자가 더 이상 나아갈 수 없는 것이 그를 위한 것이 아니라 우리의 잘못이라면 어쩌나? 우리가 포기하고 그만둔다면, 그것은 실패를 인정하는 것이 아닌가? 그래서 우리는 내담자가 치료를 통해 얻을 수 있는 이득이 더 이상 존재하지 않을 때까지, 우리 기관이 부과한 제한선에 이를 때까지, 혹은 내담자가 모든 것에 지쳐서 스스로 종결하기로 결정할 때까지, 우리가 문제를 정면으로 직시했을 때보다 훨씬 더한 부적절감을 느끼겠지만 그냥 앞으로 터벅터벅 걸어가는 노력을 계속할 뿐이다.

당신이 내담자와 치료 계약 작업과 명확하고 명시적인 치료 목표 설정을 잘 마무리했다면, 적절한 종결 시점 파악은 더 쉬워질 것이다. 치료는 명시된 목표가 성취되었을 때나 내담자가 할 수 있는 모든 것을 해서 더 이상 목표를 지향하지 않을 때 마쳐야 한다. 내담자가 치료를 통해 이로움을 얻을 수 있는 다른 모든 문제를 파악하는 것은 치료자의 일은 아니지만, 무기한으로 내담자와 함께 교착상태에 머무르는 것 또한 바람직하지 않다. 오히려 내담자에게 일어나고 있는 것에 대한 당신의 평가 내용을 나누고, 내담자 과정을 함께 살펴보자고 초대하고, 내담자가 가용할 수 있는 다른 자원들을 제안하고 헤어지는 것이 낫다.

만약 농구 종료를 알리는 종소리와 같이 치료가 완료되었음을 알리는 어떤 확실한 표식으로 사실상의 종결 시점을 명확히 해 둔다면, 치료자와 내담자 모두 가장 편할 것이다. 그러나 그런 일은 흔하지 않다. 가장 잘 계획된 종결에서조차도 임의적인 측면이 존재한다. 치료자와 내담자가 치료 성과(혹은 성과 부족)에 대해 논의할 때, 둘 모두 종결은 하나의 선택지임을 안다. 보통 치료자가 권고하면 내담자는 최종 결정을 내린다. 내담자는 더 일찍 종결할 수도 있고, 성과를 내며 더 지속할 수도 있다. 결정은 내담자의 몫이다. 내담자가 종결을 결정할 때 아마도 어느 정도의 고통을 경험할 것이다(이에 대해 논의할 것이며, 이후 부분에서 종결에 대한 다른 정서적 반응에 대해 다룰 것이다). 그러나 다른 한편으로 얻는 것 또한 있다. 시간과 돈을 절약할 수도 있고 어려운 과제를 훌륭히 마무리했다는 성취감을 느낄 수도 있다. 사실상 내담자의 종결 결정에 대한 치료자의 동의 여부와는 상관없이, 내담자가 해낸 것들을 보게 하고 긍정적인 감정을 가지고 치료를 떠날 수 있도록 하는 것은 치료자의 책임이다.

때때로 내담자의 치료 지속 결정에 대해 치료자가 불편함을 느낄 수 있다. 예를 들어, 내담자가 하려고 했던 것을 이미 했고, 스스로 정한 목표를 성취했거나, 내담자가 어떠한 진전도 없거나, 스스로를 끊임없이 방해해서 자기 목표를 성취하지 못할 것이 자명해 보일 때다. 그리고 치료자가 어떻게든 내담자를 도와야 할 것은 압박감을 느끼면서도 정말 내담자가 원하는 바를 성취하게 돕는 방법에 대해 확신하지 못할 때도 그렇다. 이러한 경우에는 반드시 목표를 재공식화하고 치료 계약을 갱신해야 한다. 치료 목표를 명시적으로 진술한다면, 치료 목표에 도달하거나 도달할 수 있는 맥락 안에서 종결 문제를 다룰 수 있게 된다. 당신이 종결에 대한 생각을 꺼내자마자 새로운 계약을 제안하는 내담자와 작업할 때는 특별히 주의하라. 내담자는 관계를 지속할 수 있는 논리를 찾고 있을 수 있다. 그렇다면 남은 치료 시간 동안 내담자가 제안한 표면적인 목표보다는 그의 근원적 주제일 수 있는 관계 지속 욕구를 다루어야 한다. 이런 유형의 내담자에게는 실제로 치료를 이어 가는 게 적절할 수 있다. 그러나 내담자의 관계 문제를 명시적 목표로 공식화할 필요가 있다.

한편, 이미 목표를 성취한 내담자에게 치료자가 이런저런 새로운 문제를 탐색하도록 제안하는 자기경향성에 대해서도 주의를 기울여야 한다. 새로운 문제를 탐색해 보자고 당신이 제안할 때, 치료를 계속하고 싶은 치료자 자기욕구가 어느 정도로 작용하고 있는지 살펴야 한다. 살만은 다음과 같이 지적한다. "새로운 환자를 만나지 않고, 기존 환자 치료 종결을 꺼리는 마음이나 이미 잘 이해하고 있는 환자에 대한 돌봄을 끝내고 겪어 보지 못한 잘 모르는 새로운 환자와 다시 시작하기 주저하는 마음은 항상 존재한다"(Salzman, 1989, p. 227). 이러한 종결을 꺼리는 마음과 우리에게 감사해 하며 비용을 지불하고 있는 기존 내담자를 꽉 붙잡고 싶은 마음은 지극히 당연할 수 있다. 그러나 내담자와 계속 이어 가고자 하는 당신의 동기를 점검하고, 당신 욕구가 아닌 내담자 필요에 기반하여 치료 지속 권고를 해야 함을 기억할 필요가 있다.

치료자에 의해서건 내담자에 의해서건 치료 관계를 붙잡고 있는 것이 반드시 가장 보편적인 종결 오류라 할 수는 없다. 종결은 너무 늦게도 너무 빨리도 이루어질 수 있다. 수많은 이유로 충분히 무르익지 않은 종결은 일어날 수 있고, 어떤 경우는 불가피하기도 하다. 이른 종결의 이유가 되는 재정적 여건에 대해서는 이미 언급했다. 다른 요인들로는 이사, 이직, 치료 지속을 어렵게 하는 생활 환경의 변화가 있다. 때때로 내담자와 치료자 모두 치료를 지속하고 싶어 해도 종결해야 할 때도 있다. 그렇더라도 치료 이외의 외부적인 이유로 종결하는 경우, 그 이유를 액면 그대로 받아들이지 않도록 조심하라. 내담자들(그리고 치료자들!)은 자신들이 치료에서 아무것도 얻지 못하고 있다고 느끼기 때문에 혹은 정말 핵심적인 문제로 들어가는 것이 두렵기 때문에 그만두고 싶다고 말하는 게 매우 어려울 수 있다. 상대적으로 돈이 다 떨어졌고, 더 이상 치료할 수 있는 시간을 확보하기가 어렵다거나 그만두는 이유로 배우자나 다른 가족들의 반대를 내세우는 것이 훨씬 쉽고 사회적으로 더 용인되는 방법이다. 이런 유형의 이유를 들며 내담자가 종결하겠다고 한다면, 종결 결정에 관한 내담자의 감정을 탐색하면서, 최근 치료 과정에 대한 기록과 기억을 주의 깊게 검토해야 한다. 마찬가지로 치료자 당신도 어려운 내담자와의 치료 종결을 고려하고 있다면, 자신의 진짜 이유와 감정을 스스로 직면해야 한다. 이런 사례가 있을 때 종결 준비를 진행하기 전에 객관적인 견해를 제공해 줄 수 있는 동료나 슈퍼바이저와 함께 논의해 보는 것이 적절한 대처다.

내담자와 이야기하든 자문가 혹은 당신 자신과 이야기를 하든, 다방면에서의 치료 성과들을 종결 고려의 근거로 삼아라. 어찌되었든 치료를 통해 이룬 다양한 수준의 성공은 존재한다. X라는 지점에서의 종결이 일련의 장기적인 가능성의 측면에서는 시기상조일 수 있지만, 좀 더 제한된 목표의 측면에서는 매우 적절할 수도 있다. 이는 특히 다음과 같은 내담자에게 적용된다. 내담자가, 첫째, 분명한 행동 목표를 가지고 있고 정서 문제에 대한 인식이 없거나 의지가 없는 경우, 둘째, 치료를 위한 재정적 자원이 제한되어 있는 경우, 셋째, 자신의 의존 욕구를 두려워해 장기적인 작업을 꺼리는 경우, 넷째, 의식적으로든 무의식적으로든 자연스러운 생활 환경 내의 지지적인 관계를 발전시키기 위한 대체물로 치료를 활용하고자 하는 경우에는 X라는 측정 지점에서 종결하는 것이 적절하다.

이상적인 치료 종결 시점은 치료 목표를 성취했거나, 이야기했던 목표에 아직 도달하지 않았거나, 오직 부분적으로만 도달했다 하더라도 지금 그만하는 게 내담자에게 더 낫다고 치료자와 내담자 모두가 인식할 때다. 상식적으로 생각해 봐도 치료자는 이론에서 배운 '이래야 한다'는 지시에 사로잡히지 말고, 내담자가 필요로 하는 것을 얻을 수 있도록 작업하는 치료자와 내담자라는 사실을 꼭 기억하는 게 유익하다. 내담자가 모든 것을 얻을 필요는 없다. 즉, 자신의 모든 문제를 해결할 필요는 없다. 내담자는 치료를 종결한 이후에도 계속 살아가며 성장할 것이며, 언젠가는 또 다른 치료 관계를 맺을 수도 있다. 치료자로서 당신의 임무는 내담자가 종결하는 자신의 이유를 탐색하고, 치료에서 자신이 이루어 낸 것을 이해하고, 그 진가를 인정하고, 앞으로 자기 삶을 영위해 나갈 때 이러한 성과들이 어떤 역할을 할지 예측하도록 돕는 것이다. 이러한 맥락에서 이루어진 명확한 종결 결정은 아마도 적절하고 치료적이기도 할 것이다.

2. 최종 단계 작업

종결 단계를 훈습하는 과정이 내담자마다 엄청나게 다르다 하더라도, 이 단계에서 반복해서 일어나는 어떤 패턴은 존재한다. 종결은 어떤 보편적인 특성을 띠고 있고 전형적인 반응을 불러일으키는 경향이 있다. 치료 중반 단계 작업에서처럼, 이러한 반응들은(생각, 감정 그리고 행동)은 치료의 재료가 된다. 치료 관계는 내담자의 전체적인 사회적 삶의 축소판이기 때문에, 외부세계에 대한 잘 학습된 반응과 상호작용 방식이 치료 관계 안에서 재현될 것이다. 테이버는 치료자들에게 다음과 같이 조언한다.

> 내담자는 문제가 되었던 다른 과거 이별 경험에서 떠나는 사람과의 그러한 경험을 할 수 없었다. 대부분의 내담자는 처음에는 이러한 차이를 인식할 수 없다 하더라도, 치료자는 내담자가 과거에 불완전하거나 불만족스러운 방식으로 맞이했

던 이별과는 다른, 서로 이해하고 받아들이는 방식의 이별을 구별하도록 도와서 오
랜 동안 지속해 온 문제를 해결할 기회를 제공한다. 이렇게 성공적으로 관리된 종
결은 미래에 있을 수 있는 상실 경험을 효과적으로 다룰 수 있게 하는 원형이 된다.
(Teyber, 2000, p. 300)

따라서 치료 종결은 작별 인사에, 끝맺음에, 궁극적으로 자기 죽음에 대처하는
모든 방법을 훈습할 기회가 될 수 있다. 물론 많은 내담자는 이러한 모든 문제를 탐
색하고 싶지 않을 수 있다. 당신은 그렇게 하지 않겠다는 내담자의 선택을 존중해
야 하고, 모든 것을 다루자고 하는 자기 가능성을 경계해야 한다. 우리 모두와 마찬
가지로 내담자의 삶의 모든 부분이 종국에는 끝난다는 현실의 맥락에서 그들의 종
결 행동을 이해해야 한다.

1) 오래된 주제 반복하기

내담자가 종결이 다가오고 있음을 정서적인 수준에서 인식하기 시작하면, 전형
적으로 오래된 주제와 문제를 소환하기 시작한다. "전 아직 괜찮지 않아요. 그러니
까 제발 날 떠나지 말아요."라는 은밀한 메시지를 담아 방어적인 방식으로 일어난
다. 혹은 되새김, 통합, 심지어 축하하는 방식으로 일어날 수도 있다. "전 여기, 바
로 여기, 진짜 여기에서 바뀌었어요. 우리가 시작했을 당시의 저와 지금의 저는 정
말 달라요." 어떤 종류의 반복 과정이든 치료자의 임무는 그 작업을 지지하고 명료
화하는 것이고, 내담자 자신이 지금 무엇을 하고 있는지를 명확히 이해하도록 돕
는 것이다. 만약 내담자가 치료 지속을 정당화하기 위해 필사적으로 오래된 문제를
소환하고 있다면, 관계를 유지하는 것이 왜 이토록 중요한가를 함께 탐색해 보자고
할 것이다. 내담자가 미해결된 것에 대한 두려움으로 인해 오래된 문제를 자세히
살펴보고 있다면 이 두려움에 대해 나누어라. 내담자가 단지 치료 과정 동안 일어
났던 것에 대한 더 나은 안목을 얻고자 다시 살펴보고 있다면 그렇게 하도록 돕고,
그의 생각뿐만 아니라 감정에 집중할 수 있도록 격려하라. 각각의 사례에서 치료자
의 목표는 내담자가 성취한 것과 아직 수행하지 않은 것과 바꾸고 싶지 않은 것을
통합하도록 돕는 것이다.

존슨은 "여기 종결 단계에서 근원적 문제 또한 재검토와 정서적 마무리를 위해 다시 등장한다."(Johnson, 1996, p. 147)라고 했다. 이러한 주제들에 대한 내담자의 명시적 소환 여부와 상관없이, 치료자는 내담자의 오래된 주제가 어떤 수준에 있는지 확신할 수 있을 것이다. 내담자는 의지할 치료와 치료자 없이도 자기 삶을 살아간다는 것의 함의를 훈습하고 있다. 내담자가 말하는 모든 것은 그 맥락에서 이해될 수 있다. 모든 연상, 모든 통찰, 모든 정서적 반응은 오래된 것과 새로운 것 사이, 치료 중인 상황과 치료 이외 상황 사이를 잇는 접점이다. 물론 치료 회기에서 제기된 재료는 그 자체로 다루어질 수도 있지만, 분리 과정 맥락에서도 이해될 수 있어야 한다. "이런 발달사를 가진 사람에게 살면서 이런 상황에 놓이는 것은 무엇을 의미합니까?"라는 질문에 다음 질문을 더해야 한다. "지지적이거나 맞서게 하는 성장 촉진적 관계를 끝맺음하고 있는 사람에게 의미하는 바는 무엇입니까?" "의존적인 입장에서 자율적인 입장으로 이동하고 있는 사람에게 의미하는 바는 무엇입니까?" 종결 임박 사실은 필연적으로 마지막 치료 단계의 매 회기에서 행하는 모든 작업에 영향을 미친다. 주제를 바꾸거나 엄연한 현실을 물릴 방도는 없다.

2) 매달리기

우리는 이미 여러 번에 걸쳐 치료 종결을 꺼리는 일부 내담자의 행동을 '매달리기(hanging on)'라고 언급했었다. 매달리기 행동은 하나의 보편적이고도 중요한 치료적 현상으로, 좀 더 자세하게 살펴볼 가치가 있다.

많은 내담자의 경우, 치료 종결에 대한 생각은 궁핍감과 관계에 집착하고 싶은 마음을 불러일으킨다. '혼자가 되면 어떤 끔찍한 일이 일어날 것 같다'는 거의 공황상태에 빠진 것처럼 느낄 수 있다. 이러한 느낌으로 인해 그들은 치료적 상호작용을 연장시킬지도 모른다. 이미 다룬 이 주제에 대한 작업이 마치 한 번도 일어난 적이 없었다는 듯이 경험하면서 오래된 증상을 다시 드러낼 수 있다. 또는 이상하리만큼 작위적이거나 가짜 같은 느낌을 풍기는 새로운 문제를 출현시킬 수도 있다(Patterson & Welfel, 2000). 이러한 일은 종종 개인 치료 회기 말미에서, 내담자가 접촉을 유지하고 연장하기 위해 치료 시간을 몇 분 남겨 두고 중요한 문제를 제기할 때 일어난다. 다시 말하지만, 근원적인 문제는 분리와 통제에 관한 것이다. "내가 따로 떨어져 독립적으로 존재할 수 있을까?" "과연 치료자와 내가 분리되는 방법을 찾아낼 거라고 믿을 수 있을까?" "다시 혼자가 되는 고통을 내가 어떻게 견뎌 낼 수 있을까?" "우리의 헤어짐이 언제, 어떤 식으로 일어날지 누가 결정하고 통제할 것인가?"

치료 회기를 마무리하는 행동에서처럼 종결 시점에서 매달리는 행동 또한 직면해서 극복해 나가야 한다. 특정 문제나 증상은 분리 주제보다는 덜 중요하다. 특정 문제는 내담자가 관계를 유지하고 통제하고자 하는 그의 욕구를 충족하는 수단에 지나지 않는다. 여기서 중요한 것은 관계를 유지하고 통제하고자 하는 내담자 마음의 현실과 강렬함을 이해하고 존중하는 동시에 그의 과거를 극복하고 성장할 수 있도록 돕는 것이다.

매달리는 행동이 늘 극복하고 지나가야 하는 역기능적인 행동인 것은 아니다. 때로는 지속적인 지지를 필요로 하는 내담자 욕구에 대한 현실적인 평가일 수도 있다. 그런 경우에는 마지막 회기에 간단하게 작별 인사를 하는 방식보다는 더 적절한 다양한 종결 시나리오를 적용한다. 이를테면, 치료 회기 일정을 점진적으로 더 길게 간격을 벌려 잡을 수 있다. 한 주에 한 번씩 보던 것을 두 주에 한 번씩 보다가 이후에는 한 달에 한 번 만나는 식으로 이동할 수 있다. 또는 향후 몇 달간은 내담자가 치료 종결 이후 경험한 도전들을 어떻게 다루었는지 치료자와 함께 점검하기 위한 '추수 촉진 회기'를 잡을 수 있다(Kottler, 2000). 일부 치료자는 내담자에게 향후 치료가 필요한 경우가 발생하면 자유롭게 돌아올 수 있다고 말해 준다. 맥클린톡은 내담자와의 관계 마무리를 다음과 같이 설명한다. "우리는 좋은 소망과 축복을 교환합니다. 그런 다음 헤어집니다. 그리고 제 문은 항상 열려 있다는 것을 그들은 알고 있습니다"(McClintock, 1999, p. 285).

이러한 시나리오, 특히 마지막 시나리오는 내담자가 치료 관계를 끝내야 하는 현실을 다루도록 격려해야 한다는 생각을 분명히 위반한 것으로 여겨질 수 있을 것이다. 추수 촉진 회기가 작별 인사를 하지 않아도 되는 척하는 일종의 부인 방식이 아닌가? 어떤 의미에서는 그렇다. 그러나 다른 한편의 의미에서는 적절한 방법이기도 하다. 내담자가 진정으로 치료를 끝낼 준비가 되지는 않았으나, 환경적 압력에 의해서건 스스로의 이유에서건 치료에서 자기 문제를 훈습해 나가기보다는 스스로 자기 문제를 다루기로 선택한 상황에서는 적절할 수 있다. 그 선택이 항상 내담자를 위해 치료자가 권하는 그런 것은 아니라고 하더라도 존중해야만 한다. 종결한 이후 스스로 문제를 해결할 수 없는 사람이 아닌, 이제는 자기 속도와 타이밍을 존중하면서 자기 작업을 완결할 준비가 된 내담자에게는 치료를 쉬었다가 다시 돌아오는 것도 도움이 된다.

내담자에게 이후 언제라도 돌아올 수 있다고 상기시킬 필요가 있다고 해서, 향후 내담자가 돌아올 필요가 있다는 식으로 암시하지 않도록 주의해야 한다. 이는 의사소통하기 어려운 메시지일 수 있는데, 특히 내담자가 치료를 끝내는 것에 대해 양가적인 마음을 가질 때 그렇다. 당신은 내담자에게 "당신이 혼자서도 할 수 있음을 압니다. 그러나 당신이 저를 필요로 한다면 전 여기에 있을 것입니다."라고 말한다. 그러나 내담자는 "아마도 당신은 저 없이는 문제를 다룰 수 없을 것입니다."라고 듣거나 "만약 당신이 돌아오게 된다면 저는 당신에게 실망할 것입니다."라고 들을 수 있다. 이처럼 오류적 인식은 치료의 다른 단계에서도 물론 일어날 수 있고 실제 일어난다. 그러나 내담자가 잘못된 신념을 가진 채 떠나기 전에, 치료 마지막 단계에서 그것을 바로 잡고 해결하는 것이 특히 중요하다.

내담자를 위하는 또 다른 접근은 내담자가 떠날 때 어느 정도는 우리의 일부분을 가지고 간다는 것을 인식하도록 돕는 것이다. "증상이 무엇이든 간에, 환자는 더 이상 혼자가 아니다. 내담자는 항상 자신과 함께하는, 그러나 타인들은 모르는 조용한 협력자를 가지고 있다. 치료의 가장 심오한 특성 중 하나는 치료자에 대한 내면화다"(Gaylin, 2000, p. 284). 그렇다 해도 치료 종료는 어렵고 매우 고통스러울 수 있다. 잘한 종결보다는 못한 종결이 종종 더 많다. "~했으면 좋았을 텐데." 하는 후회와 반성은 치료자와 내담자 모두가 경험하는 보편적인 모습이다. 그럼에도 우리 치료자에게는 혜택이 있다. 적어도 우리는 종결을 다루는 방법을 연습하고 향상시킬 기회를 가진다. 이 학습의 중요한 부분은 종결 과정에 대한 우리의 감정을 자세히 집중해서 살펴보는 것이다.

3. 종결에 대한 감정 반응

종결은 떨어지는 분리의 시간이다. 즉, 종결은 내담자가 이전에는 결코 경험해 보지 못했던 방식으로 접촉하고 이해받을 수 있도록 하는, 자기에게 매우 중요했던 관계의 끝을 의미한다. 또한 내담자의 새로운 삶의 국면을 시작한다는 의미에서는 일종의 졸업이다. 한편으로는, 내담자에게 중요한 지지원을 상실하는 두려움과 슬픔의 시간이 될 수도 있다. 혹은 내담자와 치료자가 수행한 작업에 대한 만족감을 느낀다면 축하의 시간일 수도 있다. 종종 둘 다의 경우일 때도 있다. "도움받는 시간이 끝날 때의 내담자의 감정은 두 가지 주요 범주로 나뉜다. 조력자 없이 어떻게 잘 지낼 수 있을까 하는 감정과 조력자와 조력 과정에 대한 감정이다"(Nelson-Jones, 1993, p. 410). 일련의 두 가지 감정은 강렬할 수 있으며, 이것을 훈습하는 것이 말 그대로 치료의 마지막 과제다.

1) 슬픔

슬픔은 종결과 관련된 가장 일반적인 감정 중 하나다. 좋은 일이 끝날 때 슬프다. 중요했던 사람들과 떨어져야만 할 때 슬프다. 스튜어트는 말한다. "일부 내담자의 경우에는 치료 관계가 그들이 경험한 가장 좋거나 가장 중요한 것일 수 있다. 대부분의 내담자는 얼마간 치료자 상실을 대단히 슬퍼할 것이다. …… 그리고 당신은 마지막 치료 말미에 눈물 한두 방울 흘릴 것에 대비해야 한다"(Stewart, 1995, pp. 164-165). 치료 관계 끝에 대한 슬픔은 가까운 누군가와 떨어지는 것에 대한 정상적인 슬픔이기도 하고, 이전에 겪은 헤어짐을 기억하고 재경험하게 되면서 느끼는 슬픔이기도 하다. 많은 내담자는 부모나 파트너와 같은 그들의 삶에서 중요한 다른 사람의 대역으로 치료자를 사용한다. 그리고 이러한 전이는 고조된 정서를 띤다. 전이 감정은 실제 감정이며, 치료자에 대한 내담자의 전이 애착은 실제적인 애착이다. 치료가 끝날 때 내담자가 슬픔을 경험하리라는 것은 예측 가능한 일이며 적절하기도 한다.

치료적 슬픔과 이전에 겪은 분리 및 상실에 대한 다른 경험 간의 주요한 차이점은, 치료에서는 내담자가 자신이 상실하고 있는 사람에 대한 감정을 이야기할 기회를 가진다는 것이고, 바로 그 사람이 내담자의 감정을 탐색하고 통합하도록 도울 수 있는 위치에 있다는 것이다. 슬픔과 상실감이 사라질 거라고 예상할 수는 없지만 적어도 견딜 수 있을 정도로 만들 수는 있다. 실제로 이런 방식으로 내담자가 분리를 훈습함으로써, 이후 미래에 경험할 슬픔을 보다 성숙하고 덜 괴로운 방식으로 감당할 수 있도록 도울 수 있다.

종결에 대한 슬픔의 또 다른 면은 실망감이다. 내담자는 "그게 다인가요?"라고 묻는다. "마법은 없나요? 전 떠날 건데 아직 저의 모든 고통과 혼란스러움은 사라지지 않았잖아요?" 대부분의 내담자는 치료를 통해 자신의 모든 문제가 해결될 것이고, 결코 돌아오지 않을 거라는 희망을 어느 정도 품는다. 그들이 치료에 머무는 동안만큼은 기적적인 치유가 곧 도래할 것이라는 희망을 유지할 수 있다. 그런데 종결과 함께 "그들은 이후 영원히 행복하게 살았습니다."로 끝나는 일은 일어나지 않는다는 깨달음이 온다. 만약 치료자가 노련하고 내담자가 의지가 있다면, 이는 중요한 성장을 위한 또 다른 기회일 수 있다. 즉, 이상적으로 말하자면 내담자는 떠남의 한 부분에는 고통과 문제가 존재한다는 현실뿐만 아니라 평생의 행복에 대한 보장 없이도 살아갈 수 있는 자기 능력을 수용하게 될 것이다. 반면에, 실망감이 해결되지 않으면 내담자는 실제 존재하지 않는 기적의 만병통치약을 찾으러 이 치료자 저 치료자 옮겨 다닐 수도 있다.

2) 분노

치료자가 자신을 어떻게 생각할지 상상해 보지 않는 내담자는 거의 없다. 그리고 이러한 상상은 종종 종결 시점에서 재등장한다. 일부 내담자는 치료자가 자신의 떠남을 원하지 않는다고 걱정하며, 떠나지 못하게 하는 치료자에게 화를 낸다. 또 다른 내담자는 치료자가 진정성 있게 관계에 임하지 않고 있고, 자신을 곧 잊어버릴 거라고 상상한다. 그러한 상상은 불편하기 때문에 방어할 가능성이 있다. 그리고 가장 일반적인 방어 중 하나는 걱정과 상실감을 분노로 표현하는 것이다. 그 모든 불공평함에 대해서 그리고 치료자가 자신을 더 기분 좋게 하지 않고, 심지어 더 악화시키고 있다고 생각하며 분노한다.

내담자에게 있어 가장 분명한 분노의 이유 중 하나는 버려졌다는 느낌이다. "내가 너무나 신뢰했던 이 사람이 나를 팽개치고 있다. 어떻게 그럴 수가 있는가? 치료자는 나를 혼자 내버려둘 권리가 없다. 내가 완전하게, 영속적으로, 더 바랄 수 없을 정도로 치유되지 않았을 때는 특히 더 그러하다." 또 다른 수준에서 혼자 남겨진 것에 대한 분노는 종결이 치료자에게는 너무나 쉬운 것 같다는 인상을 받는 것과 관련될 수 있다. "치료자는 그렇지 않은데 나만 고통스러워해야 한다는 것은 공평하지 않다." 후자의 생각과 명백히 연결되어 있는 것은 치료자가 어쨌든 진심으로 신경 쓰지 않고 있다는 의혹이다. "만약 치료자가 내가 생각했던 방식으로 진짜 나를 사랑했고 돌봤다면, 나를 그렇게 쉽게 혹은 그렇게 빨리 떠나게 내버려 두지는 않았을 것이다. 치료자는 지금껏 거짓이었으니, 나는 치료자를 결코 믿어서는 안 된다." 그래서 분노는 쌓인다.

대개 일상에서처럼 치료자에게 그렇게 직접적으로 표현되지는 않는, 종결 시 드러나는 또 다른 유형의 분노가 존재한다. 내담자가 분리를 고통스럽게 경험하는 만큼의 좌절감을 느낄 것이다. 즉, 내담자는 무언가를 원한다. 그런데 그것을 가질 수가 없다. 결국 좌절감은 보통 분노로 터진다. 치료자에게 직접적으로 분노를 터뜨릴 수도 있으나, 배우자나 직장상사 혹은 손쉬운 표적을 제공하는 자기 환경의 다른 어느 부분을 후려갈길 수도 있다.

앞에서 살펴본 바와 같이, 종결 분노는 결코 단순한 감정이 아니다. 슬픔이나 걱정을 다루기 어려워하는 내담자는 자기의 슬픔 혹은 공포를 방어하기 위해 화를 낸다. 또 다른 내담자는 치료자를 향한 자신의 애정 어린 혹은 사랑하는 감정에 당황하여 갑작스런 분노로 자기감정을 덮으려 할 수도 있다. 또한 분노 그 자체는 수용될 수 없는 것이라고 여기기 때문에, 내담자의 분노는 죄책감과 수치심의 형태로 자신에게 향할 수도 있다.

모든 경우에서 치료자의 임무는 내담자가 자신의 분노 반응과 그 반응의 근원을 이해하도록 돕는 것이다. 분노가 어떤 다른 감정을 감추는 파생물이라면, 내담자는 그 기저에 무엇이 있는지 파악하기 위해 분노를 헤쳐 나가야 한다. 이와 마찬가지로, 죄책감을 느끼는 내담자의 경우도 그의 분노를 외현화하고, 그 자신에게 향해진 분노를 사회적 환경에 꺼내 놓을 수 있도록 도와야 한다. 분노는 활기를 북돋아 주고 격려해 주기도 하고 잠재적으로 매우 유용한 힘의 원천이 될 수도 있다. 만약 내담자들이 분노 통제 불능의 상태로 가거나 부루퉁해하거나 혹은 죄책감을 느끼는 대신에, 분노의 긍정적인 측면을 사용하도록 도울 수 있다면, 미래에 있을 분리 경험을 잘 해결하도록 돕는 수단을 내담자들에게 제공할 수 있다.

3) 두려움

종결을 앞둔 내담자에게는 두렵게 다가오는 것이 많다. 아마도 가장 일반적으로는 내담자 스스로 문제를 해결할 수 없을까 봐 그리고 내담자를 지지하는 치료자가 없어지자마자 어떤 끔찍한 일이 일어날까 봐 두려움을 느낀다. 어떤 끔찍한 일은 처음 치료에 오게 했던 불행으로 되돌아가는 추락일 수도 있고, 스스로 처리할 수 없을 것 같은 어떤 새로운 위기이거나 혹은 단순히 혼자라는 느낌과 향후 어떤 일이 일어날지 모르는 느낌일 수도 있다.

치료자를 떠나는 경험은 마치 최초로 집을 떠나는 경험, 즉 이미 알고 있는 사람에 대한 안전함과 책임져 주는 혹은 궁지에 몰렸을 때 대신해 줄 어른이 있다는 안도감을 내려놓고 떠나는 경험과 같다.

내담자의 종결에 대한 강렬한 감정들은 두려움의 원천이 될 수 있다. 내담자는 치료자에게 이토록 애착하고 있을지 혹은 이런 분노를 느끼게 될지 몰랐다. 당신이 몰랐던 강렬한 감정이 있었다는 사실을 발견하는 것은 공포스러울 수 있다. "이런 두려움은 어디쯤에서 끝날까요? 얼마나 오랫동안 이렇게 느끼게 될까요? 더 심해지지는 않을까요?" 내담자는 마음 한편으로 이런 감정이 새롭고 이상하고 통제할 수 없을 것 같이 느껴지고, 어떻게 해야 할지 몰라 한다.

이럴 때 내담자는 자기 두려움을 그대로 받아들이고 치료자의 지지를 경험할 수 있어야 한다. 치료자는 놀란 내담자에게 스스로의 감정을 다룰 수 있고, 강렬한 감정은 시간이 지나면서 약해질 것이며, 종결 기간 동안 일어나는 정상적인 감정 반응이라고 확인시켜 주고 안도감을 제공해 줘야 한다. 다른 사람들도 동일한 방식으로 반응한다는 것을 그저 알기만 해도 내담자의 파국화("오, 제가 미친 게 아닐까요?")는 훨씬 줄어들고, 두려움의 경험은 검증되고 해결될 수 있는 어떤 것으로 인식되기 시작한다. 이때 치료자가 내담자의 정서 작업 역량을 의심한다는 인상을 남기지 않으려면, 너무 지나치게 지지하지 않는 게 특히 중요하다. 그러한 과한 반응은 일부 내담자를 즉시 의존적이고 무기력하게 만들 뿐 아니라, 실제로 두려움을 증가시킬 수 있다. 지나치게 많이 돌보고, 과하게 관여하는 치료자에 대한 환상은 그 자체만으로 무섭다. 내담자는 이미 자기감정들로 혼란스럽기 때문에, 치료자가 그의 감정으로 인해 혼란스러워지지는 않는다는 사실을 알 필요가 있다. 올바른 치료 과정은 지지, 존중과 명확한 정보가 혼합되어 있다. 즉, 치료자는 내담자에게 **"당신처럼 느끼는 것은 괜찮은 것이고 정상이다, 많은 이가 동일한 것을 경험한다, 그리고 당신이 성장하고 변하려고 스스로 노력하고 있듯이 치료자인 나도 당신을 돕고자 여기 함께 있다."**라고 전한다.

4) 죄책감

우리는 내담자가 종결 즈음에 드러내는 분노의 파생물로서 느낄 수 있는 죄책감에 대해 이미 언급했다. 죄책감의 다른 원천도 있다. 내담자는 치료자를 향한 성적 혹은 의존적인 감정에 대해 죄책감을 느낄 수 있다. 그들은 치료에서 벗어나 기뻐하고 그런 감정에 대한 죄책감을 느끼는 자신을 발견할지도 모른다. 치료적 관계와 직접적으로 관련된 감정은 모순적이게도 치료에서 다루기가 더 쉽기도 하고 더 어렵기도 하다. 더 어려운 이유는 내담자(그리고 치료자도)가 그런 감정을 말하기가 당혹스러워 감정을 축소하거나 억압하기 때문이다. 한편, 더 쉬운 이유는 그런 감정이 일단 공개되면 바로 두 사람의 관계가 존재하는 지금-여기에서 탐색될 수 있기 때문이다. 치료자와 새로운 방식으로 함께 존재하고, 관계하고 반응하는 것에 대해 즉각적으로 지금-여기에서 검증해 볼 수 있기 때문에, 내담자가 수행한 작업 결과를 가지고 다음 회기에 올 때까지 기다릴 필요가 없다.

죄책감의 마지막 범주는 너무 말을 많이 했다는 느낌, 자기 인생에서 중요한 타인에게 불성실하게 대했다는 느낌 혹은 너무나 전적으로 자신을 노출했다는 느낌과 연관되어 있다. 내담자는 치료 상황에서 도망치고 싶어 모든 것이 결코 일어난 적 없는 척하며 그냥 넘어가려는 자신을 발견할지도 모른다. 여기서 '난 너무 많이 말했다'는 죄책감은 치료자에 대한 애착 혹은 감사의 감정과 엎치락뒤치락하면서, 혹은 너무 많은 자기 개방을 독려한(혹은 유혹한) 치료자에 대한 분노감을 느끼게 되면서, 한층 더 복잡해질 수 있다. 내담자는 그런 배은망덕한 생각을 했다는 이유로 더 깊은 죄책감을 느낄 수 있다.

5) 유쾌한 정서

문제와 고통을 지나치게 강조하는 경향은 치료와 치료자에 대한 대부분의 저술에서 흔히 볼 수 있는 결점이다. 그러한 초점은 불가피한 것으로 여겨진다. 주로 사람들은 그들이 어떤 종류의 불편함을 경험하고 있기 때문에 치료를 찾는다. 그리고 불편감 완화는 치료 목표가 달성되고 치료 종결을 알리는 가장 일반적인 신호다. 그렇지만 치료의 많은 부분은 활기차고 즐거울 수 있으며, 고통을 예상하고 작업하는 과정에서 느낄 수 있는 즐거움을 간과하는 것은 어리석은 일이다. 따라서 유쾌한 정서는 종결과 함께 존재한다. 성공적인 치료 과정의 종결 단계에서 내담자와 치료자 모두 매우 큰 만족감을 느낀다. 치료 관계를 끝맺는다는 것은 과업을 잘 마무리하고 새롭고 흥미로운 가능성의 세계로 이동함을 나타낸다. 완결감과 유능감을 경험하는 시간이 될 수 있다. 내담자는 진정 가치 있는 어떤 것을 성취한 것이다. 내담자는 성공적인 치료 경험을 통해 새로운 방법, 새로운 기술과 새로운 자신감을 드러낸다. 내담자는 안전감과 아마도 생애 처음으로 스스로를 책임지는 경험을 할 것이다.

우리는 고통, 분노와 공포를 어떻게 작업하는지 안다. 우리는 내담자가 그러한 감정을 변화시킬 수 있도록 방법을 제공하거나, 그런 감정을 사용하여 어떤 긍정적인 결말을 맺을 수 있도록 돕는다. 우리 중 일부는(바라옵건대 감소 추세지만) 단호하게 회의적인 태도를 취하고, 긍정적인 감정에 대한 내담자 보고를 액면 그대로 가져가지 않고, 나쁜 것이 틀림없이 밑에 숨어 있다고 확인하며, 찔러 보고 캐내고 찾으려고 애쓴다. 그런 태도는 치료자의 긍정 정서에 대한 생소함과 불확실성을 반영한다. 이는 기껏해야 성장할 수 있는 내담자의 능력과 그 성장을 촉진하는 치료자 기술 모두를 깎아내리는 것밖에 안 된다. 유능한 치료자는 긍정적인 감정을 평가절하하기보다는 그런 감정을 같이 축하한다. 치료자는 덜 유쾌한 감정들도 드러날 수 있다는 가능성을 간과할 만큼 순진하지 않다. 그저 치료자는 건강과 성장의 실재에 개방적인 것이다. 치료자는 내담자가 변했고 긍정적인 감정을 경험하고 있다는 증거를 재빠르게 인식하고 강화한다. 그렇게 함으로써 내담자와의 작업을 마무리할 수 있고 그게 좋은 치료의 전부다.

종종 마무리하는 시간은 치료자가 했던 모든 것에 대해 내담자가 감사함을 표하고 싶어지는 순간이기도 하다. 당신은 끝을 기념하는 선물을 마지막 회기에서 받을 수도 있다. 내담자가 주는 선물에 대한 신념과 그런 선물에 대한 적절한 반응은 치료자마다 다르다. 어떤 이들은 치료 관계를 복잡하게 하고 혼란스럽게 할 수 있는 가능성 때문에 내담자가 주는 선물은 받지 않아야 한다고 믿는다. 다른 이들은 내담자 인생의 중요한 구간을 마무리하는 지점에서 감사와 애정을 표현하는 것은 내담자의 타당한 욕구로 이해하고 존중한다. 공식적인 윤리적 원칙은 그리 도움이 되지는 않는다. 너무 큰 선물은 받지 않도록 주의를 주거나, 의식적이든 무의식적이든 내담자에게 선물을 요구하지 말라고 경고하는 수준이다. 저자인 우리가 믿는 가장 현명한 방법은 사리에 맞는 적절한 선물은 받고, 당신의 기쁨을 표현하고, 내담자에게 이 선물이 갖는 의미에 대해 이야기할 수 있도록 초대하는 것이다. 머피와 딜런은 "작은 선물을 받는 것은 적절한 행동이고, 치료자와의 관계와 그 의미를 중히 여기고자 하는 내담자의 욕구를 존중하는 것이다"(Murphy & Dillon, 1998, p. 243)라고 했다.

4. 치료자의 감정

우리는 종결 과정에서 내담자가 경험하는 정서에 대해 많은 시간을 들여 논의했다. 그리고 가끔씩은 이 단계에서 치료자가 겪는 감정에 대해서도 언급했었다. 그러나 치료자의 감정은 단순히 지나가는 언급 그 이상의 가치가 있다. 그것은 종결의 일부분이다. 치료자의 자기감정을 인식하고 다루지 못한다면, 아마도 치료자의 그 어떤 다른 실수보다도 더한 잘못 관리된 종결의 원인이 된다. 장기치료 내담자와의 관계 종결은 내담자에게도 치료자에게도 많은 정서 반응이 일어나는 과정이라는 것은 이해할 수 있는 일이다. 코틀러는 이를 치료자가 되어 가며 겪게 되는 필연적인 과정으로 설명한다. "사람을 엄청나게 좋아하게 되고, 그러고는 그들을 자유롭게 보내는 끊임없는 순환이 있다. 임상가는 죄책감, 실패감, 실망감, 슬픔, 불안, 자부심, 희망, 질투 그리고 안도감, 이 모든 것을 한꺼번에 느낄지도 모른다"(Kottler, 1993, pp. 89-90).

분리는 두 가지 방식으로 나뉜다. 내담자에게 종결은 치료자에게도 종결인 것이다. 내담자가 떨어지는 것에 대한 슬픔을 느끼는 것처럼, 치료자도 의미 있는 관계의 상실을 경험한다. 종결에 대해 이야기하고 그에 대한 내담자 감정을 공유하도록 격려할 때, 치료자인 우리도 헤어짐과 그에 대한 슬픔을 경험하고 있음을 인식할 수 있다. 이별에 대한 우리 자신의 슬픔과 상실감을 내담자에게 말하는 것은 부정적인 영향을 미치기 마련이다. 따라서 치료자 자신을 돕고자 하는 행동이기 때문에 허용될 수 없다. 이것은 분리 과정에서 가장 중요한 부분이다. 치료자의 감정을 나누지 않아야, 내담자는 전문가라는 그늘진 역할-가면을 쓴 사람으로부터 멀뚱거리며 떠나가는 게 아니라, 실재하는 온전한 한 사람으로부터 깨끗하게 분리되어 떠날 수 있다. 그리고 또한 치료자도 더 깨끗하고 정직하게 떠나보내 줄 수가 있다.

스튜어트는 슬픔이나 상실감과는 대비되는, 어려운 내담자를 종결할 때의 안도감과 무거운 짐을 내려놓는 듯한 느낌에 대한 치료자의 죄책감을 이야기했다. 그는 치료자가 이러한 감정을 자주 경험한다면, 그건 역전이거나 비현실적인 기대로 인한 것일 수 있기 때문에, 자기 반응을 보다 면밀하게 살펴보라고 권고한다. 반면에, "어려운 내담자와의 작업을 완수했다면, 당신은 안심할 수 있는 완벽한 자격이 있다. 그러나 소리가 들리지 않을 만큼 내담자가 멀어질 때까지는 축하 샴페인 코르크를 터뜨리는 것을 보류하라. 당신은 내담자가 버려졌다거나 거부되었다고 느끼지 않기를 바랄 것이다"(Stewart, 1995, p. 167).

우리는 일찍이 전이 감정에 대해 말했다. 그리고 그 전이 감정은 본래 다른 대상으로의 이전을 수반하기 때문에 실제적이고 매우 고통스럽다는 사실도 말했다. 이와 마찬가지로, 역전이 감정 또한 실제적이다. 종결이 내담자에게 긍정적인 경험이 될 수 있으려면 다른 전이에 기반한 반응들이 해결되어야 하는 것과 마찬가지로, 원하는 것을 모두 주지 않는 치료자/부모에 대한 내담자의 분노도 훈습되어야 한다는 입장을 반대하는 치료자는 거의 없다. 그러나 치료자도 종결 때까지 자기 역전이 반응을 처리할 필요가 있다는 인식은 덜 일반적이다. 내담자(아이)가 치료자 없이는 잘 지낼 수 없을 거라고 걱정하는 마음이나 내담자(아이)가 치료자인 자신을 버리고 있다고 분노하는 반응은 치료자의 역전이 반응일 수 있다. 그런 역전이 문제를 내담자와 직접적으로 작업하는 것은 결코 적절하지 않다. 다른 세팅에서 역전이 문제를 이해하고 해결하는 것은 반드시 필요하다. 특히 초심 치료자들은 장기치료 내담자와의 종결이 가까워질 때마다 슈퍼바이저나 동료들과의 사례 자문을 설정해 두는 것이 좋다. 베어드(Baird, 1999)는 다음과 같이 조언한다. "내담자와 치료 종결을 하기 전에, 인턴 수련생들은 종결 과정을 위해 스스로를 준비시켜야 한다. 자기 준비에는 자기 반추, 선생님 및 슈퍼바이저와의 논의, 종결 문제와 전략에 대한 공부 등의 요소가 포함된다"(p. 186).

내담자는 상대적으로 여유로워지지만, 치료자는 마주해야 하는 매우 현실적인 종결 문제가 하나 있다. 내담자와의 종결은 치료자에게 지위, 미래 보장 혹은 돈의 상실을 의미할 수 있다. 어떤 이는 종종 최적의 종결 시점이 지났음에도 단지 일이 필요해서 내담자를 붙잡고 싶을 수 있다. 많은 치료자는 떠나간 내담자를 대체하는 새로운 내담자가 나타나지 않을까 하는 걱정과 계속 전쟁을 벌인다. 사설치료소를 운영하는 치료자는 특히 그러하다. 머피와 딜런은 "때때로 임상가들이 내담자가 제공하는 수입 때문에 재정적 이유로 혹은 임상가가 좋아하고 함께 작업하기 즐거운 '쉬운' 내담자이기 때문에 내담자를 계속 만나고자 할지도 모른다."(Murphy & Dillon, 1998, p. 259)라고 주의를 준다.

소중한 내담자를 붙잡으려는 유혹과 내담자에게 해로운 것을 행하고 있음을 스스로 자각하도록 독촉하라는 것 이외에 우리가 말할 수 있는 게 거의 없다. 우리 모두는 이러한 감정을 겪는다. 이를 부인하는 일부 치료자는 추가적인 문제를 다룰 필요가 있다. 그리고 이러한 감정을 경험한다고 문제가 되지는 않는다. 다시 말하지만, 당신이 신뢰할 수 있는 슈퍼바이저나 동료를 찾아라, 그리고 거기서 당신의 종결 문제를 다루어라. 그렇게 함으로써(치료의 다른 단계에서도 마찬가지겠지만), 당신은 종결을 훨씬 더 잘 다루게 될 것이다.

치료자에게 반복해서 등장하는 마지막 문제는 이미 종결한 내담자와의 관계를 유지하고자 하는 것이다. 내담자와 치료자 모두가 관계를 재구축하고 다른 방식으로라도 관계를 이어 가기를 희망할지도 모른다. 일부 치료자는 종결한 내담자와 '단지 친구'로 지내는 종류의 관계를 재구축하고 관리 해낼 수 있다고 주장할지도 모른다. 그러나 우리는 종결이 실제로 마무리되기 전에 그렇게 할 계획을 하는 것은 주로 종결 과정에서 실제로 일어나고 있는 것을 부인하거나 왜곡하는 방식이라 의심한다. 이는 종결을 거부하는 또 다른 유형이고, 관계 안에 있는 한 사람이든 두 사람 모두이든 아직 떠날 준비가 안 되었음을 암묵적으로 용인하는 것이다.

코리, 코리와 캘러핸은 다음과 같이 말한다. "이전 내담자들과 친구가 되는 게 비윤리적이지는 않다 하더라도, 장기적으로 현명하지 못한 결정일 수 있다. 이전 내담자는 당신을 친구가 아닌 치료자로서 더 필요할 수 있다"(Corey, Corey, & Callahan, 1998, p. 240). 종결한 내담자와의 우정은 신기하게도 일방향적인 특성을 띤다. 경청할 때 치료자에 준하는 역할을 멈추기 어렵고, 이야기할 때 개방적이고 연약해지기도 어렵다. 다른 한편으로는 내담자에게 이전 치료자와의 우정은 대체로 모호한 실망감을 남긴다. 내담자 자신의 건강과 성장에 거의 전적으로 초점화되었던 관계가 갑자기 내담자에게 관심을 덜 기울이고 덜 민감하며, 치료자의 욕구와 바람을 더 표현하는 관계로 갑자기 변해 버린 것이다. 치료자의 '실제적인 면'을 보게 되는 것 또한 그 사람에 대한 내담자의 이상화된 이미지를 산산조각 내 버릴 수 있다.

물론 당신은 다양한 장소에서 종결한 내담자와 마주칠 수 있고, 그들과 어떤 종류의 관계를 갖는다는 게 불가능한 일은 아닐지라도 불편한 일임을 알게 될 것이다. 작은 지역사회에서 일하는 치료자들에게는 특히 그러하다. 그런 경우 유쾌하지만 거리감 있는 관계를 유지하는 것이 좋다. 당신이나 종결한 내담자나 치료자-내담자 역할을 영원히 완전하게 벗어나지 못한다는 것이 치료 현실이다. 그리고 그런 역할은 어쩔 수 없이 당신이 구축하고 싶은 어떤 다른 종류의 관계에 영향을 미치고 왜곡할 것이다.

그렇다면 이 모든 내용이 진정으로 당신이 좋아하는 내담자라 하더라도, 그를 친구로 삼는 가능성은 포기해야 한다는 것을 의미하는가? 안타깝지만 우리는 그렇다고 생각한다. 그러하기에 우리는 종결에 대한 진정한 슬픔을 반복해서 경험하게 되는 것이다. 종결은 치료자에게도 역시 한 사람과의 관계를 끝맺는 것이다.

5. 계획되지 않은 종결

우리가 지금까지 종결에 대해 말한 모든 것은 종결이 질서정연한 과정일 것이고, 내담자와 치료자 모두가 예상할 수 있는 것이고, 분리에 수반된 모든 문제를 해결할 충분한 시간을 확보하고 있음을 가정하고 있다. 그러나 치료 경력이 많은 사람이라면, 이런 종류의 계획된 종결이 항상 일어나는 것은 아니라는 사실을 알 것이다. 치료 관계는 다소간 차이는 있어도 다양한 갑작스런 방식으로 종결될 수 있고, 이들 중 많은 경우는 양 당사자 모두에게 의심할 나위 없이 불편감을 남긴다.

1) 약속 시간에 나타나지 않음

특히 경험이 적은 치료자가 겪는 공통적인 문제는 내담자가 사전 연락 없이 약속에 나타나지 않는 일이다. 일정 조정을 위한 전화도 없고, 무슨 일이 일어나고 있는지 치료자에게 알리지도 않는다. 자동응답기에 퉁명스러운 메시지만 남겨 두기도 한다. "저 오늘 안 가요. 전화하지 마세요. 제가 전화할게요." "전 돌아가지 않을 거예요. 일정 조정하고 싶지 않아요." 혹은 더 심한 경우는 그저 취소나 다른 어떤 말도 없이 치료 일정에 큰 구멍을 내는 것이다. 내담자가 돌아올까, 아닐까? 왜 나타나지 않은 걸까? 그럴 때 당신은 어떻게 해야 하는 걸까?

물론 여기 답변의 일부는 당신이 내담자와 확립해 온 관계 유형과 관련이 있다. 만약 내담자와 일정 기간 만나 왔고 함께 작업을 잘하고 있는 경우의 결석(불참) 문제는, 막 시작한 신참 내담자나 조정하는 행동패턴을 가진 기존 내담자의 결석 문제와는 매우 다르다. 관계가 확립된 내담자는 연락 없이 나타나지 않을 가능성이 낮고, 만약 내담자가 그렇게 행동했다면 그 사건은 치료적 차원에서 매우 중요한 문제일 수 있다. 치료자에게 아무런 사전 고지 없이 멀리 떠나 버리는 것은 극적이고 강압적인 메시지 전달 방식이다. 이 내담자가 당신에게 무엇을 말하고 있나? 당신과 내담자 사이에 무슨 일이 일어나고 있나? 지난 마지막 회기에 내담자를 자극했거나 위협했거나 실망시켰을 수 있는 어떤 일이 일어났었나? 이러한 질문에 대한 답을 찾을 수 있는 유일한 장소는 내담자가 나타나지 않은 것에 대한 당신 자신의 반응이다. 당신은 화가 나나? 안심이 되나? 슬픈가? 책임감이 느껴지나? 내담자와의 다음 번 만남 전에 이러한 질문을 해결하고, 내담자와 다시 이야기할 때 당신 자신의 한계를 명확히 하는 게 중요하다. 그리고 내담자와 틀림없이 확실하게 이야기해야 한다. [*]

우선 당신 스스로를 돌볼 필요가 있다. 내담자에게, 그리고 내담자와 당신 사이

---

[*] 우리가 생각할 수 있는 이 진술에 대한 유일한 예외 사항은 치료 전반에 걸쳐 여러 차례 나타나지 않았었고, 다시 그런 일이 일어나면 치료자는 만나지 않을 것이라고 계약 조항에 넣은 내담자에 해당할 것이다.

에 무슨 일이 일어나고 있는지 알아야 한다. 특히 내담자가 치료자를 다시 만날 의향이 있는지 아니면 종결할 계획인지를 알 필요가 있다. 가장 중요한 것은 나타나지 않은 행동은 내담자가 치료에서 다루어야 하는 문제라는 것이다. 어떤 내부적이거나 외부적인 사건에 의해 촉발되는 행동화의 한 형태이다. 그것은 그저 이상하지만 무의미한 우연찮은 단일 사건이 아니다.

내담자가 나타나지 않는다면, 우리는 내담자에게 전화를 걸고 무슨 일이 있는지 그리고 언제 다시 만나고 싶은지를 묻는다. 또한 잊어버린 약속에 대한 비용을 내담자가 지불한다는 것을 상기시킨다. 만약 내담자가 다시 돌아오지 않기로 결정했다고 말한다면, 우리는 종결 결정에 대해 함께 이야기하고, 두 사람 사이의 미진한 부분을 깔끔히 정리하는 한 회기 이상의 회기를 가지는 것이 내담자에게 중요하다고 말한다. 왈드는 그러한 마지막 회기를 위한 많은 대안적 목표를 나열한다.

> 만약 내담자가 종결 면담에 기꺼이 참여할 경우, 내담자에게 적어도 도움이 된다고 기대할 수 있는 네 가지 긍정적인 결과가 존재한다. 첫째, 상담 없이 내담자가 삶을 재개하기 전에 가능한 한 많은 부정적인 영향을 감소시킴, 둘째, 내담자가 동일한 상담자와 상담을 지속할 수 있을 정도로 중대한 문제를 해결함, 셋째, 또 다른 '조력자'에게 의뢰하여 최대한의 혜택을 받을 수 있도록 내담자를 준비시킴, 넷째, 내담자의 상담 재개 가능성 혹은 훗날 다른 어떤 개인적 성장 경험의 가능성을 증진시킴(Ward, 1989, p. 107).

물론 돌아가고 말고에 대한 최종 결정은 내담자에게 달려 있다. 우리는 내담자가 돌아오도록 강제할 수는 없지만, 대부분의 내담자가 마지막 치료 회기를 위해 돌아온다는 것을 발견했다. 만약 사전 고지 없이 나타나지 않는 행동에 대해 치료자가 아무렇지도 않아 하는 인상을 내담자에게 부지불식간에 전달하지 않았다면, 사실상 치료 관계가 확립된 내담자에게서 나타날 가능성은 매우 희박한 행동이다. 명확하게 기본적인 규칙을 확립했다면, 대부분의 내담자는 그것을 준수할 것이다. 내담자의 규칙을 준수하지 않는 행동에 대해 당신은 어떤 중요한 일이 일어나고 있고, 살펴봐야 할 어떤 것이 있다는 신호라고 확신할 수 있다.

다시 말하지만, 명확한 요구 사항을 설정해 두면 대부분의 그런 문제는 해결되지만, 새로운 내담자의 경우 사전 고지 없이 나타나지 않은 일은 종종 일어난다. 내담자는 치료자를 쇼핑하고 여러 치료자와 약속을 잡고, 그중에서 골라 오직 한 치료자와 지속할 계획을 하고 있을지도 모른다. 또한 첫 치료(두 번째 혹은 세 번째) 회기에서 자신이 원하는 것을 정확하게 얻지 못해서 다시 돌아오지 않기로 결정했을 수도 있다. 그러한 결정에 대해 치료자에게 전하지 않는 것은 자기 욕구가 불충족된 것에 대한 실망감 혹은 분노를 표현하는 내담자의 방법이다. 배우자나 다른 가족 구성원이 치료를 그만하라고 내담자에게 강요할 수도 있다. 그 이유가 무엇이든 당신이(혹은 당신의 비서가) 내담자에게 연락하고 치료 계약을 명확히 하는 것은 여전히 적합하다. 즉, 무슨 일이 일어났는지 확인하고, 내담자의 욕구를 충족시키기 위해 자신이 다음에 할 수 있는 것이 무엇일지 논의하기 위해 내담자가 돌아오도록 격려해야 한다. 내담자에게 전화로 연락하는 것이 불가능한 경우라면, 적어도 종결 편지를 보내서 어느 정도의 마무리 시간을 제공할 수 있고, 이는 당신이 내담자를 생각하고 있다는 사실을 전달한다. 그러한 편지를 통해 내담자에게 연락하려고 노력했다는 사실과 내담자 파일을 정리하고 있음을 알려 주어야 한다. 그러나 내담자가 이후에 자유롭게 전화할 수 있다는 것 또한 알려야 한다. 이 같은 편지는 내담자에게 종결을 알리는 것 뿐만 아니라 당신을 위한 좋은 위기 관리 훈련이기도 하다.

치료자로서의 연륜이 많을수록, 나타나지 않는 이런 종류의 종결을 다루어야 하는 경우는 더 적어진다. 내담자가 초심 치료자의 망설임과 불확실성을 느끼고, 자기특성과도 일치한다고 생각하게 되면, 그 불확실성을 자기 타당화를 위해 사용할 수 있다. 즉, 자신이 원하는 것을 얻지 못하게 하는 오래된 행동 방식을 고수하는 이유로 사용한다. 치료자로서 당신이 자신감을 키우고 스스로의 능력을 평가절하하지 않는 법을 익히게 되면, 내담자에게 당신의 자기 평가절하 과정에 동참하라는 은밀한 초대장을 전달하지는 않을 것이다. 한동안은 나타나지 않는 몇몇 중도탈락 사례로 인한 고통을 감내해야 할 수도 있다. 정말 고통스러운 일이다. 우리가 할 수 있는 최선의 말은 젊은 치료자에게 이런 경험은 자신에 대해 배울 수 있는 좋은 기회를 제공한다는 것이다.

2) 갑작스러운 중단

당신과 내담자는 전형적인 치료 회기를 진행했다. 끔찍한 일도 경이로운 일도 일어나지 않았다. 그런데 치료 시간이 끝날 무렵 내담자는 폭탄을 투하한다. "전 다시 돌아오지 않을 거예요. 더 이상 치료를 받지 않기로 결정했어요." 당신은 놀랐고 허를 찔려 쩔쩔맨다. 당신의 주의는 회기 검토와 실수 여부 점검과 지금 당장 취할 반응을 파악하는 것으로 나뉜다. 그런데 무슨 일이 일어나고 있는지 제대로 다룰 수 있는 남은 시간이 더 이상 없다. 뭘 해야 하나?

이 상황에서 가장 우선하여 지켜야 할 원칙은 치료 지속을 이야기하기 위해 치료 시간을 연장하지 않는 것이다. '문고리 종결'은 상대방을 조정하는 데 능한 내담자가 선호하는 전략이다. 그보다는 함께 논의할 기회를 갖지 않고 내린 내담자의 결정을 수용하는 것이 편치 않다는 사실을 알리고, 종결 회기를 위해 내담자를 다시 초대하라. "더 일찍 말해 주지 않은 것은 유감입니다. 함께 종결 논의를 하는 것은 중요하다고 생각합니다. 한 번 더 만나 종결에 대한 이야기를 나누기를 희망합니다. 생각하는 시간을 며칠 가지시고, 만약 한 번 더 오는 걸로 결정을 하게 된다면 전화를 주세요. 약속을 잡도록 하겠습니다. 예정된 시간 전날까지는 당신을 위한 시간을 비워 두도록 하겠습니다." 내담자가 다시 온다면, 치료 회기의 초점은 종결이 되어야 한다. 종결하려는 내담자의 결정이 여전히 유지되고 있는 것으로 가정하고, 다른 어떤 문제에 대해 작업하지는 말라. 만약 내담자가 마음을 바꾸어 이제 다시 치료를 지속하고자 한다면, 처음에는 싫다고 했다가 다시 좋다고 하는 행동을 살펴볼 필요가 있다. 분명히 대부분의 경우 처음 치료에 오게 했던 역기능적인 문제의 일부분일 것이다. 마지막으로, 내담자가 결코 돌아오지 않겠다고 한다면 당신이 할 수 있는 것을 하고 마친다. 궁극적인 책임은 내담자의 것이다.

보다 일반적으로는 갑작스런 중단을 선언하는 사람은 치료 시작 때부터 지속할 마음이 없다는 것을 당신에게 전한다. 물론 이런 경우에는 그 자리에서 종결 문제로 치료 초점을 맞출 수 있다. 갑작스러운 종결에는 많은 이유가 있고, 그중 일부는 합당하다. 예를 들어, 갑작스런 이사, 유연하지 못한 변화된 업무 일정, 예상치 못한 재정적 문제 등이 그러하다. 어쨌든 약속 시간은 일정 변경에 따라 바뀔 수 있고, 할인 또는 지연 수수료는 협의될 수 있다. 내담자에게 종결 결정 이면에 진짜 무엇이 있는지 이야기할 수 있는 모든 기회를 제공해야 한다. 그러나 강압적으로 해서는 안 된다. 자백하라고 몰아붙이거나 괴롭히지 말라. 부득이한 사정이라는 허구가 내담자에게 중요하다면, 그것을 유지할 수 있도록 허용해야 한다. 내담자 자기 방어가 여전히 작동하고 자존심이 전혀 다치지 않은 상태에서 치료를 종결해야 나중에 다시 치료에 오는 게 더 수월해진다.

사실상, 나중에 치료로 돌아오는 길을 깔아 놓는 것이 갑작스럽게 중단하는 내담자 종결 회기의 주요 목표다. 이런 목표를 성취하기 위한 가장 효과적인 방법 중 하나는 종결 결정을 이른바 통합을 위한 휴가, 휴직, 중간 휴식의 개념으로 재구성하는 것이다. 내담자는 자신이 이루어 낸 것에 대해 진심으로 축하할 수 있으며, 이 시점에서 중단하기로 한 결정은 진심으로 내담자의 전반적 성장 패턴의 핵심적인 부분으로 지지될 수 있다. 내담자가 스스로를 살펴보고, 치료로의 복귀 여부와 그 시기 결정에 대한 자신의 내부 감각을 존중하도록 격려해야 한다. "**당신의 이번 치료의 제1부의 끝입니다. 저는 제2부가 있을지 아닐지는 모릅니다. 그러나 만약 있다면 그걸 언제 시작할지 당신은 알 것입니다.**" 이런 방식으로 내담자의 결정을 지지하는 것은 때때로 내담자가 마음을 바꿔 치료를 지속하는 방향으로 조금씩 밀고 가는 역설적인 효과를 낳기도 한다. 혹은 체면을 잃지 않도록 하고, 혼자가 되려는 시도가 실패했다고 느끼지 않게 하면서, 내담자가 다시 돌아올 수 있는 선택지를 남겨 두는 동시에 종결 결정을 타당화할 수 있다.

6. 치료자 주도의 종결

이 장의 초반에 우리는 이상적인 종결 결정이 치료자와 내담자가 모두 동의하는 연합 형태가 되어야 한다는 견해를 밝혔다. 그러나 때로는 내담자가 준비되기 전에 치료자가 내담자와의 치료를 종결하는 경우도 있을 것이다. 치료자는 예상치 못한 상황을 처리해야 할 수도 있다. 치료자의 개인적인 혹은 직업적인 삶에서 발생한 큰 격변으로 인해 내담자와 갑작스럽게 종결해야 하는 상황이 일어날 수 있다. 대체로 마지막 치료 회기가 실제 도래하기 전에 그러한 종결을 다룰 수 있는 시간은 주어진다. 사실상 종결 준비를 위한 소요 시간 확보는 합법적이고 윤리적인 필수 사항이다. 갑작스럽고 어설프게 이루어진 종결은 내담자에게 거절되고 버려졌다는 느낌을 남길 수 있다. 이런 종결을 한 치료자는 내담자에게 끼친 손해에 대해 법적 책임을 질 수 있다. 치료자는 임박한 이별에 대한 마음을 나누기 위해 각각의 내담자들과 여러 차례의 치료 회기를 정하기 위한 모든 노력을 기울여야 한다. 치료자가 내담자에게 이번이 마지막 회기라고 갑작스럽게 통보하는 것은 수용될 수 없는 행동이다. 하물며 내담자가 약속된 치료 시간에 와서 자신이 다른 치료자에게 이관되었다는 사실만을 듣게 하는 것은 더욱 수용될 수 없는 행동이다. 내담자에게 전화나 메일로 변경에 대해 통보하는 것도 종결 회기를 위한 적절한 대안책이 아니다. 만약 치료자가 개인적인 어떤 위기 상황에 있어 정말로 내담자를 위한 종결 작업이 불가능하다면, 자신에게 무슨 일이 일어났는지 알리고 후일에 만날 수 있는 약속을 다시 잡을 수 있다. 그리고 그 사이 기간 동안 내담자가 만날 수 있는 다른 치료자들의 이름을 제공할 수 있다. 만약 치료자가 정말 이 최소한의 방법도 취하기 힘들 정도로 극히 드문 신체적 상태에 처해 있다면, 내담자에게 최소한 사건 정황을 설명하고 의뢰하는 치료자의 이름을 제공하는 개인 편지를 보내야 한다. 또한 내담자가 치료자에게 편지를 쓰거나 전화를 하도록 초대하여, 관계에 대한 내담자의 입장을 정리하고 마무리 지을 수 있는 기회를 제공하는 것 또한 적합하다.

7. 마무리하며

아마도 대부분의 치료자는 종결을 어려워할 것이다. 어쩌면 그것은 일부분 우리 문화 때문일 수 있다. 이 장의 시작 부분에서 언급했듯이 우리 서구인들은 관계 끝맺음을 잘 다루지 않는다. 관계 종료에 대한 생각은 확실히 자연스럽지가 않다. 많은 치료자는 초기 접수 면담을 쉽게 관리하는 법을 배운 지 얼마 되지 않아, 종결 작업이 상대적으로 불편하게 느껴지는 경험을 할 것이다. 하지만 우리가 시작한 치료 사례 수와 정확히 같은 수의 사례를 마무리해야 한다.

아마도 우리가 내담자와의 관계를 정말로 완전하게 마무리할 수는 없다는(혹은 끝마치리라 기대할 수 없다는) 사실을 온전히 이해하고 수용한다면, 종결이 훨씬 쉽게 느껴질 것이다. 즉, 내담자가 완전히 문제없는 상태, 완전히 성장한 상태, 완전히 그들의 문제를 해결한 상태에서 내담자를 떠나보내지는 않는다. 내담자의 완벽함과 끝없는 행복이라는 환상을 내려놓도록 돕는 것이 합리적인 치료 목표인 것처럼, 우리 또한 자신에 대한 지나친 기대를 없애려고 노력해야 한다. 더 나아가 설령 치료자와 내담자 모두가 진술하고 동의했던 치료 목표가 완전하게 성취되지 않았다 하더라도, 그리고 치료 작업은 아직 끝나지 않았어도 치료자는 내담자가 이제 이전에는 가능하지 않았던 방식으로 자기 문제를 해결할 수 있다는 사실을 인식해야 한다.

치료(therapy)의 끝과 처치(treatment)의 끝은 동의어가 아니다. 치료가 끝나고 내담자에게 안녕이라고 말할 때, 이 두 단어가 동의어로 보일 수 있겠지만, 사실상 처치를 마무리하고 있는 유일한 사람은 치료자다. 내담자는 그 마지막 치료 회기 이후에 치료에서 얻은 많은 방법과 통찰을 사용하여 자기 문제를 해결하기 위한 작업을 이어나갈 것이다. 실제 일부 내담자는 자신의 최대 치료적 성과를 종결한 이후에 발견한다. 마치 치료적 관계에서 벗어나는 것은 내담자의 예전 존재 방식을 내려놓도록 허용하는 것과 일맥상통한다. 어떤 이들에게는 통합하여 그들이 배우고 경험한 모든 것을 한데 모아 일상생활의 자연스러운 부분으로 녹여 낼 시간이 필요하다. 또 다른 이들은 치료 후 새로운 맥락에서 그들이 종결 이전에 이룬 진전을 재발견하고, 한 때 풀 수 없을 것 같던 문제에 자신이 다르게 반응하는 모습을 보며 놀라기도 한다. 또 다른 이들은 그야말로 치료자의 일부분을 마치 자기 자신의 성격구조 안으로 실제로 가져온 것처럼 하여 공식적인 종결 이후에도 오랫동안 치료 과정을 이어간다. 치료가 끝난 지 1년 이상 지난 시점에서 종결한 내담자로부터 받은 편지에는 이런 종류의 경험이 기술되어 있다.

저는 여러 훌륭한 방법으로 성장하고 변했습니다. 제게서 보는 많은 성장은 선생님과 함께한 시간 동안 작업했던 영역들과 구체적으로 관련될 수 있습니다. ……저에 대한 놀라운 자각, 정말로 효과적인 치료는 명백한 효과가 단지 즉시적인 것이 아니라 우리가 변화하고 성장할 수 있도록 하는 긍정적이고 지속적인 효과가 결코 멈추지 않게 하는 것입니다. …… 우리의 협력은 항상 제 안에 존재하며 저를 돕고 있습니다.

치료자는 일종의 정원사다. 우리는 여기저기에 씨앗을 심고, 조심스럽게 돌보고, 돌봄과 양육을 제공하며, 성장하는 어린 식물들이 스스로의 모습을 갖추고 주변 환경과 자연스럽게 상호작용하도록 격려한다. 식물이 정원사 없이 잘 지낼 수 있을 만큼 충분히 강해질 때, 정원사는 식물이 성장을 계속해서 꽃을 피우고 열매를 맺을 거라고 믿고 자리를 뜬다. 우리의 내담자들은 매우 나쁜 날씨를 견뎌 낼 수 있고, 긴 동면의 시간을 겪을 수도 있다. 어떤 날에 다시 정원사의 도움이 필요할지도 모르지만, 그들과 함께한 우리의 시간이 끝났다 해도 그들은 성장을 멈추지 않는다.

제7장
■ ■ ■ ■

위기 내담자

이 장은 상담과 심리치료에 대한 우리의 논의에 있어 전환점에 해당한다. 지금까지는 넓은 범위의 치료적 상황에서 적절한 개념과 기술을 설명하면서, '통상적인' 치료에 대해 이야기해 왔다. 모든 기술 혹은 접근이 모든 내담자에게 효과적으로 적용되지는 않겠지만, 다른 치료 세팅에서 보다 어느 한 종류의 치료 세팅에서 더 적절한 것으로 분류될 수 있는 것 또한 없다. 우리는 여러분에게 거의 모든 세팅에서 그리고 다른 많은 내담자에게 적용되는 개념과 전략을 제공했다.

그러나 이제 좀 다른 곳으로 이동하려 한다. 위기 작업, 집단 작업, 커플 그리고 다양한 인구와의 치료 작업, 이 모든 작업은 어떤 특별한 기술과 강조점, 통상적인 일대일의 치료와는 다른 것(보편적 기반을 두고는 있지만)이 필요하다. 이후 네 개의 장은 이러한 종류의 접근에 집중할 것이다. 우리는 위기 작업에 대한 것으로 이 장을 시작한다.

넓은 의미에서 보면, 치료에 오는 거의 모든 내담자는 한두 종류의 위기를 가지고 있다. 글래딩은 위기 상담을 다음과 같이 정의한다. "사실상 종종 지시적이고, 내담자가 대혼란의 위급한 상황에서 혹은 정서적으로 붕괴된 상황에서 생산적이고 건설적으로 반응할 수 있는 방법을 찾도록 돕는 데 집중하는 특별한 종류의 상담이다"(Gladding, 2001, p. 33).

상식 차원에서 생각했을 때 위기가 발생하면 긴박하고 위험감에 당장 조치를 취할 필요성을 느낀다. 뭔가를 곧바로 처리하지 않으면, 누군가는 다칠 것이고, 어떤 것은 복구 불가한 손상을 입을 것이다. 전형적으로 폭력이나 잠재적 폭력에는 자기 자신 혹은 다른 사람들이 연루된다. 치료자는 이러한 위험 신호에 높은 책임감을 가지고 반응할 것이다. 우리는 바로잡고, 내담자를 구하고, 고통과 공포를 사라지게 해야 한다는 압박감을 느낀다. 위기 상황에서는 모든 것이 실제 삶보다 더 크게 위협적으로 보인다. 아이러니하게도 내담자와 우리가 가장 현명해져야 하고, 신중하게 결정해야 할 바로 이 순간이, 우리가 빨리 행동을 취해야 하는 가장 큰 압박감을 느끼고 있는 때인 것이다.

모든 내담자가 어떤 의미에서는 위기 상황에 있다고 묘사될 수 있지만, '위기 개입'이 필요한 특별한 종류의 응급 상황과 구분하는 것이 유용하다. 이러한 응급 상황에 면역이 된 사람은 아무도 없다. 그리고 우리 중 누구라도 대처 전략이 붕괴되고 심리적으로 위험 구역으로 들어가는 지점에서 일어나는 환경적 사건에 의해 고통당할 수 있다. 이 장은 특별한 대상으로서 '위기 내담자'에 대한 내용이 아니라, 위기상황을 경험하고 있는, 그러한 특별한 순간에 봉착한 모든 내담자와 어떻게 작업할 것인지에 관한 내용이다.

1. 기본 원리

오늘날 그 어느 때보다도 위기는 일상의 한 부분으로 보인다. 재해는 빈발하고 있다. 자살, 살인, 아동 학대와 다른 폭력 행동은 저녁 뉴스의 주요 기사다. 허리케인, 지진과 비행기 충돌 사고 또한 거의 매일 발생하는 것 같다. 게다가 정신과적 개입에 대한 정부 재원은 줄어들고 있다. 도움의 필요성은 더욱더 많아지고 있는데, 그 필요성을 해결할 공적 자금은 더욱더 적어지고 있다. 결과적으로, 일반적인 치료 수행을 하는 당신은 점차 정신과적 응급 상황을 혼자 스스로 해결할 방법을 찾아야 할 것이고, 그렇게 하는 데 도움이 되는 재원을 거의 확보하기가 어려워질 것이다. 당신은 위기(더 나은 것은 곧 닥칠 임박한 위기라는 것)를 인식하는 방법과 위험을 완화하고 문제를 해결 가능한 형태로 축소하는 방법을 알아야 할 것이다. 〈표 7-1〉은 위기를 촉발할 수 있는 다양한 사건을 나열하고 있다.

가장 눈에 띄는 위기 특징 중 하나는 복잡성과 혼란성이다. 모든 것이 한꺼번에 발생하고 있는 것으로 보인다. 요구들이 모든 방향에서 덮치고 있다. 내담자는 내적 그리고 외적 사건들의 압박으로 인해 압도감을 느낀다. 내담자가 준비되어 있지 않다면, 치료자 역시 압도감을 느낄 수 있다. 치료자 혼란에 대한 중요한 해독제는 위기이론을 분명히 파악하는 것이다. 위기가 무엇이고 어떻게 전개되는 것이며 위기의 각각의 단계와 국면은 무엇인가? 우리는 여러 가닥을 풀기 시작하면서, 한 번에 모든 문제를 다루려 하기보다는 주로 훨씬 더 실행 가능한 것부터, 한 번에 조금

〈표 7-1〉 위기 촉발 사건

사건 종류	예시	피해자
사망	자살 살인 사고사 자연사	가족 친구 동료 예상되는 자기
건강과 안녕	신체질환 정신질환 부상 장애 학대(신체적 · 성적 · 심리적) 물질남용	자기, 가족, 친구
생식 문제	원치 않은 임신 사산 유산	자기 혹은 중요한 타인
친밀한 관계 분열	언쟁 배신 별거 이혼	배우자, 가족, 친구
폭력	가정 폭력 범죄 폭력(강간 포함) 시민 폭력	자기, 가족, 친구
직장 혹은 학교 중단	정리해고 해고 파업 학업 유급	자기 혹은 중요한 타인
자연 및 환경 재해	태풍 지진 화재	자기 혹은 중요한 타인
재정위기와 노숙	예상치 못한 지출 파산 도박 손실 투자 손실 절도나 사기	자기 혹은 중요한 타인

출처: Patterson & Welfel(2000).

씩 해결해 나간다는 생각을 할 수 있게 된다. 고속도로에서 연료 없이 발이 묶였다고 생각해 보라. 도움을 구할 유일한 방법은 한 걸음씩 내딛는 것뿐이다.

위기 상황은 다소 예측 가능한 패턴으로 발달하지만, 실제로 시작하는 곳을 결정하기 위해서는 종종 사후 판단이 필요하다. 마리노(Marino, 1995)는 위기가 뚜렷이 구별되는 네 개의 단계로 발달한다고 기술한다. 첫째, 개인의 정상적인 대처기제가 충분한지 여부를 결정하는 중대한 상황이 발생한다. 둘째, 그 사건을 둘러싼 고조된 긴장과 분열이 개인의 대처 역량을 넘어설 정도로 증가한다. 셋째, 그 사건을 해결하기 위한 추가 자원에 대한 지원이 필요해진다. 넷째, 주요한 성격 와해를 해결하기 위해 다른 곳으로의 의뢰가 필요할 수 있다.

치료자는 이 드라마의 모든 지점에서 들어갈 수 있다 하더라도, 세 번째 단계에서의 위기 개입을 위한 부름을 받을 가능성이 가장 높다. 3단계는 급성 위기 단계이고 내담자의 응급 대처 시스템 작동 실패가 일어난 것이 특징이다. 대처기제가 붕괴되고 긴장은 절정에 이르고 성격 와해가 일어나기 시작한다. 이렇게 되는 데 걸리는 시간은 상황과 내담자에 따라 굉장히 다르다. 자동차 사고로 가족을 잃은 생존자인 아버지는 사고가 발생한 지 몇 분 안에 3단계에 이를 수 있다. 또 다른 극단적인 상황은 소진 위기 사례로, 첫 번째 혹은 두 번째 단계에서 몇 주 또는 몇 달 동안 기능을 해 왔을 수 있지만, 마침내는 응급 조치를 유지하는 데 필요한 에너지가 더 이상은 없는 경우다. 슬프게도 나이 든 노부모와 자식을 함께 돌볼 책임을 떠안은 중간에 낀 중년 세대가 흔히 처하는 상황이다. 적절한 지원도 없고, 그들이 심리적 배터리를 재충전할 방법도 없다면, 한때 사소한 성가심 정도로 보였던 문제가 이제 본격적인 위기로 치달을 때까지 그들의 대처 자원은 점진적으로 약화될 수 있다.

그러나 소요 시간에 상관없이 모든 위기 상황에는 중요한 공통적인 특징이 있다. 첫째, 활성화된 현재의 위기는 일반적으로 스스로 제어되고, 1주에서 5주 내에 어떤 방식으로든 변한다. 그러나 사람들은 이보다 더 오랫동안 위기 대응을 유지할 수는 없다. 둘째, 그 변화의 본질은 과거에 일어났던 일이 아니라 이 단계 동안 수행된 작업에 달려 있을 것이다. 마지막으로, 활성화된 현재의 위기에 처한 사람들은 위기가 없었을 때보다 타인들의 도움을 구하고자 하는 열망이 커지고, 그러한 도움을 더 기꺼이 수용하려는 경향이 있다. 활성화된 현재의 위기에 관한 이 모든 특징은 위기 개입에 있어 빠르게 움직이는 것의 중요성을 가리키고 있다. 첫째, 위기는 계속 극심해지고, 둘째, 당장의 행동이 최대 효과를 가져올 수 있고, 셋째, 내담자가 도움 받기에 가장 개방적일 수 있는 기회의 시간은 상대적으로 짧다.

사실상 모든 위기 개입 접근에 있어, 신속하게 움직이는 것이 공통분모다. '신속하게'는 치료자의 첫 반응에, 일차적 문제에 초점을 맞추는 데에 그리고 전체 치료 기간에 적용된다. 치료자의 첫 반응에 관련해서는, 내담자의 요청이 있은 후 24시간 이내에 개입이 이루어질 수 있다면 최상이다. 일주일 이상의 지연은 내담자가 가장 개방적이고, 치료 가능한 시간을 완전히 놓치는 것을 의미한다. 지연은 또한 내담자-치료자 관계를 복잡하게 만들 수 있다. 왜냐하면 내담자는 도와줄 수 있는 사람들로부터 반응이 없어 화를 내거나 체념하기 때문이다. 그러나 '신속하게'가 '성급함'을 의미하지는 않는다는 사실을 유념하라. 치료자가 신속하게 움직인다 하더라도, 침착하고 자신감 있게 보여야 한다. 대부분의 내담자는 적어도 자신이 무엇을 하고 있는지 안다고 여겨지는 어떤 이와 함께 존재하고 있다는 자체로 안심할 것이다. 그리고 위기의 중심에서 문제를 실제로 해결하는 중요한 첫 단계는 약간의 안도와 이완의 경험이다. 아마도 신속하게 반응하면서도 결단성 있게 행동한다고 말하는 것이 더 적합하다. 마틴과 무어는 위기 내담자에 직면했을 때 다음과 같이 조언한다. "당신은 이전에 이 모든 것을 봐 왔고, 문제를 해결하기 위해 해야 할 것들을 정확하게 알고 있는 듯한 태도를 취하라. 물론 이건 베테랑 치료자라 해도 쉽지 않다. 그러나 당신이 자신만만하고 전략이 풍부한 사람으로 보인다면, 자기 자신도 내담자도 실제로 당신이 자신감 있고 전략적인 사람이라고 확신할 가능성이 훨씬 더 높아진다"(Martine & Moore, 1995, p. 121).

위기에 처한 내담자들은 여유 있게, "자, 그래서 여기에 어떤 일로 오시게 되었나요?" 하는 식의 접근을 원하지 않는다. 그들은 행동, 안도감과 뭔가를 할 수 있다는 느낌을 원한다. 폭스먼(Foxman, 1990)은 위기 작업에 있어 두 개의 구별된 부분이 존재한다고 지적한다. 먼저, 내담자의 협력을 끌어낸 다음 문제를 해결하는 것이다. 치료자의 결단력과 자기 확신은(잘난 체 혹은 권위주의와 혼동하지 마라), 치료자가 진정으로 변화를 만들어 낼 수 있기 때문에 협력할 만한 가치가 있다고 내담자가 신뢰하도록 돕는다. 또한 정의상 해결할 수 있는 문제에 대한 사무적 접근 방식을 취하는 게 문제 해결 부분에도 도움을 준다. 위기 치료자는 상대적으로 지시적이다. 내담자가 처리해야 할 특정 문제에 집중하게 하고, 상황을 개선하기 위한 전략을 세우도록 돕는다. 이런 종류의 문제 해결식 접근을 하는 치료는 통상적으로 장기간의 심층 치료로 발전하지 않는다. 오히려 일반적으로 내담자가 치료자 없이 혼자서 계속할 수 있는 곳으로 옮겨가는 데에 소요되는 시간으로 3~6회기 정도가 충분하다(즉, 위기 작업의 안내 지침 중 하나는 내담자가 사회적 지지를 개발하고 사용하도록 돕는 것이다).

2. 위기에 처한 내담자와의 첫걸음

길리랜드와 제임스(Gilliland & James, 2001)는 위기 작업에 관련된 단계에 대한 대략적인 개요를 제공한다. 첫째, 문제를 정의하라. 둘째, 내담자의 안전을 보장하라. 셋째, 지지를 제공하라. 넷째, 대안들을 조사하라. 다섯째, 계획을 세워라. 여섯째, 전념에 대한 약속을 얻어 내라. 이것은 전체적으로 탁월한 계획이고 위기 작업에 대한 우리의 논의에 부합하는 계획이지만, 한 가지 중요한 문제를 제기한다. 내가 과연 치료를 수행할 적절한 치료자인가? 위기에 처한 내담자는 어떤 종류의 도움을 요구하고 있고, 치료자의 임무는 그 요구에 반응하는 것이다. 그러나 내담자와 직접적으로 작업할 필요는 없다. 다른 개인이나 기관에 의뢰할 수 있으며, 내담자가 자신의 자원들을 동원해서 더 이상의 공식적인 지원이 필요하지 않도록 매우 간단하게 도울 수 있다. 혹은 내담자나 타인들에게 당장의 위험이 있는 환경에서는 자발적이거나 비자발적인 입원을 준비할 수도 있다. 따라서 우리의 첫 번째 임무는 전체 전략에 대한 결정을 내릴 수 있는 충분한 정보를 수집하는 것이다.

1) 정보 수집

위기에 처한 내담자를 당신이 처음 상대할 때 필요한 정보의 종류는 DSM-IV 스타일인(나중에 나올 것임) 차별적 진단을 내리는 데 사용되는 자세한 증상 및 역사적 정보와는 다르다. 실제로 터너와 헤르센은 "위기 상황에서는 진단에 대한 문제보다 위기 자체가 그 무엇보다 우선이다."(Turner & Hersen, 1994, p. 6)라고 한다. 우선,

당신이 즉각적이고 실용적이며, 해결 지향적인 개입을 할 수 있게 하는 정보가 필요하다. 브램스는 다음과 같이 강조한다. "내담자의 현재 위기 상황에 대한 것을(그리고 현재 상황과 관련이 있는 것일 때만, 과거의 행동, 생각과 감정에 대해) 평가해야 한다는 사실을 기억해야 한다"(Brems, 2000, p. 146).

대부분의 위기 내담자에게 상세한 개인사적인 정보를 수집하는 것은 필요하지도 않고 심지어 바람직하지도 않다. 그럼에도 불구하고 내담자가 과거에 직면했던 문제의 종류와 어떻게 대처했는지에 대한 정보를 얻는 것은 도움이 된다. 이 정보는 당신과 내담자 모두가 반응 패턴을 파악하고, 과거 스트레스 기간 동안 내담자에게 어떤 것이 효과적이었고, 어떤 것은 효과가 없었는지를 찾기 시작하는 데 도움이 될 것이다. 또한 내담자의 정상적인 상태에 대한 정보도 얻을 것이다. 위기 개입의 주요 목표가 적어도 현재 당면한 위기 이전에 내담자가 유지했던 기능 수준으로 회복시키는 것이기 때문에, 내담자의 최소한의 기능 수준에 대한 개념을 가지고 있어야 한다. 만약 내담자가 위기 이전보다 기능을 못하고 있다면, 그 최소한의 수준이 지금 당신이 내담자와 작업하는 동안 성취하고자 희망할 수 있는 타당한 유일한 것일 수 있다. 그렇지 않으면 당장의 위기가 닥쳤을 때 보다 길게 가는 치료를 위해 다른 곳으로 의뢰하는 것도 생각해 볼 수 있다.

당신은 첫 번째 만남 동안 무엇에 초점을 둘 것인가? 무엇이 일어나고 있는지, 지금까지 무엇이 일어나고 있었는지 그리고 내담자는 문제에 대처하기 위해 과거에 어떤 노력을 해 왔는지를 알아야 할 필요가 있다. 또한 이 드라마 안에 출연하고 있는 배우들이 누구인지, 즉 이 위기 사건에 누가 연루되어 있는지를 알아야 할 필요가 있다. 연관된 사람들 각각에게 무슨 일이 일어나고 있는가? 그들이 내담자에게 어떤 압력을 가하고 있는가? 마지막으로, 매우 중요한 질문들이 있다. 왜 지금인가? 왜 내일 혹은 지난주가 아닌 오늘 도움이 필요한가? 현재 상황의 특별하고 중요한 어떤 특징들이 이 시점에서 내담자가 도움을 받아들이도록 유도했는가? 코틀러는 "만약 시간이 있다면, 지금 이 순간 위기의 의미를 살펴보라. 위기는 어떤 식으로 그 사람의 주의를 끌고 있는가?"(Kottler, 2000, p. 115)라고 했다. "왜 지금인가?"라는 질문에 대한 모든 다양한 형태의 답은 문제 해결을 시작하기 위해 수행할 수 있는 것에 대한 가장 명확한 몇 가지 조언을 제공해 준다.

복수의 '문제'에 주목하라. 불행히도 대부분의 위기 상황은 단 하나의 단순한 문제를 포함하고 있지는 않다. 사람들은 대체로 그런 형태의 문제는 스스로의 힘으로 처리할 수 있다. 위기 치료자들은 복합적인 문제, 스트레스, 긴장과 압박의 층위들, B 상황을 해결하려는 노력에서 A 문제가 파생되었고, 이는 결국 C 압박의 결과라는 식의 복잡한 얽힘을 더 잘 볼 수 있다. 실제로 복합적인 문제 위기는 종종 너무 얽히고 설켜 있어서 내담자는 가장 압박하고 있는 것과 가장 큰 스트레스 혹은 갈등의 근본적인 원인이 무엇인지에 대한 감을 잃어버린다. 내담자가 반응하고 있는 모든 것에 대해 이해하고 감을 잡도록 돕고, 그저 이러한 것을 분류하는 자체가 치료적일 수 있다.

2) 자원들

내담자의 자원에 대한 평가는 당신이 위기에 처한 내담자들과 초반 상호작용을 할 때 중요한 초점이 된다. 내담자가 그의 이야기를 하도록 하고 위기의 본질에 대한 자기 인식을 공유하도록 초대할 때조차도, 내담자가 언급하는 자원들의 종류에 주목하고 있어야 하며, 실제 내담자가 언급하지 않은 자원이라 하더라도 치료자는 파악할 수 있어야 한다. 내담자의 세계에서 중요한 사람들은 누구인가, 그리고 이들 중 누가 내담자를 위한 지지를 제공하는가? 요청할 수 있는 다양한 모든 종류의 자원 중에 사회적 · 인적 자원이 위기 시 가장 중요하다. 내담자에게 전문적 치료가 필요하더라도 다른 사람의 도움을 받을 수 있는 내담자의 능력은 치료자가 그의 개인적 삶 안으로 들어가는 것을 허용할 가능성을 예측할 뿐 아니라, 필요하다 여겨지는 치료 길이에 영향을 줄 것이다. 마이어와 데이비스는 다음과 같이 말한다. "내담자의 사회적 지지망을 발굴하고 동원하라. 친구와 가족이 위기에 처한 내담자와 함께 머물 수 있는지를 결정하라"(Meier & Davis, 1997, p. 46).

그리고 다른 종류의 자원으로는 어떤 것들이 있는가? 내담자의 경제적 상황, 재정 상태는 어떠한가? 직업을 가지고 있는가? 내담자의 기술은 어떤 것들인가? 내담자는 문제를 명확히 생각하고 해결할 수 있는가?(일명 마음 혹은 기분에 영향을 주는 물질을 사용하고 있는 내담자라면 사고 기능에 손상이 있는지 살펴봐야 한다. 술 혹은 마약에 중독된 내담자는 특정 물질 남용 치료를 할 필요가 있기 때문에, 적절한 기관에 의뢰해야 한다. 일반적인 치료 목적을 가진 세팅에서 내담자가 필요한 도움을 얻을 수 있을 가능성은 지극히 낮다.) 내담자에게 좋은 자원이 있다면, 그런 상황임을 명료화하고 이후 취할 행동을 계획하기 위한 한 회기의 만남이 내담자가 당신한테 얻을 수 있는 필요한 모든 것일지도 모른다. 만약 내담자가 당신이 작업할 수 있다는 자신감이 느껴질 정도의 중간 범주에 속한다면, 당신은 여전히 이러한 자원 영역 중 어떤 것을 쌓아야 할지 그리고 내담자가 당면한 문제를 해결하기 위해 지금 요청할 수 있는 자원은 어떤 것인지 알아야 할 것이다.

이러한 전반적인 위기 평가의 목적은 내담자가 상황 지향적인 인지적 접근에 얼마나 잘 반응할지를 결정하는 것이다. 우리는 내담자가 약간의 전문적 도움을 받아, 자신이 사용할 수 있는 자원을 사용하고 나아가 스스로 문제를 해결할 수 있을지 알고 싶다. 또한 이 초기 평가를 수행하고 있는 동안, 내담자와 작업 관계도 구축하고자 한다. 내담자가 우리를 한 사람으로 그리고 전문가로 경험하게끔 노력한다. 우리는 내담자가 평가당하는 느낌 없이, 수치심을 느끼지 않고, 자신이 문제를 책임져야 한다는 압박감을 느끼지 않으면서 자기 이야기를 할 수 있도록 한다. 그리고 내담자의 이야기에 동요하지 않고 차분히 듣는다. 패터슨과 웰펠은 다음과 같이 조언한다. "상담자의 차분하고 자신감 있는 태도는 내담자나 그의 문제에 상담자가 압도되지 않음을 전달하여 내담자를 안심시킨다"(Patterson & Welfer, 2000, p. 170). 이런 식으로 당신을 보여 주는 것은 누군가는 진정 내담자 자신을 도울 수 있다고 믿도록 돕는다. 그리고 당신이 알아야 하는 것을 내담자가 말해 줄 만큼 충분히 신뢰하도록 초대할 뿐만 아니라 내담자가 차분하게 자신의 선택지를 파악하도록 모방할 수 있는 모델을 제공해 준다.

3) 비밀 보장

우리가 이미 제시한 바와 같이, 위기 개입에서 중요한 전략 중 하나는 내담자의 자원체계를 동원하는 것이다. 이는 내담자 세계에 존재하는 다른 사람들에게 이야기하고, 무슨 일이 일어나고 있는지 그들에게 알리고, 그들의 지원을 요청하는 것을 의미할 수 있다. 이런 이유 때문에 이후에 깨질지도 모르는 비밀 유지에 대한 이른 약속은 하지 않는 것이 특히나 중요하다. 종종 내담자 위기의 어떤 부분은 다른 사람들이 발견하게 될까 걱정하는 가족의 비밀(사실 전혀 비밀이 아닐지도 모르는)과

연관된다. 위기 치료자는 비밀을 지킬 수 있도록 돕겠다는 약속을 하기보다는 당혹스럽게 하거나 상처를 내는 방식으로 정보를 사용하지 않도록 최선을 다하겠다고 명확히 말하는 게 더 효과적일 것이다. 내담자와 그들이 상호작용하는 타인들을 보호하기 위해 수행해야 하는 것이라면 그 무엇이라도 할 수 있도록 자유로워야 한다. "많은 경우에, 위기 개입자는 폭력적인 행동의 가능성과 내담자와 중요한 타인들의 안전을 확실시해야 할 필요성에 직면한다. 따라서 내담자가 스스로나 타인들을 해롭게 할 의도를 드러낼 때, 위기 개입자는 조치를 취하고, 신뢰를 깨고 표적이 된 피해자, 중요한 타인이나 법적 관계자에게 경고해야 할 도덕적 · 윤리적 · 법적 의무를 가진다"(Gilliland & James, 2001, p. 123).

종종 초심 치료자는 비밀 유지 약속을 거절하는 것이 내담자의 중요한 정보를 공유하는 데 방해가 될까 봐 걱정한다. 우리가 경험한 바로는 그런 경우는 드물다. 내담자는 당신에 대한 신뢰 가능성을 확인할 때까지 조금 더 기다릴지는 몰라도 결국 이야기한다. 일반적으로 당신의 한계를 내담자가 이해하고, 자신에게 필요한 것이라면 그 어떤 것이라도 취할 수 있는(물론 항상 당신의 의도를 내담자에게 알리지만) 치료자라는 바로 그 강조는 내담자가 당신을 더 신뢰하게 만든다. 만약 내담자가 이런 방식에 반응하지 않거나, 전반적인 비밀 유지에 대해 과도하게 걱정한다면, 이는 진단 면에서 중요한 자료가 될 수 있다. 비밀과 신뢰 주제가 내담자의 중요한 관심사라면, 내담자가 보여 주는 다른 문제들과 관련이 있기 때문에 힘, 통제, 성차별, 친밀감과 같은 가족 문제를 살펴봐라(Petretic-Jackson & Jacson, 1990).

4) 위기 계약

첫 번째 위기 개입 회기에서는 어떤 것이 수행될 것이고, 어떻게 이루어질 것인지에 대한 위기 계약을 수립하고 마쳐야 한다. 그러한 계약을 수립할 때는 "목표를 확인하고, 우선 가치 순위를 지정하는 것이 첫걸음이다. 두 번째 걸음은 환자의 주어진 현재 생활 상황에서 그리고 삶의 단계에서 어떤 목표를 성취할 수 있는지 결정하는 것이다"(Slaby, 1989, p. 143).

계약은 여러 이유로 위기 개입 과정 초반에 특별히 중요하다. 첫째, 위기에 처한 내담자는 그의 문제 상황의 모든 국면을 좀처럼 선명하게 볼 수가 없다. 혼란스럽고 압도되어 있다. 계약 설정은 내담자가 가장 해결하고 싶은 것을 선택하도록 하고, 적어도 자기 문제의 일부분을 해결하는 데 에너지를 집중하도록 돕는다. 또한 계약은 내담자에게 방향감과 뭔가를 할 수 있다는 희망감, 즉 성공을 위해 필요한 두 가지 필수 성분을 제공한다. 계약 설정의 두 번째 이유는 위기 개입에 필요한 빠른 속도를 확보하기 위함이다. 명확한 계약을 통해 관련된 모든 사람이 내담자에게 기대되는 것이 무엇인지를 알 수 있도록 하는 적절한 처치 계획을 설정할 수 있다. 이것은 우리를 세 번째 지점인 책임성에 대한 내용으로 데려온다. 위기 내담자는 책임을 지고, 무언가를 하고, 자기 삶에 대한 통제력을 다시 회복할 필요가 있다. 내담자와의 계약에서 내담자의 책임성[말 그대로, 내담자의 반응(response) 능력(ability)]을 강조하고, 그가 수동적인 희생자로 머무는 것이 아니라 자기 상황을 바로 잡는 과정에 적극적으로 참여할 것임을 분명히 한다. 마지막으로 계약은 위기 작업의 마지막 세 단계(대안 검토, 계획 세우기, 내담자의 전념 약속 확보)를 포함한다.

오튼스와 피셔-맥케인은 다음과 같이 말한다. "계약은 제한된 치료 시간을 구조화하고, 시간 제한이 있고 초점화 된 치료 개입을 설정하고, 내담자에게 기대할 수 있는 것에 대한 현실적인 생각을 제공한다"(Ottens & Fisher-McCanne, 1990, p. 88). 이를 성취하기 위해서는 내담자와 함께 마련한 계약에는 적어도 다음에 제시된 내용들을 구체화해야 한다. 첫째, 문제의 초점으로, 정확하게는 변화되거나 해결될 수 있는 것, 둘째, 시간 제한으로, 변화가 일어나는 데까지 소요되는 예상 시간과 당신이 내담자와 함께 작업할 기간, 셋째, 다른 이들이 관여할지 그리고 한다면 어떤 식으로 관여할지, 넷째, 내담자와 치료자의 책임은 각각 무엇인지 같은 내용들이다. 일단 누가, 무엇을, 어떤 이와 함께, 언제, 얼마 동안, 그리고 어떤 목적으로 하는지를 기록한다면, 좋은 위기 개입 계약의 기본 틀을 분명히 나타낸 것이다.

본질적으로 위기 내담자와의 첫 번째 접촉의 전 과정은 내담자와 치료자 양방향에서 신뢰를 구축하는 연습이다. 평가, 진단 및 계약 수립에 대한 모든 노력은 당신이 이 내담자를 어느 만큼 그리고 어느 정도까지 신뢰할 수 있는지를 말해 준다. 위기 내담자도 당신이 과업을 수행하는 방식을 보면서 당신을 어느 만큼, 어느 정도까지 신뢰할 수 있을지 평가한다. 그리고 정직하고 공고한 신뢰가 구축될수록 당신의 위기 개입은 더욱 효과적일 수 있다.

5) 초점 이동

위기에 처한 내담자와의 작업에서 전반적인 목표는 본질적으로 항상 동일하다. 아길레라에 따르면, "위기 개입의 최소한의 치료 목표는 적어도 위기가 발생하기 전 기능수준으로의 심리적 회복이다"(Aguilera, 1998, p. 18). 이렇게 본다면 매우 선명하다. 그러나 안 좋은 일들이 일어나고 있는 혹은 사방에서 위협적인 일들이 일어나고 있는 한가운데에 당신이 있다면, 전혀 선명하게 느껴지지 않는다. 따라서 출발점, 즉 이동해서 작업할 공간을 확보하는 시작점이 필요하다. 이동을 위한 시작점을 확보하고자 하는 당신의 노력이 성공하려면 따라야 하는 기본적인 원리가 하나 있다. 즉, 존경심을 가지고 내담자를 대하라. 내담자가 얼마나 혼란스럽고, 잘못되고, 어설프고, 심지어 완전히 미친 사람으로 보인다 할지라도, 그는 그 순간에 자신이 할 수 있는 최대한으로 자기 삶을 처리하고 있는 사람이다. 역기능적인 행동 이면에는 항상 긍정적인 목적이 있다. 종종 내담자는 자기 가치, 자부심에 대한 신념을 상실한다. 따라서 당신이 하는 일의 중요한 부분은 그러한 신념을 회복시키는 것이다. 폭스먼은 "내담자 자신의 허무감, 부적절감과 상실감으로 인해 특별히 묵시적인 혹은 실제적인 비판, 거절 혹은 타인의 둔감성에 민감해질 수 있다. 이럴 때 제공하는 존중, 존엄, 돌봄은 매우 중요하다."(Foxman, 1990, p. 27)라고 했다. 당신이 보여 주는 존경의 태도는 내담자가 자기 문제 해결 역량을 회복하고 스스로를 다시 신뢰하도록 하는 첫걸음이 된다.

위기는 그 뜻으로 보아, 내담자에게 압도감과 무력감을 남긴다. 내담자의 삶에 너무나 높은 수준의 강도로 많은 것이 일어나고 있어, 더 이상 그것들을 붙들고 있을 수가 없다. 과거에는 다소 효과적으로 작동했던 자신의 대처 전략들이 더 이상 작동하지 않는다. 문제에 자신을 더 옭아매기만 하는 쓸모없거나 틀린 선택을 하며 허덕이거나 꼼짝하지 않는 것 중에 하나를 선택하게 된다. 내담자가 자신이 처한 상황을 바꾸려면 우선 뒤로 물러나서 가능한 대안적인 해결책을 찾아야 한다. 치료자의 임무는 내담자가 숨 쉴 수 있는 공간을 찾아서, 그가 다시 생각하고, 가용할 수 있는 다양한 자원과 행동 과정을 정리할 수 있도록 하는 것이다. 내담자가 한 걸음 물러나 숨 쉬도록 돕는 첫 번째 단계는 내담자의 이야기를 경청하고, 당신과 의사소통할 수 있을 만큼 이야기를 충분히 질서정연하게 정리하도록 돕는 것이다. 내담자가 자신의 방식으로 이야기하도록 허용하고, 그 이야기를 지속적으로 조율하면서 머무는 것이 가장 중요한 핵심이다. 여기서는 이야기 내용보다는 내담자가 말하는 과정이 중요하다. 내담자는 자신을 이해하려는 당신의 전념하는 태도를 감지하고, 당신이 그렇게 할 수 있도록 자기가 도와주기 시작하면서, 할 수 있는 게 아무것도 없는 무기력한 상태에서 아주 조금씩 벗어나게 된다. 그렇게 내담자가 당신과 접촉하면서 무언가가 이루어지고 있는 것이다.

6) 인지 작업

위기 개입에 대한 문제 해결 접근법의 직접적 함의는 대부분의 작업이 매우 인지적이라는 것이다. 내담자가 명확하게 생각하고, 무슨 일이 있었는지, 그것에 대해 어떤 시도를 했는지 그리고 다른 사람들은 어떻게 반응했는지를 설명할 수 있도록 도와주면 무기력하고 절망적인 하향 나선형에서 벗어나게 할 수 있다. 사람들이 위기에 더 깊숙이 빠져들어 가면서, 그들의 생각은 비효율적이고 혼란스러워지는 경향이 있다. 그들은 실제로 무슨 일이 일어나고 있는지 이해하려고 노력하기보다는 파국적인 재앙을 걱정하며 스스로를 괴롭히거나 문제를 초래한 자신을 비난한다. 치료자의 중요한 임무는 이러한 파괴적인 방식의 사고를 차단하고 내담자가 무슨 일이 일어나고 있고, 어떻게 변화시켜 나갈지에 대해 분명한 평가적 사고로 대체할 수 있도록 돕는 것이다. 우리는 가능한 한 그 상황을 정상화해야 한다. 내담자는 실수를 할 수 있고, 그것은 우리 모두 마찬가지다. 내담자의 감정은 이해될 수 있으며, 동일한 상황에 있는 다른 사람들의 감정과 매우 유사하다. 내담자에게 자기 방식으로 느끼고 생각할 수 있는 권리가 있음을 존중하면서, 동시에 내담자의 감정을 당신이 그대로 공유하지는 않음을 인지시키고, 내담자가 당신에게 말한 것을 반영하고 요약하라. **"당신이 이 상황에 대해 매우 죄책감을 느끼고, 좀 더 일찍 뭔가를 했더라면 좋았을 거라고 생각하고 있다는 걸 알아요. 비록 당신이 할 수 있었던 것이 없었을지라도 그렇게 느끼는 것은 정상적이고 자연스러운 반응이에요. 하지만 지금 중요한 것은 오늘 일어나고 있는 일을 살펴보는 거예요. 그래야 우리가 당신과 당신의 가족이 좀 더 견뎌 내기 위해 해야 하는 것을 파악할 수 있어요."** **"물론 당신은 대부분의 사람이 그렇듯이 화가 나요. 화내도 괜찮아요. 당신이**

어떤 일을 더 잘하기 위해 할 수 있는 일을 알아내는 데 방해가 되지 않는다면 화내도 좋아요." 이러한 각 반응에는 세 가지 요소가 포함되어 있음에 주목하라. 즉, 내담자 감정을 인정하기, 이러한 감정이 정상적이고 수용 가능한 것이라고 안심시키기, 그런 다음 감정에서 생각으로 초점을 이동시키기 요소가 각 반응에 존재한다. 또한 내담자가 즉시적으로 해결책을 찾아야 한다고 주장하지 않는다는 것에 주목하라. 치료자는 문제를 해결하기 위한 과정의 한 단계로 내담자에게 문제에 대해 생각하고 이해하는 방향성을 짚어 주지만, 내담자가 이야기하는 것을 끊고 막지는 않는다.

대부분의 위기 내담자가 처해 있는 나쁘고 끔찍한 상황에 대한 초점화된 시야에서 해결해야 할 문제(더 어려운)로 이동하도록 하는 좋은 방법은 자기 문제를 다루기 위해 내담자가 이미 선택했던 조치들에 대해 논의하는 것이다. 위기에 처한 모든 내담자는 효과가 없었다 하더라도 뭔가를 시도했었다. 오래된 대처 전략이 제대로 효과를 발휘하지 못하는 경험은 위기가 갖는 특성 중 하나다. **"문제 상황을 더 나아지게 하려고 어떤 것을 시도해 보셨나요?" "당신은 아무것도 도움이 안 된다고 하시는데, 구체적으로 도움이 안 되었던 것들을 저에게 이야기해 주실래요?"** 이러한 질문들은 내담자가 수동적인 피해자에서 적극적인(비록 성공적이지는 않지만) 문제 해결자로 이동하게 할 뿐만 아니라, 그의 전반적인 문제 해결 기술에 대한 정보를 제공하기도 한다. 내담자가 시도했던 그리고 효과가 없었던 방법이 어떤 것들인지 그리고 왜 효과가 없었는지 그 이유도 파악하라. 브램스가 말하기를, "이 과정은 전반적으로 내담자의 대처 역량을 평가하는 데 유익할 뿐 아니라, 위기 상황 단계에서 실행 계획 단계로 전환하는 데도 도움이 된다"(Brems, 2000, p. 150).

내담자가 효과성 있는 실행 계획을 세우기 위해서는 지금 무슨 일이 일어나고 있는지에 대한 정확하고 완전한 정보가 필요하다. 그렇지만 그렇게 하기는 종종 어렵다. 위기에 대한 피해자의 전형적인 반응은 오직 자기 머리 안과 지금 당장 눈앞에서 일어나고 있는 것들만 인식하는 제한된 시야, 즉 일종의 터널 시야다. "위기에 휩쓸린다는 것 자체는 내담자를 '지금-여기'에 제한하지만, 치료자는 당면한 위기뿐 아니라 위기가 갖는 의미에도 주의를 기울인다"(Whitaker, 1989, p 53). **"그 바로 직전에 무슨 일이 있었나요?"**는 내담자에게 물어볼 수 있는 가장 유용한 질문 중 하나다. 또 다른 질문은 **"또 누가 그것에 대해 알고 혹은 알고 있었고, 그들은 무**

엇을 했나요?"다. 당신이 내담자를 다른 사람들(가족 구성원, 친구, 다른 전문가들)과 다시 연결되도록 돕기 시작할 때, 내담자에게 그의 이야기에 존재하는 구멍을 메우고 중요한 선행 사건에 대한 정보를 요청할 수 있다.

위기에 처한 사람들은 비난을 대단히 많이 한다. 스스로를 비난하여 해결에 도움이 되는 모든 활동을 약화할 정도의 죄책감을 경험하기도 한다. 혹은 무력감을 느끼고, 무신경하거나 악의적인 세계에 의해 희생당했다고 생각하며 타인들을 비난하기도 한다. 자기 비난자가 스스로를 내려놓고 비난을 멈추고 해결 방향으로 돌아서야 하는 것처럼, 타인 비난자는 타인을 내려놓고 스스로의 책임을 수용함으로써 자신의 개인적인 힘을 되찾아야 한다. 인지 작업이 추구하는 목표 중 하나는 내담자 자신이 행사한 긍정적인 그리고 부정적인 영향을 인식하도록 돕는 것이다. 상황이 더 악화되는 것을 막기 위해 내담자가 하고 있는 것은 무엇인가(혹은 하지 않은 것은 무엇인가)? 어느 방향으로든 상황을 변화시키기 위해 내담자가 할 수 있는 것은 무엇인가? 내담자가 새로운 조망을 가지도록 돕는 질문 중 하나는 "**이미 나쁜 상황이지만 이보다 더 나쁘게 만들 수 있는 것 중에, 당신이 지금 당장 할 수 있는 것이 무엇입니까?**"다. 내담자는 자신은 결코 이보다 상황을 악화하고 싶지 않다고 항의할지도 모른다. 그러나 이상하겠지만 치료자인 당신에 대한 호의적인 마음으로 그 질문을 진지하게 받아들이도록 설득할 수 있다면, 현 상황을 더 나빠지지 않게 유지하기 위해 내담자가 실제로 얼마나 잘하고 있는지, 그리고 이 상황에서 자신이 얼마나 중요한 존재인지에 대한 새로운 인식을 가지도록 이끌 수 있다. 혹은 설령 어떤 잠재적인 파국적 결과가 있다 하더라도 그것이 결국에는 해결 불가능할 정도로 끔찍하지 않을 수도 있다는 인식을 가지도록 안내할 수 있다.

내담자는 무슨 일이 일어나고 있는지 이해하는 맥락에 여전히 머물면서, 자기 정서 반응을 살펴봐야 한다. 많은 내담자에게 감정에 대해 생각해 보기는 새로운 개념으로 다가간다. 그들은 생각하는 법을 알고 감정을 경험하지만, 그 둘을 함께 합치지는 않는다. 내담자가 자신의 감정에서 물러서서 자기가 처한 상황에서 자신이 어떻게 반응하는지 그리고 그 반응이 다음에 일어나는 것에 어떤 영향을 미치는지 단순히 되돌아보도록 가르쳐라. '외부에서' 자기 자신을 유심히 바라보게 함으로써 내담자의 반복적이고 비생산적인 패턴에서 벗어나 보다 효과적으로 생각하고 반응하는 방법으로 이동시킬 수 있다.

7) 정서 작업

우리가 인지와 문제 해결에 초점을 둘 때, 모든 위기에는 고통스러운 정서적 요소가 있다는 점을 간과해서는 안 된다. 위기에 처한 내담자는 강렬한 감정을 경험하고, 이러한 감정은 위기의 일부다. 치료자는 내담자의 정서 반응을 이해하고 타당화해야 한다. 또한 내담자가 안전한 방식으로 자기감정을 경험하거나 배출할 수 있는 기회를 제공한다. 치료자와 함께라면 화가 나거나 두렵거나 낙담하는 것도 그리고 그 감정들이 어떤 것인지 이야기하는 것도 용인되고 정상적인 것이 된다. 베르만은 생명의 전화 상담자에게 다음과 같이 조언한다. "전화를 건 사람은 그 자신이고, 자신이 느끼는 대로 느낀다. 그리고 전화 상담 밖의 상담자에게는 수용될 수 없는 사람 혹은 감정이라 할지라도, 상담자는 그 순간 그런 감정을 가진 그 사람을 인정하고 수용해야 한다"(Berman, 1990, p. 63). 이는 모든 위기 개입자에게 필요한 조언이다. 내담자의 반응에 대한 당신의 동의 여부와 상관없이, 당신이 그런 방식으로 반응하는지와 상관없이, 혹은 그러한 사람을 친구로 선택하는지 상관없이, 당신은 어찌 되었건 지금 당장은 내담자의 감정을 지지하고 수용해야 하며, 내담자가 그 감정을 안전하게 다룰 수 있도록 도와야 한다. 감정의 폭풍이 일시 소강상태에 들어갈 때, 내담자가 방금 경험했던 것에 대해 생각해 보도록 초대하라. 내담자가 자신이 느꼈던 것에 대해 생각할 수 있게 되면, 그는 그 감정에 별로 좌지우지되지 않는다.

일부 정서 반응은 위기 내담자에게 너무나 보편적이기 때문에, 미리 예상할 수 있고, 정서를 다룰 준비를 할 수 있으며, 내담자가 그것에 대해 말하지 않는다면 탐색해 볼 수도 있다. 우리는 이미 그러한 정서 반응 중 하나인 죄책감에 대해 언급했었다. 내담자는 자신의 과거 혹은 현재 행동에 대한, 위기를 불러온 그들의 (이른바) 인과적 역할에 대한, 자기 자신 혹은 타인을 향한 부정적 감정에 대한 죄책감을 느낄 수 있다. 그들은 종종 타인이 자신을 비난할까 봐, 자신을 끔찍하거나 수치스러운 사람으로 생각할까 봐, 처벌하거나 버릴까 봐 두려워한다. 또 다른 보편적 감정은 양가감정인데, 종종 혼란스러움으로 경험된다. 내담자는 상처 주고 싶기도 위로하고 싶기도 하다. 멀리 도망가고 싶기도 머물러 싸우고 싶기도 하다. (자신의 끔찍한 예견대로 되었다는) 승리감을 느끼면서도, (그런 예견이 사실이지 않았으면 하기 때문에) 비참하다고 느낀다. 내담자는 자신이 원하거나 느끼는 것을 모른다. 여기서 유용한 개입은 양가감정의 양 측면을 말로 표현하고 타당화하는 것이다. "**오랜 시간 동안 우리 스스로가 형편없이 끔찍하다고 느끼고 있다면, 우리와는 달리 행복하고 편안해 보이는 사람들에게 화가 납니다. 그들이 우리에게 손을 내밀 때조차도, 진심으로 감사하면서도 우리의 또 다른 부분은 그들을 걷어차 버리고 싶기도 합니다.**" "**진정 용감한 대부분의 사람도 죽음을 두려워합니다. 그렇지 않으면 자신이 하는 일에 용기가 필요하지 않지요. 당신이 스스로 싸우고 싶으면서도 동시에 도망가고 싶은 마음은 제겐 너무나 정상적으로 보입니다.**"

고통을 겪는 아이가 취하는 자연스러운 반응은 위안을 얻기 위해 부모나 신뢰하는 다른 어른에게 가는 것이다. 그 반응은 너무나 보편적으로 거의 연결되어 있는 것처럼 보인다. 실제로 그런 반응은 명백한 진화적 생존 가치를 가진다. 그러하기에 위기에 처한 사람들이 동일한 반응경향성을 가진다는 사실은 놀라운 일이 아니다. 그들은 자신이 사랑하고 신뢰하는 대상(애착 인물)을 찾는다. 그리고 그 사람의 돌봄을 받으면서 위안을 얻는다. 적어도 이 현상은 위기 치료자에게 두 가지 함의를 전한다. 첫 번째 함의는 애착 인물은 사람들이 위기를 헤쳐 나가도록 돕는다는 것이다. 이 장의 다음 부분에서 보겠지만, 사회적 지지 제공은 위기 작업에서 주요한 기본 전략이다. 그것이 왜 이토록 효과적인가에 대한 한 가지 이유는 결핍된(잃어버린) 애착 인물을 제공하기 때문이다. 두 번째 함의는 만약 일상 생활 환경에 애착 인물이 없다면, 혹은 그런 인물을 발견할 수 있을 때까지 치료자가 그 대체 인물로서 기능할 수 있다는 것이다. 사실상, 브램스는 "내담자가 자신의 임상가에게 어떤 애착을 느낀다면(미약하고 일시적이라 해도), 임상가의 개입에 내담자는 반응할 것이다"(Brems, 2000, p. 138)라고 주장한다.

위기에 처한 내담자는 자신의 유능감에 위협이 되는 자존감 상실을 느낀다. 자신이 실패했고, 그 상황을 혼자서는 다룰 수 없다는 것을 인정하기 싫은 마음 때문에 많은 이가 도움을 구하지 못한다. 도움이 필요함에 대한 인정 자체로 인해 그들 자신이 훨씬 더 나쁘게 느껴질 수 있다. 자신의 취약함을 인정하는 것과 더불어 뭔가를 포기했다는 느낌도 든다. 즉, 할 수 있었던 어떤 것에 대한 기회는 잃어버리고 어떻게 해도 할 수 없는 것을 갈망하는 그런 기분이다. 위기 상황이라 해서 반드시 비탄과 슬픔에 잠길 필요는 없지만, 상실감(가능성에 대한 상실, 환상에 대한 상실)은 보편적으로 경험하는 감정이다. 머지않아 우리 모두는 산타클로스의 죽음을 슬퍼해야 한다. 위기 내담자는 이러한 상실을 특별하게 강렬하고 가슴 저미는 방식으로 직면한다.

종종 비탄과 슬픔과 상실에 대해 내담자가 이야기하도록 격려하는 것이 도움이 되기도 하지만 항상 그렇지는 않다. 내담자에게 그의 고통에 대해 이야기하도록 초대할 수는 있지만 그렇게 하도록 강요하지는 말아야 한다. 때때로 사람들은 한꺼번에 너무 많이, 너무 빨리 뭔가를 다루지 않으려고 일종의 무감각이라는 장치를 둔다. 개인적 재앙을 경험하고 있는 사람은 스스로에게 일어날 수 없는 일이 일어났다고 말할 수 있다. 그들은 해리되고 멍해지고 이해할 수 없다고 느낀다. 슬라비가 말하기를, "너무나 비극적이고 압도적인 현실을 부인하는 것은 나쁜 꿈처럼 경험되는 사건을 점진적으로 수용하기 위해 처음에는 필요한 대처일 수 있다. 시간이 흐르고 주변의 지지를 받으면서 현실을 충분히 처리할 수 있고, 해결에 필요한 것을 계획할 수 있게 된다"(Slaby, 1989, p. 1431). 내담자는 분명히 자기감정에 대해 말할 필요가 있을 것이다(때론 누군가와 함께). 그러나 아마도 지금은 아닐 수 있고, 또한 당신과 함께도 아닐 수 있다. 그냥 내담자에게 당신이 염려와 관심을 가지고 거기에 존재하고 있음을 전하라. 그러면 내담자는 자신을 위하는 것이 무엇인지 알게 될 것이다.

위기에 대한 또 다른 보편적 감정은 불안이다. 다음에 무슨 일이 일어날 것인가? 나는 무엇을 할 것인가? 우리는 어떻게 될 것인가? 실행 계획의 이행이 빠르면 빠를수록, 불안은 더 빨리 사라지게 될 것이다. 불안을 다루기 위해 무언가를 하는 것은 불안에 대한 최상의 해독제다. 그러나 불안이 해소되면 좌절감이 다가올 수도 있다. 내담자가 희망했던 것만큼 새로운 계획이 잘 혹은 빨리 작동되지는 않는다. 혹은 새로운 계획이 예상했던 것보다 더 어렵고 요구되는 것이 더 많다고 생각되면, 그것을 좋아하지 않게 된다. 즉, 새로운 계획이 충분히 좋지가 않은 것이다. 위기 개입이 이후 단계에서 중요한 부분은, 내담자가 새롭지만 어쩌면 더 낮은 안녕감에 대한 기준을 개발하도록, 이전에 당연하게 여겼던 그 무언가가 없어도 할 수 있도록 그리고 상황 자체가 제대로 돌아갈 수 있을 때까지는 만족을 지연할 수 있도록 돕는 것과 연관되어 있다. 이러한 기준을 개발하고 수용하는 것은 위기 상황에서 경험한 전체 감정(죄책감, 화, 양가감정, 상실과 비탄) 꾸러미를 다시 가져오게 할 수도 있다. 그러나 희망컨대, 내담자는 이전에 겪은 위기에서 자기이해와 대처 기술을 모두 획득했을 것이고, 그래서 일련의 감정 반응은 원래 처음의 감정 상태처럼 강렬하고 파국적으로 경험할 필요가 없게 되고, 덜 생생하고 치료적 주의를 덜 요구하게 될 것이다.

8) 몇 가지 지침들

위기 치료자로서 당신의 임무는 내담자가 당신 없이도 잘 지낼 수 있도록 돕는 것이다. 내담자는 지지를 얻기 위해 치료자에게 의존하는 법을 배우기보다는 치료 밖, 즉 자기 일상의 자연스러운 환경 안에서 지지 자원을 발견하는 법을 배울 필요가 있다. 이는 모든 위기 개입 이론이 사실상 내담자가 자신의 사회적 지지체계와 다시 연결되는 것의 중요성을 강조하는 이유다. 만약 내담자에게 그러한 지지체계가 없다면 만들도록 도와야 한다. 예를 들어, 슬라비는 다음과 같이 분명히 말한다. "모든 위기 정신 개입의 목적은 가족 맥락(예, 배우자, 동거인, 동성 파트너) 안에서 환자와 작업하는 것이다"(Slaby, 1989, p. 143).

사실 '위기 내담자'에는 치료자 사무실에 있는 개인뿐만 아니라 그 사람이 중심인 모든 사회적 연결망도 포함된다. 가족, 친구와 동료들은 모두 위기의 부분적 요소(명백히 혹은 암묵적으로)이기도 한 것처럼, 해결을 위한 잠재적 요소이기도 하다. 확인된 내담자는 자신의 상황을 더 나아지도록 하는 행동에 대한 책임을 지는 법도 배워야 한다. 그러나 내담자 삶에 함께하는 타인들도 내담자의 행동을 지지할 수 있고 지지해야 한다. 위기는 종종 내담자와 그 주변의 다른 사람들에게 실제적 위험을 수반하는 응급 상황이기 때문에, 내담자가 치료자와 함께하는 개인 작업을 통해 자신의 중요한 타인들과 협업하고 그들의 지지를 수용하는 방법을 점진적으로 배울 수 있도록 하는 여유로운 접근을 제공할 수가 없다. 이러한 중요한 타인들이 처음부터 관여할 수 있는 한, 지지 시스템 자체는 해결책을 찾고 유지하는 데 도움이 될 수 있기 때문에, 치료자는 전체 치료에 대한 책임을 혼자서 짊어지기보다는 자문가 역할을 자유롭게 할 수 있다. 따라서 위기 작업의 첫 번째 지침은 치료 단위를 확장하는 것이다. 보강할 수 있는 자원을 가져오라. 즉, 내담자 세계에 있는 다른 사람들과 내담자를 연결시켜라.

두 번째 지침은 내담자가 자기 이야기를 하게 하는 방법을 찾는 것이다. 만약 내담자가 기꺼이 그렇게 할 수 있다면 경청하라. 존중하고 주의를 기울여 경청하는 태도는 당신이 할 수 있는 가장 강력하고 효과적인 첫 치료적 개입이다. 베르만은 "때로는 치료자가 덜 행하는 것이 치료적으로 더 효과적임을 기억해두는 게 좋다"고 했다"(Berman, 1990, p. 60). 내담자가 상황을 설명하고, 여러 가지 요소가 어떻게 함께 어우러져 있는지 당신을 이해시키게 하는 것 또한 내담자 스스로가 이해하는 데 도움이 된다. 이것이 문제 해결 과정의 첫 번째 단계다. 다른 한편으로, 내담자는 자기 이야기를 할 수 있는 상태가 아닐지도 모른다. 너무나 압도되고, 화가 나고, 혼란스러운 상태일 수도 있다. 일단 당신이 내담자(및 관련된 다른 사람들)가 육체적으로 안전하다는 것을 분명히 확인했다면, 당신의 다음 임무는 내담자를 진정시키고 지지해 주면서 내담자가 생각하고 말하기 시작할 수 있도록 하는 것이다. 초기 정보의 일부를 다른 사람에게서 얻어야 할 수도 있지만, 내담자가 줄 수 있는 정보가 많을수록 더 좋다. 일단 당신이 내담자의 관점에서 이야기를 듣고, 그것을 존중한다는 것을 전한 다음에, 추가적인 사실과 의견을 다른 사람들에게 구할 수 있다. 그러나 내담자 스스로가 제공해 준 내용이 최우선이다.

전형적으로 위기에 처한 내담자는 압도되어 있고, 스트레스를 받아 매우 명확하게 생각하지 못한다. 산만한 내담자가 인지하지 못하는 해결책이나 전략을 치료자는 알 수 있을 것이다. 이것을 내담자와 나누어야 하는가? 치료자는 내담자가 어떻게 해야 한다고 말해 줘야 하는가? 만약 내담자가 진정으로 혼란스러워 하고 제안에 개방적이고, 치료자의 제안이 개인적인 의견 혹은 가치관에 근거한 것이 아니라면, 조언 제공은 적절할 수 있다. 위기 개입은 단기적이고 행동지향적인 치료다. 그것은 내담자가 자신의 삶을 다시 관리하기 시작할 수 있는 곳으로 빨리 보내도록 고안되었다. 위기 상황 밖에 있는 사람이면서 유사한 종류의 문제를 경험해 본 사람이 제공하는 조언은 구조와 방향성 그리고 뭔가 할 수 있는 일이 있다는 희망을 줄 수 있다.

그러나 다른 내담자들에게 조언해 주는 것은 일반적으로 도움이 되지 않는다. 이들은 복잡한 문제에 대한 쉽고 간결한 대답과 주로 누군가를 변화시키는 것과 관련된 대답을 찾고 있는 사람들이다. 치료받은 경험이 많거나 치료자와의 상호작용에 대해 입방아를 찧거나 적대적인 내담자들은 직접적인 제안에서 혜택을 얻지 못할 수 있다.

조언 제공이 특별히 도움이 되지 않는 또 다른 유형은 치료자를 조정하고자 하는 내담자다. 그러한 내담자는 치료자의 조언을 부적절하게 사용하고, 치료자(혹은 다른 모든 이)가 틀렸고 그 문제는 결코 해결할 수 없는 것임을 증명하는 식으로 조언을 사용하는 데 능숙하다. 사실 이런 경우에 위기 그 자체는 모든 사람의 주의를 자기 욕구에 집중시키기 위해 해결할 수 없는 문제를 가지고자 하는 내담자의 무의식적 열망에서부터 발생했을 수 있다. 이런 내담자에게 조언하거나, 벌하거나 꾸짖는 것은 그들이 문제를 더 악화하도록 만든다. 그런 내담자를 알아보는 가장 좋은 방법 중 하나는 내담자에 대한 당신의 감정 반응에 조율하는 것이다. 만약 당신이 내담자를 구하려 하거나 걷어차고자 하는 마음을(혹은 두 마음 다) 발견한다면, 내담자가 당신을 정말로 낚아채는 데 성공했을 가능성이 있다. 한 걸음 물러서서, 드러난 겉모습이 아닌 관심을 간절히 원하는 모습 이면에 존재하는 취약하고 외로운 사람을 보도록 하라. 관심을 얻고자 하나 그것을 얻을 수 있는 효과적인 방법의 부재는 위기를 현재로 확대시켰다. 따라서 내담자는 궁극적으로 관심을 받는 법을 배워야 한다. 다시 말해, 가족과 친구들을 데려와 내담자가 시작할 수 있는 방법을 제공하라.

위기의 본질이 분노와 적대감이 아닌 경우라면, 매우 화가 난 누군가와 작업할 때 공통적으로 더 가까이 가고자 하는 충동을 느끼는 경향이 있다. 말 그대로 그들에게 다가가는 것이다. 우리 치료자들은 정말 이런 충동에 대한 면역이 없다. 사실, 우리는 내담자에게 공감적으로 반응하도록 훈련받았기 때문에, 대부분의 사람보다 이런 충동이 훨씬 더 강하게 우리를 압박할 수 있다. 그러나 우리는 다가가고 신체적으로 접촉하는 데에 위험요소가 존재함을 인지해야 한다. 패리는 내담자의 감정에 반응하는 것이 아니라 우리 자신의 감정에 반응하는 신체적 접촉에 대해 경고한다. "조력자들은 자신이 제공할 것이 별로 없는 상황에서, '그저 경청하기'만으로는 충분하지 않다는 스스로의 두려움을 피하려고 애쓰는 경향이 있다. 왜냐하면 그 감정은 견딜 수 없는 것이라고 여기기 때문이다. 이런 마음에서 선택한 신체적 접촉은 어느 누구도 그런 정서적 부담을 인내할 수 없다는 환상과 결탁한 행동이다"(Parry, 1990, p. 75). 당신이 내담자에게 다가가 신체적으로 접촉하여 그를 위로하고 싶은 마음이 드는 순간은, 정확히 그렇게 행동하는 것을 삼가야 하는 순간이다. 신체적 위로 제공의 또 다른 문제는 내담자가 보다 더 적절한 자원으로부터 편안함을 얻는 것을 방해할 수 있다는 것이다. 기억하라. 우리가 하는 일은 내담자가 정서적 지지를 얻기 위해 우리에게 의존하게 만드는 것이 아니라 내담자가 다른 이들에게 지지를 받을 수 있도록 돕는 것이다. 당신이 흐느끼고 있는 내담자를 어머니처럼 팔로 안아 줄 때, 당신은 기분이 좋을 수도 있지만, 만약 내담자의 배우자나 가까운 친구가 해 준다면 더 신뢰할 수 있고 오래 지속될 수 있다.

치료자는 위기에 처한 누군가와 절대 신체적 접촉을 하지 말아야 한다고 제안하려는 것이 아니다. 내담자의 신체를 접촉하는 것이 말보다 더 많은 이해, 존중과 돌봄을 전달할 때가 있다. 그러나 신체 접촉은 정서적으로 매우 강력하고, 위기는 강렬한 감정을 경험하는 시기이기 때문에, 너무 자주 사용하거나 그 효과에 대해 이해하지 못한 채 사용하는 것은 위험하다는 의미다. 우리는 제5장에서 신체 접촉에 대해 말한 것을 반복할 수 있을 뿐이다. 의심된다면 하지 말라. 적절하지 못한 때에 혹은 잘못된 이유로 내담자와 신체 접촉을 하는 것은 더 많은 해로운 결과를 초래할 수 있다. 당신이 무엇에 대해 알고 있다고 확신하지 않는 한 위험을 무릅쓰지는 말라.

3. 자살

위기 치료자가 처리해야 하는 모든 사람 중에 자살 시도 내담자는 아마도 가장 까다롭고 가장 겁먹게 하는 존재일 것이다. 이런 종류의 문제를 처리하지 않기를 희망할 수도 있겠지만, 우리 직업세계에서는 겪고 넘어가야 하는 일이다. 지난 10년 동안 우리 사회에서 자살 문제가 증가하고 있으며, 이러한 추세가 변하고 있다는 징후는 없다.

따라서 조만간 당신은 자살을 시도하거나 자살하겠다고 위협하는 내담자와 일하게 될 것이다. 루카스는 "치료자 자신을 위해 가장 먼저 해야 할 일은 때때로 사람들과 자살 사고와 행동에 대한 이야기를 나누게 될 것이라는 생각에 익숙해지는 것이다"(Lukas, 1993, p. 117)라고 했다. 자살 충동을 느끼는 내담자는 치료자를 일종의 위기에 빠뜨리는 경향이 있다. 내담자가 자살 암시나 위협을 계속할 때 우리는 종종 책임감과 무력감을 느낀다. 그러한 감정이 내담자에게 전달되면 내담자와 치료자는 서로에게 절망감을 안겨 줄 것이다. 이런 상황에 처했을 때 필요한 것은 정보, 일련의 대처 전략, 우리 감정을 적절하게 수용하고 이완시키는 방법이다. 이 장에서는 이러한 요구 사항 중 처음 두 가지에 대해 설명한다. 이후 제11장, 치료자에 대한 돌봄과 충전 부분에서 세 번째에 대한 논의가 포함될 것이다.

자살 충동을 느끼는 내담자에 대한 치료자의 임무는 다음 네 부분으로 구성된다. 첫째, 실제로 혹은 잠재적으로 자살 충동을 느끼는 내담자를 인식하기, 둘째, 자살 행동의 즉각적 위험성(치명성)을 평가하기, 셋째, 자살하려는 내담자의 기저하는 열망의 역동성을 이해하기, 넷째, 치료 계획을 개발하고 실행하기다.

1) 자살 충동을 느끼는 내담자 인식하기

치료 시작 처음부터 당신은 내담자에게 많은 사람, 아마도 대부분의 사람이 그들 일생에서 한 번쯤은 혹은 어떤 시기에 자살에 대해 생각한다고 언급해야 한다. 세상의 모든 사람과 마찬가지로, 모든 내담자도 자살을 생각하고 있거나 생각해 왔다고 가정하면서 시작하라.

이런 가정은 자살 문제를 해소하는 데 큰 도움이 될 것이며, 내담자와 보다 사실적으로 자살에 대해 이야기할 수 있게 한다. **"대부분의 사람은 때때로 자기 삶에서 스스로를 해하거나 자살에 대해 생각합니다. 당신도 그런 적이 있나요?"** 혹은 **"가장 최근에 자살에 대해 생각했던 게 언제인가요?"** 만약 내담자가 자살 생각을 해 본 적이 없다고 한다면, 약간의 놀람 반응을 하면서 그의 부인 반응을 수용하고 다음 인터뷰를 진행할 수 있다. **"흥미롭네요. 대부분의 사람은 기분이 좋지 않거나 우울할 때 때때로 자살 생각을 합니다."** 대부분의 경우, 내담자는 당신이 자살을 공개적으로 이야기할 수 있는 사람이고, 자신을 두려워하거나 자신에게 화를 내지 않는 사람이라고 인식하고 안도감을 경험할 것이다.

자살을 생각해 본 적이 없다고 말하는 사람은 진실을 말하고 있을 수도 있지만 그렇지 않을 수도 있다. 헨드런은 "잠깐이라도 자살 생각을 해 본 적이 없었던 사람이라면 극도로 심각한 우울증 환자일 수 있다. 따라서 자살에 대한 전면적 부인 반응에 대해 면접자는 위험 신호로 인식해야 한다."(Hendren, 1990, p. 238)라고 했다.

많은 사람은 자살 충동에 대한 죄책감이나 수치심을 느끼거나, 그러한 자살 사고를 드러내게 되면 자살계획을 수행하지 못하게 될까 봐 두려워한다. 자신을 절망적이라고 표현하거나 사회적으로 고립되어 있거나 최근에 중요한 관계를 상실한 혹은 자신의 삶에서 완결되지 못한 부분을 매듭 짓는 조치를 취하는(유언장을 작성하고 업무를 정리) 내담자는 심각한 자살 위험에 처해 있을지도 모른다. 또 다른 걱정거리는 이전에 우울했던 내담자가 이루 말할 수 없이 세상만사가 평화로워 보이는 경우다(마침내 자기 삶을 끝내기로 결정했기 때문일 수도 있다). 만약 그러한 내담자가 그 어떤 자살 사고도 부인한다면, 부드럽게 자살 주제로 다시 돌아가거나 그것을 탐색할 다른 방법을 찾아보는 것이 좋다.

안타깝게도 우리 사회에서 흔히 볼 수 있는 자살에 대한 많은 신념은 근절하기 어려울 정도로 잘못 인식되고 있다. 이들 신념 중 일부에는 자살을 이야기하는 사람은 거의 자살하지 않는다거나, 자살한 사람은 반드시 정신적으로 아프거나 우울하다는 내용도 포함되어 있다. 그리고 자살은 사회경제적 수준이 낮은 집단에 속한 개인들 사이에서 더 흔하다는 내용 또한 포함된다.

만약 앞서 언급된 신념 중 하나를 당신이 가지고 있다면, 자살 충동을 느끼고 있는 내담자를 의심해 볼 가능성이 줄어든다는 것을 유념하라. 일반적으로 우리 자신과 그리 다르지 않은 사람들이 자살을 시도한다는 고통스러운 현실로부터 우리를 보호하기 위해, 편안해질 수 있는 고정관념을 만들어 내는 것처럼 보인다. 일반인들은 그런 부정확한 신념의 사치를 아마도 허용할 수 있겠으나, 우리 치료자들은 그럴 수가 없다.

자살 가능성이 있는 내담자를 인식하는 데 있어 중요한 부분은 자살 충동을 느끼게 하는 감정과 동반할 가능성이 가장 높은 삶의 경험과 태도를 아는 것이다. 렘마(Lemma, 1996)는 재정적 손실, 실직, 관계 또는 꿈의 상실 경험이 자살 예측과 연관될 수 있다고 말했다. 만약 내담자가 이러한 범주 중 하나에 해당하는 경우라면 자살 생각을 부인하더라도 자살 가능성에 주의를 기울여야 한다.

오늘날 자살하겠다고 위협하거나 시도한 사람들은 한 가지 중요한 면에서 지난 수십 년간의 자살과 다른 양상을 보인다. 과거에 자살하려는 사람들은 압도적으로 슬프고, 종종 과거의 행동에 대한 죄책감을 느끼고, 스스로를 부끄러워하고 자존감이 매우 낮은 경우가 많았다. 그리고 화가 났을지라도 그 화가 자기 내면으로 향했다. "오늘날 자살자의 분노는 이전의 잘못에 대한 책임감이기보다는 자기 문제에 대한 투사된 비난의 정도가 훨씬 더 큰 것 같다. …… 더 이상, 나는 안 괜찮고, 당신은 괜찮고 그렇지가 않다. 어느 누구도 괜찮지가 않다"(Foxman, 1990, p. 7). 특히 자살 충동이 있는 내담자 가운데 이런 분노를 느끼는 이들은 다루기가 더 어렵다. 그는 방어적이고, 비난하고, 도발적이며, 일반적으로 치료 맥락으로 안내하려는 당신의 시도에 무관심하기 때문이다.

자살 내담자는 양가적이다. 자신의 일부분은 자살을 원하고, 다른 일부분은 계속 살고 싶다. 살고 싶은 부분이 있지 않다면, 그들은 상담실에 오지 않았을 것이다. 그들은 죽었거나 그렇게 하려고 노력하고 있을 것이다. 루카스는 "많은 사람이 때때로 자살을 생각하지만 대부분은 죽기를 원하지도 실제로 자살하지도 않는다."(Lukas, 1993, p. 118)라고 말했다. 자살하려는 사람은 해결 가능성을 낮추는 일종의 제약하기(constricting)를 통해 자신의 건강한 면을 부인한다. 자살은 다른 선택지가 없고 고통에서 벗어날 방법이 없을 때 실제적인 가능성이 된다. 치료자의 사무실은 내담자의 건강한 부분이 택하는 마지막 선택지일 수 있다. 즉, 어딘가에서 어떤 식으로든 뭔가 바꿀 수 없을 것 같아 보이는 마지막 순간에 선택할 수도 있다. 무엇보다도 우리는 내담자가 선택지를 열어 두고 가능성을 살릴 수 있도록 도와야 한다. 선택이 있는 한 희망도 있을 수 있다.

2) 자살 위험 평가

자살 충동을 느끼는 내담자가 실제로 자살 의도를 실행할 가능성을 평가하기 위해 답해야 할 세 가지 기본적인 질문이 있다. 질문은 차분하게, 있는 그대로 사실적으로 처리되어야 한다. 질문에 대한 답변은 당신과 내담자가 함께 작업할 치료 계획 맥락 안에서 내담자 스스로 조치하도록 둘지 아니면 보다 엄격한 조치(실시간 관리감독 혹은 입원)를 고려해야 하는지 결정하는 데 도움이 된다. 이러한 질문 중 첫 번째는 방법과 관련된 것이다. 내담자가 자살 방법을 이미 선택했는가? 만약 내담자가 총을 사용하거나, 약을 먹거나 높은 곳에서 뛰어내릴 계획을 확보하고 있다면, 막연하고 일반적인 방법으로 자살을 생각하는 것보다 더 위험하다.

두 번째 질문은 '선택한 방법을 사용할 수 있는가?'이다. 실제로 내담자가 총을 가지고 있거나 알약을 비축해 두었는가? 이와 관련된 구체성에 대한 질문이 있다. 내담자는 자신이 무엇을 할 것인지 정확하게 생각해 봤는가? 내담자 계획이 구체적이고 자세할수록, 가용할 수 있는 방법이 많으면 많을수록, 위험은 더 커진다. 에버스틴은 다음과 같이 말한다. "자살 계획은 일반적으로 서서히 모호한 개요에서 매우 상세한 각본의 형태로 발달하며, 시간 순서대로 이어지는 장면으로 마무리된다(그렇다고 하룻밤 사이에 강렬한 집중포화로 자살이 이루어질 수 없다는 의미는 아니다)"(Everstine, 1998, p. 84).

마지막 질문이다. 선택한 방법이 성공적으로 작동할 가능성이 있는가? 아스피린 반 병을 마시거나 손목을 자르는 것은 스스로를 쏘거나 절벽에서 차를 몰아대는 것보다는 사망에 이를 가능성이 적다. 물론 우발적 자살의 실제 위험성도 알고 있어야 한다. 실제 수치는 알 수 없지만, 단지 타인에게 도움이 필요하다는 점을 전달하려는 의도로 자살을 시도한 내담자 중에 상당수의 성공적인 자살이 발생할 수 있다. 물에 뛰어들거나 총을 쏜 희생자는 죽을 의도가 없었을지는 모르지만, 죽었다는 사실은 변하지 않는다. 자살 시도의 치명성은 시도자의 실제 의도와는 거의 관련이 없을 수 있다.

만약 한 사람이 과거에 자살을 시도했던 경력이 있다면(그것이 치명적이지 않은 자살 시늉이었다 하더라도), 그의 현재 자살 사고의 위험성은 증가한다. 프리모우, 드 페르첼, 엘리스는 "이전 자살 시도가 없었던 사람은 자기 파괴적 행동 시도를 여러 번 한 사람보다 위험성이 낮다."(Fremouw, de Perczel, & Ellis, 1990, p. 36)라고 했다. 결국 자살에 성공한 많은 사람은 첫 번째 시도에서 그렇게 하지는 않는다. 우울증 내담자가 이전에 자살 시도를 한 적이 있다면, 돌이켜 봤을 때 아무리 비효율적으로 보일지라도 그는 심각한 위험에 처한 것으로 간주되어야 한다.

자살 시도를 할 가능성이 가장 높은 시기는 언제인가? 이 질문에 답하는 여러 가지 방법이 있는데, 그 하나는 이전 시도 행동과 관련되어 있다. 니스툴에 따르면, "사실상 가장 위험한 시기는 자살이 실패로 돌아간 직후이거나 우울 혹은 불안 증상이 사라지고 해결된 것처럼 보일 때일 수 있다"(Nystul, 1993, p. 163). 치료 전 과정의 관점에서 보면, 우울이 사라지기 시작하거나 잠시 동안 기분이 나아진 이후에 사람들이 자살을 시도할 가능성이 더 높아진다. 이는 내담자가 자신이 가용할 수 있는 에너지의 양과 관련이 있는 듯하다. 깊은 우울에 빠진 사람들은 그 어떤 행동을 취할 만한 에너지가 없거나, 더 나은 것을 경험한 후에 다시 절망의 상태로 빠질지도 모른다는 공포감과 관련될 수도 있다. 이유가 무엇이든 자살 위험은 우울증의 초기 개선 단계에서 감소하는 것이 아니라 증가한다.

외부적 요인들 또한 자살 행동에 분명한 영향을 미친다. 1930년대 대공황 기간에 발생한 자살은 경제적으로 불안정한 시기, 즉 사람들이 재정적 안정과 직업적 성취감이 허물어져 내리는 것을 보게 되는 상황에서 재활성화될 수 있다. 학생 자살률은 기말고사 즈음에 극적으로 증가한다. 그리고 물질 사용은 사람이 자살할 가능성을 대단히 증가시킨다. 지금까지 살펴본 결과, 자살 행동 맥락에서 볼 때 가장 중요한 외부 사건은 중요한 관계 상실 혹은 예상되는 잠재적인 관계 상실이다. "나는 너 없이는 못 살아."라고 신음하는 인기가요는 슬프게도 많은 사람 사이에 공유되고 있는 믿음을 반영한다. 연인이나 부모님의 상실은 가장 보편적인 자살 행동 촉발 요인 중 하나다.

요약하자면, 자살 충동을 가진 내담자의 위험 정도를 결정하는 데 사용될 수 있는 기준은 다양하게 존재한다. 이 중 일부는 통계적 자료에 근거하고, 다른 것들은 임상적 판단과 평가의 주제다. 어떤 내담자가 위험한지, 안 위험한지를 결정하는 공식적이고 확실한 방법은 없다. 로저스는 다음과 같이 제안한다. "개인의 자살 행동 잠재성을 정확하게 평가하기 위해서는 임상 실무자가 다양한 출처로부터 정보들을 꾸릴 수 있어야 한다. 여기에는 내담자의 개인사, 현재 심리적 기능, 가용할 수 있는 대처 전략과 개인적인 지지체계뿐만 아니라, 임상 실무자의 경험, 직관과 방대한 자료에 근거한 전반적 성격에 대한 지식이 포함된다"(Rogers, 1990, p. 38). 〈표 7-2〉는 자살 위험 요인에 관한 유용한 지침을 제공한다.

이러한 기준은 매우 유용하지만 궁극적으로 임상 경험을 대체할 수는 없다. 임상 경험이 축적되는 동안에는 초심 치료자는 잠재적인 자살 내담자와 작업할 때 수련 감독과 자문을 충분히 활용하는 것이 좋다.

〈표 7-2〉 자살 위험 요인 등급

		위험 요인		
		고위험	중간위험	저위험
대처	내부 자원	자원 없음	제한된 자원	적절한 자원
	일상 기능	손상된	적절한	전반적으로 좋음
사회적 지지	가용성 있는 사람 수	자원 없음	제한된 자원	적절한 자원
	가용할 의지	접근을 꺼림	제한된 의지	기꺼이 접근
	고립 정도	고립 및 철수	어느 정도의 사회적 접촉	정기적인 사회적 접촉
가족사	연결성	아무도 없음 혹은 한 명의 중요한 타인	한 명의 중요한 타인	두 명 이상의 중요한 타인
	자살 이력	여러 명	한 명	없음
정신과 치료 이력	진단된 장애 수	다중 진단	하나의 진단	진단 없음
	심각도	중증	경증	없음
	치료에 대한 반응	부정적	변이적	좋거나 필요치 않음
	퇴원	3개월 이내	3개월 전 이상, 12개월 전 이내	12개월 전 이상
병력	만성화 정도	만성적	만성적	급성 혹은 없음
	통증	심각	보통	약하거나 없음
심리적 요인들	현존하는 외상	여러 가지 외상	하나의 외상	없음
	외상 심각도	심각한 외상	중등도 외상/스트레스	약한 스트레스 혹은 없음
	상실	여러 번의 상실 경험	한 번의 상실 경험	없거나 중요하지 않은 상실
	가장 최근 시도	며칠 이내; 기념일	지난 달	없음
	무망감	심각	보통	약함
	이전 시도	있음	있음	없음
	충동성	높음	보통	낮음

	방법	결정한	결정한	미결정된
즉시적 예측 인자	수단	보유 중	쉽게 접근	아직 확보되지 않은
	시간과 장소	확실하게 선택	잠정적으로 선택	선택하지 않음
	치명성	높음	보통	낮음
	준비	작성된 메모, 작성 예정, 소유물 나눠 줌 혹은 유사 행동	일부 계획	준비된 것 없음

출처: Brems (2000).

3) 자살의 의미

자살 충동을 가진 내담자와 성공적으로 일하기 위해, 자살 충동이 어떤 느낌인지를 이해하는 게 도움이 된다. 자살을 원하는 사람의 참조틀은 무엇인가? 자살 메시지 이면에 존재하는 진정한 의미는 무엇인가? 이 주제에 대한 많은 책과 연구논문이 작성되었다. 그러나 우리는 이들 모두를 몇 개의 단락으로 요약하지는 않을 것이다. 그보다는 몇 가지 중요한 주제를 살펴보려 한다.

자살은 종종 화난 혹은 공격적인 행동으로 묘사되어 왔으며, 이제는 과거보다 분노 감정이 자살자의 훨씬 더 지배적인 기분으로 여겨지기조차 한다. 즉, 자살은 무신경하고 무정한 세상을 향한 마지막이자 이의를 달 수 없게 하는 반응이며, 그 자체로 삶에 대한 궁극적인 복수다. 그러나 자살 충동을 가진 내담자는 자신의 분노를 의식적으로 인식하지 못할 수 있다. 그에게 압도적인 감정은 일종의 절망감이다. 남아 있는 선택지도 희망도 없다. 상황이 더 나아질 수 있는 방법이 없다. 모든 선택은 고통과 비참함으로 끝난다. 쿠퍼 패트릭, 크럼과 포드(Cooper-Patrick, Crum, & Ford, 1994)는 무망감, 죄책감 및 우울한 기분이 자살과 강한 관계가 있음을 발견했다. 내담자가 느끼는 분노마저도 참을 수 없는 상태에 이르게 되면, 자살은 고통을 덜어 주는 동시에 고통을 일으킨 사람들을 비난하는 유일한 방법으로 보이게 된다.

자살하려는 내담자는 자신의 자살로 다른 사람을 처벌하거나 통제하거나 권력을 획득할 수 있으리라고 상상할 수 있다. 그는 속죄와 자기희생을 바랄지도 모른다. 혹은 용서할 수 없는 어떤 행동에 대한 보복을 원할 수도 있다. 슬픔에 잠긴 사람은 사후에 사랑하는 사람과의 재회를 희망한다. 또는 그는 자신의 자살이 단순히 휴식, 탈출, 고통 없는 긴 잠을 가져올 것이라고 상상할 수도 있다. 내담자에게 그의 죽음 이후에 자신과 타인들에게 어떤 일이 일어날 것이라고 상상하는지 물어보라. 브램스는 다음과 같이 조언한다. "내담자의 자살과 관련된 환상을 평가하는 것은 중요하다. 자기 죽음에 대한 긍정적 환상을 가진 사람은 고통스러워 하거나 어려운 환상을 가진 내담자들보다 더 위험할 수 있다"(Brems, 2000, p. 174).

자살 충동을 느끼는 사람의 삶에 존재하는 모든 사건과 모든 관계를 물들이는 만연한 절망감 가운데는, 대체로 심각한 위기를 유발하는 특정 사건이 존재한다. 이 사건은 누구에게나 비극적이고, 누구든 취약하게 만드는 사건일 수 있다. 혹은 외부인에게는 다소 사소해 보이지만 내담자에게는 이어지는 일련의 고통스럽고 굴욕적이거나 무력한 상황에서의 더 이상 견딜 수 없는 한계, 최후의 모욕일 수 있다. 따라서 무슨 일이 일어났는지뿐만 아니라 그것을 경험하는 당사자에게 그 사건이 의미하는 바가 무엇인지를 이해하는 것 또한 중요하다. 자살을 유발하는 것은 나쁜 시험성적이 아니다. 개인의 감정세계 맥락에서 일어나는 상사의 질책, 연인과의 이별 사건 자체가 자살을 촉발한다. 내담자는 자기 경험을 정의하고 재구성하여 자신의 세계지도에 꼭 들어맞게 한다. 그다음에는 사건 자체에 근거하기보다는 자기정의에 근거하여 행동하고 반응한다. 당신은 연인이 떠나면, 나가서 새로운 사람들을 만날 계획을 세울지도 모른다. 그러나 자살 충동이 있는 내담자는 지금의 자신은 영원히 혼자이며, 모든 교제 관계를 잃어버렸다고 생각할 수 있다. 새로운 관계에 대해 그와 이야기하는 것은 처음에는 별 의미가 없을 것이다. 왜냐하면 그의 정서체계 안에는 그런 것이 없기 때문이다.

주변인의 죽음은 자살 시도자에게는 특별한 중요성을 띤다. 부모님의 죽음의 경우에는 유난히 그렇다. 자살하는 사람은 종종 부모를 상실한 경험에 사로잡혀 벗어나지 못한다. 상징적으로, 아이는 부모가 죽으면 양육과 돌봄을 받을 수 있는 모든 가능성을 상실하게 된다. 부모 죽음의 중요성은 내담자의 기념일 반응으로 드러날 수 있다. 즉, 내담자의 자살 위기는 돌아가신 부모님의 기일에 촉발되기도 한다. 기념일 반응은 또한 배우자, 자녀, 형제자매의 죽음과도 관련될 수 있다. 만약 사랑했던 사람이 자살로 세상을 떠났다면 기념일은 특별히 중요해진다. 자살 위기를 평가하는 데 있어 내담자 과거의 특정일(즉, 현재 위기가 일어난 날짜) 즈음에 일어났던 외상 사건에 대해 물어보는 것은 현명하다. 때때로 관련성은 누군가의 실제 사망일이 아니라 내담자가 사랑했던 고인과 같은 나이에 도달하거나 내담자의 자녀가 내담자가 사별을 경험했을 때의 연령에 도달한 경우일 수도 있다. 접점이 무엇이든, 그것을 확인하면 내담자에게 그 사건의 의미를 다시 이해할 수 있게 도울 수 있다.

4) 해야 할 일

자살 충동이 있는 내담자를 돕기 위해서는, 당신이 알고 있는 모든 지식이 실행방침과 결부되어야 한다. 전체 전략에는 거의 모든 내담자에게 적용될 수 있는 몇 가지 단계가 있다. 첫째, 당신은 내담자의 도움 추구 욕구를 충족할 수 있는 관계를 구축해야 한다. 둘째, 무슨 일이 일어나고 있는지에 대한 정보를 수집하고, 즉각적인 위험을 평가하고, 전략을 결정해야 한다. 셋째, 그 계획을 실행해야 한다. 마지막으로, 계획이 얼마나 효과적으로 작동하는지 평가하고 필요하다면 2단계로 되돌아갈 준비를 해야 한다.

당신은 앞의 네 단계에 대해 모두 아주 좋다고 말할지도 모르지만 여전히 상당히 모호해 보인다. 차용될 수 있는 이러한 전략이란 것이 과연 무엇인가? 가장 과감한 것부터 시작하여 거꾸로 작업해 보자. 우선, 스스로를 해하려 하거나 타인을 위험에 빠뜨리려는 행동이 명백하고 곧바로 실행될 수 있는 위험성이 있는 내담자는 입원시킬 수 있다. 당신이 있는 지역 내의 병원 입원 절차에 대해 숙지하고 있어야 한다. 그리고 이용 가능한 모든 입원시설에 입소 결정권을 가진 적어도 한 명의 의사와 업무적 관계를 유지해야 한다. 또한 비자발적 입원(강제 입원)과 관련된 법과 그러한 절차들을 실행하는 방법을 알고 있어야 한다. 당연히 자발적 입원이 항상 강제 입원보다는 낫지만, 만약 당신이 심각한 위기에 처해 있고 명백하게 위험한 내담자를 보고 있다면, 할 수 있는 일과 할 수 없는 일에 대해 시간 들여 살펴볼 필요가 없다.

당신에게 열려 있는 또 다른 선택지는 정신과적 평가 및 가능한 약물치료를 위한 의뢰다. 항우울제, 신경안정제와 같은 약물에 반응할 가능성이 가장 높은 증상 유형을 인식할 수 있어야 한다. 그래야 모든 자살 언급에 대해 기계적으로 생각 없이

하는 뻔한 의뢰가 아니게 된다. 그리고 그러한 약물치료가 사람에게 미치는 영향을 잘 알고 있어야 내담자에게 약물치료로 기대할 수 있는 효과에 대한 이해를 제공할 수 있다. (물론 약을 처방하는 정신과 의사나 일반의가 해야 하지만, 항상 그들이 안내하고 설명하는 식으로 진행되지는 않는다.) 경험적으로 발견한 좋은 방법은 만약 당신이 다른 치료법 이외에도 약물치료가 내담자에게 도움이 될 가능성이 있다고 생각한다면 정신과적 평가를 제안하는 것이다. 내담자가 다른 방법으로 필요한 약을 찾아 입수하고 당신이 이를 수용한다면, 의학적 협력 없이 내담자를 치료하는 무책임하고 비윤리적인 행위를 저지르는 것이다. 당신은 내담자의 허락하에 자문의와 그의 자살 사고에 대해 의논해야 한다. 자살 충동이 있는 내담자가 잠재적으로 과다복용할 수 있는 한 달 분량의 약을 처방하는 의사를 원하지는 않을 것이다.

평가를 위한 의뢰는 당신과 내담자 모두에게 또 다른 이점이 있다. 상황에 대해 다른 전문가와 상의할 수 있다. 두 사람의 머리를 맞대어 의논하는 것이 일반적으로 한 사람일 때보다 더 낫다. 특히 자살 내담자를 만나고 있으면서 겁에 질리고 책임감을 느끼는 치료자보다는 그렇지 않은 자문가와 상의하는 것이 더 낫다. 코틀러는 "우리는 자살 충동이 있는 내담자를 돕는 과정에서 이루 말할 수 없는 엄청난 책임감을 느낀다. 실수나 잘못된 계산은 치명적인 결과를 초래할 수 있기 때문이다."(Kottler, 1993, p. 129)라고 했다. 동료에게 조언을 얻고 선택지에 대해 논의하고 우려 사항에 대해 이야기하라. 새로운 아이디어를 얻을 가능성이 있을 뿐만 아니라 그들의 정서적 지원은 당신이 내담자와 함께 좀 더 효율적으로 작업하도록 도와줄 것이다.

당신에게 지지가 필요하다면, 내담자는 훨씬 더 많은 지지가 필요하다. 자살은 거의 항상 두 사람 사이에서 벌어지는 사건임을 기억하라. 자살하는 사람은 실제로 혹은 상상 속에서 어떤 중요한 타인과 함께 연결되어 있다. 두 사람 간의 사건이기 때문에, 가능할 때마다 중요한 타인을 치료 장면에 참여시켜야 한다. 이것이 실제로 실행될 수 없을 때는 상상 속에서 이루어질 수 있다. 자살 충동이 있는 내담자들은 그들의 의도에 대해 배우자나 정서적 파트너에게 이야기함으로써 도움을 받을 수 있다. 그들은 자신과 죽은 혹은 멀리 떨어져서 함께 살 수 없는 이들과의 대화를 시도해 보도록 격려받을 수 있다. 자신의 아이들에게 편지를 쓰고, 자신이 한 일을 설명하면서 자신의 죽음 이후라고 생각하고 읽어 보도록 요청받을 수 있다. 유지될 수 있는 실제 혹은 상상의 사회적 접촉이 많으면 많을수록 자살을 실제로 행할 가능성은 적어진다.

내담자 삶에 함께 있는 다른 사람들에게 지지를 받을 수도 있다. 당신에게 열려 있는 또 다른 선택지는 내담자의 실재하는 혹은 잠재적인 지지네트워크를 구성하고 있는 사람들에게 도움을 요청하는 것이다. 내담자의 가족, 친구, 직업 그룹, 교회 등의 다양한 사람들이 내담자와 한데 모여, 내담자가 자살 충동을 느끼고 있고 명확한 위험 상황이라는 사실에 대해 논의할 수 있다. 이제 이 집단은 즉각적인 관리 감독/지원을 위한 계획을 세울 수 있을 뿐만 아니라 내담자가 더 긴 장기적인 해결책을 찾을 수 있도록 도울 수 있다.

당신이 무엇을 하든 하지 않든, 자살 충동을 가진 사람들을 위한 치료의 핵심 요소는 자살에 대해 이야기하는 것이다. 루카스는 "처음에는 모든 준비를 했음에도 불구하고 내담자가 그런 생각을 하지 못하도록 설득하고 싶은 유혹을 받게 될 것이다. 내담자와 함께 자살 생각에 대해 탐색하기보다는, '당신은 그런 생각을 해서는 안돼요.' 혹은 '어리석게 굴지 마세요. 감사할 것이 너무나 많아요.' 혹은 '이런 식의 다른 변형된 말을 하고 싶어 하는 자신을 발견할지도 모른다."(Lukas, 1993, p. 119)라고 했다. 일반적으로 자살 충동이 있는 내담자는 자기감정과 의도를 일상을 함께하는 다른 사람과 이야기하는 것보다 당신에게 말하는 것이 더 쉽다고 생각할 수 있다. 왜냐하면 당신은 자살 감정을 초래한 내담자의 사회적 관계망의 구성원이 아니기 때문이다. 당신은 중립적이다. 내담자의 복수 대상도 아니고, 자기 고통을 숨겨서 보호해야 하는 사람도 아니다. 핸드런은 내담자가 자살에 대해 이야기하도록 돕는 여섯 가지 지침을 제공한다. 첫째, 이야기 속 구조를 계속 유지하면서 내담자가 자기 이야기를 하도록 허용하라. 둘째, 내담자 연령과 전반적인 배경에 적절하게 어울리는 말을 사용하라. 셋째, 민감한 사안에 대해 이야기를 할 때는 재치를 발휘하되 직접적으로 언급하라. 넷째, 내담자 이야기 맥락 내에서 자연스럽게 전환하라. 다섯째, 내담자의 감정을 표현할 수 있도록 하라. 그리고 여섯째, 당신 자신의 이해와 공감을 표현하라(Handren, 1990, p. 236). 일반적으로 자살과 죽음에 대해 이야기하는 것은 흔히 사회적으로 용인되는 행동이 아니다. 치료자는 존중하면서 재치 있게 대하지만, 거드름 피우지 않고 공손한 완곡 어법을 사용하지 않는다. 치료자는 내담자의 자살 의도를 실제로 실행한다면 어떤 일이 일어날 것인지를 알고 싶고, 내담자도 그것에 대해 알기를 원한다. 이러한 일련의 질문을 하는 한 가지 목적은 내담자가 자신의 자살 환상과 자신이 처한 상황에 대한 현실감을 구별하도록 돕기 위함이다. 또 다른 목적은 내담자의 억눌린 두려움과 감정을 드러내도록 허용하는 것이다. 자살에 대한 이야기를 나누는 것은 내담자에게 어느 정도 안도감을 줄 수 있기 때문에, 자살행동 실행에 시달리지는 않을 것이다.

내담자의 비언어적 의사소통에 매우 민감해야 하고, 이를 수면 위로 드러내서 명시적으로 논의하라. 몸을 기대고 시선을 떨어뜨린 채 쉬는 깊은 한숨, 생의 마지막 웃음(교수형 웃음: "글쎄요, 저는 항상 죽을 때까지 마실 수 있어요, 하하하.")과 같은 이 모든 언어적 메시지는 내담자의 경험과 의도에 대한 진술이다. 만약 그러한 의사소통이 의미하는 바가 명확하게 파악되지 않는다면 물어라. **"제가 당신의 전처에 대해 언급할 때마다, 당신은 팔짱을 끼고 다리를 꼬고 발을 흔들기 시작한다는 것을 발견했어요. 그게 의미하는 바가 뭘까요?"**

가장 중요한 자살 전 의사소통 중 하나는 약속된 상담 시간에 나타나지 않는 것이다. 약속된 상담 시간에 빠진 것에 대해 나중에 혹은 다음 상담 회기에서 다룰 수 있는 다른 내담자들과는 달리, 자살 충동이 있는 내담자가 약속된 상담 시간에 나타나지 않을 때 치료자는 즉각적으로 반응해야 한다. 그러한 반응은 실제적인 자살을 막을 수 있을 뿐만 아니라, 치료자가 진심으로 내담자를 신경 쓰지 않거나 진지하게 생각하지 않아서 아무것도 하지 않았다는 결론을 내리지 않도록 해 준다.

궁극적으로, 자살 충동이 있는 내담자의 실행 계획은 살기 위한 계약을 수반한다. 자살 위기를 성공적으로 훈습하려면, 자살 불이행 결단의 일부 변형이 필수적이다. 그러한 결단의 최종적이고 가장 바람직한 형태는 어떤 이유로든(실수로든 고의로든) 자신(또는 타인)을 죽이지 않는 내담자 자기 일부와 약속하고 전념하는 것이다. 이를 위해 실행할 수 있는 많은 변형이 있다. 예를 들어, 고통스러운 말기 질환자의 경우, 자살이나 안락사와 관련된 탈출 조항을 삽입할 수 있다. 삶에 대한 긴 시간의 전념을 원하지 않는 내담자는 더 짧은 기간 동안 살기 위한 계약을 맺을 수 있으며, 이후 계약은 재협상될 것이다(만약 계약을 했던 내담자가 더 이상 당신의 내담자가 아니게 되었다 하더라도, 그 계약에 대한 후속 조치를 취해야 한다는 것을 명심하라. 자살 금지 계약 기한은 새로운 위기를 촉발하는 기념일 행사가 될 수도 있다). 또 다른 실행할 수 있는 변형은 만약 내담자가 자신이 자살할 것 같다고 여겨질 때, 치료자(혹은 그 결정에 대한 당사자인 다른 사람)에게 연락을 취하도록 약속하는 것이다. 이러한 단기적 약속은 당신이 위기를 다룰 수 있도록 하는 작업 공간을 제공한다. 그러한 결정을 거부하는 내담자는 사실상 위기 개입이 불가하기 때문에, 어떤 다른 관리 감독을 받는 돌봄 형태의 치료를 마련해야 한다. 내담자는 또한 치료자의 마음을 조정하려 들 수 있다. 자살하지 않겠다는 약속을 거부하는 자살 충동이 있는 내담자와 작업하지 않는 것이 우리의 관례다. 일단 이것이 확실해지면, 대부분의 내담자는 그들이 얼마나 오래 살 의향이 있는지 지금 당장 결정하는 작업에 매우 진지하게 임한다.

4. 결론

위기 개입은 아마도 치료자가 작업하기로 선택할 수 있는 것 중에 가장 까다롭고 스트레스가 많은 영역일 것이다. 위기에 처한 내담자는 치료자에게 많은 시간, 에너지, 자원, 독창성을 요구하지만, 치료자에게 그리 많은 것을 돌려주지는 않는다. 그들은 매우 미미하고 만족스럽지 않은 기능 수준으로 되돌아갈지도 모른다. 혹은 우리의 노력이 별 성과 없이 끝난 이유에 대한 궁금증을 남겨 둔 채 그저 사라질지도 모른다. 우리가 알고 있는 충분히 작업할 수 없었던 사람들은 입원, 수감, 결손 가족, 자살 등의 이유였을 것이다.

위기 개입을 하는 치료자는 강력한 전문적인 지지체계를 개발할 필요가 있다. 내담자에 대해 이야기하고, 같이 화를 내고, 울고, 축하할 수 있는 사람들이 필요하다. 이러한 필요성은 과소평가하지 말아야 하는 매우 중요한 것이고, 제11장에서 이 주제를 다시 다룰 것이다.

위기 개입 치료자로서 자기 자신을 활력 있고 효용성 있게 유지하기 위해서는 지지와 지원이 필요하다. 또한 우리는 우리가 하고 있는 일을 알아야 한다. 우리가 하고 있지 않을 때조차도 말이다. 특히 위기 개입 치료자가 내담자에 대해 혼란스럽고 두려워질 때, 명확한 실행계획과 자신을 위한 일련의 구체적인 선택지가 필요하다. 치료자는 다른 전문가들이 위기 내담자와 어떻게 작업하는지 최대한 많이 알아야 한다. 또한 지역사회에서 가용할 수 있는 모든 자원에 대해 인지할 필요가 있다.

요약하자면, 치료자는 자신이 할 수 있는 최선을 다하고 있다는 것을 알아야 한다. 이를 명확히 하고 있는 치료자의 실패는 죄책감보다는 슬픔을 가져다줄 것이고, 치료자의 성공은 실로 축하할 일이 될 것이다.

제8장

집단과 집단 치료

사람이 존재하는 한 집단도 존재한다. 사람은 사회적 창조물이다. 그들은 자연스럽게 필연적으로 집단을 형성한다. 씨족부터 사교클럽에 이르기까지, 우리는 다른 사람에게 자연히 끌리는 것 같다. 그렇다면 이 같은 집단화 경향성을 심리치료에서 활용하지 않는 이유는 무엇인가? 왜 동시에 여러 사람과 작업하지 않았는가? 논리적 이유 중 가장 놀라운 것은 집단 작업이 치료 세계로 받아들여지기까지 너무 오랜 시간이 걸렸다는 것이다. 일반적으로 집단 작업의 최초 사례는 1900년대 초반에 조세프 프랫이라는 의사가 결핵 환자들과 집단으로 작업했을 때 그들의 기분과 태도가 개선되었다고 언급한 때로 거슬러 올라간다. 그러나 프랫이 행한 작업의 중요성은 널리 알려지지 않았다. 그로부터 30년 후에서야 모레노가 심리극 집단을 실험하기 시작했다. 이후 제2차 세계대전 동안 집단 작업은 정말로 많은 발전을 했다. 왜냐하면 당시 정신건강 서비스가 필요한 병사들이 점점 더 많아지고 있었고, 그런 상황에서 정신과 의사들은 병사들을 치료할 방법을 찾아야 했기 때문이다.

집단 치료는 여러 사람을 동시에 치료할 수 있다는 점에서 비용 효율성이라는 장점이 있다. 재정적 이점 외에도 집단은 개인 치료보다 집단 작업을 더 선호하게 만드는 치료적 요인이 있다. 이 장에서 우리는 먼저 치료집단의 일부 특성과 이들이 어떻게 협력하여 내담자가 서로의 성장을 도모할 수 있는 분위기를 창조해 내는지 살펴볼 것이다. 그런 다음 집단 치료자의 특별한 관심사인 집단을 시작하는 방법, 집단 세팅 내에서 작업하는 방법과 집단에서 일어날 수 있는 일부 문제에 대처하는 방법을 다룰 것이다.

1. 집단의 치료적 요소

올센(Ohlsen, 1988)에 따르면, 전형적으로 내담자들은 다섯 가지 문제(중요한 타인과의 미해결된 사건, 자기 패배적 신념과 행동, 위기 관리, 자기 자신 혹은 문제 상황에 대한 잘못된 혹은 불충분한 정보, 그리고 발달적 혹은 인생 행로 주제 관리법)를 집단에 가져온다. 집단은 이러한 각각의 문제 영역에 대해 매우 특별한 종류의 도움을 제공할 수 있다. 집단원들의 지지, 관심과 집단적 지혜와 집단이 제공하는 보호된 장 안에서 새로운 행동과 오래된 행동을 시도해 볼 기회를 가질 수 있다. 이는 개인 치료에서 볼 수 없는(적어도 같은 방식이 아닌) 매우 소중한 경험이다.

집단 치료 옹호자들은 집단은 다른 종류의 치료에서 이용할 수 없는 경험과 가능성을 제공하는 방식에 대해 꼭 집어 강조한다. 그들은 집단 에너지, 지지 및 추진력에 대해 이야기한다. 집단원의 성장과 변화 과정에서 서로가 서로를 활용하는 방식을 설명하는 어떤 부분은 거의 신비롭게 들리기까지 한다. 이런 종류의 신비함은 아름답게 들릴지 모르지만 초보 치료자에게는 별로 도움이 되지 않는다. 당신은 집단 환경에서 제공하는 '가능성'을 활용하려면 집단이 무엇을 하고 그것을 어떻게 수행하는지 알아야 한다. 많은 집단 작업 지지자는 집단원에게 유익한 좋은 집단이 되기 위해 수행해야 하는 방법을 구체화시키려 노력했다. 이들 중 가장 명확한 것은 얄롬(Yalom, 1995)의 집단 치료의 '치유적 요인'에 대한 논의다. 우리는 다음에서 그의 아이디어를 많이 사용했다. 목록을 살펴볼 때, 여러분 스스로에게 다음 두 가지 질문을 던져 보는 것이 도움이 될 것이다. 나는 이런 식의 집단 운영을 원하는가? 그리고 만약 그렇다면 집단에서 이 특정 효과를 강화하기 위해 내가 할 수 있는 것은 무엇인가?

1) 정보 제공

개인 치료 회기보다 집단이 더 효과적이고 효율적일 수 있는 가장 확실한 방법 중 하나는 정보를 제공하는 것이다. 일종의 학교 역할이다. 즉, 대부분의 공식교육은 개별 교습 회기가 아닌 수업에서 진행된다. 당신이 내담자들이 원하는 정보를 가지고 있다면, 한 번에 한 사람에게 반복적으로 말하기보다는 한 그룹의 사람들에게 동시에 말하는 게 타당하다.

모든 공식적 치료가 개별적으로 이루어지는 환경에서조차도, 집단은 이런 정보 제공 방식으로 활용될 수 있다. 일부 기관은 기관의 철학과 가능한 치료 성취목표에 대해 내담자가 숙지하도록 치료 시작 전에 집단 수업에 참석하게 한다. 다른 기관은 내담자들이 개별치료 회기와 병행하여 주장성 혹은 이완 훈련 혹은 의사소통 기술을 훈련할 수 있는 집단 수업을 운영할 수도 있다.

치료집단에서는 치료자 혹은 다른 집단 구성원으로부터 정보를 얻을 수 있다. 치료자는 일부 기술을 가르칠 수 있다. 예를 들어, 의역하는 방법, 신체 감각에 대해 더 잘 자각하는 방법을 가르칠 수 있고, 집단에서 배운 기술을 곧바로 연습하여 서로 알려 주고 모니터해 주도록 격려할 수도 있다. 집단원은 도움이 되는 책을 추천해 주거나 지역사회 내에서 이용할 수 있는 자원을 집단에 알려 줄 수 있다. 공식적 · 비공식적인 교육을 통해 집단원과 리더는 서로 중요한 정보를 공유한다.

2) 사회화 전략

정보 수집과 더불어 많은 내담자는 간단한 사회적 기술을 습득할 필요가 있다. 베이커는 "집단에서는 상담자와 집단원들 간의 사회적 상호작용을 관찰할 수 있고 …… 동료 피드백을 활용할 수 있다."(Baker, 1996, p. 70)라고 했다. 많은 내담자는 어느 정도 사회적으로 고립되어 있다(그들의 다른 어려움의 원인과 결과로). 타인을 어떻게 경청해야 하는지, 자신의 생각과 감정을 어떻게 적절하게 나누는지, 자신에게 주어지는 피드백을 어떻게 평가하고 사용해야 하는지 모른다. 피상적인 방식으로는 타인들과의 상호작용이 안 되기 때문에, 그들은 적절한 사회적 행동을 개발하거나, 자신의 행동 및 반응 방식을 다른 사람의 행동 및 반응과 비교해 보거나, 자신과 타인에 대한 오래된 생각을 갱신할 기회가 거의 없다. 우리가 앞서 언급한 바와 같이, 치료자는 의사소통 기술에 대한 정보를 제공하고, 그들이 학습한 것을 연습할 수 있도록 집단을 구조화된 훈련의 장으로 운영할 수 있다. 혹은 단순히 집단원들이 집단에서 자연스럽게 취하는 사회적 행동에 대해 언급하여, 집단원들이 개방적으로 의사소통하고, 명확한 피드백을 제공하고, 다른 사람의 언어적 및 비언어적 메시지를 알아차리도록 격려할 수 있다.

정식으로 사회적 기술에 대해 살펴보지 않는다 해도, 집단 구성원은 새롭고 더 개방적인 방식으로 서로 의사소통하는 법을 배워야 한다. 그저 자기 이야기를 하는 데서 그치지 않고, 스토리텔링을 하는 게 더 중요하다. 토드와 보하트에 따르면,

"집단은 대인 관계 학습을 위한 맥락을 제공한다. 대부분의 개인적 문제는 대인관계와 관련이 있기 때문에, 적어도 어느 정도는 개인이 집단의 다른 사람들과 함께 가는 과정에서 이러한 문제를 직접 경험할 수 있다. 따라서 집단은 대인 관계 문제를 해결할 '살아 있는' 맥락인 것이다"(Todd & Bohart, 1999, p. 373). 이는 타인과 의사소통하는 법을 배우는 과정에서 자기 자신과의 정직한 의사소통이 이루어지는 것과 흡사하다. 한 집단 구성원의 변화는 다른 구성원의 변화를 이끈다. 한 사람이 자신에 대해 더 솔직하고 개방적으로 말하면, 다른 사람들도 그와 똑같이 행동하기 시작할 것이다. 집단에서 성장한 의사소통 기술은 아마도 대부분의 집단원이 집단 밖의 사회적 관계를 향상시키는 데도 도움을 줄 것이다. 다른 집단원과 좋은 접촉을 할 수 있는 능력에 더 자신감이 생기고, 자신에 대해 더 잘 인식하고, 스스로에 대한 자신감을 갖게 되면, 모든 범위의 사회적 상호작용에서 점진적으로 자신감과 학습한 기술을 활용할 수 있게 될 것이다.

3) 희망 심기

"나도 해냈어, 너도 할 수 있어!"는 다이어트 계획부터 목수들의 도구까지 모든 것을 파는 데 사용되는 표준 광고 문구다. 효과가 있다. 청중은 '와우, 나도 할 수 있을지도 몰라…….'라고 생각한다.

그렇게 노골적으로 설계되지는 않지만, 동일한 현상은 집단에서도 일어난다. 얄롬(Yalom, 1995)에 따르면, 집단 치료에서 희망을 심고 유지하는 것은 매우 중요하며, 이것이 가능할 때 집단원은 집단에 머무를 수 있고 다른 치료적 요인들이 발생할 수 있다고 주장한다. 다른 이들이 성취한 것을 보고 들음으로써, 집단원은 아마도 자신도 문제를 해결하고 목표를 성취할 수 있으리라는 희망을 품게 된다. "인생이 엉망진창이었던 팀도 스스로에 대해 좋게 느낄 수 있게 됐는데, 나라고 안 될 이유가 있겠어?" "메리는 너무 우울해서 죽고 싶었던 사람이었는데, 지금의 그녀를 봐봐. 어쩌면 나도 영원히 기분 나빠하지 않아도 될지도 몰라."

더 나아질 수 있다는 믿음인 희망은 성공적인 치료에 있어 필수 요소다. 희망 없이는 고되고 어려운 치료 작업을 수행할 에너지도 없다. 좋은 일이 생길 수 있다는 생각을 하지 않는 한, 왜 내 자신을 더 많은 통증과 고통의 과정에 밀어 넣겠는가?

희망으로의 초대는 집단원들이 서로의 노력을 격려하고 지지함에 따라 직접적이고 공공연하게 이루어질 수 있고, 혹은 단순히 한 명 또는 여러 명에게서 일어나고 있는 명백하고 가시적인 변화를 통해서 오는 더 미묘한 영향일 수도 있다. 그러나 어떤 일이 있어도 희망은 중요한 치료 요인이다.

4) 보편성

보편성 현상은 희망 심기와 밀접한 관련성을 가진다. 많은 내담자는 자신이 이 특별한 상황에 처한 유일한 사람이라는 의식적인 혹은 무의식적인 신념을 가진 채 치료에 들어간다. 아무도 이런 식으로 느낀 적이 없고, 이런 종류의 문제를 겪은 적이 없을 것이라고 생각한다. 종종 수치심을 느낀다. "나는 주변의 누구보다도 더 나쁘다(더 어리석고, 더 이기적이고, 더 화가 나 있다)." 자신이 얼마나 나쁜지 다른 사람에게 알리는 것을 부끄럽게 여기기 때문에, 내담자는 비참함과 죄책감을 품고 은밀한 방공호에 숨어 앉아 있다. 점차 다른 집단원의 말을 들으면서 자신이 특이하지 않다는 것을 깨닫고 다른 사람들이 같은 종류의 감정을 느끼고 같은 종류의 고통을 경험한다는 것을 깨닫기 시작한다.

이런 종류의 나눔이 갖는 치유적 측면은 "과부의 설움은 홀아비가 안다."는 옛 속담에서 찾아볼 수 있다. 혼자가 아니라는 사실을 아는 것만으로도 큰 안도감을 느낀다. 다른 부모도 자녀들의 행동으로 괴로워하고, 다른 커플들도 성적인 어려움을 겪는다. 다른 사람들도 직장이나 학교에 얽매여 무력감을 느낀다. 그리고 단순히 나눔에서 오는 안도감을 넘어, 다른 사람들도 동일한 종류의 수치심 혹은 욕망을 경험한다는 사실을 알게 되면 더 쉽게 장벽을 허물고, 너무나 끔찍해서 어느 누구에게도 알리지 않았던 것에 대해 이야기하고 작업하게 된다.

5) 이타주의

사람들은 비밀로 간직했던 것을 나눔에 따라, 사랑, 양육, 용서, 지지와 같은 자기 욕구도 나누기 시작한다. 집단원은 서로의 필요를 충족할 수 있다. 이는 많이 결핍되어 있는 집단원에게 큰 도움이 되기도 하지만, 욕구를 충족해 주는 사람들에게 더 도움이 될 수 있다. 따라서 집단 치료자의 중요한 임무는 집단원들에게 다른 집단원을 돕는 활동의 기회를 갖도록 강조하고 격려하는 것이다.

내담자들은 종종 자신의 고통과 절망에 너무나 갇혀 버린 나머지 자신이 다른 사람들을 도와줄 수 있는 능력이 있다는 것과 돕는 것을 통해 만족감을 느낄 수 있다는 것을 잊어버린다. 그들은 사회적 관심도, 사회적 그물망 안에 자신이 존재하고 있다는 인식도, 인간 상호작용의 흐름을 타고 있다는 자각도 잃어버린다. 이러한 인식 상실은 고립감과 외로움에 상당한 영향을 미친다. 타인의 기쁨과 고통을 공유하는 능력인 연결감은 우리를 진정한 인간으로 만들어 주고 지역사회의 일원으로 존재하도록 돕는다.

개인의 문제가 불거짐에 따라, 타인과의 연결감은 어쩔 수 없이 틀어지게 된다. 스스로에게 점점 더 화가 나고 상처받거나 수치스럽게 느끼면서 자기 주변의 타인들로부터 멀어질 수 있다. 혹은 필사적으로 매달리고 다른 사람들을 곁에 두려고 애쓰느라 자기 원래의 진솔한 연결감을 사장시킬 수도 있다. 나아가 자신의 고통스런 내적 과정에서 벗어나 외부에서 일어나고 있는 것을 바라보지 않을 수도 있다. 이 중 어느 경우에서도 집단은 다시 돌아갈 수 있는 길을 제공한다. 집단에 있는 사람들은 자기 주변에 서로 느끼고, 상처 주고, 웃고, 돌보는 사람들이 존재함을 맹렬히 인식하게 된다. 집단은 개인이 다른 사람에게 다가가 자신이 가진 무언가를 줄 수 있는 잠정적인 기회를 제공한다. 그렇게 하면서 자신의 껍질을 깨고, 연결된 느낌을 갖기 시작한다. 자신이 떨어져 있다기보다는 한 부분으로 존재한다고 느끼는 것이다.

6) 응집성

집단에서 일어나는 '주고받기'는 동전의 양면처럼 정말 불가분의 관계다. 하나는 다른 하나가 없으면 일어날 수 없고, 둘 다 치유적이다. 나에게 있는 무언가를 가져갈 누군가가 없으면 줄 수가 없다. 보다 더 깊은 의미에서, 나 또한 기꺼이 받지 않으면 줄 수가 없다. 이렇게 연결성은 양방향으로 흐른다. 고통에 빠진 사람이 남에게 베풀 수 있는 능력을 상실하듯, 받을 수 있는 능력 또한 상실할 수 있다. 이들은 너무 자주 상처를 받았거나, 자신이 너무 썩고 가치가 없다고 느껴서, 더 이상 보살

핌을 받을 수 없게 된다. 다른 사람을 자기 안으로 들이고, 또 다른 사람의 온정과 관심으로 따뜻해지는 법을 배우는 것은 즐거운 일이기도 하지만 두려운 일일 수도 있다. 집단은 수용과 친밀감을 다시 배울 기회를 제공한다. 신뢰와 사랑하고 사랑 받는 것을 실험할 수 있는 안전한 장소다. 집단원이 이런 식의 쌍방적 흐름을 경험 하는 것을 응집력이 있다고 표현한다.

슈나이더 코리와 코리는 응집성에 대해 다음과 같이 말한다. "진정한 응집력은 자 동적으로 만들어진 하나의 고정된 상태가 아니다. 그것은 집단원들이 서로가 감수하 는 위험을 통해 연대와 안전을 확보해 나가는 하나의 진행 중인 과정이다. 협동과 응 집성을 보여 주는 초기 지표는 집단원들 간의 협력, 시간 준수와 전원 출석과 집단을 안전한 곳으로 만들기 위한 집단원들의 노력 등이다"(Schneider Corey & Corey, 1997, p. 153). 집단의 안전성과 응집성이 발달하기 시작하면 점차 스스로 탄력이 붙는다. 내가 신뢰하면 할수록, 더 기꺼이 위험을 감수하고자 한다. 그리고 나의 위험 감수가 재앙으로 끝나지 않음을 발견함에 따라, 다시 위험을 감수해 볼 것이다. 다른 사람들 은 지켜보고 경청한다. 그리고 내 경험에 힘입어 그들 역시 위험을 감수해 보기로 결 심한다. 이러한 과정이 매번 딱 떨어지듯 일어나지는 않는다. 응집성이 지연되거나, 작동하지 않거나 깨지기도 한다. 그러나 이러한 것들은 회복되고, 그 이후 치유 과정 은 훨씬 큰 힘과 안전함으로 다가온다. 한 무리의 사람들이 한 집단이 되고, 그 집단 은 나의 집단이 되고, 우리의 집단이 된다. 우리는 서로에게 소속되어 있다.

7) 전이

전이는 치료에 내재된 것이다. 내담자가 자기 문제를 지속시키기 위해 치료실 밖 에서 무엇을 하고 있든지 간에, 치료적 관계에서도 문제를 지속시키는 행동을 할 것이다. 전체 관계 환경 설정을 갖춘 집단에서는 내담자의 부적응적인 반응이 더욱 명확하게 재현될 것이다. 코리는 집단원이 집단 리더와 다른 집단원들에게 어떤 식 으로 전이 반응을 일으킬 수 있는지에 대해 다음과 같이 말했다.

집단 성좌는 과거 미해결된 사건들을 재현할 풍성한 가능성을 제공한다. 특히, 집단원이 아버지, 어머니, 형제자매, 배우자, 헤어진 연인 혹은 직장 상사와 같은 자

신에게 중요한 인물의 모습을 다른 집단원들에게서 "보게 될 때" 자기 내면에 존재
하는 강렬한 감정이 촉발된다(Corey, 2000, p. 155).

개인 치료에서처럼, 집단도 관계를 다시 해 보고 미해결된 사건을 마무리하고 오
래전 외상을 새롭고 더 건강한 결말로 만들도록 하는 환경을 제공한다. 얄롬은 집
단원들이 치료자나 부모님과 관계할 때 일어나는 자기 왜곡뿐만 아니라, "집단동
료들이 맞닥뜨린 다른 대인 관계 주제, 즉 또래와의 경쟁적인 노력, 주장, 친밀감,
성욕, 기부, 탐욕과 시기심 등의 영역에서의 갈등도 훈습할 필요가 있다."(Yalom,
1995, p. 46)라고 강조한다. 모든 성인 관계는 어떤 식으로든 초기 가족 관계에서 파
생된다. 결국 우리는 집단에서 다른 사람들이 존재한다는 것과 그들과 잘 지내는
방법을 발견해야 한다는 것을 처음으로 배우게 된다. 정신분석적 집단상담에서는
초기 학습과 집단 내 '지금-여기' 관계에 기저하는 일차적이고 원시적인 가족 경험
으로 돌아가게 하는 무의식적 과정을 탐색하는 데 많은 관심을 기울일지도 모른다.

보다 더 현재 시점에 초점을 둔 집단에서조차도, 집단에서 일어나는 일은 어느
정도는 다른 곳에서도 일어나고 있음을 반영한다고 가정한다. (반대로 사회적으로
다른 곳에서 일어나고 있는 일 또한 집단의 사회적 구조 안으로 가져와 그곳에서 재현하게
될 것이다.) 집단 구성원 간의 상호작용과 교류는 단순히 액면 그대로 받아들여지
지는 않는다. 치료자는 집단원 각각의 행동이 갖는 더 넓은 의미에 대해 스스로 숙
고한다. 예를 들어, 만약 한 집단원이 비평적인 발언을 한다면, 집단 지도자는 방금
그가 비판했던 사람에 대해 새로운 방식으로 반응해 보는 실험에 초대할 수 있다.
혹은 살아 오는 동안 자신을 비판한다고 느꼈던 사람은 누구인지 살펴보라는 요청
할 수도 있다. 지도자는 그 집단원에게 집단 내 모든 사람을 비판해 보라고 요청하
거나, 어린아이가 밖으로 비판하는 행동을 했을 때 어떤 일이 일어날 수 있는지 집
단원들에게 물어보라고 하거나, 혹은 비난을 받을 때(받았을 때) 자신은 어떻게 느
끼는지(느꼈는지) 말해 보라고 제안할 수도 있다.

집단 환경이기 때문에 가능한 독특한 유익한 점은 집단 자체 내에서 오래된 혹은
고질적인 관계 패턴을 재현하고 재실험할 수 있다는 것이다. 치료자는 (그리고 다른
집단원들도) 각각의 집단 구성원이 이러한 패턴을 탐색할 때, 피드백도 하고 직면시
키기도 하고 격려 반응도 해 준다.

8) 모방

자기 자신뿐 아니라 다른 사람과 새롭게 관계하는 법을 개발하는 과정에서 내담자들은 종종 막히기도 한다. 때때로 이런 막힘은 극복되어야 하는 내적 갈등과 오랜 신념체계 혹은 감정 반응이 일어나고 있음을 알려 주는 신호가 된다. 어떤 경우는 단지 다른 어떤 방법이 가능한지 모르거나, 어떤 것이 다르게 처리되는 것을 한 번도 본 적이 없어서 일어나는 막힘일 때도 있다. 집단은 다르게 반응하는 방법에 관한 많은 예시를 제공한다. 이를 통해 내담자는 새로운 선택지를 발견하는 데 도움을 받을 수 있다. 그저 다른 집단원의 행동을 모방해 보는 것만으로도 중요하고 강력한 새로운 통찰을 경험할 수 있다.

내담자는 최종 완성 행동을 모방할 뿐만 아니라("제 어머니가 화났을 때, 당신이 리즈에게 반응했던 식으로 반응할 수 있었어요."), 훈습하고 스스로의 치료 작업을 행하는 전략과 기술을 익혀 나간다. 집단 동료가 우는 것을 보거나 기다려 달라고 요청하는 다른 이의 모습을 지켜보면서 허용과 격려의 메시지를 경험한다. 스스로 강한 감정을 표현하기까지 많은 개인 회기가 필요했던 내담자는 집단 내의 다른 동료들의 격노 혹은 두려움에 대한 작업을 본 이후에 훨씬 더 많은 심리적 준비를 할 수 있다. 집단원들은 종종 공동 주제 현상에 관해 언급한다. 어떤 한 사람이 특정 주제를 꺼내면 다른 이들도 그 주제에 대한 각자의 이야깃거리를 발견한다. 전체 회기는 외로움에 대해, 좌절에 대해, 혹은 성적 두려움이나 환상에 대해 중점적으로 다룰 수 있다. 부분적으로는 모방이지만 또 다른 무언가도 있다. 내 옆에 앉아 있는 사람의 작업을 보면서 내 자신의 욕구를 인식하고 그것을 충족할 수 있는 새로운 방법을 찾을 수도 있다. 집단 전체는 이런 종류의 창의적 모방을 지지함으로써 내가 기존에 해 왔던 방식보다 더 심층적이고 의미 있는 새로운 영역으로 들어가도록 돕는다.

9) 감정 정화

감정 정화는 주로 강렬한 감정에 대한 표현 혹은 방출로 이해된다. 한때 정서적 환기 그 자체로 유용하다고 여겨졌으나, 최근에 이러한 인식은 상당한 비난을 받고 있다. 예를 들어, 코리, 코리와 캘러핸은 다음과 같이 지적한다. "집단 상담자는 자신의 욕구를 충족하기 위해 집단원의 감정 정화를 독려할 가능성을 인식해야 한다. 일부 지도자들은 사람들의 분노 표출을 즐길지도 모른다. 왜냐하면 스스로가 그렇게 할 수 있기를 원하기 때문이다"(Corey, Corey, & Callahan, 1998, p. 415). 특히 행동주의 접근을 하는 치료자는 교정적인 추수 작업 없이 감정 정화만 하는 경우에 변화시켜야 하는 매우 역기능적인 내담자 행동을 오히려 강화할 수 있다고 주장한다. 그보다 더 어렵지만 더 적합한 것으로 여겨지는 것은 감정 정화의 치유적인 면이라 할 수 있는 '교정적 정서 체험'이다. 얄롬(Yalom, 1995)은 집단 치료에서 이러한 교정적 정서 체험이 일어나게 하는 다섯 가지 구성 요소에 대해 다음과 같이 설명한다.

① 대인 상호 간에 연출되고 환자가 감수해야 할 위험을 수반하는 강한 감정 표현
② 이러한 위험을 감수할 수 있을 만큼의 충분한 집단의 지지
③ 다른 집단원들로부터 합의적 타당화의 도움을 받아 사건을 점검할 수 있는 환자의 현실 검증력
④ 특정 대인 관계 감정과 행동의 부적절성에 대한 인식 또는 특별히 삼가하는 대인관계 행동의 적절성에 대한 인식
⑤ 다른 사람들과 더 깊이, 더 정직하게 관계하는 개인 역량에 대한 궁극적 촉진

다시 말하지만, 집단 환경에서는 다른 많은 치료적 만남에서 일어날 것으로 예상되는 정서 학습이 보다 강렬한 표현과 경험의 형태로 일어난다. 내담자는 위험을 무릅쓰고 새로운 행동을 시도하고, 자신이 행동하고 말하는 것에 대해 치료자에게서만(결국 내담자의 삶에서 대부분의 사람과 다르게 반응할 것으로 예상되는) 피드백을 받기보다는, 다양한 사람의 반응을 확인할 수 있다. 내담자는 긍정적인 반응과 부정적인 반응 모두를 경험할 수 있으며, 한 번에 여러 사람에게 피드백을 받을 수 있다. 전이 매커니즘을 통해 자신이 더 이상 작동하지 않는 오래된 패턴을 유지하기 위해 이러한 반응을 어떤 식으로 여과하고 변환하는지 점검할 수 있다.

2. 집단 구축과 유지

이미 구성된 집단을 확보하는 치료자는 거의 없다. 일반적으로 집단 리더로서 우리의 첫 번째 임무는 집단에 참여할 사람을 찾고, 그 사람들이 집단 경험을 최대한 잘 활용할 수 있도록 준비시키는 것이다. 스튜어트는 치료자 스스로 새로운 집단에 대해 점검하기 위한 여러 가지 제안을 제공한다. 집단은 개방형으로 갈 것인지(수시로 새로운 구성원을 추가), 폐쇄형으로 갈 것인지, 집단 회기의 전체 횟수는 얼마로 할 것인지, 집단 회기의 간격은 얼마로 둘 것인지, 정해진 수의 회기로 제한할 것인지 혹은 제한하지 않을 것인지 등이 그것이다(Stewart, 1995, p. 335). 이 절에서는 이러한 고려 사항과 함께 집단을 운영하기 위한 몇 가지 기본 규칙에 대해 설명할 것이다.

1) 초기 정보

치료자가 필요로 하는 앞으로 함께할 집단 구성원들에 대한 사전 정보의 양은 전문가들마다 다르다. 일부 집단 치료자들은 상당히 상세한 개인사적인 정보를 확보하여, 각각의 내담자들이 집단에 들어가기 전에 각자의 구체적인 목표를 설정하는 것을 선호한다. 다른 치료자들은 이런 종류의 정보는 집단에서 이루어지는 작업 맥락에서 드러날 때만 내담자와 다른 집단원 모두에게 더 유용하다고 생각한다. 그리고 여전히 어떤 이들은 배제되어야 하는 성격 특성보다는 집단 구성원들 간의 어울림(조화)에 더 관심을 가진다.

그러나 어떤 유형의 내담자가 다른 사람들보다 집단에 더 적합한지에 대한 어느 정도의 동의가 이루어진 듯하다. 예를 들어, 코리는 다음과 같이 말한다. "독점하고 지배하고자 하는 욕구가 있는 개인들…… 표출 행동 욕구를 가진 적대적이거나 공격적인 내담자들…… 극단적으로 자기중심적이고 집단을 자기 청중으로 생각하는 사람들은 집단 작업에 좋은 결과를 주지 못하는 특성이 있다"(Corey, 2000, p. 90). 실제 이러한 특성을 가진 사람은 바로 집단이 제공하는 치료적 요소가 가장 필요한 이들이고, 집단 경험을 통해 이득을 얻을 수 있다고 주장할 수 있다. 그러나 이들은 함께 작업하기가 어렵고, 좋은 집단 구성원이 되기까지 시간이 더 많이 소요되고, 집단의 전체 과정을 방해할 가능성이 있다. 이러한 이유로 인해 집단에 들이는 결정에 대해 매우 신중하는 게 좋다. 만약 집단이 막 구성되고 있는 단계이거나 치료자가 집단 작업을 막 시도해 보는 상대적으로 신참이라면 더욱 그러하다.

집단 진행 경험을 쌓아 가면서 분명히 가장 도움이 되는 유형의 사전 정보와 앞으로 함께할 집단 구성원들을 선별하기 위해 그 정보를 어떻게 사용할 것인지에 대한 당신 자신의 지침을 개발할 것이다. 그러는 사이에 당신의 가장 중요한 관심사는 틀림없이 내담자의 안녕일 것이다. 그 안녕감을 보호하기 위해 미리 알아 두어야 할 몇 가지가 있다. 주로 개인 치료의 첫 단계에서 내담자에게 질문하는 것들에 해당한다. 집단구성원 선별 결정을 내릴 필요가 있기 때문에, 개인 치료로 진행할 계획일 때보다는 좀 더 직접적으로 정보를 수집해야 한다.

① **의학적 상태.** 내담자는 어떤 종류의 약을 복용 중인가? 신체 상태는 어떠한가? 의사에게 치료를 받고 있고 최근 신체 검사를 받았는가? 집단 작업은 매우 강렬할 수 있기 때문에, 잠재적인 건강상의 합병증(예: 천식 혹은 심장 문제 병력)이 있는지 알아야 한다.

② **현실 지향.** 일부 정신증을 앓고 있는 내담자라 해도 집단에서 합리적으로 잘 수행하기도 하고, 일부 집단은 심각하게 혼란된 집단원의 존재로부터 이로움을 얻을 수도 있다. 그러나 그렇지 않을 수도 있다. 현실에 집중하기 어려운 내담자가 너무 많이 포함되어 있으면 집단 진행이 어려워질 수 있다. 당신은 그러한 구성원을 포함하는 것에 대한 입장을 정해야 한다. 당신이 그들을 어느 정도로 편하게 느낄 수 있는가? 그리고 그들과 작업하는 데 사용할 수 있는 기술을 가지고 있는가? 아마도 초심 집단 치료자에게 가장 최상의 규칙은 심각하게 혼란된 내담자를 집단에 들이는 것이 조금이라도 불편하다면 배제하는 것이다.

③ **동시 치료.** 일부 내담자는 개인 치료를 하면서 집단 작업을 하는 것이 유익할 것이다. 집단 치료를 하면서 동시에 개인 치료를 하면, 집단에서 이루어진 작업을 보다 깊이 탐색해 볼 기회를 가질 수 있다. 예비 집단원이 다른 전문가와 개인 치료를 받고 있는 경우는 해당 전문가와 정보를 공유할 수 있도록 승인을 받아야 한다. 정보 교환은 두 치료의 화합을 공고히 하는 데 필수적이다. 만약 내담

자가 그러한 정보 개방을 원하지 않는다면, 하나 혹은 다른 치료를 선택해야 할 것이다. 치료 간 어떠한 조정 없이 두 개의 치료를 동시에 지속하는 것은 비윤리적일 뿐만 아니라 치료적이지도 않다.

④ **범법 행위.** 집단 리더인 당신은 집단에서 논의된 모든 내용을 비밀로 취급할 것을 요청할 수 있고 요청해야 하지만 비밀 유지를 보장할 수는 없다. 범법 행위(예: 마약 판매)에 가담하고 있는 내담자는 집단에서 스스로를 비난할 수 있다. 나아가 그러한 행동에 대한 폭로로 인해 상충하는 가치(범죄 행위를 관련 당국에 신고할 것인지 혹은 비밀을 유지할 것인지) 사이에서 갈등을 겪을 수 있는 다른 집단 구성원들에게 불필요한 문제를 야기할 수 있다. 특별히 집단이 범죄자들로 구성된 경우가 아니라면, 범법 행위에 연루된 사람들을 배제하는 것이 가장 좋다. 그렇게 하려면 집단이 실제로 만나기 전에 그러한 행동에 대해 파악해야 한다. 코헨과 코헨은 다음과 같이 조언한다. "집단 치료 맥락에서, 비밀 보장을 존중하는 것에 대한 도덕적 책임은 치료자와 각 집단원 이상으로 확장된다. 각 집단 구성원은 사적인 개인 정보를 다른 사람과 공유하면서도 사생활을 유지하기 위해 다른 이들에게 의존한다"(Cohen & Cohen, 1999, p. 87). 이렇게 되면 이상적이겠지만 항상 그렇게 되는 것은 아니다. 집단 구성원은 동료 구성원의 사생활권을 존중해야 하지만 법적 책임을 지지는 않는다. 따라서 치료자는 집단 구성원에게 집단에서 일어난 일을 각자 자기 선에서 지켜지고 보호하도록 당부하라. 비밀 보장의 이점을 설명하되 일부 집단원의 위반 가능성을 처리할 준비도 하라.

⑤ **다른 구성원들과의 관계.** 이상적으로는(커플집단 혹은 가족집단을 제외) 새롭게 만난 집단 구성원들이 집단 밖에서 다른 관계로 엮여 있지 않은 게 가장 좋다. 그러나 실제로 이것이 항상 가능하지는 않다. 치료자는 자신의 임무를 수행하려면 그러한 관계가 존재하는지 알아야 한다. 예를 들어, 리차드와 빈스는 고용주와 피고용주의 관계이고, 캐롤과 제이는 한 때 연인 관계였다. 내담자와 치료자 모두 이러한 상황이 적절하지 않다고 느낀다면 집단 가입을 거부할 수 있어야 한다. 빈스에게 그의 직장 상사가 집단에 있을 수 있다고, 캐롤에게는 옛 연인이 집단에 있을 수 있다고 알려야 한다. 각자에게 집단에 참여하지 않을 수 있는 선택지를 제공할 수 있다. 치료자도 양쪽 모두의 집단 참여가 집단 전체에 최선이 되지 않을 것이라고 결정할 수 있다. 이런 상황을 처리하는 과정에서 잠재적인 비

밀 보장 위반이 수반되기 때문에 복잡할 수 있지만 매우 중요하다. 그런 상황을 처리하는 하나의 방법은 각 잠재적 집단원에게 현재 해당 지역에 살고 있는 사람 중에 집단원으로 만나고 싶지 않는 사람의 목록을 작성하도록 요청하는 것이다. 그러한 목록을 작성하는 것만으로도 유용한 치료 자료가 만들어질 수 있다.

내담자는 자신과 중요한 관계에 있는 사람들이 자기와 같은 집단에 들어올 수도 있다는 사실에 대해 알 권리가 있다. 예비 집단원들이 알아야 할 또 다른 사항은 무엇인가? 코리는 "선별은 양방향적 과정이어야 한다."(Corey, 2000, p. 89)라고 했다. 잠재적 집단원들은 집단이 자신들에게 적합한지 결정하기 위해 질문의 기회를 가져야 한다. 그들이 알고 있다고 확신하더라도 질문에 대한 답을 할 때는 집단이 어떤 것이고, 어떻게 진행되는지 이해하고 있다고 가정하지 말라. 집단마다 서로 크게 다르고, 내담자가 이전에 집단을 참여해봤다 하더라도 당신 집단과는 매우 다른 구조와 목적의 집단이었을 수 있다. 또한 많은 사람은 친구(그들의 친구들로부터 얻었을 수 있는) 혹은 미디어에서 집단 치료에 대한 정보를 얻는다. 당신 집단에서 일어날 수 있는 것은 아마도 TV나 영화 속에서 묘사된 치료집단과는 매우 다를 것이다.

예비 집단원에게 집단이 그에게 기대하는 사항과 집단 참여를 통해 얻을 수 있는 이득에 대해 알려야 한다. 코리 등은 다음의 지침을 제공한다. "집단 구성원은 감정을 표현하고, 원하는 것을 직접 요청하고, 스스로를 위한 시간을 갖고, 자신이 취약해질 수 있다는 것을 허용하고, 다른 사람이 자신에게 어떤 영향을 미치는지 직접 말하고, 갈등을 다루고, 스스로 결정을 내려야 한다"(Corey et al., 1992, p. 47). 집단원은 사용될 기법과 그것이 가지는 위험에 대한 전반적인 아이디어를 가지고 있어야 한다. 자신의 참여가 자발적이고, 리더나 다른 집단원의 제안을 따르지 않아도 되고, 원하면 집단을 떠날 수도 있다는 것을 이해해야 한다. 집단을 떠나는 절차에 대해 설명해야 한다. 많은 집단은 집단을 떠나기로 결정한 집단원이 다른 집단원에게 작별 인사를 하지 않고 떠나 버리기보다는 집단에서 떠나는 결정에 대해 논의할 것을 요청한다. 개인 치료의 경우와 마찬가지로 집단원에게 어떤 종류의 기록(노트, 녹취)이 보관되고 있는지 알려야 한다. 특히 집단에서 수행되고 있는 연구에 대해 알아야하며, 그러한 연구를 서면으로 승인해야 한다. 집단에서 어떤 종류의 비밀이 보장되는지 알아야 하고, 비밀 보장 예외 사항에 대해 명시적으로 전달받아야 한다. 마지막으로, 집단 리더는 어떤 집단원이 다른 집단원을 해하거나 다른 집단원에 의해 해를 입고 있다고 판단한 경우, 그 집단원을 집단에서 뺄 수 있다는 점을 알려야 한다.

2) 무대장치

대부분의 우리는 집단이 스스로 치유되기를 원한다. 그리고 집단원들이 서로에게 도움이 되기를 원한다. 우리는 지나치게 지시적이고 지나치게 강렬한 것의 위험성과 누군가에게 좀 더 치료적이라 확인된 개입을 또 다른 집단원에게 시도하는 것의 위험성도 인식하고 있다. 따라서 뒤로 물러나 집단이 스스로의 속도와 방식으로 발달해 나갈 수 있도록 의식적인 노력을 기울여야 한다. 동시에 무대장치를 설치하고, 자기 치유적 활동을 실행해 볼 수 있는 공연 공간을 만들어야 하는 책임이 우리에게 있다. 그러한 공연 공간이 갖추어야 할 특성 중 가장 중요한 것은 안전함이다. 만약 집단원이 위험을 감수하고 자기 점검 시간을 갖는 것을 불안해 한다면, 그에게는 보호받을 수 있는 환경이 필요하다. 코틀러와 브라운은 "집단 작업이 성공적으로 마무리되려면 혹은 집단 작업이 시작할 수 있기라도 하려면, 신뢰의 분위기가 형성되어야만 한다"(Kottler & Brown, 2000, p. 233)라고 했다. 그리고 신뢰는 무심결에 깨질 수도 있기 때문에, 집단 리더는 개방적으로 명시적으로 이 주제를 논의해야 한다.

리더가 집단원에 대해 갖는 통제는 간접적이기는 하지만 상당하다. 구성원을 선택하고, 첫 만남의 구조를 설정하고, 참여하는 방식에 대한 모델링과 강력한 언어적 강화 본보기를 제공하는 과정에서 리더는 집단 규범에 영향을 미친다. 집단은 소집되는 첫 순간부터 집단 규범을 확립해 가기 시작한다. 즉, 집단 내에게서 어떤 일이 일어나고 어떤 일은 일어나지 않을지에 대한 암묵적·명시적 규칙들을 만들기 시작한다. 집단 리더가 명시적으로 책임지고 전달해야 하는 시간과 장소, 만남의 길이에 대한 분명한 지침은 단지 빙산의 일각일 뿐이다. 명시되지 않은 규칙들이 훨씬 더 강력하고 만연해 있다. 누가 무엇에 대해 먼저 말할 것인지, 집단원들끼리 직접적으로 소통할 것은 무엇이고, 리더를 통해서만 다루어질 것은 무엇인지, 끼어들기가 허용되는 경우(누구에 의해, 누구에게)는 언제인지(일부 집단에서는 집단원 간에는 끼어들어도, 리더가 말할 때 끼어들지는 않는다) 등이 대표적인 예다. 일단 확립된 규범은 대단히 지키기 어렵게 되는 난관에 봉착했을 때를 제외하고는 마치 스스로 끈질긴 삶을 사는 것처럼 유지된다. 집단 규범이 치료적인지 혹은 적어도 치료 과정을 방해하지는 않는지를 확인하는 것은 아마도 치료자가 초기에 해야 하는 가장 중요한 임무다.

집단 규범은 집단 운영에 관한 규칙 혹은 지침의 형태로 직접적으로 언급하고 명시적으로 설정할 수도 있고, 예시를 들어 암묵적으로 전달될 수도 있다. "사실상 거의 모든 집단에는 비밀 유지, 참석 및 타인의 권리 존중에 관한 규범이 있을 것이다"(Todd, & Bohart, 1999, p. 382). 만약 매우 중요한 안내 지침이 있다면, 그리고 집단 작업을 시작할 때 다시 언급해야 하는 것이 있다면, 첫 번째 만남에서 수면 위로 올려놓고 소통하는 것이 현명할 것이다. 예를 들어, 리더는 담배나 화장실 볼일을 보러 집단 시간 도중에 자리를 떠났다 돌아오지 말고 예정된 휴식 시간까지 기다려 줄 것을 요청할 수 있다. 일부 리더에게는 뒷담화 금지 규칙이 있다. **"우리는 사람들에 대해 말하지 않습니다. 할 말이 있으면 상대 당사자에게 말하세요. 만약 상대 당사자가 집단에 없는 경우라면, 상상으로 여기 있다고 생각하고 말해 보세요."** 자주 관찰되는 또 다른 규범은 확인 혹은 살펴봄에 관한 것이다. 집단 회기는 각 집단원이 지금 기분이 어떤지, 그리고 이번 집단 상호작용에서 얻고자 하는 것을 간단히 말하면서 시작한다.

집단원은 규범에 대해 질문할 수 있다. "만약 저희가 그것을 지키지 못할 상황에 있다면 미리 리더에게 알려야 하나요?" "집단에 간식을 가져와 나눠 먹어도 되나요?" 만약 당신이 이러한 주제에 진정 중립적인 입장이라면, 집단이 결정하도록 하는 게 좋다. 그러나 당신이 특별히 신경 쓰이는 것이 있다면(예를 들어, 집단원이 집단 활동을 하는 동안 음식을 우적우적 씹는 것을 원하지 않음), 직접적으로 표현하는 것이 좋다. 신중하지 못한 많은 리더는 집단을 조종하여 자신이 이미 결정한 것을 선택하도록 하려다가 비참한 결과를 맛봤다.

여러분 대부분이 공감하겠지만 한 영역에서 만큼은 리더 혼자 '규칙'을 정하지는 말아야 한다. 바로 개인 목표 설정 영역이다. 집단원이 자기 자신을 위한 구체적인 목표를 설정하는 것이 중요하다. 아마도 개인 치료에서보다 훨씬 더 중요할 수 있다. 구체적인 목표 없이 가는 집단은 흥미로울 수는 있지만 목적 없는 상호작용의 수렁에서 길을 잃을 수 있다. 아무것도 성취하지 못하고 결국 모두가 좌절하고 만다. 치료자는 집단원이 자기 목표를 명료화하도록 도울 수 있고, 분명히 첫 번째 혹은 두 번째 만남 동안 각 집단원이 자기 목표를 말할 수 있는 시간을 할애할 책임이 있다. 그러나 하나 혹은 여러 목표를 실제로 선택하는 것은 내담자의 책임이다. 리더는 '올바른 목표 세우기'에 열의를 보이거나 지나치게 관여하지 않고, 좋은 목표인지 아닌지로 집단원과 힘겨루기하는 함정에 말리지 않는다. 만약 집단원이 현명하지 않는 목표를 선택한다면, 스스로 혹은 집단의 도움을 받아 목표가 적절하지 않다는 사실을 발견할 것이고 좀 더 효과적이거나 보상이 되는 목표로 이동할 수 있다.

아무리 노력한다 해도 당신은 완벽하게 중립적일 수는 없다는 사실을 인식해야 한다. 한 인간으로서 당신은 의식적으로 혹은 무의식적으로 목표 설정, 집단 규범과 통상적인 집단 운영에 관한 자신의 선호와 편견을 드러낼 것이다. 그리고 집단원은 분명히 그것을 알아차릴 것이다. 집단의 치유적 요소 목록에 있었던 '모방'을 기억하는가? 리더는 모방의 주요 표적이다. 자신에게 기대되는 것이 무엇인지 확실하지 않은 신참 집단원은 어떻게 행동해야 하는지에 대한 단서를 리더인 당신에게서 찾을 것이다. 일부 리더들은 초기 구조화가 이루어진 이후에는 가능한 한 모방할 수 있는 행동을 보여 주지 않는 것을 선호한다. 그래야 집단원이 방향성을 잡기 위해 리더에게 의존하기보다는 어쩔 수 없이 집단에서 작업하고 집단을 활용하는 스스로의 방법을 찾아낼 것이기 때문이다. 또 다른 일부 리더는 집단원에게 초기 긍정적인 경험을 제공하고, 일이 잘 풀리도록 하려고 어느 정도의 초기 의존성을 기꺼이 조성할 것이다. 흔히 그렇듯이 여기서 가장 좋은 지침은 아마도 당신 자신이 편안하고 자신 있게 할 수 있는 방식을 따르는 것이다. 당신이 가장 편안하게 작업할 수 있는 활동 수준이나 구조에서 존재할 때, 당신의 에너지와 주의를 더 중요한 집단 관심사를 다루는 데 자유롭게 사용할 수 있을 것이다.

리더가 모방을 가장 유익하게 사용할 수 있는 영역은 집단 과정에서 시도해 보는 활동 영역에서다. 치유적인 방식으로 집단원이 자신의 내적 과정을 사용하고, 그 과정을 통해 각 구성원이 힘을 얻을 수 있도록 확실히 하는 것은 리더의 임무다. "만약 리더가 구성원들 간의 갈등이나 긴장을 잘 다룬다면 치료적 이득을 얻을 수 있다. 숙련된 리더는 항상 내용뿐 아니라 과정에 집중하고 있고, 필요 시 그리고 그럴만한 가치가 있을 때는 집단 과정에 초점을 맞출 것이다"(Jacobs, Masson, & Harvill, 1998, p. 293). 리더인 당신은 적절한 행동과 부적절한 행동을 구체적으로 알려 주는 방식보다는 개인적인 경험적 예시를 훨씬 더 많이 활용하여 집단원들에게 강요하지 않고 안내하는 방법과 서로 돕는 방법을 교육할 것이다. 집단원끼리 서로 이렇게 대했으면 좋겠다 하는 방식으로 집단원을 대하라. 집단원들이 리더가 모든 집단원에게 집중하고 진지하게 대하며 소통하는 것을 본다면 그들도 동일한 방식으로 행동할 것이다. 당신이 희생양을 만드는 데 동참하지 않거나 부적절한 농담에 웃지 않는다면 희생양 만들기와 부적절한 농담도 사라질 것이다. 집단 리더가 자기 개방과 감정 표현을 자유롭게 한다면 집단원들도 자기 개방과 감정 표현을 기꺼이 하려 할 것이다.

3. 치료 지침

얄롬이 말하기를, 치료자가 집단에서 드러나는 방식 혹은 행하는 역할은 기본적으로 두 가지라 했다. 하나는 기술적 전문가이고, 또 다른 하나는 본보기 설정 참여자이다. 당신이 집단에서 행하는 모든 것은 이 두 주제 중 하나의 변형일 것이다. 기술적 전문가로서 당신은 정보를 주고, 질문을 하고, 방향성을 제공할 것이다. 즉, 안내된 심상 혹은 환상 활용하기, 돌아가며 확인하기, 조각하기 혹은 역할 전환과 같은 기법을 사용할 수 있다. 본보기-설정 참여자로서 당신은 집단원들이 개인 주제를 훈습하고, 서로에게 진솔하게 대하고, 관계와 성장에 도움이 되는 각자가 가진 잠재력을 발견하도록 돕기 위해 자기 자신의 내면 과정과 반응을 사용할 것이다. 리더의 이 두 가지 존재 방식을 제대로 취하기 위해서는 스스로에게 정직하고 집단원들을 위한 책임을 지는 것이 아니라 집단원들에 대한 책임을 질 것이다. "환자에 대한 치료자의 기본적인 태도는 관심, 수용, 진솔성, 공감 중에 하나가 되어야 한다. 그 어떤 전문적 기법도 이러한 태도보다 우선하지 않는다"(Yalom, 1995, p. 106).

1) 과정 초점

치료자가 집단원들에게 집중하고 그들에 대한 자신의 반응을 공유함으로써, 집단원들도 동일하게 하도록 예시를 설정한다. 점진적으로 초점은 집단 밖에서 집단원에게 일어나고 있는 것들을 논의하는 데에서, 집단 안에서 자신에게 일어나고 있는 것으로 이동하기 시작한다. "집단원의 지금-여기에서의 경험에 대한 자각을 살펴보는 것은 다른 집단원이 자신을 어떻게 보는지 혹은 느끼는지 이해하는 데 도움을 주고, 결과적으로 다른 이들과의 관계를 형성하는 데 도움을 준다"(Ohlsen et al., 1988, p. 85). 이것이 집단 치료의 꽃이다. 내담자의 집단 내 대인 상호작용 행동은 집단 밖에서 다른 사람들과 관계할 때 취하는 행동의 확장이다. 내담자가 집단 내 과정(지금-여기서 일어나고 있는, 그래서 논의하고 직면하고, 치료자나 다른 집단원들에게 피드백을 받을 수 있는)을 점검함으로써, 자신의 다른 관계를 들여다보고 동일한 관계 패턴을 발견하기 시작할 것이다. 그 결과, 집단 안과 밖에서의 행동 모두가 변화될 수 있다.

집단원들은 일반적으로 내용 주제에서 집단 과정으로 초점을 이동하는 것을 어려워한다. 초심 집단 치료자도 동일한 어려움을 겪는다. 예를 들어, 제리의 시간 보내는 습관이나 엘렌의 제때에 학교 과제를 마무리하지 못하는 능력 부족과 관련한 문제 해결 회기에 사로잡혀서, 제리나 엘렌 혹은 다른 집단원들이 서로를 어떻게 대하고 있는지에 대한 시야를 잃어버리기 쉽다. 제리가 의자를 상담실 구석 방향으로 끌어당기는 행동은 누군가가 그것을 알아차리고 자신을 다시 집단 안으로 초대해 주기를 바라는 비언어적 요청인가? 지금 엘렌은 자신을 비난 혹은 처벌받는 자리에 데려다 놓고 있는가? 그렇다면 집단에서 누가 비난할 준비를 하고 있는가? 집단원이 집단에 참여하지 않는 것처럼 보일 수 있고, 어떤 일은 단순히 우연의 일치로 일어난 것처럼 보일 수도 있다. 그러나 겉모습으로만 판단해서는 안 된다. 집단에서 일어난 일 중에 중요하지 않거나 우연히 일어난 것은 없다. 발로는 "지금-여기 집단에서 무고한 행인은 존재하지 않는다. 지금-여기 집단에서 일어나는 모든 것은 치료자와 모든 집단원이 각자 독특한 개인적인 방식으로 그것을 승인했기 때문에 일어나는 것이다."(Barlow, 1990, p. 79)라고 경고한다.

집단에서 일어나는 과정을 인식하도록 스스로를 단련시키는 가장 좋은 방법은 그저 '지금-여기'를 생각해 보는 것이다. 이런 방식으로 생각하다 보면(지금 이 순간 각 집단원에게 그리고 치료자 자신에게 무슨 일이 일어나고 있는지) 실제로 오가는 말들의 중요성은 점차 약해지기 시작할 것이다. 집단원들의 목소리 톤, 얼굴 표정, 신체 언어와 이러한 모든 비언어적으로 드러나는 것에 대한 자신의 본능적인 반응이 당신에게 말해 주기 시작할 것이다. 코리는 집단원들이 그들의 내적 과정을 다루는 법을 배우도록 돕는 방식으로, 치료자가 자신의 내적 과정에 대해 말하라고 권한다. 그는 집단 리더가 하는 모든 형태의 자기 개방에서 집단 과정에 대한 자기감정을 공유하는 것이 가장 효율적이라고 말한다.

> 예를 들어, 집단 리더인 당신이 대부분의 집단원의 동기 수준이 매우 낮고, 집단 시간에 적극적으로 참여하지 않고 있다고 지속적으로 느낀다면, 참여자들의 지원이 결핍된 상태에서 혼자서 이 만남을 활기차게 유지하기 위해 시종일관 애쓰는 것이 부담스러울 수 있다. 이러한 동기 결여로 인해 당신이 어떻게 느끼는지 개방하는 것은 대체로 매우 유용하고 적절하다(Corey, 2000, p. 34).

집단원은 자신에게 일어나는 동일한 종류의 이러한 반응에 주의를 기울이고 이야기 나눌 수 있고, 그 주제 자체보다 그 주제를 집단이 어떻게 다루는지에 더 많은 관심을 기울이기 시작할 것이다. 그들은 자신에 대해 이야기하고 있는 내용과 그 이야기를 나누는 과정에서 일어나는 관계 그리고 다른 사람의 이야기에 반응하는 과정에서 일어나는 관계를 알아차리는 법을 배울 것이다.

2) 개입

당신은 집단 경험이 많이 쌓일수록 집단 과정 패턴을 확인하는 데서 느끼는 자신감이 더 커질 것이다. 그리고 분명히 이러한 통찰을 집단원들과 공유하려 할 것이다. 사람들이 무엇을 하고 있고, 서로가 서로에게 어떻게 하고 있는지를 꼭 집어 살펴보는 것은 재미있는 일이다. 과녁 한가운데를 맞히는 것은 만족스러운 일이다. 과녁에 잘 안 들어가면 왜 안 되는지 물어봐도 좋다. 결국 사람들은 다른 사람들과 상호작용하는 자신의 스타일을 인식하게 되면서 성장하고 변화한다. 당신이 보는 것을 사람들에게 말해 주는 것이 당신 임무 아닌가.

집단원들에게 말하는 것에 있어 문제는 두 가지다. 첫째, 사람들은 그들이 들을 준비가 되었을 때 가장 명확하게 과정 피드백을 들을 것이다. 사람들이 어떤 행동을 취하기 전에 그 행동을 다루는 개방적인 태도를 스스로 취한다는 사실을 당신은 알게 될 것이다. 둘째, 과정 개입은 집단 리더보다 집단원을 통해 일어났을 때 훨씬 더 강력해지는 경향이 있다. 당신이 지혜로워지는 것과 당신의 통찰력에 집단원들이 감명받도록 하는 것은 기분 좋은 일이기는 하지만, 집단원은 스스로 통찰하는 법과 당신의 지혜 없이 그렇게 하는 법을 배울 필요가 있다. 당신이 집단을 위해 더 많은 일을 하는 것처럼 보이면 보일수록, 당신의 리더십으로부터 집단원들이 얻는 혜택은 더 적어진다는 것은 공고한 사실이다. 그들은 자기 자신과 다른 집단원들에게 피드백을 받을 필요가 있고, 당신은 뒤로 물러나서 그렇게 하도록 내버려 둘 방법을 찾아야 한다.

물론 때로는 당신도 개입할 수 있고 해야 하기도 한다. 앉아서 아무 말도 하지 않는 것은 관찰자인 것이지 참여자가 아니다. 그저 관찰하는 것만으로 돈을 받지는 않는다. 당신이 하는 대부분의 개입은(적어도 기법 전문가 역할로 이루어진 개입들) 초점을 집단 과정으로 다시 가져오기 위한 것일 것이다. 맥켄지(Mckenzie, 1990)는 집단 리더는 건설적인 상호작용을 할 수 있도록 집단을 격려하고 안내해야 할 필요가 있으나, 동시에 너무 앞서가지 않도록, 너무 빠르게 밀어붙이지 않도록 혹은 너무 큰 위험을 감수하게 하지 않도록 돌보면서 가야 한다고 주의를 준다. 개인이 소외되거나 혹은 배제되거나 희생양이 되지 않도록 하면서, 하나의 집단으로서의 기능을 유지하는 것이 한 명의 집단원이 중요한 일을 할 수 있도록 돕는 것보다 더 중요하다. 이런 관점에서 치료자는 적절한 초점에서 너무 멀리 벗어난 집단원의 뒤를 바싹 따라다니는 언어적인 양치기 개라 할 수 있다.

집단의 전반적인 기능에 초점을 두고, 집단 과정에 대해 의견을 나눌 때는 당신이 실제로 보고 있는 것만을 설명하면 된다. 직접적으로 집단원들에게 당신이 보고 있는 것을 꼭 집어 이야기하면서, 무슨 일이 벌어지고 있는지 묻는다면, 가리키고 있는 것이 무엇인지 당신이 이해하고 안 하고는 그다지 중요하지 않다. 예를 들어, 당신은 "어떻게 하면 모든 청구서를 지불할 수 있을까?"에 대한 활기찬 토론 내내 한 집단원이 조용히 바닥을 보고 있다는 것을 알아차릴 수 있을 것이다. 다음과 같이 개입할 수 있다. **"피트 씨, 당신이 아무 말도 하지 않고 있다는 게 마음이 쓰이네요. 그리고 걱정스러워 보여요."** 피트는 다음과 같이 반응할 수 있다. "아니에요. 전 걱정하지 않아요. 제가 한 달 동안 버는 돈보다 더 많은 돈을 일주일에 다 쓰는 사람들이 돈에 대해 불평하는 게 화가 나요." 당신이 피트의 분노를 다른 것으로 착각했다는 사실은 그다지 중요하지 않다. 당신은 집단 내의 상호 관계로 초점을 되돌리는 데 성공한 것이다.

3) 직면

잠정적인 명칭이 있든 없든 그저 당신이 보고 있는 것으로 주의를 환기시키는 것이 1단계 수준의 개입이다. 종종 그것이 필요한 전부일 때도 있다. 특정 행동을 전반적인 패턴과 연관시키는 것은 한 걸음 더 나가는 것이다. 각각의 집단원이 그 패턴과 그 안에 있는 자기 부분을 검증해 보고, 같은 행동을 하고 있는 또 다른 곳이 있는지 살펴보도록 초대한다. 이러한 패턴 중 일부는 너무나 흔하고 보편적이어서 미리 가설의 형태로 기억해 두는 것이 좋다. 거의 대부분의 경우에 그 가설을 적용할 순간을 당신은 발견하게 될 것이다. 그런 예 중의 하나가 전치(displacement)다. 어떤 사람이 원래 자신이 경험했던 그 사람이 아닌 어떤 다른 이에게 반응하는 것이다. 예를 들어, 랜디는 빌에게 짜증이 난다. 그런데 빌에게 직접적으로 짜증을 내는 게 아니라 조안에게 빈정거린다. 또 다른 예는 '우회(indirection)'다. 두 사람이 제3자를 통해 혹은 또 다른 위장된 방식으로 서로 관계하는 것이다. B에게 진짜 나의 새로운 이런 저런 것을 알리고 싶은데, 다른 A에게 B의 이런저런 것에 대해 칭찬하는 것이 우회의 예다. 세 번째 보편적 패턴은 '고립(isolation)'이다. 맥락을 무시하고 어떤 의견이나 행동에 대해 마치 진공 상태에 있는 것처럼 반응하는 것이다. 집단원의 고립 행동은 집단 과정을 방해하고, 종종 집단 안에서 무시되거나 비난받는 위치로 스스로를 몰 수 있다.

2단계 수준의 개입은 그러한 패턴을 직접적으로 지적하거나 혹은 스스로에게 질문을 제기하는 방식을 취하는 것이다. **"줄리가 톰에게 아들을 훈육하는 방법에 대해 말했을 때, 아무도 줄리 말에 관심이 없는 것 같았어요. 무슨 일이 일어나고 있었는지 궁금해요." "빌이 랜디를 비판한 바로 직후, 랜디가 조앤에게 갑자기 불쑥 말을 걸었는데, 지금 어떤 일이 일어났는지 전 궁금하네요."** 이러한 암시적 질문은 당신이 제공하는 해석을 기다리기보다는 집단원들이 해석을 만들어 내도록 격려한다.

이런 종류의 개입은 본질적으로 직면에 해당한다. 직면은 그저 집단원들이 자신의 행동에 대해 생각하도록, 다른 각도에서 살펴보도록, 다르게 행동할 수 있는 선택지가 있음을 인식하도록 초대하는(때로는 매우 강하게) 개입이다. 한 집단원을 직면시키는 것은 매우 강력한 움직임이기 때문에, 매우 조심하면서 상당한 돌봄과 함께 이루어져야 한다. 부주의하게 행해지거나 좌절이나 분노를 불러일으키게 되면, 직면을 당한 집단원과 전체 집단 모두에게 파괴적으로 작용할 수 있다("톰에게 일어난 일을 본 후에, 전 결코 집단에서 내 목을 내밀지 않으리라 결심했어요."). 집단 리더는 직면받은 이에게 리더의 직면이 얼마나 큰 영향을 미치는지 간과하는 경향이 있다. 이런 이유로 당신이 어떤 한 가지 패턴 혹은 한 사람에 대한 첫 번째 직면을 할 때 지켜야 할 유익한 규칙은 뒤로 물러날 수 있는 공간을 충분히 남겨 두고 부드럽고 잠정적인 가설의 형태로 표현하고, 부정적인 반응이 있다면 당신이 말한 것을 완화시키는 것이다. 나중에 신뢰와 편안함이 더 커졌을 때는(혹은 부드러운 직면이 효과가 없다고 판단되었을 때는) 좀 더 강하게 직면할 수 있다.

그럼에도 직면시키는 법을 아는 것보다 더 중요한 것은 직면시키는 시기의 적절성이다. 슈나이더 코리와 코리(Schneider Corey & Corey, 1997)는 적절하고 책임감 있는 직면을 위해 집단원들에게 몇 가지 지침을 제공한다. 〈표 8-1〉에 제시되어 있다.

〈표 8-1〉 집단에서 책임 있고 적절한 직면을 위한 지침

---

1. 집단원 혹은 지도자는 자신이 왜 직면하고 있는지 알아야 한다.
2. 직면은 상대를 단정 짓는 독단적인 진술을 포함해서는 안 된다.
3. 단순히 꼬리표를 붙이거나 판단적으로 낙인찍는 게 아니라 다른 사람에게 어떤 영향을 미치는지를 알려 준다면, 직면당하는 사람도 덜 방어적인 태도를 취할 수 있다.
4. 한 사람에 대한 광범위한 일반화보다는 구체적이고 관찰 가능한 행동에 초점을 두는 직면이 더 효과적이다.
5. 직면의 목적 중 하나는 더 가깝고 더 진솔한 타인과의 관계를 만들기 위함이다.
6. 민감성은 효과적인 직면을 위한 중요한 요소다. 직면하는 사람은 이야기를 듣는 이의 입장에서 어떻게 들릴지 상상해 보는 것이 유용하다.
7. 직면받은 사람이 반응하기를 기대하기 전에, 받은 피드백에 대해 그가 반추할 기회를 제공해야 한다.
8. 직면하기 전에, 당신이 지금 다른 집단원에게 요청하는 행동을 자기 자신도 기꺼이 할 의향이 있는지 스스로에게 물어보라.

출처: Schneider Corey & Corey (1997).

당신은 집단에서 일어나고 있는 모든 것을 살펴보는 동시에 이 모든 규칙을 암기하고 적용하는 것이 압도적으로 느끼는지 스스로 점검해 보라. 첫째, 이 절에서 다룬 많은 것은 이미 당신이 알고 있는 유능한 개인 치료자로서 어떻게 해야 하는지를 다시 살펴본 것이다. 이미 당신은 자신의 기술과 기법에 대해 인식하지 않은 채로 이런 규칙을 적용하여 수행하고 있을 수 있다. 둘째, 실수해도 된다. 사실상, 단지 실수해도 될 뿐만 아니라 실수는 피할 수 없는 것이다. 그리고 때로는 도움이 되기도 한다. 어떤 것을 놓치는 것, 어떤 것을 잘못하는 것(혹은 당신이 원했던 것만큼 잘하지 못하는 것) 그리고 당신의 단점을 스스로 인정하는 것은 집단원에게 좋은 모델을 제공한다. 더 나아가 집단 과정을 일으키는 놀라운 자극제가 될 수도 있다.

4. 문제 상황

모든 집단에는 치료자의 개입이 있든 없든 간에 드러나는, 기대되는 혹은 예상치 못한 치유 능력 등의 강점이 있다. 그러나 모든 집단에는 문제도 있다. 초보 치료자는 이러한 문제를 집단이 다루어야 하는 필수적인 가공되지 않은 날 것의 원재료라고 이해하지 못하고, 대체로 어떻게 해 보려고 조바심치는 함정에 빠진다. 비틀거리는 장애물도 올라갈 수 있는 발판이 될 수 있다. 만약 집단 문제를 해결할 수 없는 부정적인 것으로 본다면, 그것에 대해 학습할 수 있는 경험으로 바꿀 수 있는 기회를 놓칠 수 있다. 이런 종류의 오류를 피하는 하나의 방법은 가장 보편적으로 일어나는 집단 문제를 미리 알아 두고, 그것이 많은 집단에서 발생한다는 것을(당신 집단에서만 일어나는 것이 아니기에 당신 잘못이 아님) 인식하고, 어떻게 건설적으로 다루어야 하는지에 대한 감각을 갖추는 것이다.

수 년간 집단 과정 관찰자들은 잘 다루지 않을 경우 집단 과정에 해를 끼칠 수 있는 몇몇 개인 행동 패턴을 확인해 왔다. 이러한 행동을 하는 사람은 예외 없이 집단으로부터 무언가를 필요로 하거나 원하지만, 적절한 방법으로 그것을 얻는 법을 배우지 않았기 때문에 그렇게 한다. 그들이 보여 주는 문제에 대해 논의할 때, 집단원들이 문제 행동을 하는 개인을 대하는 방법을 도움으로써, 그들 자신을 대하는 법 또한 안내할 수 있음을 인식하는 것이 중요하다. 모든 집단 문제에 대한 가장 좋은 해결책은 모든 사람이 얻어 갈 수 있는 방법을 찾는 것이다.

1) 발언 시간

어떤 집단이든 참여 인원과 집단원 간의 대화하는 특성으로 인해 개개인이 사용할 수 있는 시간의 양은 제한된다. 그러나 당신은 적절한 발언 시간을 보장하기 위해 몇 가지 조치를 취할 수 있다. 집단이 너무 크거나 사용 가능한 시간이 너무 짧지 않은지 확인하는 것도 그러한 조치 중 하나다. 경험한 바에 따르면, 각 집단원마다 10분씩은 할애되어야 한다. 예를 들어, 여덟 명으로 구성된 집단이라면 집단 회기 시간은 80분은 되어야 한다. 그럼에도 일부 집단원의 경우 충분한 시간 혹은 충분한 관심을 얻지 못할 수 있다. 이런 문제에 대해 그들은 다양한 방식으로 반응할 수 있다. 어떤 이는 까다롭게 굴기 시작하고, 어떤 이는 징징거리거나 삐지기도 하고, 또 어떤 이는 무기력한 침묵으로 철수하기도 한다.

발언 시간의 불평등을 다루는 것은 단지 집단 치료 과업이 아니라 삶의 과업에 해당한다. 모든 집단 현상과 마찬가지로, 집단 내에서 일어나는 과정은 집단원이 일상의 삶에서 취하는 보편적인 대처 행동을 반영하는 것이다. 그러기에 치료자가 해야 하는 일은 집단원 간에 발언 시간을 동일하게 고르게 배분하는 데 몰두하는 것이 아니라, 그들이 타인의 관심을 끌기 위해서 그리고 다른 사람과 접촉하기 위해서 어떤 방식을 취하는지와 어떤 식으로 듣고 있는지 인식하도록 돕는 것이다. 치료자가 공정해질 수 있도록 개입하게 될 때 집단 갈등은 줄어들고, 행동 패턴, 기대 그리고 변화 가능성에 대한 인식으로 이어질 수 있다.

따라서 발언 시간에 대한 직면 시, 지금 집단에서 일어나고 있는 것의 방식과 원인에 대해 직접적으로 주목시켜야 한다. 만약 매우 조용한 집단원을 논의의 장으로 들어오게 하려 한다면, 그와 나머지 집단원 모두가 그의 집단 내 배제에 어떤 식으로 관여하고 있는지 점검하도록 초대하는 식으로 임하라. 만약 집단을 독점하려는 한두 사람이 존재한다면, 리더의 권한으로 다른 이들에게 더 많은 시간을 할애하는 방식보다는 집단 자체가 그들에 대응하도록 돕는 것이 더 낫다.

많은 사람은 때때로 집단 내에서 보다 소극적인 역할을 맡기를 원하거나 필요로 할 수 있음을 기억하라. 이야기하는 것이 항상 도움이 되는 것은 아니다. 때로는 조용히 경청하거나 심지어 자기 내적 세계로 철수하는 것도 어떤 집단원에게는 최선의 전략일 수 있다. 집단원이 결코 한마디도 하지 않는 것이 좋지는 않지만, 경우에 따라 집단을 숨을 수 있는 장소, 압박감으로부터 자유로울 수 있는 혹은 그저 편안하고 지지적이고 요구로부터 자유로운 환경으로 사용할 수 있는 것이다. 이렇다는 것을 아는 것만으로도 어떤 집단원에게는 치유적일 수 있다.

2) 독점하기

발언 시간에 대한 논의에서 이미 독점하기와 수동성이라는 두 가지 문제를 강조했다. 독점하는 사람은 지나치게 길게 말하고, 중간에 끼어들고, 지속적으로 자신에게 집중하라고 요구하면서 집단 시간을 차지한다. 집단원들은 독점자의 존재로 인해 불안해지거나 분노하거나 지루함을 느낄 수 있지만, (특히 집단 초반에는) 대체로 그 문제를 직접 언급하는 것을 꺼릴 수 있다. 지나치게 과도하게 말하는 독점하는 사람은 물러나 관찰하고, 일정 시간 동안 그저 조용히 머무르는 행동을 선택하지 않고, 다른 사람들이 자신의 이면 욕구에 주의를 기울이도록 끌어들이기 때문에 좀처럼 건설적인 행동이라 보기 힘들다. 여기서도 다시 말하지만, 집단이 그 문제를 다루도록 격려할 필요가 있으며, 전체 집단이 지금 일어나고 있는 것에 대한 책임을 가지는 방식으로 격려해야 한다. **"우리는 거의 한 시간을 마크가 처한 상황에 대한 이야기로 보냈어요. 오늘 우리 모두 마크에게 집중하기로 결정한 건가요?" "전 캐시가 대부분의 이야기를 하고 있다는 것을 발견했어요. 우리 모두 어떻게 그녀가 그렇게 하도록 격려하고 있는 걸까요?"** 마찬가지로 집단이 누군가의 독점에 불편해 한다면 독점하는 패턴을 변화시키도록 초대해야 한다. **"로즈, 당신은 에이프릴이 자기 직업 이야기를 하는 동안, 의자에서 많이 움직이고 있어요. 당신에게 무슨 일이 일어나고 있는지 에이프릴에게 말씀해 주시겠어요?"** 이런 종류의 상황에서 사람들이 느끼는 감정을 명확하고 개방적으로 표현하도록 초대하는 한 가지 방법은 다음과 같이 당신 자신의 반응을 설명하는 것이다. **"저는 집단이 마크 이야기로 너무 많은 시간을 보내고 있는 게 편치가 않아요. 그리고 우리 모두가 그렇게 하도록 내버려 두고 있는 그 이유가 궁금해요. 제 이유는 마크의 기분을 상하게 할까 염려하고 있는 것 같아요. 혹시 이런 마음을 경험하고 있는 분들**

이 있나요?" 이와 같은 언급은 독점자의 행동과 직면받는 마크 입장에서의 반응을 공개적으로 다루도록 정당화한다. 이렇게 하면 발언 시간에 관한 문제를 해결하는 것뿐만 아니라 집단의 주된 과업인 과정에 초점을 두는 예시로서 활용될 수 있다. 코리 등(Corey et al., 1992)은 우리가 한 명의 집단원을 직면시킬 때 집단 내 다른 사람들은 직면시키는 방식을 지켜볼 것이며, 우리가 그들을 모델링하고 있다는 사실을 인식해야 한다고 강조한다. 집단 리더가 한 명의 집단원에게 둔감하거나 적대적으로 대하게 되면, 다른 집단원이 말하는 게 두려워질 수 있고, 집단원들도 마찬가지로 무감각하거나 적대적인 태도를 취하게 될 수 있다.

3) 구원자와 희생자

세상에서 가장 좋은(의식적인) 의도를 가진 일부 집단원은 다른 사람의 치료 과정을 상당히 방해할 수 있다. 이들은 구원자로서 조언, 공감 혹은 옹호 반응을 너무 빨리 취하는 사람들이다. 구원자는 스스로를 치료자 도우미로 인식할 수 있다(혹은 인식 여부와 관계없이 리더 역할을 두고 치료자와 경쟁할 수도 있음). 슈나이더 코리와 코리는 일부 집단원이 리더를 돕고 싶어 한다는 것을 다음과 같이 설명한다. "그들은 질문을 하고, 정보 수집을 위해 탐색하고, 자유롭게 조언하고, 자기 자신보다는 타인에게 더 집중한다"(Schneider Corey & Corey, 1997, p. 195). 이런 유형의 집단원은 다른 사람을 '돕는 것'을 통해 개인적인 상당한 만족감을 얻는 방식으로 살아온 사람이다. 이런 사람은 각자 자신의 주제를 훈습하고, 강한 감정을 표현하고, 스스로 해결책을 발견하도록 허용하는 것의 중요성을 이해하지 못할 수도 있다. 구원자는 이러한 과정에 끼어 들어서 치료 과정을 방해하게 된다. 그럼에도 그들은 결국 단지 도우려고 한 행동이었기 때문에, 다른 사람들은 이들을 직면하기가 어렵게 느껴진다.

집단 리더로서 당신은 구원하려는 집단원의 행동을 지적해야 할 수도 있다. 구원자를 직면하는 것은 집단과 구원자 당사자 모두를 위해 중요하다. 장기적으로 볼 때, 결국 구원자에게 보상은 돌아오지 않는다. 영속적인 구원자는 거의 항상 자신이 순교자 역할을 하고 있음을 발견한다. 어쨌든 아무도 구원자가 한 일에 대해 진정으로 감사하지 않는다. 그렇다는 것을 눈치채지 못하는 경우도 있고, 혹은 실제로 분개하는 경우도 있다. 구원자는 혼란스러워 하고 분노하고 슬퍼하기 때문에, 자신을 더 좋게 느끼기 위해 구원할 또 다른 사람을 주변에서 찾는다. 그리고 이 순환은 계속된다. 치료집단은 구원자가 취하는 행동이 얼마나 자기 패배적인지 알아차리도록 돕는 충분히 지지적이고 인내해 주는 몇 안 되는 환경 중 하나다. 그러나 구원자는 아마도 직면을 원치 않을 수 있고(대부분의 우리는 직면을 그리 즐기지 않는다), 동료 집단원이 자신에게 말하는 것을 이해하지 않으려 할 수도 있다. 그러나 시간이 지남에 따라 집단의 도움으로 자기 패턴에서 벗어나 사람들과 접촉하는 다른 방법을 찾을 수 있다.

집단 입장에서는 구원자의 활동을 직면하고 제한하는 것은 다른 사람들이 그들의 작업을 더 쉽게 수행하도록 하기 위해 필요하다. 치료자가 세심하게 구원자를 직면하고 제한하는 것을 잘 처리하면, 그것은 다른 집단원에게도 승인해 주는 본보기가 된다. 초기 직면은 아마도 구조되는 사람의 욕구에 초점을 맞출 것이다. "**댄은 다른 사람의 이야기를 듣기보다는 지금 당장 자기 문제를 스스로 다룰 필요가 있어요.**" "**메리가 척에게 직접 말할 기회를 주세요.**" 그런 다음 나중에 당신은 구원자 역할을 한 집단원이 자신의 인식과 기대를 점검하도록 도울 것이다. "**게리, 항상 다른 집단원들을 돕고 있는데, 그것이 당신에게 어떤 도움이 되나요?**"

구원자는 종종 집단원들 중에 구원해 줄 누군가를 찾는 집단원과 자연스럽게 파트너가 된다. 구원자를 찾는 사람은 자신들이 얼마나 나쁜 대우를 당했는지 혹은 얼마나 해결할 수 없는 문제를 가지고 있는지 끊임없이 말하면서 무기력한 희생자 역할에 빠진다. 그들은 종종 자신을 구원해 주고자 하는 집단원을 초대한다. 그러나 어떤 방식으로든 구원하려는 시도를 방해하려 한다. 그러한 집단원은 전형적으로 비통한 이야기를 하며 충고를 구하지만, 자신의 상황을 변화시킬 수 없는 끝없는 이유를 제공한다.

아마도 이 패턴을 해결하는 가장 좋은 방법은 그저 패턴이 드러나게 내버려 둔 다음, 지금 무슨 일이 일어났는지를 설명하도록 집단에 요청하는 것이다. 그들은 대체로 지체 없이 자신의 역할을 인식하고 이후 그 패턴이 집단에서 상연될 때 그 과정을 확인할 것이다. 이런 일이 일어나면 무기력한 희생자가(구원자와 마찬가지로) 이 역할을 유지함으로써 얻게 되는 자기보상에 대해 살펴보고, 다른 집단원들로부터 자신이 원하는 것을 얻을 수 있는 다른 방법을 찾는 도움을 받을 수 있다.

4) 방해하기와 희생자 만들기

우리가 논의해 온 문제를 가진 대부분의 사람은 집단 과정을 다소 방해하는 경향이 있다. 일부 개인은 훨씬 더 도드라지는 방식으로 방해한다. 공격적으로 행동하고, 언어적 혹은 비언어적으로 방해하고, 부적절한 언행을 일삼기도 한다. 이렇게 방해하는 사람을 대하는 데 사용할 수 있는 유일한 해결책은 없다. 가장 좋은 해결책은 주로 방해하고 있는 사람이 무엇을 하고 있고, 다른 집단원들은 어떻게 반응하고 있는지 집단과 논의하는 것이다. 궁극적으로 방해자가 자기 행동을 바꿀 수없거나 바꾸기를 원하지 않는다면, 집단 리더로서 당신이 집단을 떠나 달라고 요청해야 할 수도 있다. 이것은 극단적인 해결책이기 때문에, 집단이 이 문제를 개방적으로 다루기 전에는 절대 사용해서는 안 된다. 물론 모든 집단원의 반응을 살펴보는 과정을 통해 방해자의 행동이 변하도록 돕고, 집단은 그를 지지하는 새롭고 건설적인 방법을 찾을 수 있도록 돕는 것이 훨씬 더 바람직하다.

여기서 마지막으로 언급해야 할 문제는 바로 희생양 만들기 과정이다. 때때로 집단은 집단적으로 한 명의 집단원을 분노, 좌절 혹은 실망의 표적으로 정할 것이다. 그 사람이 하는 일은 모두 옳지 않고, 집단이 잘못 돌아가는 모든 이유는 그의 잘못때문이다. 그 희생양은 종종 고통스럽지만 타인들에게 치이고 차이는 입장에 서서 상호작용하는 것이 익숙한 사람이긴 하지만, 의식적으로 집단 과정을 방해하는 사람은 아니다. 희생양 만들기는 희생자뿐만 아니라 나머지 집단원들에게도 나쁘다. 집단원들은 이 현상을 보면서 문제를 만들고 유지하는 데 기여하는 자신의 역할을 회피할 수 있다. 치료자는 희생양 증후군에 주의를 기울이고 집단에서 발생하지 않도록 조치를 취할 필요가 있다. 다시 말하지만, 치료자는 집단에서 일어나고 있는 것에 주의를 기울이도록 집단원들에게 요청하고, 자신의 행동을 통해 정말로 성취하고자 하는 것이 무엇인지 생각해 보도록 하는 것이 일반적으로 가장 좋은 전략이다. **"오늘 모든 이가 짐을 비난하고 있어요." "우리 모두 이 상황에 대해 루시가 책임져야 한다는 데 동의한 것 같아 보여요. 어떻게 된 걸까요? 무슨 일이 일어난 거죠?"**

집단에서 문제를 일으키는 사람의 행동은 집단이 집중할 수 있는 유용한 자료를 제공할 수 있다. 당신은 그러한 행동을 집단에서 작업할 재료로, 처음 집단에 오게 된 각자의 바로 그 이유와 매우 연관된 재료로 바라봐야 좌절하지 않고 인내심을 잃지 않을 수 있다. 문제 행동에 대한 과정적 접근 방식이 효과가 없을 때, 리더는 한두 사람이 전체 집단 작업을 방해하지 않도록 한계를 설정하고, 상호작용하는 틀을 제공하는 식으로 반응해야 한다. 일반적으로 집단원들은 과정에 대한 언급에 긍정적으로 반응할 것이고, 점진적으로 그들의 파괴적이고 역기능적인 행동을 새롭고 보다 적절한 행동으로 대체해 나갈 것이다. 만약 이러한 조치도 효과가 없다면, 당신은 보다 명시적인 제한을 설정하여 집단을 보호해야 한다. 그렇게 하는 것과 동시에 문제 행동에 기저하는 감정을 이해해 주고 그 사람이 그러한 감정을 이야기하도록 도와야 한다는 점을 기억하라. 또한 집단에서 수용될 수 있는 대안적 행동을 제안해야 한다. 그냥 "하지 마세요."라고 하지 말고, "그 대신에 ~해 보세요."라고 하라. 마지막으로, 한계를 설정하는 직면은 직면을 받는 사람에게 당혹스러움과 화를 불러일으킬 수 있다. 그가 당혹감 혹은 분개하는 감정을 다룰 수 있도록 도울 필요가 있다.

5. 마지막 몇 가지 생각

집단과 작업하는 치료자는 풍부한 가능성을 경험한다. 집단에는 주목해야 할 것들과 계속 일어나고 있는 것들이 너무나 많고 개입해야 할 너무나 많은 다른 지점이 존재한다. 사실상 집단 환경에서 일하면 자극 과부하 경험은 피할 수가 없다. 주어진 모든 순간에서 사용할 수 있는 모든 정보를 한 사람이 확보하여 처리할 수 있는 방법은 없다.

당신이 그 모든 것을 다룰 수는 없기 때문에 선택을 해야 한다. 다른 것에 반응하기 위해서 어떤 것은 무시해야 할 것이다. 이 장에서는 경험이 많은 집단 리더가 중요하다고 판단한 것들 중 우선 순위가 높은 일부 지침들을 소개했다.

이 목록을 보다 더 압축하기 위해, 우리가 만든 기본적인 우선 순위 세트를 소개하며 마무리하겠다. 당신은 이를 항상 따르고 싶지 않을 수도 있다. 그러나 가끔씩 당신이 집단을 점검하는 데 유용하게 사용할 수 있는 규칙 목록이 될 것이다. 첫째, 집단 역동에 주의를 기울여라. 어떤 과정이 일어나고 있는지 오가는 이야기 내용이면을 들여다보라. 즉, 누가 누구에게, 언제 어떤 어조로 말하는지, 그리고 대화의 결말은 어떻게 되는지 살펴보라. 둘째, 명시적인 또는 암묵적인 계약들을 검토하라. 사람들은 그들이 원하는 것을 얻고 있는지, 만약 그렇지 않다면 집단이 그들의 욕구 충족을 돕는 데 실패한 이유는 무엇인지 확인하라. 셋째, 뒤로 물러서서 집단에서 자신의 역할을 점검해 보라. 일어나고 있는 것을 당신은 어떻게 느끼고 있는지, 누구에게 화가 나고, 누구를 두려워하고, 누구한테 실망하고, 누구를 보호하고 있는지, 집단을 이끌어서 무엇을 얻고 싶으며, 어떤 식으로 자신만의 길을 가고 있는지 살펴라. 여기서 자문을 받는 것은 매우 유용할 수 있다. 우리 자신이 집단 과정에 기여하고 있는 방식에 대해 객관적인 시야를 실제로 가질 수 있을 만큼 집단으로부터 멀리 물러나 떨어져 있기란 엄청나게 어렵다.

초심 치료자가 집단을 하면서 저지르는 가장 큰 실수는 너무 열심히 노력한다는 것이다. 너무 많이 하는 것보다 너무 적게 하는 것이 더 낫다. 집단은 집단 안에, 그리고 집단 자체로도 엄청난 치유적인 잠재력을 가지고 있다. 리더로서 당신의 유일한 기능이 집단원들이 규칙적으로 모일 수 있는 장을 만드는 것이라 해도, 이것 하나만으로도 대부분의 집단원에게 치료적으로 작동할 것이다. 다시 말하지만, 역설적이게도 당신이 습득한 리더십 기술이 많아질수록 그것을 더 적게 사용할 필요가 있다. 긴장을 풀고 적어도 당신이 그들을 가르치는 만큼 집단도 당신을 가르친다는 사실을 믿고 집단의 흐름을 즐겨라. 그럼 당신의 집단은 번창할 것이다.

제9장

커플치료

우리 시대 최고의 인류학자 중 한 명인 마가렛 미드는 1949년에 다음과 같이 썼다. "미국이 추구하는 이상적인 결혼상은 마치 우리가 탄 마차를 한 개의 별을 향해 몰려고 고집하는 가장 눈에 띄는 예 중 하나다. 이는 인류가 지금까지 시도한 가장 어려운 결혼 형태 중 하나다. 그런데 그 과업의 복잡성에 비해 사상자(실패한 사람)는 놀라울 정도로 적다"(Mead, 1949, p. 342). 그러나 반세기 이상이 지난 지금, 사상자 비율은 엄청나게 증가했다(국가 통계에 따르면, 현재 결혼한 커플의 약 반 정도는 이혼으로 끝날 것이다). 그러나 우리는 지속적으로 파트너와의 관계에 많은 것을 기대하고 요구하고 있다. 파트너가 연인이자, 가장 좋은 친구이자, 사회경제적 지원의 주요 원천이 되기를 기대한다. 20세기 많은 사회적 변화에도 불구하고, 결혼을 여전히 아이를 키우고, 꿈과 좌절을 극복하고, 늙어 가는 법을 배우는 맥락으로 생각한다. 부모로부터 독립을 성취한 후(종종 상당한 어려움을 겪고), 어떤 이들은 새롭고 훨씬 더 까다로운 관계에 빠지기 전까지 자신이 획득한 자율성을 즐기지 못하고 잠시 멈칫거린다. 또 다른 일부 사람들은 연속적으로 이어지는 관계를 시작하는데, 이들 중에는 다소 상호 독점적인 일부일처제 양상을 띨 수도 있고, 길게 갈 가능성이 있는 관계도 있고, 결국에는 한 사람 혹은 둘 다가 실망하고 헤어지는 관계도 있다. 각각의 새로운 관계에서 우리는 매번 반복적으로 어떻게 서로 주고받는지, 어떻게 강해지고 약해지는지, 어떻게 스스로를 신뢰하고 보호하는지를 배워야 한다. 우리가 혹은 파트너가 어떤 모습의 사람이 될지 상상조차 할 수 없는 가운데서도 앞으로 수십 년 동안 이 관계를 유지하기를 희망하고 때로는 제안한다. 미드의 말은 여전히 옳다. 관계를 맺는 만큼, 그만큼의 효과가 있다는 것은 놀라운 일이다.

관계가 그리 잘 작동하지 않을 때도, 관계 마찰이 일어날 때도, 첫 사랑의 장밋빛 이상이 현실의 벽에 부딪혀 깨질 때도, 우리는 포기하고 싶지 않다. 우리는(여성이라면) 문제 상황에 대한 대화의 노력을 기울이거나, (남성이라면) 상황이 나아지기를 인내하면서 기다릴지도 모른다. 다틸리오와 페데스키(Dattilio & Padesky, 1990)는 커플이 기대를 갖고 관계를 시작하는 공통적인 패턴에 대해 설명했다. 커플은 둘 사이에 자연스럽게 사랑이 싹텄고, 사실상 상대 파트너의 노력 없이도 그 사랑은 영원히 존재할거라고 기대한다. 그래서 문제가 발생하면 커플은 상처를 입고, 그들의 자발적 헌신의 강도에 의문을 제기할 수 있다. 그러나 이러한 인식에도 불구하고 커플은 계속 노력해 보려고 한다. 그들은 친구들과 이야기도 해 보고, 그들만의 비밀 전략을 세우기도 하고, 성 지침서, 자기계발서와 온라인 채팅을 통해 조언을 얻기도 한다. 때로는 상황을 반전시키고 더 좋게 만들어 줄 제3의 전문가 도움을 구하기도 한다.

물론 커플치료자는 상황을 더 좋게 만들 수는 없다. 치료자가 할 수 있는 것은 커플 스스로가 효과적이고 함께 살 수 있도록 하는 새로운 방법 찾기를 돕는 것이다. 커플치료자는 커플이 서로 경청하고 생각하고 실험해 보고 위험을 감수해 보도록 격려할 수 있다. 치료자는 그들의 관계 밖에 서 있는 입장에서 커플이 자각하지 못하고 있는 관계 패턴을 볼 수 있도록, 커플이 한발 뒤로 물러나 다른 방식으로 서로를 보도록 초대할 수 있다. 외부에서 문제 상황을 보는 이런 능력과 그래서 확보할 수 있는 새로운 조망은 커플치료자가 가진 가장 큰 장점이다. 우리는 그 능력을 잘 보호할 필요가 있다.

커플치료자는(혹은 모든 다른 치료자도, 어떤 사안에 대해) 결코 완전히 객관적일 수는 없다. 코리, 코리와 캘러핸은 "치료자의 가치체계는 가족 내 문제에 대한 공식화와 정의, 치료 목표와 계획 그리고 치료 방향성 결정에 중요한 영향을 미친다."(Corey, Corey, & Callahan, 1998m p. 381)라고 했다. 우리는 어쩔 수 없이 자기 신념과 가치를(성역할과 관계성, 그리고 공평한 것과 공평하지 않은 것) 치료 장면에 가져온다. 치료자의 객관성 유지에 도움이 되는 경고 신호는 커플의 딜레마에 대한 답이나 해결책을 제공하고자 하는 충동이다. 만약 우리가 커플이 뭘 해야 하는지 안다고 생각된다면, 우리 자신의 개인적인 가치에 영향을 받고 있을 가능성이 높다. 우리는 실제로 해답을 모르며, 준비된 해결책을 가진 복주머니가 아니다. 설령 커플이 다르게 해야 할 일을 정말 알고 있다 하더라도, 그 정보를 공유하지 않는 것이 현명할 때가 많다. 가장 성공적인 해결책은 커플 스스로가 발견해야 한다. 커플 작업에서 치료적 기능은 과정을 관찰하고 안내하고 공정한 싸움의 기본 규칙을 준수하도록 강조함으로써, 내담자들을 보호하고 새로운 선택지가 가능하다는 확신을 가지고 전체 노력을 지지하는 것이다.

1. 첫걸음

종종 개인 내담자에게든 커플들에게든 시작은 어색하기 마련이다. 커플은 무엇을 기대해야 할지 모르고, 각각의 파트너는 자기 정당성 입증에 대한 희망("치료를 통해 내 파트너가 나한테 어떻게 하고 있는지를 보게 될 것이다.")과 새로운 요구에 대한 두려움("치료자와 파트너는 모든 게 다 내 잘못이라고 할 것이다.") 사이에서 갈팡질팡할 수 있다. 불안은 높고 신뢰는 낮다. 특히 치료자가 경험이 부족하다면, 아마도 이러한 자기 불안을 경험할 것이다. "이 사람들과 작업할 수 있을까?" "이들이 적절하게 치료를 활용하게 하려면 내가 어떻게 가르쳐야 할까?" "이들 체계 속에 내가 갇히게 될까?" 치료를 위해 조직화하는 방법을 명확하게 이해하면 상담실에 있는 모든 사람은 초반 어색함을 극복하고 치료 과정으로 들어갈 수 있다.

대체로 함께 작업하는 것에 대한 행정적인 세부 사항을 설정하는 것으로 시작하는 것이 가장 좋다. 약속 시간, 상담 비용(지불할 사람, 금액과 시기, 보험 지불에 대한 모든 준비)과 한 사람 혹은 둘 모두 빠진 회기 등에 대한 당신이 바라는 기대를 명확하게 설명하라. 이러한 사전 합의 사항을 다루는 과정에서 드러나는 문제는 파트너들 간의 의사소통 문제에 대한 귀중한 지표가 될 것이다. 따라서 이 치료 회기 초반 부분도 중요한 치료적 함의를 가진다.

세부사항에 대한 정리가 일단 마무리되었다면, 그다음 해야 할 일은 당신이 커플에 대해 알고 있는 것과 그것을 어떻게 알았는지 각 파트너에게 설명하는 것이다. 아마도 한쪽 파트너가 처음 상담 약속을 잡았을 것이기 때문에, 그저 당신이 들은 내용을 나머지 다른 파트너와 공유함으로써 균형을 맞추는 것이 필수적이다. 이를 통해 두 번째 파트너에 대한 정보를 보완할 수 있고, 이미 한쪽 파트너가 얼마나 고자질 혹은 비난했을까에 대한 의심을 누그러뜨릴 수 있다. 또한 처음 연락을 했던 파트너가 당신과 소통했던 내용 중 오해가 있는 부분을 정리할 수 있다. 글래딩은 다음과 같이 경고한다. "만약 커플 중 한 사람이 무시당했다고 느낀다면, 이 사람은 명백하게 상담 참여를 거절하거나 어떤 미묘한 방식으로 치료 과정을 방해할 가능성이 커진다"(Gladding, 1997, p. 95).

물론 정보 갱신 과정은 치료 목표를 명확히 하고 두 파트너 모두의 치료 목표에 대한 동의를 확실시하는 좋은 기회를 제공한다. 그룹은 커플과 작업할 때 목표 설정을 위한 몇 가지 일반적인 원리를 제공한다. "첫째, 목표는 그들의 증상을 완화하고 건강을 촉진하는 데 도움이 되어야 한다. 둘째, 목표는 이후에 따르는 치료를 위한 구조를 제공해야 한다. 셋째, 목표는 성취 가능한 것이어야 하고, 커플과 치료자 모두가 이해하고 동의하는 것이어야 한다. 넷째, 목표는 드러난 문제들에서 비롯되어야 한다"(Groome, 1989, p. 25). 두 파트너 모두가 동의하는 성취 가능한 목표를 설정하는 것은 커플에게 자신감을 주입하고 치료에 적극적 참여자로 임하도록 동기부여하는 데 도움이 된다. 목표가 치료자의 다른 의제에서 비롯된 것이기보다 커플이 드러내고 있는 문제에서 비롯된 것임을 확실시하는 것은 치료자가 자신들을 경청하고 이해하고 있다고 느끼는 데 매우 중요하다. 또한 치료 상황에 당신 자신의 편견이 개입되는 것을 예방하는 데도 도움이 된다.

계약서를 점검하고, 두 파트너가 요청하고 있는 것을 당신이 어떻게 생각하고 있는지 알려 주고, 당신이 그들과 동일 선상에 있음을 확실시하는 것, 이 모두가 앞으로의 치료가 어떠할지에 대한 논의로 이끄는 자연스러운 방법들이다. 치료자로서 당신이 책임질 부분은 치료가 어떻게 진행되는지 내담자들에게 가르쳐 주는 것이다. 치료 과정 동안 일어날 수 있는 모든 것을 일일이 다 이야기하는 것은 불가능하기 때문에(아마도 바람직하지도 않고), 내담자들의 행동에 대한 일부 지침을 제공할 수 있고 제공해야 한다. 거니, 브록과 쿠팔(Guerney, Brock, & Coufal, 1986)은 커플치료에서 내담자들이 배우고 실행해야 하는 몇 가지 기술, 즉 불필요한 불안, 방어 혹은 적대감을 부추기지 않는 방식으로 자신이 필요로 하는 것과 원하는 바를 표현하는 것, 상대 파트너의 요구를 더 잘 이해하는 것, 문제에 대한 창의적 해결책을 발달시키는 것 그리고 문제와 갈등을 해결할 때 긍정적인 정서적 분위기를 유지하는 것을 제안하였다. 사실상 이 '기술들'은 치료 목표라는 사실에 주목하라. 이러한 기술을 행할 수 있는 파트너들은 성공적인 치료 종결로 잘 가고 있는 것이고, 기술 타당성에 동의하는 것은 목표 설정에 유용한 절차일 수 있다. 이러한 기술이나 목표는 잘 기능하는 모든 관계의 보편적이고 바람직한 특성이기에 이 시점에서 토의하는 것이 적절하다. 좀 더 구체적인 목표는 나중에 다룰 것이다.

치료의 전반적인 일반 목표를 결정했고 함께해 나갈 작업에 대한 당신의 기대 사항을 설명했다면 평가 단계로 이동할 수 있다. 당신은 곧바로 두 사람의 관계가 어떻게 시작됐고, 이후 어떤 일들이 일어났는지에 대한 커플사 탐색을 진행할 수 있다. 혹은 지금 당장 일어나고 있는 것에 초점을 맞추어 탐색하는 것도 가능하다. 우리는 다음 부분에서 좀 더 자세히 이러한 평가 선택지에 대해 논의할 것이다.

1) 평가와 과거사 청취

커플이 어떻게 만났는지 그리고 그 이후 어떤 일들이 있었는지에 대한 파트너 각각의 설명을 듣기 시작하면, 아마도 매우 다른 두 이야기를 접하게 될 것이다. 관계사에 대한 정보를 수집할 때 기억해야 할 가장 중요한 것 내용 하나는 다음과 같다. "관계가 왜 어그러졌는지에 대한 하나의 진실이 존재하지는 않는다. 오직 두 사람의 경험들만 있을 뿐이다"(Wiseman, 1990, p. 27). 각자는 공개 버전과 비공개 버전을 분명히 가지고 있다는 점을 명확히 하라. 공개 버전은 파트너의 결함은 과장하고 자기 실수는 축소하는 내용이다. 반면, 비공개 버전은 혼자일 때조차도 자세히 들여다보기 싫은 그런 내용이다. 그러나 각 파트너의 비공개 버전조차도 동의하지는 않을 것이다. 사람들은 사건이 발생한 동안 그들이 어느 위치에 있었느냐에 따라 그 사건을 다르게 경험한다. 성공적인 커플치료 과정 동안, 파트너 각자의 경험은 자신의 사적 세계 밖으로 한 걸음 나오는 법을 배움에 따라 상대 파트너의 경험에 점점 더 가까워진다. 이것이 커플치료에서 성취하고자 하는 바로 그 부분이다. 만약 치료자가 누가 '옳다'고 섣부른 판단을 하면, 즉 한쪽으로 문제 원인을 수렴시키면 두 파트너 모두의 성취를 더 어렵게 만들 가능성이 있다. 그보다는 이 시점에서는 두 사람을 화해시킬 필요가 없다는 것을 기억하면서, 그저 두 경험 세트가 어떤 것인지 이해하는 데 초점을 두는 것이 현명한 접근이다.

커플 작업에 있어 공식적인 광범위한 과거사 청취 절차의 유용성에 대해 전문가들마다 서로의 입장이 다르다. 일부 치료자는 커플이 치료 장면에 오게 된 문제 맥락에 머물면서 서로 이야기하고 절충해 보도록 격려하면서, 곧바로 지금-여기 과정으로 초점을 맞추는 것을 선호한다. 다른 치료자들은 첫 회기 혹은 초기 몇 회기를, 커플이 상호 파트너십을 맺기 전과 후 모두에 대한 과거사 정보를 자세히 수집하는 데 시간을 들인다. 정보 수집 과정은 커플 중 한 사람을 위한 치료 전략 설정의 근거를 마련하는 것 외에도 커플이 함께 작업할 수 있고, (적어도 일부 지점에서는) 동의할 수 있는 상대적으로 위협적이지 않은 과제를 제공함으로써 커플의 불안을 완화하는 데 도움이 될 수 있다. 다시 말해, 과거사 청취는 커플에게 서로 같이하는, 그리고 치료자와 함께하는 성공적인 경험을 제공할 수 있다.

당신이 이러한 두 가지 입장 중 어떤 것을 채택하더라도, 혹은 편안하게 여겨지는 중간 지점을 발견하더라도, 커플과 함께하는 초기 회기는 주로 그들에게 지금 어떤 일이 일어나고 있는지를(잘되고 있는 것은 무엇이고, 잘못되고 있는 것은 무엇인지) 파악하는 데 할애할 것이다. 당신은 파트너 상호 간의 관계 역동에 대한 정보도 수집할 것이다. 호프와 트릿(Hof & Treat, 1989)에 따르면, 모든 인간은 세 가지 기본적인 대인 관계 욕구(포용, 통제, 친밀)를 가진다. 이러한 욕구 중 어느 것이 어느 파트너에게 충족되지 않는지 그리고 그 결핍 자체가 그들 관계에 어떤 영향을 미치는지 살펴보라.

성공적인 관계로 가는 데 큰 부분을 차지하는 또 다른 변수는 감응성/반응성이다. "바뀔 수 있는 커플의 능력은 그들의 반응성(응답-역량) 대 반동성(되돌림-반응)의 함수다"(Hof & Treat, 1989, p. 14). 상대방에게 반발하기보다 서로에게 반응할 수 있고, 기꺼운 마음으로 반응하는 사람들은 서로의 다름에 대한 성공적인 절충안을 찾기가 훨씬 더 수월해진다. 그들은 더 잘 경청하고 상대방의 견해를 수용하고 수용 가능한 타협안을 생각할 수 있다. 반대로 서로에게 반동적으로 반응하는 반작용 커플은 자기 방어에 너무 얽매여 있어서 경청할 엄두를 내지 못하거나 자기 관점 이외에 다른 관점을 고려하는 것을 허용하지 않는다. 관계 욕구가 충족되는지 여부와 함께 반응성과 반동성에 대한 평가는 전체 평가 과정의 중요한 부분이다.

2) 치료 계획

당신은 커플과 함께하는 초반 모든 상호작용 과정 동안 개입 패키지, 즉 치료 계획을 생각해 두어야 할 것이다. 피트먼이 제안한 한 가지 유용한 마음가짐은 스스로에게 물어보는 것이다. "이 커플이 가장 우선적으로 막아야 할 변화는 무엇인가? 이 커플 관계 구조 내에서 너무나 소중하여 그 어떤 대가를 치러서라도 보호되어야 하는 것은 무엇인가?"(Pittman, 1987, p. 19). 당신은 커플이(아마도 꼭 그렇지는 않지만 의식하지 못하는) 각자 귀중하게 생각하는 어떤 것을 보호하고 있다는 사실을 명심해야 한다. 그래야 그들이 봉착해 있는 난관에 당신도 걸려들지 않을 수 있다. 즉, 커플 관계에 위협적으로 작용하는 '특성들'에 허겁지겁 달려들어 위험과 위협을 더 하는 대신에, 그것을 대체하거나 혹은 보호할 수 있는 새롭고 더 건강한 방법을 찾는 방향으로 그들을 이끌 수 있다.

상담에 온 커플은 (대개 무의식적 수준에서) 그들 관계를 힘든 곤경에 얽어 놓고 혼란스럽게 하고 흙탕물로 만들어 버리는 전문가들이라서, 각자가 아무리 열심히 노력해도 둘 다 상처입고 실망하고 분노하게 될 가능성이 높다. 이렇게 되는 이유는 그들이 가진 위험과 위협감 때문이다. 이 경기장에 뛰어든 치료자가 오직 좋은 의도만으로 무장한다면 같은 종류의 패턴으로 덫에 걸릴 가능성이 높다.

물론 당신의 구체적인 치료 계획은 자신에게 가장 편한 치료 스타일에 근거할 것이다. 일부 커플치료자들은 상호작용을 담당하고, 치료가 진전됨에 따라 치료자가 어떤 종류의 치료 활동이 커플에게 가장 이로운지 결정한다고 명확히 커플에게 알리는 상대적으로 구조화된 방식으로 작업한다. 예를 들어, 와일은 처음 치료자는 포위당하거나 수적으로 밀리거나 치료적 중립성을 잃지 않도록 하기 위해, "적극적으로 주도하면서 시작하는 치료적 접근"(Wile, 1993, p. 111)을 한다고 조언한다. 그는 더 나아가 "강압하거나 조정하지 않고도 충분한 치료적 영향력을 행사할 수 있다."라고 주장한다. 이런 종류의 자세는 서로 행복해지는 것보다 '무엇이 옳은가'가 더 중요하다고 결정하고서 서로 싸우고 말다툼하고, 하지 말아야 하는 최후의 말에 몰두하는 커플에게 특히 효과적이다. 케슬러와 싱어는 "결혼 생활 불만족을 초래한 상대의 가장 비난받을 만한 결점을 찾고 조사하는 데 몰두하는 대부분의 커플은 치료자에게 현재 자신들이 처한 상태에 대한 책임이 둘 중 누구에게 있는지 판단해 주기를 기대할 것이다."(Kessler & Singer, 1996, p. 42)라고 했다. 비난하기와 결점찾기는 분명히 관계를 강화하지 못하기 때문에, 치료자는 이런 종류의 상호작용에 참여하는 것을 확실하게 거절해야 하고 보다 유익한 활동으로 커플을 안내해야 한다.

또 다른 커플의 경우에는 치료자보다 자발적으로 상호작용할 수 있도록 공간을 제공하고, 서로의 다름에 대해 공평하게 다툴 수 있도록 하는 일종의 심판관 기능을 하는 것을 선호할 수 있다. 그러나 이러한 자유 방임주의식 접근에서조차도 효율적인 치료자는 방향감을 가져야 한다. 그래야 커플이 긍정적인 변화를 가져올 가능성이 가장 높은 관계영역을 탐색하도록 격려할 수 있기 때문이다.

누가 '옳고 그른지'를 가리느라 실랑이하지 않고, 서로 상대 파트너의 경험을 타당화하기 위한 전략을 세워라. 그러면 나머지는 자연스럽게 따라갈 것이다. 전체 관계 패턴을 보기에 충분할 만큼 멀찌감치 물러나 있어라. 그래야 당신 스스로 '절대적 진실'을 찾고자 하는 함정에 빠지지 않을 것이다. 커플의 의식적·무의식적 계약 내용이 갖는 특성을 평가하라. 커플의 변화에 대한 동기(와 두려움)를 평가하고 재평가하라. 그리고 그들의 힘을 구축하기 위한 방법을 찾아라. 이러한 일반적인 규칙과 당신 자신의 스타일과 이론적 선호를 결합하면 치료 계획은 드러나기 시작할 것이다.

2. 커플치료의 예술

이전 페이지에서 우리는 커플치료의 목표와 치료 과정으로 이끄는 활동에 집중했다. 이제 우리는 치료 과정 자체, 즉 커플과의 작업 시 치료자의 실제적 과업에 대해 살펴볼 것이다. 우선, 일부 보편적인 지침에 대해 살펴본 다음에 커플과의 문제 해결 과정에 구체적으로 적용할 수 있는 일부 기법을 다룰 것이다. 우리는 커플이 변화를 위해 해결해야 하는 일부 공통적인 문제 행동을 설명할 것이다. 마지막으로, 커플 작업 과정에서 자주 등장하는 몇몇 특정 상황에 대해 간단히 논의할 것이다.

1) 보편적인 지침

커플치료자의 첫 번째 과업 중 하나는 각각의 파트너들과 연결하는 것이다. 연결하기(Joining)는 기본적으로 치료적 동맹 형성을 포함한다. 이를 위해서는 내담자는 치료자를 신뢰할 수 있고 유능한 사람이라고 느낄 기회가 필요하다. 개인 치료에서는 대체로 라포 형성에 대해 말하고 만들어가는 게 상대적으로 쉽게 이루어진다. 그러나 커플치료는 보다 복잡하다. 왜냐하면 한 명의 파트너와 연결은 다른 한 명의 파트너와의 관계에 불신을 초래할 수 있기 때문이다. 목표는 둘 모두와 연결하고 어느 쪽 편도 들지 않으며 각각을 돌보고 이해하는 사람으로 인식되는 것이다.

여기서 치료자의 태도가 가장 핵심 요인이다. 당신이 한 파트너를 다른 파트너보다 편애하면서 몰래 편들지 않는다면, 그들과 균형 잡힌 관계를 만들 가능성이 더 높아진다. 그러나 생각보다 쉽지 않다. 두 사람 간에 동의되지 않는 부분을 인지할 때, 이를 판단하고 선호하는 쪽을 선택하고 옳고 그름을 평가하는 것은 자연스러운 사회적 특성일 수 있다. 당신이 함께 작업하고 있는 커플은 당신의 지지를 얻기 위해 경쟁하기 때문에 상황을 더욱 복잡하게 만들 수 있다. 그들은 당신이 실제로 판사나 배심원 역할을 할 것이며, 둘 중 한 사람과 당신이 연합한다면 당연히 다른 한 사람과는 대립할 것이라고 확신할 것이다. 포만은 다음과 같이 말했다. "어떤 치료에서든 치료자가 커플 두 사람 모두에게 자원과 동맹의 역할로 접근하는 것이 중요하다. 만약 치료자가 둘 중 한 사람의 편에 서거나 어느 한 사람을 비난하라는 초대에 말려들게 되면 이러한 입장을 유지할 수가 없다"(Foreman, 1996, p. 171). 당신이 각각의 파트너에 대해 이해하게 되면서 중립적으로 머물 한 사람이 옳고 다른 한 사람은 틀리다는 식으로 결론내리지 않도록 스스로 도전해야 한다. 표면적으로 어떻게 보이든 간에 두 파트너 모두 고통스러워 하고 있음을 기억하는 것이 도움이 된다. 커플 역기능에는 승자가 없다. 둘 모두 패자다. 그리고 둘 모두 고통이 멈추기를 원한다. 두 사람의 견해가 얼마나 다르건, 역할 혹은 방어가 얼마나 견고하건 상관없이, 파트너들은 변화를 원하기도 하지만 변화를 두려워하기도 한다고 가정하는 게 안전하다.

연결하기는 다양한 방법으로 성취될 수 있다. 가장 분명한 것은 대화의 방법이다. 즉, 파트너의 이야기를 주의 깊게 경청하고, 각자 이야기할 수 있는 기회를 확실히 제공하고, 당신의 의견을 전하고 질문을 통해 그들이 말하는 것을 이해하고 있다고 알리는 것이다. 존슨은 "파트너의 감정과 반응이 합당하고 이해 가능한 것이라는 치료자의 메시지를 전달하라."(Johnson, 1996, p. 186)라고 조언한다. 그러나 더 강력한 것은 각각의 파트너를 경청할 때의 당신의 얼굴 표정과 몸짓, 각각에게 제공하는 시간의 양과 같은 비언어적 행동이다. 가장 위험한 것 중의 하나는 두 사람 관계문제 혹은 아픈 사람에 대한 어느 한 명이 내린 초기 정의를 그대로 받아들이는 것이다. '확인된 문제'를 가진 사람이 자신이 그런 역할을 하고 있다고 동의하더라도, 당신은 균형을 잡을 수 있는 여지를 남겨야 한다. 즉, 명시화된 행동은 커플이 해결해야 할 심각한 문제 중 하나일 뿐임을 기억하라. 당신은 비난받는 파트너와 더 가까이 앉거나 유사한 몸짓을 취함으로써 비언어적 유대를 강화할 수도 있다. 이를 통해 커플이 제시하는 정보에 대한 설익은 언어적 도전을 하지 않고, 그 또는 그녀와의 연결 가능성을 보존할 수 있을 것이다.

토드와 보하트는 다음과 같이 제안한다. "많은 부부치료에서 커플의 사회적 기술 교육이 이루어진다. 치료자는 커플에게 이야기할 때, 분명하고 직접적이고 비판단적이며 효과적인 의사소통의 본보기를 제공하고, 의사소통 기술을 가르치는 구체적인 기법을 탐색할 수도 있다"(Todd & Bohart, 1999, p. 405). 이러한 구체적인 기법 중 하나는 치료자에게 혹은 치료자를 통해 이야기하는 대신에 파트너들이 서로를 향해 이야기하도록 가르치는 것이다. 서로를 향해 이야기하기는 문제 해결을 위한 적절한 방식이다. 치료자에게 말하는 것은 자신의 파트너를 비난하거나 비판하기와 같은 파괴적인 행동과 관련될 가능성이 더 높다. 파트너들이 서로를 향해 말할 때, 치료자는 의사소통 패턴을 있는 그대로 관찰할 수 있다. 무슨 일이 일어났었는지를 설명하기보다는, 지금 무슨 일이 일어나고 있는지를 치료자에게 보여 주는 것이다. 따라서 그들은 진단적 정보와 즉시적으로 훈습해 볼 수 있는 자료 둘 다를 제시한다.

종종 파트너들에게 그들의 문제에 대해 서로 이야기해 보라고 하면 거부할 것이다. 이미 여러 번 그것에 대해 말해 왔기 때문에 더 이상 할 말이 없다. 적절한 답변은 그들이 실제 많은 것에 대해 이야기해 왔으나 지금은 제3자가 있는 상황이기 때문에 다를 수 있음을 동의하는 것이다. 치료자는 그들이 함께 이야기 해 온 방식에 대해 더 많이 배울 수 있도록 돕고, 서로에게 대처하는 데 있어 일부 새로운 기술을 개발하도록 돕기 위해 함께 존재할 것이다.

전형적으로 파트너들은 서로를 향해 말하기 시작하면서 이런 종류의 개입에 반응할 것이다. 그러나 한두 번 교류를 한 이후 치료자에게로 다시 돌아올 것이다. 그럼 다시 **"그것에 대해 그 또는 그녀에게 말해 보세요."** 혹은 **"좋아요. 이제 똑같은 것을 파트너에게 말해 보세요."**라는 치료자의 격려를 받으며 '서로에게 말하기' 과업으로 방향 전환할 수 있다. 이런 방향 전환 기법은 잘못된 방식으로 말하고 있다는 비난을 피할 수 있다는 사실에 주목하라. 사실상 커플이 서로가 서로를 향해 말하고 대응하도록 재전환할 때조차도 당신은 정보와 감정을 공유함으로써 그들을 강화할 수 있다.

때로 치료자가 전체 상황의 일부를 알거나 이해하는 것이 한쪽 파트너에게는 중요할 수 있으나, 파트너에게 말하는 것은(치료자가 경청하고 정보를 간접적으로 수집하는 동안) 좌절감과 불편함으로 다가올 수 있다. 누가 누구에게 말해야 하는지로 힘겨루기 하지 마라. 대신 그 곧바로 이야기로 가서 경청하라. 그런 다음 그 이야기가 무엇이든 간에 '그것'이 일어났었던 때, 그가 혹은 그녀가 어떻게 느꼈는지를 말하는 이가 파트너에게 표현해 보도록 요청하라. 만약 그 이야기가 감정에 대한 구체적인 근거 자료를 포함한다면("그리고 나한테 한마디 말도 없이 그 모든 물건을 샀다는 걸 알았을 때, 전 너무나 화가 났고 상처를 받았어요. 그리고…….."), 당신은 상대 파트너에게 **"당신은 그 일에 대해 그 또는 그녀가 어떻게 느꼈는지 알았나요?"**라고 물으면서 감정에 대한 논의로 두 사람을 다시 참여시킬 수 있다. A가 B에 대해 말하는 동안 두 사람 간을 왔다 갔다 하며 살펴보는 것보다는 비언어적으로 A를 지켜보는 것이 2대 1 연합 구성을 방지하는 데 도움이 된다. 마지막으로 만약 모든 시도가 실패하고 한쪽 파트너가 상대 파트너가 아닌 당신에게 말하고 싶다고 주장한다면, 말하는 쪽에 대한 당신의 견해를 듣고 있는 파트너에게(묵시적으로 연합하면서) 제공할 수 있다. **"케빈은 이것에 대해 매우 화가 난 것으로 보여요."** 혹은 **"캐롤은 그것을 당신에게 말하기보다는 제게 말하는 게 더 편안한 것 같아요."** 하는 식이다.

치료자는 커플 간의 주고받는 속도를 늦추어서, 각각의 파트너가 상대가 말하는 것에 대해 말하고 듣고 생각하고 반응할 수 있는 기회를 가지도록 해야 한다. 이러한 속도 완화는 그들이 자기감정에 대해 말하기 시작할 때 훨씬 더 중요해진다. 커플은 특히 강한 감정이 연루될 때 하나의 문제에 머물며 진척시켜 나가기가 어렵다. 옆길로 새기도 하고 주제를 바꾸고 더 안전한 화젯거리로 전환하기도 한다. 치료자는 그들이 말한 것과 그에 대한 감정을 수용하면서, 그 믿음 혹은 감정을 공유하든 그렇지 않든 간에 다루고 있던 주제로 다시 데려올 필요가 있다. **"스탠, 로라의 질문에 대한 당신의 답변을 듣지 못했어요." "베티, 당신이 아이들에게 고함치는 소리를 들을 때 칼이 어떤 감정을 느끼는지에 대해 방금 말했어요. 칼이 말한 것을 당신이 어떻게 이해했는지 알려 주시겠어요?" "수, 당신이 먼저 톰의 말을 듣고 어떻게 이해했는지 명확히 해 주면, 톰은 그것에 대해 당신이 어떻게 생각하는지 더 잘 들을 수 있을 거예요."**

일부 커플은 이런 부드러운 안내보다 훨씬 더 많은 것이 필요하다. 그들은 말 그대로 서로를 어떻게 경청해야 하는지 모르고, 자신이 경청하고 있다는 것을 상대방이 알 수 있도록 하는 방법 또한 모른다. 그러한 상황에서 '치료자 처리(therapist processing)'라고 알려진 기법은 유용하다. 치료자는 한쪽 파트너(A)의 이야기를 경청하고, 다른 한쪽 파트너(B)가 말한 것을 그 또는 그녀(A)에게 해석해 준다. 이 방법을 통해 말한 사람은 더 명확한 형태로 표현된 메시지를 듣게 되고(그래서 누군가가 들었다는 증거를 얻고), 아마도 생각과 감정을 더 명확하게 표현하는 방법에 대한 조언을 얻을 수 있다. 그리고 치료자는 자신의 재진술에 있을 수 있는 오류를 고칠 기회를 얻는다. 그 사이에 경청하고 있던 파트너는 메시지를 두 번 듣게 되고, 자기 파트너의 원래 메세지 혹은 치료자가 재진술한 메시지에 대해 반응할 수 있다.

파트너들이 서로에게 말하고 상대방을 경청하는 법을 배울 때, 그들은 내용에 가장 신경 쓸 것이다. "나는 당신 말에 동의하는가?" "우리 사이에 일어나고 있는 것에 대한 당신의 설명은 공평하고 정확한가?" "당신은 내 말을 이해하고 있는가, 그리고 내가 옳은지 그른지 나와 논박해 볼 것인가?" 이와 반대로 치료자는 이야기를 어떤 식으로 나누는지, 어떤 패턴이 있는지, 말하는 사람과 듣는 사람 모두에게 어떤 영향을 미치는지에 훨씬 더 관심을 가질 필요가 있다. 즉, 파트너들이 서로에게 접촉을 시도하고 유지하는 현재 방식을 의미하는 관계 과정(relational process)에 집중해야 한다. 코헨(Cohen, 1999)은 커플 관계 향상을 지속시키기 위해서는 항상 관계 과정에서의 변화가 필요하기 때문에, 치료자는 내용이 아닌 관계 과정에 집중하라고 제안한다. 관계 과정에 주목하고 이에 대한 피드백을 하면, 커플은 오래된 패턴을 깨고 음악 종류에 상관없이 동일한 방식으로 어떻게 춤을 출 수 있는지 이해할 수 있을 것이다.

커플에게 대체로 유용하게 사용할 수 있는 또 다른 기법은 과제를 부여하는 것이다. 커플들은 치료 회기에서 문제를 다루고 연습하고, 집으로 돌아가서는 다시 이전과 동일한 오래되고 역기능적인 행동으로 돌아갈 수 있다. 구체적인 과제를 커플에게 제공하는 것은 그들이 회기 동안에 얻어 낸 유익한 것들을 공고히 하고 가정 환경으로 확장 및 이전하도록 돕는다. 흥미롭게도 항상 새롭게 획득된 방식으로 상호작용하는 과제일 필요는 없다. 집에 가서 효과적이지 않았던 이전의 오래된 방식을 이용해 고의적으로 상호작용하게 하는 것도 매우 효율적일 수 있다. 고의적으로 잘못된 방식으로 행동하는 것은 더 나은 방법을 모르거나 변화하는 방법을 몰라서 틀린 행동을 선택하는 것과는 매우 다르다. 많은 커플이 의무적으로 '집에 가서 다시 재발하기' 과제를 수행한 후에, 치료를 시작하기 전에는 불가능하게 보였던 새로운 방식으로 서로를 대하게 된 것에 크게 안도한다.

　회기를 마치기 전에 두 파트너에게 과제를 기록하라고 하는 것도 좋은 생각이다. 다틸리오와 파데스키(Dattilio & Padesky, 1990)는 커플에게 과제 기록을 요청하지 않으면 과제 미완결을 초래할 수 있다고 경고한다. 명확한 기록이 없으면 파트너들은 과제가 무엇이었는지 단지 잊어버리거나 혹은 어떻게 수행해야 하는지에 대해 이견을 가질 수 있다. 특정 과제를 부여하지 않았을 때조차도 회기가 마무리되어 갈 때 즈음에 당신은 그 회기에서 얻은 주된 것들을 적도록 커플에게 요청할 수 있다. 커플 각각의 인식 간에 혹은 그들의 것과 당신의 것 간에 존재하는 차이점과 유사점은 앞으로 진행될 치료 계획에 대해 그들이 논의하고, 당신이 고려해야 할 유용한 정보를 제공할 것이다. 사실상, "**기록 내용을 비교하지 말고 적어 보세요. 자신에게 떠오르는 것이 회기에서 일어난 가장 중요한 것입니다. 다 적고 난 다음에 각자 인식한 것들 간에 어떤 차이점과 유사점이 있는지 논의해 보세요.**"라고 말하는 것이 대부분의 커플에게, 치료의 모든 단계에서 효과적일 수 있는 과제 부여 만능 방식이다.

3. 문제 해결

　커플치료는 다른 어떤 것을 포함하든 문제 해결 과정이다. 문제는 애당초 커플이 치료 장면으로 오게 된 이유들이다. 뭔가 잘 돌아가지 않고, 커플 스스로는 해결책을 찾을 수가 없었던 것들이다. 치료자가 커플의 문제를 해결해 줄 수도 없고 해결해 주어서도 안 됨에도 불구하고 해결할 수 있다고 반드시 믿어야 한다. 치료자는 그들이 문제를 해결하기 위해 노력해 왔던 것들을 살펴보도록 하고, 비난과 비평에 맞춰진 초점을 이동시키고, 항상 새롭고 탐색되지 않은 선택지들이 존재한다는 전제를 일관성 있게 유지하도록 돕는다.

1) 문제 확인

대개 관계 문제가 있는 커플들은 문제가 무엇인지 진짜 모른다. 반면, 어디서 상처를 받고 무엇을 걱정하고 혹은 무엇에 대해 화가 나는지는 안다. 그러나 그들이 직접적으로 그 상처 혹은 두려움을 다루려고 할 때, 왜 그런지는 모르겠으나 모든 것이 혼란스럽고 통제 불능 상태로 빠진다. 옆길로 새고 방어적인 태도를 취한다. 오래된 문제를 가져와 더 좌절을 느끼고 사방팔방으로 더 내달린다. 그들이 또 다른 문제로 이동하기 전에 하나의 문제에 집중하여 해결하도록 돕는 것은(그것이 가장 중요한 문제가 아니라 할지라도) 중요한 치료적 성취다.

문제 해결 초기 과정에서는 덜 중요한 문제를 다루는 것이 매우 유용하다. 작은 문제에서 시작해야 상대를 좀 봐주기도 하고, 다소 미심쩍어도 좋게 생각하기도 하고, 관대하거나 용서하는 것도 더 쉬울 수 있다. 그리고 소소한 문제를 타협하는 데 성공하면 파트너들은 희망을 가지게 된다. 아마도 내 파트너가 나를 기꺼이 경청할 것이고, 어쩌면 우리가 협상할 수 있는 방법을 찾을 수 있을 거라고 생각한다. 이런 예비적 '타협 훈련'을 위한 공간을 마련하기 위해, 커플에게 짧은 시간 동안은 의식적으로 그들이 해 왔던 방식 그대로 살아 보라는 요청을 한다(물론 폭력은 허용될 수 없고, 모든 가족 구성원은 실제적인 학대로부터 보호되어야 한다는 가정하에서). 와이즈먼은 "치료자는 커플에게 이후 현명한 결정을 내리기 위해 제한된 기간 동안은 뭘 해야 할지 모르는 상태를 견뎌 보라고 격려하라."라고 제안한다. 그는 또한 "이 시점까지 의식적으로 인식하지 못한 채 이미 개인 내면에 깊이 심어져 있는 결심을 밝혀내는 것이 '결정하기(deciding)'라고 자주 일깨워 줘라."(Wiseman, 1990, p. 11)라고 조언한다. 나아가 중요한 문제를 잠시 보류한 채 그들이 감정적으로 덜 예민한 상태에서 협상 기술을 배우도록 하는 것은 그들 관계의 긍정적인 면을 재인식하도록 돕는다. 그리고 그들이 서로 다투느라 혼탁해진 감정적 먼지로 인해 최근 보지 못했던 것들을 보도록 도울 수 있다.

기본적인 문제 해결 원리는 뭔가를 하지 않는 것보다는 뭔가를 해야 해결로 갈 수 있다는 것이다. 이는 관계에 관한 작거나 큰 문제들에 모두 적용된다. 그 어떤 누구도 문제 영역에 존재하는 행동을 다른 행동으로 대체하지 않으면서 그 행동을 멈출 수는 없다. 반대로, 당신이 새로운 행동을 시작할 때 오래된 많은 행동을 중단해야 한다. 따라서 바람직하지 않은 행동을 제거하는 것은 이차적인 목표가 되고, 바람직한 행동을 시작하는 것이 주된 목표가 된다. 많은(아마도 대부분) 커플은 이 차적 목표에 대한 좋은 아이디어를 가지고 치료에 온다. "저는 그 또는 그녀가 징징 거리는 것, 너무나 많은 돈을 쓰는 것, 다른 남자/여자와 데이트하는 것, 내 욕구를 무시하는 것, 등등을 그만하기를 원해요." 문제를 해결하는 첫 번째 단계는 불평불 만하는 파트너가 상대 파트너가 그렇게 하는 대신에 다르게 어떻게 하기를 원하는 지 확인하는 것이다.

'뭔가를 하지 않기'보다 '뭔가를 하기'의 관점에서 생각하기 시작하면서, 여러 해 결책에 대한 아이디어가 실현 가능한 것이 된다. 내가 싫어하는 것 대신에 내 파트 너가 할 수 있는 다른 것이 많을 수 있다. 이들 중 일부는 다른 것보다 나을 것이다. 내가 가장 원하는 것은 당신이 기꺼이 줄 수 있는 것일 수도 있고 그 반대일 수도 있 다. 그러나 적어도 두 사람 모두가 수용할 수 있는, 그간 해 왔던 것보다 분명히 나은 차선책을 찾을 수도 있다. 궁극적으로, 각각의 파트너는 상대방에서 요청하는 법을 배운다. "내가 원하는 것을 당신이 주려면, 당신이 나한테 바라는 것은 뭔가요?"

이렇게 협상 과정은 시작된다. 커플은 이차적 목표(뭔가 하지 않기)보다는 우선적 주요 목표(뭔가 하기)에 대해 이야기하는 법을 배운다. 그리고 각 파트너가 하나의 협상 불가한 목표가 아닌 여러 가지의 수용 가능한 목표에 대해 생각해 보도록 격 려한다. 이 지점에서 변화 가능성이 생기기 시작한다. 여기까지 온 것은 미미한 성 과가 아니다. 이런 성취를 위해서는 각 파트너는 자기 자신뿐만 아니라 상담실에 있는 다른 사람들에게 정직해야 하고, 원하는 것과 필요로 하는 것, 좋은 것과 싫은 것을 명확히 해야 할 필요가 있다. 이런 종류의 정직함은 매우 위협적일 수 있다. 특히, 한 사람 혹은 둘 모두가 내놓은 정보를 도구로 사용하기보다는 무기로 사용 할까 봐 두려워할 때 그러하다. 정직한 협상이 일어날 수 있는 지점에 도달하기 위 해서는 많은 치료 회기가 필요할 수 있다.

2) 선행 사건 찾기

치료 초기에 각 파트너는 종종 자신들의 갈등이 진짜 무엇 때문인지 혼란스러워 한다. 동일한 방식으로 반복해서 갈등이 일어날 때조차도 마치 문제가 갑자기 팡

하고 불거진 것처럼 느낀다. 우리는 다시 반복되는 상황에 놓인다. 화가 나고 상처를 입고 겁에 질린다. 어떻게 해서 이렇게 됐는지는 모른다. 그러나 그것이 고통스럽기도 하지만 그만큼 친숙하다는 것도 알게 된다. 예측하는 법을 배워서 이런 유사한 해로운 상호작용을 피하는 것은 중요한 치료 목표다. 내가 하는 X라는 행동이 늘 불쾌한 결과를 초래한다는 사실을 이해할 때, X 행동이 불쾌감을 줄 만한 것인지 그 여부를 결정할 수 있을 것이다.

이러한 원인과 결과 패턴을 파트너들이 모르는 공통의 이유는 연쇄 반응의 시작점을 모르기 때문이다. 마빈과 마샤는 한바탕의 싸움에 대해 이야기한다. 마빈은 신문을 읽기 위해 저녁 식사 후에 앉았고, 단지 마샤가 부엌에서 접시와 찬장 문을 쾅쾅 두드리고 있다는 것을 어렴풋이 알고 있을 뿐이었다. 몇 분 후에 그녀는 문에서서 눈물 흘리며 마빈이 사려 깊지 못하고 게으르다고 비난했다. 그는 화를 내며 응수했다. 이 극적인 사건은 마샤가 방에 들어가 흐느끼고 마빈은 볼링 대회를 간다며 문을 박차고 나가 버리는 것으로(엄청 화가 나 거칠게) 마무리되었다.

이 연쇄 반응은 마빈과 마샤 모두 저녁 식사가 끝나는 시점에서 시작되었다. 각자 상대방의 행동이 타당하지 않으며 설명할 수 없는 것이라 생각했다. 그들이, 그리고 치료자가 무슨 일이 일어났는지 이해하기 위해서는 선행 사건을 반드시 파악해야 한다. 항상 선행 사건은 있기 마련이다. 다른 무언가가 선행하지 않고 어떤 일이 일어날 수는 없다. 만약 치료자나 커플 둘 다 선행조건을 명시할 수 없다 하더라도 선행 사건은 존재한다고 주장할 수 있다. 나아가 선행 사건 자체도 선행 사건을 가진다. 패턴의 뿌리를 역으로 추적해 나갈 수 있다. 이런 식의 탐색이 여러 차례 이루어지다 보면, 하나의 패턴이 드러나기 시작할 것이다. 마빈이 저녁 식사에 늦었을 수 있고, 혹은 마샤가 그날 마빈이 정한 저녁 일정에 대해 화가 나 있거나 마샤가 가계 예산으로 고민하며 마빈에게 이야기하지 않고 구매한 것에 대해 걱정하고 있었을 수도 있다. 가능한 가설은 무궁하다. 가설의 내용은 대체로 패턴을 결정하는 데 특별히 중요하지는 않다. 보통 드러나는 것은 감정의 흐름과 감정에 대한 반응이다. 이러한 감정 패턴이 인식되고 커플이 기꺼이 그 패턴을 해결하려 할 때 실제 사건 내용은 훨씬 덜 중요해지고 문제는 해결되기 시작한다.

3) 취약성

감정을 정직하게 마주한다는 것은 취약해질 수 있다는 것을 의미한다. 내담자는 자신의 행동을 그대로 유지하면서 몇 주 동안은 파트너의 행동을 공격할 수 있다. 그 또는 그녀는 파트너나 치료자를 향해 흐느껴 울거나 소리 지르기도 하면서, 자신의 방어기제 뒤에서 아직 안전하게 머문다. 그러나 일단 내담자가 자신이 진짜 어떻게 느끼는지, 자신을 슬프게 하고 기쁘게 하고 화나게 하고 두렵게 하는 것이 무엇인지 사람들에게 알려 주기 시작하면 방어기제는 무너져 내린다. 내담자가 그렇게 할 수 있기 전까지는 치료자와 파트너 모두가 그의 감정을 존중하고, 그 취약함을 공격 수단으로 사용하지 않는다는 것을 확실히 해야 할 것이다. 치료자의 임무는 파트너들을 공격이나 협박으로부터 보호하는 것이며, 그러한 행동이 발생할 경우(또는 발생할 수 있다고 두려워하는 경우) 그것에 대해 토론할 수 있는 장을 제공하고, 다른 파트너가 공격을 계속한다면 때때로 파트너가 새롭고 더 건설적인 방어책을 개발할 수 있도록 돕는 것이다. 두 파트너에게 감정을 공유하도록 격려함으로써, 취약점을 균형 있게 조정하게 되고, 파트너들은 서로가 서로를 격려하고 지지한다고 느끼게 될 것이다.

치료자는 치료 과정 내내 중립성을 유지해야 하고, 특히 감정적 문제가 다루어지고 있을 때는 어느 한쪽 편을 들어서는 안 되지만, 이것이 어떻게든 우리 자신의 감정을 꺼 버린다는 것을 의미하지는 않는다. 길버트와 슈무클러는 "치료자는 자신의 강력한 감정을 관리할 수 있는 능력을 가져야 한다."(Gilbert & Shmukler, 1996, p. 99)라고 조언한다. 치료자는 자기감정에 진솔하고 통제력의 상실 없이 감정을 표현할 수 있고, 자신이나 내담자의 강렬한 감정 표현으로 인해 상처받지 않는다는 것을 확실히 인식하고 있어야 한다. 그래야 이런 동일한 종류의 보안(security)을 커플도 배울 수 있도록 하는 안전지대(safe zone)를 만들 수 있다. 이런 종류의 안전성을 확보했을 때 더욱 깊고 깊은 공유가 가능해지고, 이를 통해 새로운 이해 및 함께 존재하는 새로운 방법을 배운다.

커플이 서로를 경청하고 감정에 주의를 기울이고 존중하는 법을 배움에 따라 그들은 의사소통과 문제를 해결하기 위한 완전히 새로운 무대를 발견하게 된다. 이것은 흥분되는 시간이며, 종종 일종의 행복, 즉 "모든 것이 훌륭하고 우리는 다시는 문제가 없을 것"이라고 느낀다. 모든 것이 영원히 해결된다는 믿음은 위로가 된다. 그러하기에 커플은 이제 자신들의 관계는 완벽하고 문제가 없다고 믿고 싶어서 다른 관련된 문제 영역의 존재를 부인할 수도 있다. 그렇지만 커플에게 좌절 상황이 일어날 수 있다고 주의를 주어야 한다. 새로운 갈등 영역이 나타날 수 있고 나타날 것이다. 치료 과정의 진정한 가치는 현재 당면한 문제 해결에 있는 게 아니라, 미래에 있을 문제 상황에서 사용할 수 있는 수단과 방법을 커플에게 제공하는 데 있다.

4. 공통 패턴

지금까지 논의한 지침들은 모든 커플치료 상황은 아니지만 대부분의 경우에 유용하다. 이제 우리는 부부와 함께 작업할 때 마주하게 되는 좀 더 구체적인 문제 영역을 살펴보겠다.

1) 비난과 불평하기

이미 언급했듯이 많은 커플이 서로를 비난하고 불평하기 위해 치료에 온다. 어느 정도의 고자질을 허용할 필요가 있을 것이다. 마치 사태를 수습하는 새로운 방법을 찾기 위한 자리를 정하기 전에 아이가 자기 조망에서 이야기를 하고, 자기 이야기가 제대로 전달되었음을 알아야 하는 것처럼, 파트너들은 상황이 어떻게 된 것인지 자신들의 관점에서 치료자가 이해하고 있음을 알아야 한다. 치료자는 어느 한쪽 편을 들거나 한 사람의 관점이 옳거나 그르다고 결정하지 않고, 불평하는 그 이면에 존재하는 감정을 경청하고 공감하는 방법을 배워야 한다. 그러나 커플이 서로 비난하고 불평하는 상호작용을 장시간 지속하게 하는 것은 매우 정서적인 학대가 될 수 있기 때문에 좋은 생각이 아니다. 비난은 상대 파트너가 문제의 원인이며, "갈등에 대한 자기 책임을 거부하는 행동 형태라고 가정한다. 비난하기는 커플이 건설적인 협상으로 이어지게 하기보다는 문제의 원인 혹은 문제 책임 소재 주제라는 곁길로 새게 한다"(Young, & Long, 1998, p. 184).

비난하기에 기여하는 것 중 하나는 마음 읽기(mind reading) 현상이다. 혹은 마음 읽기에 대한 신념이라고도 할 수 있다. 한쪽 파트너가 상대 파트너의 내적 경험을 안다고 믿는 것이다. 당신이 고의적으로 나를 상처 내려 했다고 혹은 당신이 진정으로 나를 게으르고 무능한 사람이라 생각한다고 믿는다면, 내가 당신을 더 쉽게 비난하고 당신 행동에 대한 다른 이유를 상상하기 어려워진다.

로렌스 등은 다음과 같이 조언한다. "커플치료자들은 내담자들이 비난하지 않고 서로 말하고 경청하도록 도와야 한다. 그렇게 하기 위해서는 우리는 커플이 자기 파트너가 생각하거나 느낀다고 믿는 것에 대해 논의하기보다 자기 경험에 대해 이야기하도록 격려해야 한다"(Lawrence et al., 1999, p. 236). 내가 관계에서 정말로 알 수 있는 유일한 것은 당신 행동에 대해 내가 경험한 것과 그 경험의 결과로 내가 어떻게 느꼈는가 하는 것이다. 그것이 내가 당신과 나눌 수 있는 것이고, 그것이 당신이 나와 나눌 수 있는 것이다. 우리가 "나는 당신이 X를 행하거나 말하는 것을 봤거나 들었고, 그것에 대해 나는 Y를 느꼈다."는 양식으로 소통한다면, 비난하기는 최소한으로 유지된다.

거의 항상 관계를 손상시키는 비난하기와는 달리, 불평하기는 때때로 문제 해결의 발판으로 사용될 수 있다. 이런 식으로 불평하기를 활용하기 위해서 일관성 있게 지금 일어나고 있는 것의 세부 사항과 불평하는 파트너의 내적 경험으로 주의를 돌려야 한다. 모든 불만 사항에 내포된 유용한 데이터는 정확히 무슨 일이 일어났는지와 불평하는 파트너가 어떤 영향을 받았는지와 관계가 있다. 과거에 그 일이 얼마나 많이 일어났는지, 혹은 파트너가 그 행동을 다시 한 것이 얼마나 나쁜 짓인지를 살피는 것은 대부분 무용하다. 불평하는 파트너에게 상대 파트너의 행동 중 성가시게 느끼는 것이 정확히 어떤 것이고, 그 행동 대신 정확히 어떤 대체 행동을 더 선호하는지 반복적으로 물어보면, 무기력하게 투덜대거나 분노에 차 비난하는 행동에서 요구 사항을 충족할 수 있는 새로운 방법을 찾는 과정으로 전환된다.

2) 서로에게 상처 주기

커플들은 긴 세월 동안 함께 살고 일련의 다양한 전쟁터를 바꿔 가며 똑같은 싸움을 반복하면서 취약한 지점을 발견한다. 그들은 서로의 연약한 부분을 알고, 어떤 단어나 제스처가 갑옷을 뚫고 취약한 표적에 도달할 것인지도 안다. 종종 이런 지식은 의식을 벗어나 있기 때문에, 상처 주는 말이 순간의 열기 속에서 충동적으로 튀어나오는 것처럼 보인다. 치료자는 한쪽 혹은 둘 모두에게 상처 주는 것으로 끝나는 이 행동을 의식의 장으로 가져와 '위험 신호'로 인식하게 해야 한다. 그래야 커플이 그 패턴을 반복하려는 찰나에 자신들이 그러고 있다는 것을 알아차릴 것이다. 그런 다음에서야 파트너들에게 그 문제를 해결하고 싶은지 아니면 과거 행동을 그저 서로 책망하기만 할 것인지 물을 수 있다. 그들이 해결을 선택한다면 갈등을 증폭하기만 하는 상처 내는 반칙 행동은 하지 않기로 동의해야 할 것이다.

일부 상처 내는 행동은 특정 커플에게 나타나는 특이한 것으로 볼 수 있지만, 대부분의 상처 내는 행동은 많은 결혼 생활에서 보편적으로 존재한다. 그런 범주 중 하나가 파트너는 어떤 식이고, 그래서 변할 수 없음을 암시하는 부정 명사나 형용사다. 예를 들어, 아내가 '신경증 환자'라고 하는 남편이나 남편이 '거짓말쟁이'라고 하는 아내는 신경증 환자나 거짓말쟁이와 함께 사는 법을 배우거나 관계를 떠나는 것 이외에는 선택의 여지가 없다. 이런 종류의 형용사를 사용하는 배우자는 파트너가 취하는 행동을 묘사하는 방법을 배우고, 그런 다음 그들 자신의 행동이 파트너의 행동에 기여하는 방식을 확인할 필요가 있다. 일단 그런 패턴이 인식되고 나면, 각자 상대 파트너의 행동을 변화시키는 데 도움이 되는 자기 행동을 바꾸는 법을 찾을 수 있다.

또 다른 상처를 내는 행동은 '당신은 항상' 혹은 '당신은 결코'로 시작하는 문장이다. '항상'과 '결코'라는 진술은 부정확할 뿐만 아니라 불변성과 절망의 특성을 띤다. 이러한 표현은 '항상' 혹은 '결코'에 대한 예시와 반증의 진위 여부를 가리기 위한 격렬한 논쟁을 불러일으킨다. 이로 인해 구체적인 촉발 인자, 구체적인 문제 행동, 구체적인 감정 반응과 연쇄 과정 각 단계에서 선택할 수 있는 가능한 대안 행동을 구체화하는 과업에서 완벽히 벗어나 버린다. 다시 말하지만, 초점은 누가 나쁘거나 아프고 결함이 있는지 평가하기에서 두 파트너 모두가 더 만족할 수 있는 새로운 패턴 찾기로 이동해야 한다.

3) 이중 구속

이중 구속 현상은 원래 부모-자녀 상호작용 맥락에서 설명되었지만, 만성적으로 건강하지 않은 성인 대인 관계에서도 나타난다. 이중 구속 상황의 세 가지 주된 특징은 다음과 같다. 첫째, 반응이 무엇이든 상관없이 '틀린 응답'이 될 것이라는 메시지가 전달된다. 둘째, 수신자는 메시지 의미에 대한 질문이나 이중 구속 특징에 대한 의견을 가질 수 없다. 그리고 셋째, 수신자에게는 주제를 변경하거나 상호작용을 그만두는 것도 허용되지 않는다. 반응을 해야 하는 사람은 그 상황에 꼼짝달싹 못하고 매인다. 전형적인 이중 구속은 '더 가까이 멀리 가' 교류다. 주로 언어적으로는 밀접한 관계를 요구하는 메시지를 주면서, 다른 한편으로는 (주로 비언어적으로) 거리두기를 요구한다. 예를 들어, 노라는 네이슨에게 "당신은 더 이상 나를 안고 싶지 않다."라고 말한다. 이에 네이슨은 노라를 안으려고 팔을 내미는데, 노라는 네이슨을 밀어내며 자신을 아랫사람 대하듯 하는 것은 원치 않는다고 말한다. 만약 네이슨이 방금 일어난 상황에 대해 언급하려 한다면, 그녀는 "그래 맞다, 그냥 또 날 비난해라!"고 반응한다. 그가 뒤로 물러난다면, 그녀는 그가 자신과 가까워지고 싶지 않아 한다는 추가적인 증거로 사용할 수 있다.

이중 구속은 이중 구속을 야기한다. 종종 이중 구속에 대한 유일한 방어는 이중 구속으로 되돌려주는 것이다. 앞서 묘사된 바와 같이 몇 번의 주거니 받거니 하는 과정을 치른 후에, 네이슨은 (아마도 충분한 자각 없이) 노라가 바쁘거나 다른 데 정신이 팔려 있거나, 아니면 정서적으로 이야기를 나눌 수 없는 상태일 때만 노라에게 다가갈지도 모른다. 그럴 때 그녀가 그를 밀어낸다면 그도 다음 교전을 위해 탄약을 비축해 둔다. 따라서 서로 맞물리는 이중 구속 패턴이 만들어지면 연루되지 않은 관찰자의 도움 없이는 참여자들 스스로가 문제를 해결하기가 사실상 불가능하다.

이중 구속을 다루려면 치료자는 내용의 세부 사항에 얽매이지 말고 패턴 풀기에 매진할 필요가 있다. 선행 사건을 찾아보는 전략은 유용한데, 이미 확인된 이중 구속과 연동된 이전 이중 구속 교류를 발견할 수 있기 때문이다. 마음 읽기는 분명히 금지되어야 한다. 기분 나쁘게 하는 파트너의 동기를 탓하는 것은 새로운 이중 구속을 만들어 내거나 이전 이중 구속을 공고히 하는 가장 확실한 방법 중 하나다. **"당신 기분은 어땠나요?"**와 **"당신은 뭘 원했나요?"**는 두 파트너 모두에게 핵심 질문이다. 누가 실제로 이 모든 것을 시작했는가와 같은 대답할 수 없는 질문과는 달리 감정은 수용될 수 있고 욕구는 이해될 수 있다.

4) 융합

일부 커플들의 어려움은 한쪽 혹은 두 파트너 모두가 충분히 가깝다는 느낌을 가지고 상호작용할 수 없다는 것과 관련이 있지만, 일부 다른 커플들은 정반대의 문제를 경험한다. 그들은 너무 밀착해 있다. 서로 융합되어 스스로를 파트너와 분리된 개별적 존재로 생각할 수가 없다. 그러한 융합은 결국 온갖 괴로운 결과를 초래한다. "이런 커플들은 질투, 끊임없는 폭발적인 싸움과 극단적인 민감성 혹은 반응성을 호소한다. 그들은 종종 친밀감과 거리감을 오가는 일정 주기를 빠르게 순환한다"(Glickauf-Hughes, Foster, & Jurkovic, 1998, pp. 21-22).

'우리'라는 진술은 융합된 관계를 나타내는 가장 좋은 지표 중 하나다. '우리'가 무엇을 원했고, '우리'가 어떻게 느꼈다고 자주 말하는 파트너는 자기 배우자와 분리하여 자신을 생각할 수 없다는 신호를 보내고 있는 것이다. 또한 마치 자기 파트너가 생각하고 느끼는 것을 알고 있다는 식의 마음 읽기에 대한 자기 믿음을 보여 주고 있는 것이다. 그저 알 뿐, 물어볼 필요가 없다. 융합된 관계의 가장 역기능적인 부분은 자기 파트너가 예상치 못한 감정이나 욕구를 표현할 때 이에 대한 논쟁을 벌인다는 것이다. 마치 "난 당신을 너무나 잘 안다. 당신이 어떻게 느끼는지 내가 생각하는 것과 다르게 당신이 느낀다는 건 있을 수 없다. 그러니까 당신이 뭔가 다르게 느낀다고 말하고 있다면, 당신은 착각하고 있거나 거짓말을 하고 있는 것이다."는 식이다. 두말할 나위 없이 이들 관계에는 이중 구속이 만연해 있다.

'우리'라는 말을 바꾸기 위한 첫 번째 단계는 마음 읽기 신화를 떨쳐 버리고 융합된 커플을 분리시키는 것이다. 치료자는 '우리'라는 표현이 반복될 것이므로 인내심을 가지고 직면시켜야 한다. 그리고 직면할 때는 신중하게 개입해야 한다. 그렇지 않으면 반대로 상대 파트너의 비난 혹은 마음 읽기 경향성을 부채질할 수 있다. 그저 '우리'라는 말에 기저하는 과정과 잘못된 전제를 설명하고, 부적절한 '우리'라는 진술이 나타날 때마다 자기 언어로 바꾸도록 초대해야, 커플이 융합되지 않은 생각과 행동 방식을 가지도록 하는 대장정의 길을 떠날 수 있다.

5) 책임

여기서 언급할 마지막 관계 현상은 과도한 책임감에 대한 것이다. 과도한 책임을 지는 배우자는 자기 배우자가 잘못이 없다고 생각하며, 관계에 초래되는 모든 혹은 나쁜 감정 대부분을 자기 탓으로 돌리는 경향이 있다. 과도한 책임성은 대중 심리 및 자기계발 서적에서 매우 자주 다루어지는 공동 의존 관계에서 공통적으로 나타난다. 과도하게 책임을 지는 파트너는 자신이 더 잘해야 하며, 파트너를 불행하게 하고 나쁘게 '만드는' 것은 자신이라고 생각한다. 파트너는 그렇지 않다고 힘없이 이의를 제기할 수 있다. 아니면 이 공평치 않은 책임 할당을 재빨리 묵인할 수도 있다. 이러한 패턴이 어떤 식으로 진행되건 간에, 치료자의 임무는 파트너 각자가 상대 파트너의 감정과 행동에 대한 책임을 포기하고, 자기감정과 행동에 대한 책임을 지도록 돕는 것이다. 이 장에서 우리가 설명했던 거의 모든 수단과 기술은 이 과업을 성취하는 데 필요한 것들일 수 있다. 놀랍게도 일부 파트너들은 배우자에 대한 비난 중지보다 자기 비난 포기를 훨씬 더 꺼린다.

5. 일부 특수 상황

1) 성기능 장애

성기능 장애 치료는 다른 종류의 치료에 사용되지 않는 기술에 대한 특별한 훈련이 필요한 전문 분야가 되었다. 이러한 고급 훈련을 받지 않은 치료자가 성기능 장애 치료를 시도해서는 안 된다는 것이 우리의 입장이다.

그러나 부부와 함께 작업할 때, 그들의 성생활(또는 그것의 결핍)이 문제의 중요한 부분인지 파악하는 것은 중요하다. 이를 위해서 어느 정도의 성생활사에 관한 정보가 필요하며, 커플치료자는 정확하게 성과 관련된 정보를 수집할 수 있어야 한다. 영과 롱은 다음과 같이 조언한다. "주의사항을 기억하는 것은 중요하다. 우선 무해해야 하고, 제시된 모든 (성에 관한) 우려를 진지하게 받아들여라. 커플들에게 문제는 '모두 그들 머리 속에 있다'거나 '그들이 문제를 만들고 있다'는 식으로 절대 말해서는 안 된다. 치료자는 모든 걱정거리를 진지하게 다루고 존중하는 태도로 대해야 한다"(Young & Long, 1998, pp. 175-176).

치료자는 성적인 주제에 관해 논의할 때 스스로 편안하게 느끼는지 민감하게 살피는 것이 매우 중요하다. 치료자의 긴장감이나 당혹감은 내담자들에게 빠르게 전달되고, 그들의 수치심, 분노 혹은 죄책감을 높일 수 있다. 길버트와 슈무클러가 말하기를, "성적 문제와 그것으로 인한 고통은 민감하고 개방적으로 탐색될 때 크게 완화될 수 있다. 치료자는 자신의 성적 취향에 편안해 할 필요가 있으며, 상황의 옳고 그름에 대한 엄격한 규칙을 가지지 않아야 한다."(Gilbert & Shmukler, 1996, p. 123)라고 했다.

만약 신중한 탐색적 질문을 통해 커플의 문제가 주로 성기능 장애의 일종이라면, 의사나 자격을 갖춘 성치료자에게 의뢰할 수 있다. 성기능 장애가 전체 관계 문제의 일부에 지나지 않는다면, 아마 그럴 가능성이 더 높겠지만, 당신은 이들을 위한 몇 가지 초기 제안을 하고 반응을 관찰할 수 있다. 만약 이러한 첫 번째 개입이 도움이 되지 않는다면 아마도 성치료자와의 치료와 동시에 병행하는 치료를 권하는 것이 현명할 것이다. 일부 치료자들은 동시에 진행되는 두 종류의 커플치료간의 간섭 가능성을 우려하지만, 동시 병행 치료를 반대할 만한 근거는 없는 것으로 보인다. 또 다른 전문가들은 동시 병행 치료를 확고히 지지하기도 한다.

2) 게이와 레즈비언 커플

점점 더 게이와 레즈비언 커플들은 공개적으로 자신들이 엄숙히 약속한 관계라고 정의하고 있고 그 위치에서 서로와 세상을 대하고 있다. 변화하는 태도와 가치관은 그러한 커플들이 여느 다른 커플들처럼 자신들을 대할 권리가 있음을 허용하기 시작했다. 게이와 레즈비언 관계가 사회에서 받아들여지기 시작하면서 그들은 함께 사는 법을 배우는 다른 커플들과 똑같은 스트레스와 긴장을 나타내기 시작했다. 사실 동성애 커플이 경험하는 스트레스와 긴장은 계속 있어 온 것이지만 이성애자 다수의 편견에 의해 드러나지 못한 상태로 있었다. 그러나 이성애자 커플들과 마찬가지로 그들은 자신들의 문제를 해결하기 위해 정신건강 전문가들에게 도움을 청하고 있다.

게이나 레즈비언 커플과 작업하는 방법에 대한 질문은 표면적으로 일종의 순진함을 엿볼 수 있다. 동성애 커플들과 작업할 때 다른 사람들과는 다르게 작업해야 할 이유가 있는가? 동성애 커플도 우리가 앞서 설명한 것과 정확하게 동일 종류의 문제를 경험하고, 우리가 제안했던 개입에 똑같은 방식으로 반응한다. 게이와 레즈비언은 관계하고 있는 사람들이다. 그들이 커플이라는 사실이 우선이고, 게이 혹은 레즈비언이라는 사실은 부차적인 것이다.

그렇다고 게이 혹은 레즈비언 커플과 함께 작업할 때 다루어야 할 특수 문제 영역이 없다고 하는 것 또한 순진한 태도다. 살펴봐야 할 것 중에 의심할 여지없이 가장 중요한 하나는 동성애에 대한 당신 자신의 태도다. 만약 당신이 게이와 레즈비언을 불편해 하거나 인정하지 않는다면 그들과 함께 일하지 말아야 한다. 당신의 불편감을 위장할 방법은 없을 것이다. 설령 위장할 수 있다 하더라도 그러한 태도는 커플을 위해 당신 능력을 정직하고 개방적으로 사용하는 것을 분명 방해할 것이다. 당신 스스로 인정하지 않는 목표를 누군가가 성취하도록 돕는 합당한 계약을 체결할 수 없고, 내담자들은 자신들의 관계를 진정으로 존중하고 가치 있다고 여길 수 있는 치료자를 만날 마땅한 자격이 있다.

이전 절에서 다룬 내용은 여느 다른 커플들과 마찬가지로 동성애 커플에게도 유효하다. 그런데 동성애 커플이 치료에 가져올 수 있는 구체적인 성 관련 문제와는 완전 별개로 그들이 자신들의 문제를 성적 지향성의 결과로 경험한다면 이러한 문제는 그들의 여타 관계에 영향을 미친다. 코리, 코리와 캘러핸은 "레즈비언과 게이 남성은 차별, 편견 및 억압을 받고 있으며, 이는 게이들이 취업할 때나 거주지를 구할 때 나타난다."라고 말한다(Corey, Corey, & Callahan, 1998, p. 101). 게이나 레즈비언 커플이 자신들의 관계를 숨기는 것이 현명한 처신이 되는 수많은 이유가 존재한다. 두 파트너 모두 속일 수밖에 없는 상황임을 동의한 경우에서조차도 자신들의 관계를 숨기거나 거짓말을 해야 한다는 생각으로 인한 긴장은 상당하다. 한쪽 파트너는 밝히는 것을 원하고, 다른 한쪽 파트너는 그러고 싶지 않은 경우에서는 그 긴장감은 훨씬 더 커진다.

인척 간의 문제는 많은 사람을 괴롭히지만, 게이와 레즈비언 커플에게는 훨씬 더 문제가 되는 경향이 있다. 일부 사람들은 동성 파트너와의 관계를 부모에게 말하기 꺼린다. 다른 이들은 부모에게 개방했다가 원가족으로부터 거부되거나 배척당하기도 한다. 동일 수준으로 괴로운 또 다른 문제는 이전 결혼에서 낳은 자녀를 대하는 것과 관련 있다. "제 성적 지향에 대해 아이와 공유할 수 있을까요?" "아이들은 제 파트너에 대해 어떻게 느낄까요?" "제 관계에 대해 개방한다면 아이들에게 사회적 혹은 심리적 문제가 일어날까요?" "제가 아이가 없는데, 지금 아이를 가져야 할까요? 그 결정에 따르는 이후 일들을 어떻게 대처해야 할까요? 어떤 방법으로 해결해야 할까요?" 이러한 질문은 게이 혹은 레즈비언 커플 관계의 핵심에 자리하고 있는 주제이고 개방적으로 다룰 필요가 있다.

사회는 이성애자들의 관계에 상당한 지원을 제공한다. 결혼하지 않고 '함께 사는' 관계조차도 이제는 대부분의 지역사회에서 대체로 받아들여지고 있다. 전 세계가 연인을 사랑한다. 남성과 여성은 공공장소에서 손을 잡고 포옹하고, 공항에서 작별키스를 나누고, 영화관에서 껴안고, 서로 애칭으로 부를 수 있다. 아직까지 게이와 레즈비언은 그렇지가 않다. 다른 사람들이 당연하게 여기는 일상의 애정표현은 동성애자들에게 금지되거나 불승인 혹은 그보다 더 나쁜 위협을 감내할 때만 가능하다. 그러나 동성애 관계가 치러야 하는 훨씬 더 큰 대가는 실제적인 부정적 제재이기보다는 긍정적 요소의 결핍이다. 게이와 레즈비언 커플들은 합법적으로 받아들여진 결혼식을 포함하여 이성애자들의 결혼을 유지시키는 사회적 접착제를 이용할 수 없다. 게이 혹은 레즈비언 커플이 만약 동성애 커뮤니티 밖으로 나오는 모험을 하려면, 나머지 세상의 무관심을 의미하는 침묵과 적대감을 극복하는 법을 배워야 할 것이다.

그리고 치료자가 게이나 레즈비언이 아니라면 그들에게 있어 치료자는 '나머지 세상'의 일부분이다. '이성애자 치료자'가 게이와 레즈비언 내담자들과 함께 작업해야 하는지조차도 심각한 의견 차이가 있다. 함께하는 것을 반대하는 이들은 게이가 아닌 치료자는 이성애 사회에서 게이가 된다는 것이 어떤 것인지 도저히 이해할 수 없다고 주장한다. 일부는 더 나아가 이성애 치료자가 가진 무의식적인 동성애 공포로 인해 동성애 관계를 무시하고 평가절하하는 것을 피할 수 없다고 주장한다. 다른 반대편에서 보면, '게이는 게이와 작업한다'는 정책은(논리적으로 '이성애자는 이성애자와 작업한다'로 귀결되는) 더 많은 세분화를 초래할 뿐이라고 동등한 설득력을 가지고 논할 수 있다. 흑인만 흑인과 일할 수 있는 것인가? 신체적으로 장애가 있는 사람만이 장애가 있는 사람과 일할 수 있는 것인가? 알코올 중독자만이 알코올 중독을 치료할 자격이 있는 유일한 사람인가? 아마도 왼손잡이 사람들은 왼손잡이 치료자만이…… 하는 식으로 말이다.

우리는 주제에서 벗어나고 있다. 이 책은 사회철학에 관한 책이 아니다. 당신이 게이와 레즈비언 커플과 작업하는 것의 적절성 여부를 알려 주는 규칙은 실제 존재하지 않는다. 그 결정은 당신 자신의 가치와 편견에 대한 정직한 직면을 통해 이루어져야 한다. 다시 말하지만, 슈퍼비전과 자문은 당신의 최상의 자원이다. 게이 남성과 작업하고 있는 치료자들에게 전하는 섀넌과 우즈의 조언은 레즈비언과 작업하는 치료자들에게도 동일하게 적용된다.

> 게이 남성들과 작업할 때 요구되는 사항들은 게이 치료자나 게이가 아닌 치료자 모두에게 도전이 될 수 있다. 두말 할 필요 없이, 우리는 우리 자신의 동성애 공포증과 게이에 대한 많은 근거 없는 믿음과 고정관념을 직시하고 해결해야 한다. 또한 우리는 게이 정체성 발달과 관리, 남성 게이 내담자 고유의 치료 문제, 게이들을 위한 사회적 자원 및 긍정적 상담 모델에 대해 계속해서 스스로를 교육해 나가야 할 필요가 있다(Shannon & Woods, 1991, p. 213).

3) 외도

커플치료 과정 동안 한쪽 배우자가 외도를 하고 있다면 치료를 통해 관계가 나아질 가능성은 크게 감소한다. 외도하고 있는 파트너는 결혼이 유지되지 못할 경우 함께할 또 다른 사람을 탈출구로 이미 마련하고 있기 때문에 다른 한쪽 배우자만큼 결혼에 대한 헌신하는 마음을 가질 필요가 없다. 결혼은 이미 후순위로 밀려났을 수 있고, 치료는 죄책감 없이 헤어지기 위해 수행해야 하는 일종의 의식일지도 모른다("전 우리 관계를 위해 노력했어요……").

파트너의 외도 사실 발견은 종종 부부가 치료에 임하게 되는 사건 중 하나다. 커플 관계를 파괴하고 충격을 주는 외도보다 더 큰 힘을 가진 사건은 거의 없다. 외도 사실을 새롭게 알게 된 커플에게 우선 그들이 겪고 있는 심리적 고통은 예상할 수 있고 자연스러운 것이고 그럴 만한 것이라고 안심시킬 필요가 있다. "그들은 자신들이 경험하는 정서적·인지적 불균형은 이런 위기 상황에서 정상적인 반응이고,

더 나아가 더 낮은 수준이기는 하겠지만 몇 개월 동안 지속될 수 있음을 알아야 한
다. 이러한 지식은 커플을 놀라게 하기보다는, 대개 그들이 위기 이전의 정상 상태
로 성급하게 돌아가기 위해 행한 정신없고 부질없는 노력을 어느 정도 내려놓을 수
있게 한다"(West-fall, 1989, p. 170).

　다루기 더 어려운 것은 치료가 진행되는 동안 파트너 중 한 명이 비밀리에 혼외
정사를 지속하고 있다는 사실을 치료자가 발견하는 상황이다. 치료에서 따라야 하
는 규칙들에는 거의 예외 사항을 두고 있다. 그러나 예외를 두지 않는 규칙 중 하나
가 바로, 치료자는 진행되고 있는 외도에 관한 비밀을 공동-보유해서는 안 된다는
것이다. 영과 롱은 "치료자와 내담자가 공모하여 제3자에게 무언가를 숨기게 되면
건설적인 커플치료는 불가능해진다. 관계의 모든 측면을 탐색하는 치료자의 역량
이 제한되고 상충하는 강렬한 감정들로 인해 치료자와 또 다른 한쪽 파트너 사이에
장벽이 세워진다."(Young & Long, 1998, p. 231)라고 조언한다. 비밀동맹이 맺어지
는 순간 효과적인 치료는 끝난다. 애인을 둔 파트너는 다른 주요 관계 문제를 다루
는 것과 같은 방식으로 이 문제를 다룰 수 있도록 외도를 끝내거나 자기 파트너에
게 지금 일어나고 있는 것을 말하거나 아니면 치료를 종료해야 한다.

　만약 파트너가 기꺼이 외도를 끝내고 자기 파트너와의 관계 작업에 전념한다면,
파트너에게 그 사실을 알릴 필요는 없다. 그러나 이러한(혹은 또 다른) 중요 비밀을
간직하는 것은 분명히 바람직하지 않다. 또한 개방하지 않는 것이 더 낫다는 압도
적인 이유들이 존재하지 않은 한 비밀을 만들어서는 안 된다. 장기적으로는 외도한
파트너가 자기 행동을 고백하고 그 결과를 다루어 나가는 것이 훨씬 더 나은 결정
이다. 커플이 그들의 감정을 바라보고 해결해 나갈 수 있고 새로운 관계 틀을 협상
할 수 있는 정도의 신뢰 수준을 재구축하도록 돕는 것이 가장 중요한 치료 과제일
것이다.

　한쪽 파트너가 외도 사실을 공개하거나 그 관계를 끝내고 싶지 않다면 커플치
료는 종료된다. 분명 치료적 익살극이 될 것이 자명한 것을 계속하기보다는 한 사
람 또는 두 배우자를 개별적으로 본 후에 커플 작업을 하는 것이 더 효과적일 것이
다. 대개 외도를 하지 않은 파트너는 이러한 제안을 받아들일 것이다. 그녀 또는 그
는 결국 오래된 관계를 끝내고 다른 파트너에게 작별 인사를 하는 방법을 고안해
낼 것이다. 치료자는 두 파트너 모두에게 이런 일이 일어날 수도 있음을 사전 고지

하는 것이 적절하다. 당신은 외도하고 있는 파트너와 개별적으로는 작업을 이어 갈 수도 있다. 왜냐면 당신은 중요한 비밀을 알고 있고 이 사실을 모르는 다른 한쪽 파트너와의 작업은 문제 발생 소지가 있기 때문이다. 어떤 상황에서도 당신은 두 파트너를 동시에 개별적으로 보려고 해서는 안 된다. 이해 상충은 그러한 행동 과정에 내재된 잠재적인 문제들 중 최소한의 것이다. 마지막으로, 당신이 두 파트너 중 한 명과 개인 작업을 이어 가는 것으로 결정했고 치료 작업을 통해 커플 작업에 임할 준비가 되었다 하더라도 커플 작업을 재개하려고 시도해서는 안 된다. 치료적 동맹이 너무 불균형적인 상태이기 때문이다.

4) 별거 치료

외도하고 있는 파트너가 자기 배우자와의 관계를 마무리하고자 할 때 죄책감으로부터 자유로워지는 일환으로 커플치료를 활용할 수 있다고 앞에서 말했다. 한편, 비록 혼외정사에 연루되어 있지 않다 하더라도 한쪽 배우자 혹은 둘 모두가 공공연하게 혹은 은연중에 별거를 원할 수도 있다. 그러한 별거는 일시적일 수도 있고 영속적일 수도 있다. 일정 기간 동안 떨어져 있는 것이 항상 최종 이별로 가는 첫 단계라고 가정하지는 않아야 한다. 에버렛과 볼기는 "계획된 별거는 격렬한 갈등을 완화하고 경계와 개인적 독립성을 시험해 볼 수 있는 건설적인 시간이 될 수 있다. 치료자는 별거가 이혼으로 가는 과도기적 기간이 될 수도 있고 혹은 분리해서 역기능적인 문제들을 해결하기 위한 진정한 실험적 기간이 될 수도 있다고 각각의 경우에 대해 명확히 안내해야 한다."(Everett & Volgy, 1991, p. 515)라고 주장했다. 커플이 이미 별거하기로 결정한 상태에서 커플치료를 찾는 데는 여러 이유가 존재한다. 다시 돌아와 함께 지내기 위해, 이별 이후 상대 파트너를 돌볼 누군가를 찾기 위해, 관계를 유지하기 위한 가능한 모든 것을 했음을 증명하기 위해, 혹은 깨진 관계에 대한 슬픔, 상실과 죄책감을 다루기 위해 별거 기간 동안 무엇을 어떻게 해야 하는지 알고자 할 수 있다.

만약 커플이 관계를 끝내기로 결정했다면, 치료자는 이 결정으로 얻을 수 있는 것과 치러야 하는 대가를 그들이 평가해 보도록 돕고, 그런 다음 적응적인 방식으로 결정을 실행하도록 조력할 수 있다(Dattilio & Padesky, 1990). 별거 결정은 커플에게뿐만 아니라 다른 가족 구성원에게도 영향을 미친다. 별거 치료는 종종 가족 치료로 확장되는데, 이때 자녀들(동거 혹은 비동거)은 부모의 새로운 관계 구도가 뭘 의미하는지 이해할 수 있도록 도움을 받는다. 자녀가 물리적으로 치료에 포함되지 않는 경우라 하더라도, 이별하는 커플은 대체로 가족 전체와 관련된 재정적 문제에서 휴일 방문, 가족이 기르던 개 양육자 결정에 이르기까지 실제적이고 정서적인 문제 해결에 도움이 필요할 것이다.

관계를 끝내기로 결정했다고 해서 반드시 커플치료가 실패했음을 의미하지는 않는다. 라이스가 지적했듯이, "처음 올 때 결혼 생활에 도움을 받고자 온 많은 커플이 이혼으로 갈 것이다. 치료자가 함께 살기로 한 커플 수를 치료 성공률로 간주한다면 실패로 느껴질 경우가 많을 것이다"(Rice, 1989, p. 158). 치료자로서 때때로 별거 혹은 이혼이 두 파트너 모두에게 가능한 가장 좋은 결정이라는 사실을 스스로 상기할 필요가 있다. 일부 관계는 유지하기에는 너무나 고통스럽거나 너무나 병리적이기 때문이다. 그럼에도 불구하고 별거는 어려운 선택이며, 별거 치료에서 강조되는 대부분은 변화, 위험과 상실 주제다. 이상적으로 별거 치료의 최종 산물은 커플이 서로 존중하고, 그들 관계에서 긍정적인 점을 인식하고, 공동 부모로서 건설적으로 협력하고, 나머지 인생을 온전하고 자율적인 개인으로 살아가는 것이다.

6. 맺음말

궁극적으로, 치료 과정이 커플 관계 강화로 마무리되든, 해체하는 것으로 끝나든 간에 한 가지는 분명하다. 치료자 역할과 행동은 치료 과정에 따라 달라져야 한다. 처음 시작할 때는 치료자는 파트너들 간의 상호작용에 적극적인 개입자의 역할을 할 것이다. 치료자는 지시하고 해석하고 끼어들 것이다. 치료 과정의 속도를 결정하고 종종 다음 회기에 올 때까지 수행할 활동을 처방할 것이다. 치료자는 변화를 가져오기 위해 의도적으로 두 파트너의 관계 중심으로 들어가고, 그들에게 더 이상 치료자가 필요하지 않을 때 비로소 자기 임무가 끝날 것이기 때문에, 그때는 스스로 빠져나갈 방법을 찾아야 한다. 존슨은 "커플이 더 이상 치료자가 필요하지 않고 그들이 이루어 낸 변화가 무엇이고, 이러한 변화가 그들 관계에 어떤 영향을 줬는지 구체화할 수 있다고 말할 때, 당신은 종결 시점이 왔음을 알게 될 것이다."(Johnson, 1996, p. 148)라고 했다.

그러나 갑작스러운 이별이 될 필요는 없다. 커플에게 치료 종결 이후 몇 개월이 경과된 시점에서 그간의 관계에 대한 보고 회기를 가지자고 제안하는 것도 효과적이다. 이를 통해 커플이 이루어 낸 변화를 검토해 보고, 새로운 행동을 강화하기 위한 촉진 주사를 맞고, 그간의 성취에 대해 치료자에게(그들이 극복한 것을 그 누구보다 더 잘 알고 있는) 인정을 받을 수 있다. 또한 나중에 필요한 사항이 생기면 추가적인 도움을 받기 위해 돌아올 수 있다고 안심시킬 수도 있다. 많은 종류의 비상계획처럼 종종 단순히 돌아갈 수 있다는 것을 아는 것만으로도 파트너들은 안심할 수 있고 다시 돌아오지 않도록 하는 데 도움이 된다.

커플치료는 흥미롭고 즐거울 수 있다. 커플치료 과정에서는 항상 무언가가 진행되고 있다. 그래서 어떤 것에 초점을 두고, 어떤 것은 그냥 둘 것인지 결정하기가 어렵다. 커플치료자는 실제로 두 명의 배우자들과 그들 관계 그 자체라는 세 명의 내담자를 만난다. 이 셋 중 하나와 작업할 때, 어쩔 수 없이 나머지 둘에서 일어나고 있는 것을 놓치기 마련이다. 다른 모든 종류의 치료에서처럼 실수는 불가피하다. 그러나 우리는 커플에 대한 적응 유연성과 누락 혹은 임무 오류를 바로잡을 수 있는 능력이 있기 때문에 안심할 수 있다. 반면에, 커플은 치료 오류를 포착하고 이를 사용하여 치료 과정을 믿을 수 없을 정도로 혼란스럽게 만들 수 있다. 작은 개입이 그렇게 광범위하고 지속적인 결과를 초래할 수 있는 경우는 아마도 다른 종류의 치료에서는 없을 것이다(가족 치료도 여러 사람들이 참여하기 때문에 유사할 수 있다). 커플치료는 일종의 롤러코스터 타기인데, 다른 롤러코스터와 마찬가지로 그것이 모든 사람의 기호에 맞는 것은 아니다. 하지만 당신이 커플치료를 좋아하고 계속하기로 한다면, 흥미로운 직업 생활을 기대할 수 있을 것이다. 당신은 좌절하거나 실망하거나 의기양양하거나 걱정할지 모르지만 분명 지루하지는 않을 것이다.

제10장

다양성 다루기

지금까지 우리는 대부분 '일반적인' 내담자에 대한 이야기를 나눴다. 다른 유형의 내담자들 간의 일부 차이점에 대해 다루기도 했지만, 그것을 자세히 구체적으로 살펴보지는 않았다. 이 장에서는 다양한 내담자와의 작업을 위한 구체적인 지침에 초점을 두고자 한다. 점진적으로 변화하고 있는 미국 인구통계를 감안할 때, 일부 중요한 방식에 있어 당신과 다른 개인을 한 번쯤은 분명히 만날 것이다. 내담자들은 인종, 민족적 배경, 나이, 성적 지향성, 종교, 사회경제적 지위에 따라 다르다. 만약 이러한 모든 요인을 고려한다면, 치료자와 내담자 간의 거의 모든 부딪힘에는 다양성 주제가 존재한다. 이러한 차이점에 민감할 수 있고 판단적이지 않은 태도로 이해할 수 있는 것은 중요하다. 코틀러와 브라운은 "다양한 인구와 작업하기 위해서는 모든 치료적 상담에서 요구되는 기술과 더불어 특정 집단의 요구 사항에 대한 지식과 민감성을 갖추어야 한다."(Kottler & Brown, 2000, p. 322)라고 했다.

심리치료 교재와 훈련 과정에서 사람들 간의 차이점에 대한 내용은 오랫동안 간과되어 왔다. 많은 이론은 순전히 중산층 백인 남성의 지배적 관점에 근거하여 구성되었다. 오늘날 대부분의 이론가는 다문화주의를 주요 치료 활동의 주변적인 것으로 취급하기보다는 다문화주의의 중요성을 심리치료 모델에 통합할 필요가 있다고 생각한다(Essandoh, 1996). 당신은 다문화주의(multiculturalism) 혹은 교차 문화(cross-cultural) 상담이라는 말을 들어 봤을 것이고, 그 의미가 정확히 무엇인지 궁금했을 것이다. 다문화라는 용어는 전통적으로 구체적인 문화와 인종을 지칭하는 데 사용되어 왔지만, 이 장에서 우리는 이 용어를 보다 보편적으로 나이, 문화, 성적 지향성 혹은 사회경제적 지위로 정의되는 집단들을 통칭하는 데 사용할 것이다. 다양한 주제에 대한 전체 논의는 이 장의 범위를 벗어난다. 우리는 당신과 내담자가 어떻게 다르고, 이러한 차이점이 치료 관계에 어떤 영향을 미치는지에 대한 민감성을 갖추는 출발점을 제공할 것이다. 당신과 내담자 간의 차이점은 진단, 치료와 치료 과정에 영향을 줄 수 있기 때문에, 다양성 주제는 치료 시간에 다루어져야 한다.

주요 전문가 협회는 상담자의 다문화 교육이 필요하다는 데 동의한다. 미국상담
협회의 최신 윤리 강령 및 업무 표준안에서 상담자가 함께 일하는 내담자의 다양
한 문화적 배경을 이해하기 위한 적극적인 노력을 권고하면서 다양성과 차이점을
존중하는 개념에 대해 논의했다(ACA, 1995). 1991년 미국심리학회는 언어적·인
종적·문화적으로 다양한 인구를 대상으로 한 심리서비스 제공을 위한 지침을 발
표했다. 이러한 지침은 다양한 인구와 작업할 때 발생하는 문제점을 해결하기 위
한 것이다. 『정신질환의 진단 및 통계 편람』 제4판(DSM-IV)(미국에서 가장 일반적으
로 사용되는 진단시스템)에서도 정신장애에 미치는 문화적 영향을 공식적으로 인정
했다. DSM-IV는 실무자들이 개인의 문화적 참조틀이 갖는 뉘앙스에 민감하지 않
으면, 개인 행동을 정신병리에 의한 것으로 오판할 수 있다고 경고한다(APA, 1994).
더 나아가 DSM-IV는 "다양한 문화적 배경이 증상 발현의 내용과 형태에 영향을 미
치는 방식"(APA, 1994)에 대해 논의했다.[*] 치료자들은 모든 내담자가 동일하지 않
으며, 그들의 차이점을 고려해서 작업해야 함을 마침내 인식하기 시작했다.

국가 차원에서도 우리에게 치료 실무에서 다양성을 고려할 필요가 있다고 경고
한다. 그러나 '공식적' 지침은 다소 모호하고 애매한 경향이 있기 때문에, 치료자
들은 종종 구체적으로 무엇을 하고 있어야 하는지 의아해 한다. 코틀러와 브라운
은 "내담자들은 비슷하기도 하고 다르기도 하다. 상담자는 오직 인간 대 인간으로
연결된 관계성을 통해서만 내담자를 긍정적으로 도울 수 있다."(Kottler & Brown,
2000, p. 324)라고 했다. 효과적인 치료 관계 구축을 위해 우리는 차이성과 유사성
모두에 민감해질 필요가 있다. 어느 한쪽을 지나치게 신경 쓰느라 다른 한쪽을 희
생시키면 치료 작업은 비효과적이게 된다. 예를 들어, 일부 치료자는 문화적 차이
점을 고려할 필요가 없다고 주장한다. 그들은 "내담자는 가톨릭이고, 나는 유대교
라는 게 문제가 되지 않는다. 나는 여전히 그를 이해할 수 있다."라고 하거나 "나는
내 내담자를 흑인 남성으로 보지 않는다. 그저 한 사람으로 본다."라고 한다. 이 태
도가 순수하고 좋은 의도일지라도, 다양성의 독특성과 영향력을 인식하지 못하고
있는 모습이다. 반면에, 다른 문화권의 누군가를 자신과 근본적으로 다른 외국인으

---

[*] 역자 주: 2013년에 개정된 SDM 5판인 DSM-5에서도 다문화 요인 고려에 대한 입장은 동일하게 유지되고
있음.

로 간주하는 것 또한 동일한 오류다. 우리는 모두 사람이며, 우리 모두는 감정, 욕구, 희망과 두려움을 가지고 있다. 내담자의 인종, 성별과 문화적 배경은 내담자 발달에 영향을 미쳐 왔으며, 지금의 심리기능에 영향을 주고 있다. 이러한 영향을 당신이 이해할 수 있어야 내담자를 불가사의한 이방인이 아닌 인간 동료로서 바라보고 함께 작업할 수 있을 것이다. 동시에 전체 인간 집단에 대한 서술로 한 개인을 결코 완벽하게 설명할 수 없다. 마이어와 데이비스는 "일반화된 집단 지위나 성별에 대한 내용은 이들 집단 내에 존재하는 개인차가 크기 때문에 상담 실무에 적용할 때는 신중을 기해야 한다."(Meier & Davis, 1997, p. 49)라고 경고한다.

어떤 면에서 우리는 '진퇴양난'의 상황에 있는 것처럼 보일 수 있다. 문화적 차이를 고려하지 않으면 자기 민족 중심적이고 둔감한 존재가 되는 것이고, 이러한 차이를 기반으로 일반화를 하면 고정관념에 대한 비난 혹은 더 나쁜 비난을 받을 가능성에 놓이게 된다. 어려워 보이기는 하지만 해결책은 다음 두 가지를 모두 수행하는 것이다. 우선, 문화적 차이를 인식하고 문화적으로 다른 내담자와 작업할 때는 이러한 차이가 가지는 중요성에 대한 몇 가지 가설을 세워라. 그러나 동시에 각 사람은 개별적 존재이고 문화적 가설을 의문의 여지없이 믿기보다는 검증해야 하는 것으로 인식하라.

1. 기본 사항

1) 치료자 가정

수(Sue, 1996b)는 윤리적이고 다문화적 접근을 하는 치료자가 추구하는 세 가지 중요한 목표, 즉 자신이 갖고 있는 편견과 가정을 자각하는 것, 함께 작업하고 있는 다양한 집단에 대한 자신의 가치, 편견과 가정을 자각하는 것 그리고 그러한 다양한 개인을 돕기 위한 문화적으로 적절한 개입 방안을 개발하는 것에 대해 말한다. 나아가 수(Sue, 1996a)는 다양한 내담자를 다룰 때 치료자 자기 한계 인식의 필요성을 구체적으로 이야기한다. 그는 우리가 기꺼이 자문을 구하고 배움을 이어 가야 하고, 특정 내담자와 작업할 때 자신의 태도나 무지가 방해가 된다면 다른 전문가에게 의뢰해야 한다고 주장한다. 문화적으로 유능한 치료자는 자기 민족성과 문화적 배경을 정확히 알고 있으며, 이것이 치료 작업에 어떠한 영향을 미칠 수 있는지 이해하고 있다. 다양한 치료 기법과 개입을 활용하는 유연성 또한 다양한 개인과 작업할 때 도움이 된다. 스타일 변경을 거부하고 모든 내담자에게 동일한 방식으로 접근하기를 고수하는 치료자는 다문화 상담을 성공적으로 수행할 가능성이 낮다. 페데르센은 훈련을 효율적으로 잘 받은 다문화적 접근을 하는 치료자는 "문화적으로 다른 사람을 생각하거나 함께 작업할 때 단순화된 고정관념에 덜 의존한다. 그들은 또한 각각의 다문화적 맥락에서 선택할 수 있는 폭넓은 대안 반응을 가지고 있으며, 각각 문화적으로 다른 맥락의 참여자들이 갖는 대비되는 관점에 근거하여 이해한다."(Pedersen, 1997, p. 180)라고 했다.

문화변용(acculturation) 개념은 다양한 인구와 작업할 때 중요하다. 문화변용은 광의적 의미로, 개인이 이주해 간 지배문화의 관습, 믿음과 전통을 받아들이는 정도로 언급되어 왔다. 보다 간결하게 표현하자면, 우리 사회에서는 내담자가 자기 본래 문화에 존재하는 관례와 믿음에서 벗어나 더 '미국인화된' 정도를 의미한다. 코헨과 코헨은 "치료자는 자신이 작업하고 있는 내담자의 문화변용과 동화 수준을 면밀히 고려해야 한다."(Cohen & Cohen, 1999, p. 133)라고 경고한다. 동일한 배경을 공유하는 개인들도 자기 본래 문화적 가치를 계속 유지하거나 새로운 환경에 존재하는 가치로 대체하는지에 따라 크게 다른 행동과 신념을 가질 수 있다(Atkinson, Morten, & Sue, 1998). 문화변용을 평가할 때 고려되는 요인에는 내담자의 언어, 본래 문화, 새로운 문화적 환경에서 거주한 기간, 교육과 직업이 있다. 예를 들어, 아이오와에 거주하는 쿠바계 미국인은 플로리다 남부에 사는 이들에 비해 미국 문화에 더 잘 적응할 가능성이 높다. 또한 가족 구성원들 간에 문화변용 수준이 다를 때, 즉 일부 가족 구성원은 그들의 문화와 관습에 매우 강하게 동일시하지만 다른 이들은 그렇지 않을 때 발생되는 문제에도 민감해야한다.

본질적으로 한 개인을 알아 가는 것은 매우 중요하다. 아프리카계 미국인이나 연세 드신 분이나, 레즈비언은 당신과 다른 견해를 반드시 가지고 있다고(혹은 당신 것과 같다고) 추측하지 말라. 그런지 아닌지 알아내라. 내담자의 배경과 현재 사회적 환경에 대한 몇 가지 질문을 통해 내담자의 세계관에 당신이 익숙해져야 한다. 만약 내담자가 말한 것 중에 이해하지 못한 것이 있으면 설명해 달라고 요청하라. 이렇게 하면 내담자의 가치와 참조틀을 배워 나갈 수 있을 것이고(Altarriba & Bauer, 1998a), 내담자의 작업을 방해하는 차이점이나 오해를 예상할 수 있을 것이다.

2) 내담자 요구 사항

많은(아마도 대부분) 내담자는 그들과 유사한 치료자를 찾아 치료 장면으로 온다. 예를 들어, 한 남성은 남성 치료자가 아내와 직업에 대한 자기 문제를 이해할 것이라고 믿고 찾아올 수 있다. 청소년은 자기나 자기 흥미를 공감하지 않을 '나이 많은 여성'보다는 자기에게 '쌈박하게' 여겨지는 젊은 치료자를 더 선호할지도 모른다. 동일한 배경과 특성을 공유하는 내담자와 치료자가 그렇지 않은 경우보다 더 나은 치료 성과를 얻었는지 확인하기 위해 많은 연구가 수행되었다. 그러나 현재까지는 결론을 짓지 못한 상태다. 코틀러와 브라운은 "동일한 인종에 속한다는 것이 그 인종에 해당하는 다른 이들의 모든 경험을 알거나 이해한다는 것을 의미하지는 않는다."(Kottler & Brown, 2000, p. 336)라고 강조한다. 그럼에도 불구하고 치료자가 내담자와 동일한 연령, 성별 혹은 문화집단에 속해 있을 때, 내담자는 자신이 이해받고 있다는 느낌을 더 쉽게 경험할 수 있는 것 같다.

많은 소수집단에 속한 내담자들은 소수집단에 속한 치료자와 작업하는 것을 선호한다. 치료자와 내담자 간에 인지된 유사성은 친밀한 관계 형성에 도움이 될 수 있다. 그러나 우리는 종종 이러한 요구를 충족할 수 있는 충분한 소수집단 치료자를 확보하고 있지 않기 때문에, 소수집단 내담자들이 백인 치료자 혹은 소수집단 내담자에 대한 치료 경험이 없는 치료자를 어쩔 수 없이 만나게 된다. 최상의 환경 조건이라 해도 상담(심리치료)을 받는 경험은 대체로 낯설고 두렵기까지 하다. 그런데 자기 치료자가 문화적으로 낯선 사람이라면 오죽하겠는가. 내담자는 다른 인종, 민족, 혹은 언어를 가진 사람과 매우 사적인 정보를 공유하게 될 것이라 예상한다. 이런 상황에서 내담자가 두려움과 조심스러운 마음으로 치료 관계에 들어가는 것은 놀랄 만한 일이 아니다(Sue & Sue, 1990).

소수집단 내담자와의 첫 번째 치료 회기를 시작할 때, 치료자는 면담의 목적을 명확히 하고, 내담자의 초기 불안을 완화하기 위한 어느 정도의 회기 구조를 제공해야 한다. 예를 들어, **"잭슨 씨, 우리는 오늘 대략 한 시간가량 함께할 겁니다. 저**

는 당신이 도움을 구하게 된 이유와 정확히 당신에게 무슨 일이 있었는지 알고 싶습니다. 저에게 질문을 해도 좋습니다. 오늘의 시간이 마무리될 즈음에 당신이 앞으로 몇 회기 더 올지 여부와 치료에서 당신이 기대할 수 있는 사항에 대해 논의할 것입니다. 어떻게 생각하시는지요?"라고 할 수 있다. 물론 이런 종류의 설명은 대부분의 내담자에게 유용하지만, 내담자의 문화 배경에서 상담이 하나의 보편적으로 가용할 수 있는 자원으로 인식되지 않을 때 특히 중요하다.

베이커는 "교차 문화적 접근을 하는 상담자들은 신속하게 신뢰를 확보하는 데 도전을 받는다."(Baker, 1996, p. 333)라고 했다. 신뢰를 얻는 방법에는 내담자의 세계관과 신념에 일치하는 방식으로 내담자 문제를 개념화하고, 내담자와 치료자 모두가 공유하는 치료 목표를 설정하고, 내담자가 수용할 수 있는 문제 해결 방법을 사용하는 것이 포함된다.

이와는 반대로, 일부 내담자는 의도적으로 그들과 다른 치료자를 찾는다. 로젠탈은 "미국 원주민, 아시아계 미국인 혹은 그 누구라 하더라도 자동적으로 그들과 유사한 인종 또는 민족적 배경을 가진 조력자를 원한다고 가정해서는 안 된다. 내담자들은 때때로 의도적으로 자신들과 다른 사람을 요청한다."(Rosenthal, 1998, p. 18)라고 강조한다. 내담자가 스스로를 자기 출신 문화에서 분리되어 자기 인종 집단의 다른 이들보다 더 '미국인화'되었다고 생각할 때 자기 배경과는 다른 치료자를 찾는다. 내담자는 자기가 새롭게 획득한 가치들에 대해 질문하지 않고, 그것을 이해하고 공유할 치료자를 선호한다. 코헨과 코헨(Cohen & Cohen, 1999)은 완벽하게 동화된 내담자가 자기 토착 문화배경을 가진 치료자를 만났을 때, 내담자는 치료자가 자신을 그 문화 규준을 어겼다고 생각하고, 그 위반에 대해 비판하거나 비난할까 걱정하는 것에 대해 설명했다. 일부 내담자들에게 내담자와 치료자 간의 유사성은 꼭 필요한 것도 아니고 바람직한 것도 아니다.

2. 일반적 지침

차이에 대한 존중은 첫 번째 회기에서부터 시작된다. 코리, 코리와 캘러핸(Corey, Corey, & Callahan, 1998)은 "개인 공간, 눈 맞춤, 악수, 의복, 인사 형식, 시간에 대한 관점 등을 포함한 많은 문화적 표현은 오류적 해석의 대상이 된다."라고 강력히 충고한다. 숙련 치료자는 자신의 예의와 내담자의 예의가 어떻게 다른지 이해하려고 노력하고, 내담자의 요구와 선호에 적응할 준비를 할 것이다.

대인 상호 간 편안함에 가장 큰 영향을 미치는 요소 중 하나는 개인 공간이다. 당신과 상대방 사이에 만들어지는 공간은 사용할 수 있는 공간 크기뿐만 아니라 당신에게 적합하다고 여겨지는 느낌에 기반한다. 이러한 편안함의 수준은 종종 문화적 배경에 근거한다. 예를 들어, 여기 미국에서 우리는 종종 '면전에서' 혹은 '밀착해서' 말하는 사람들에 대해 이야기한다. 이러한 문구는 근접해서 말하는 사람을 우리가 불편해한다는 것을 암시한다. 그러나 일부 문화에서는 다른 사람들과 신체적으로 밀착하는 것을 선호한다. 예를 들어, 히스패닉계 내담자는 처음 보는 낯선 이를 소개받았을 때에도 볼에 키스를 하며 서로 인사한다. 이러한 내담자에게는 당신이 편안하게 느끼는 대인 상호 간 공간이 멀리 떨어져 반응이 없는 것으로 여겨질 수 있다.

물리적 거리 주제는 치료실의 가구 배치를 할 때 고려되어야 한다. 내담자가 사용할 수 있는 여러 개의 좌석을 마련하고, 당신이 앉는 의자로부터 좌석들의 거리를 다르게 하라. 이렇게 해야 내담자가 자신에게 가장 적합한 개인적 공간을 만들어낼 수 있을 것이다. 개인적 공간에 관한 한, 내담자의 편안함이 당신의 편안함보다 더 우선한다는 것을 기억하라. 만약 내담자가 자기 의자를 당신에게로 매우 당겨 앉는다면, 당신이 평소 유지하는 거리를 재설정하기 위해 즉시 뒤로 물러나지는 마라. 내담자는 이것을 무관심하거나 심지어 당신이 무시하는 것으로 해석할 수 있다. 파니아과(Paniagua, 1998)는 특별히 아프리카계 미국인 내담자를 만날 때는 책상을 두고 앉지 말라고 조언한다. 이들은 자신과 거리를 두려는 치료자 행동으로 인식할 수 있기 때문이다.

또 다른 초기 어려움은 내담자 이름이 생소하고 발음하기 어려울 때 발생할 수 있다. 내담자 이름을 어떻게 발음해야 하는지 의문이 든다면 물어보라. 당신이 생각하는 발음이 아니라 내담자가 자기 이름을 어떻게 말하는지 배우고 기억하기 위해 추가적인 노력을 들여라. 브램스(Brems, 1993)는 특히 내담자 이름을 영국식으로 발음하지 말라고 경고한다. 만약 내담자 이름이 주안이라면, 존으로 부르지 말고 있는 그대로 주안이라고 불러라. 영어를 사용하는 치료자에게는 부르기 어려운 내담자 이름을 자신이 익숙한 방식으로 부르기 쉬울 수 있으나, 이는 개인 문화와 개성을 존중하지 않은 행동이다.

사람들이 사용하고자 하는 이름으로 불려야 한다. 내담자가 '미스터 첸' 혹은 '세노라 알바레즈'로 불리기를 원한다면, 성이 아닌 이름으로 부르자고 고집하지 말라. 이 규칙은 당신 직함에도 마찬가지로 적용된다. 일부 내담자는 당신이 이름으로 자신을 소개하고 이름으로 불리는 것을 선호한다고 말해도(저자 중 한 명인 모린 케니가 대체로 그러한데) 당신을 박사 혹은 ~씨, ~님으로 부르기를 선호할 수 있다. 또 다른 이들은 당신이 '박사 아무개'라고 소개했어도(나머지 한 명의 저자인 자넷 모우슨트가 대체로 그러한데) 당신 이름으로 부르고 싶을 수도 있다. 내담자의 편안함이 우선이다. 일부 문화권에서는 '의사(doctor)'는 존경과 존중받는 인물이어서, 전문가를 이름으로 부르는 것은 매우 예의에 어긋난 행동으로 인식된다. 파니아과 (Paniagua, 1998)는 특히 히스패닉 내담자와 옹호자들은 적어도 첫 번째 회기 동안은 이름을 부르지 않을 것이라고 말한다. 미국 남부의 일부 가정에서는 자녀에게 성인은 그의 직함으로 호칭하라고 가르친다. 그들에게 그렇게 하지 말라고 요청하는 것은 부모의 권위를 손상시키는 것으로 보일 수 있고 당신의 미성년 내담자 부모와의 관계를 손상시킬 수 있다. 이와는 반대로, 일부 내담자는 곧바로 이름을 부르는 것이 격식을 차리지 않고 개방적으로 임하고자 하는 의지를 보여 주는 신호라고 느낄 수 있다. 이런 내담자에게 당신의 직함을 사용하도록 요청하는 것은 당신이 냉담하거나 답답한 사람으로 보일 수 있으며, 내담자의 격식 없음을 비판하는 것처럼 여겨질 수 있다. 결론을 말하자면, 다르게 해야 하는 치료적인 이유가 없을 때는 내담자에게 당신이 늘 해 오던 방식을 알려 줘라. 그리고 내담자가 원하는 방식으로 불러 주고, 내담자가 편한대로 당신을 부르도록 허용하라.

침묵 사용은 미국 주류 치료자들이 허둥대는 또 다른 영역이다. 미국인은 긴 침묵을 불편하게 느끼는 경향이 있고, 치료자도 예외는 아니고 초심 치료자는 특히 그렇다. 그러나 많은 문화에서 침묵은 대화에서 허용되고 필수적인 부분으로 간주된다. 너무 많이 혹은 너무 빨리 말하는 것은 공손하지 않거나 무례하게 여겨질 수 있다. 나아가 일부 문화에서는 질문을 받을 때까지 기다렸다가 응답한다. 만약 치료자가 직접적인 질문을 하지 않으면 오랫동안 침묵이 이어질 것이다. 서로 상대가 말하기를 기다리고 있을 것이고, 아마도 각자 침묵의 의미를 오해석할 것이다.

　참여 기술로 사용하도록 배운 시선 접촉 역시 일부 내담자에게는 문제가 될 수 있다. 예를 들어, 아이티와 같은 일부 문화권에서는 아동에게 성인과 직접적인 눈 맞춤을 하지 않도록 가르친다. 그렇게 하는 것은 존중하지 않는다는 의미로 간주된다. 많은 중동 문화에서는 성별 간의 시선 접촉은 강한 성적인 의미를 갖는다. 만약 당신의 비앵글(non-Anglo)로 내담자가 당신과 시선 접촉을 하지 않거나 당신 시선을 불편해 한다면 내담자의 안내를 따라라. 그리고 작업 관계 형성이 더 진전됐을 때 시선 접촉에 대해 물어보기 위해 메모를 남겨 두라.

　일반적으로 내담자는 자신과 유사하고 자기 가치를 존중하는 상담 의사소통 패턴을 선호한다(Cormier & Hackney, 1999). 당신과 의사소통하는 내담자의 방식(언어적으로, 비언어적으로 모두)을 알아차렸다면 그에 맞추어 당신의 의사소통 스타일을 조정하는 것이 바람직할 수 있다. 아마도 좀 더 부드럽게 천천히 말하거나 말할 때 손을 내려다보거나 사용하는 몸짓을 늘이거나(줄이거나) 하는 게 도움이 될 것이다. 그렇다고 당신이 내담자마다 다 다른 사람이 되어야 한다는 의미는 아니다. 그저 내담자들이 편안하게 느낄 수 있는 방식으로 당신 자신을 보여 주려고 노력한다는 의미다. 알타리바와 바우어(Altarriba & Bauer, 1998b)는 유창하지는 않더라도 히스패닉계 내담자에게 스페인어로 인사를 건네는 것은 라포 형성에 큰 도움이 될 수 있다고 제안한다.

　앞서 치료자는 내담자에게 지나치게 자기 노출을 하지 않아야 한다고 주장했음에도 불구하고, 일부 내담자에게는 더 많은 자기 노출이 도움이 될 수도 있다. 예를 들어, 히스패닉계 내담자는 치료자가 덜 형식적이기를 바라고, 심지어 치료 과정 중 적절한 시기에 치료자의 개인적인 문제에 대한 논의를 환영할 것이다(Paniagua, 1998). 리(Lee, 1997)는 아시아 내담자들이 대인 관계를 중시하는 점을 감안할 때, 그들은 치료자가 어느 정도의 개인 정보도 공개할 것이라 기대할 수 있다고 전했다.

　의복 스타일 또한 문화적 차이로 발생할 수 있는 문제가 될 수 있다. 가장 좋은 복장이 보다 형식적인 것일지 비형식적인 것일지에 관한 양측의 논쟁이 일어날 수 있다. 일부 내담자는 자신이 만날 전문가가 정장 수준의 복장을 갖추기를 기대하며, 자신 역시 약속을 위해 격식 있게 차려입는다. 어떤 문화에서는 여성들이 공식적인 의복을 갖추지 않고서는 공개적인 업무를 하지 않는다. 당신은 정장에 높은 구두를 신고, 얼굴 화장을 완벽히 하고 상담 회기에 참여하는 내담자를 보고 놀랄 수도 있다. 반대로, 편한 캐주얼 차림을 한 치료자에게 고마워하는 내담자도 있을 수 있다. 길먼과 코베롤라(Gillman & Koverola, 1995)에 따르면, 내담자가 보다 편안하게 느끼는 복장은 친근한 관계를 만들 수 있고, 내담자가 치료자를 현실적이고 가까이 다가갈 수 있는 사람으로 인식하도록 돕는다. 다시 말하지만, 당신의 내담자로부터 단서를 찾아라. 내담자 복장은 내담자가 당신에게 기대하는 것을 알려 줄 것이다. 만약 부조화한 점이 있다면(정장차림 혹은 간편한 차림이 단순히 당신 스타일이 아니거나, 그날 보게 될 다른 내담자에게는 부적절할 경우), 당신은 그 주제와 그것이 내담자에게 의미하는 바에 대해 논의할 수 있다.

1) 치료자 역할 설명하기

문헌을 통해 소수집단 내담자들이 정신건강 서비스를 충분히 활용하지 않고 있다는 사실을 명확히 알 수 있다. 그 이유는 많다. 일부 문화권에서는 외부인에게 도움을 요청하는 것이 개인의 힘이 부족한 것으로 인식된다. 또 다른 문화권에서는 가족 밖에서 가족 문제를 논의하는 것을 금기시한다. 어떤 문화권에서는 위기에 처했을 때 전문 상담자를 찾기보다는 종교인이나 대가족 구성원들에게 도움을 구한다. 이들에게는 개인 혹은 가족 문제를 완전히 낯선 이와(게다가 돈까지 지불해 가면서) 논의한다는 생각은 터무니없는 일이다. 여전히 사람들은 심리치료가 무엇을 수반하는지 오해할 수 있다. 예를 들어, 미국 원주민들은 종종 심리치료사에게 가는 사람을 미쳤다고 생각하기 때문에, 다른 사람들이 알게 될까 두려워 도움 요청을 꺼린다. 심리치료에 대한 이런 종류의 생각은 소수민족 문화에서만 발견되는 것이 아니라, 비소수집단의 많은 사람(특히 고령자 그리고/혹은 농촌인구)도 동일한 방식으로 생각한다. 따라서 모든 내담자와 이러한 두려움을 완화하기 위한 초반 논의 시간을 갖는 게 유익할 수 있다. **"사람들은 저마다 다른 이유들로 저를 만나러 오십니다. 그리고 극히 소수를 제외한 대부분의 경우가 정상적인 분들입니다." "거의 모든 사람은 살면서 때때로 약간의 추가 도움이 필요합니다. 무엇을 도와드릴까요?"**

앞서 다양한 내담자와 작업할 때 유연한 태도가 중요하다고 언급했다. 당신은 평소에 하지 않았던 일들을 해야 할지도 모른다. 심리치료의 의미와 목적에 대해 논의하는 것도 그러한 일 중 하나다. 그리고 당신은 내담자 인생에 함께 존재하는 다른 사람들과 이러한 논의를 하고 있는 자신을 발견할 수도 있다. 수와 수(Sue & Sue, 1990)는 치료자들은 때론 임상 실무에 대한 인식을 확장하여, 소수집단 내담자들이 이전에 활용해 온 가족, 친구와 같은 지지 체계를 활용해야 한다고 주장한다. 이들은 대체로 심리치료와 특히 이 내담자의 치료 작업에 대한 잘못된 인식을 가지고 있을 수 있기 때문에 이 또한 해소해야 한다.

논의해야 하는 가장 중요한 개념 중 하나는 비밀 보장에 관한 것이다. 일반적으로 내담자는 종종 비밀 보장에 대해 우려하는데, 특히 자신이 치료 받는 이유를 다른 사람들이 알게 될까 봐 두려워하는 소수집단 내담자에게는 더욱 그러하다. 비밀 보장과 그 한계에 대한 명확하고, 간결하지만 철저한 설명이 이 문제를 처리하는 최상의 방법이다. 이 설명은 치료를 처음 시작할 때 제공되어야 하며, 내담자는 이 설명에 대해 질문할 수 있는 충분한 기회를 가질 수 있어야 한다.

"치료에 참여하는 둘 모두가 충족되지 않을 경우, 내담자는 치료자나 치료 과정이 비효율적이고 부적절하다고 생각하면서 치료를 중단한다. 반면에, 치료자는 내담자를 전념하지 않는 혹은 심지어 저항적인 이미지로 남기게 된다"(Parham, White, & Ajamu, 1999, p. 108). 다시 말하지만, 이런 일은 모든 내담자와의 만남에서 일어날 수 있는 일이다. 그러나 내담자와 치료자가 다른 문화적 배경을 가지고 있을 때 훨씬 더 일어날 가능성이 크다. 이 문제에 대한 팔함, 화이트와 아자무의 해결책은 처음 시작할 때부터 내담자가 가진 기대에 대해 논의할 뿐만 아니라 치료 시작 전 사전 교육을 제공하는 것이다. 치료 과정과 절차를 설명하는 배부 자료, 소책자 혹은 동영상 자료를 활용할 수 있다. 내담자가 치료 과정과 치료에서 기대할 수 있는 것을 이해한다면 치료를 이어 나갈 가능성이 더 높아진다.

2) 의뢰

만약 당신이 어떤 특정 내담자를 돕기에 충분한 지식이 부족하다면, 그 지식을 가지고 있는 누군가에게 의뢰해야 한다. 마찬가지로 당신의 가치관이 내담자의 것과 심히 다르다면, 그리고 그 차이가 내담자와 그의 욕구를 진심으로 지지하는 것을 방해할 가능성이 있다면 다른 이에게 의뢰하는 것이 적절하다. 만약 도덕적·종교적 혹은 또 다른 가치들이 내담자가 겪고 있는 문제에 핵심이라면, 그리고 당신이 이러한 가치들과 상충한다면 내담자와의 관계는 논쟁적으로 가거나 진술하기 어려워질 것이다. 두 경우 모두 유익하지 않다. 당신이 객관적인 태도를 유지하지 못할 것 같거나 당신 가치를 내담자에게 강요할 위험성이 있다고 느낀다면, 혹은 내담자와 이야기할 때 그러한 가치에 대해 당신이 정직한 태도를 취하지 않을 것이라고 느낀다면 다른 치료자에게 의뢰해야만 한다. 그러한 의뢰를 위한 최선의 방법은 가능한 한 관계 초기에 이러한 가능성을 직접적으로 다루는 것이다. 내담자를 도울 수 있는 최상의 치료자가 당신은 아닌 것 같다고 말하라. 내담자가 그 이유를 묻는다면 당신이 가진 배경과 내담자 것의 차이로 인해 내담자와 내담자가 경험해 온 것들을 제대로 이해할 수 없을 것 같아 염려된다고 말하라.

이것은 당신이 자신과 다른 이들과 효과적으로 작업할 수 없다는 뜻은 아니다. 때때로 달라도 작업해야 할 것이고(결국 당신과 완전히 같은 사람은 없다), 아마도 잘 할 것이다. 그러나 당신이 내담자를 매우 불편해하고 내담자의 세계관을 이해하거나 수용할 수 없어 하는 자신을 발견한다면 반드시 의뢰를 고려해야 한다.

만약 내담자가 사용하는 주 언어가 당신이 모르는 것이라면? 의뢰할 필요가 있나? 몇 년 전 저자 중 한 명(모린 케니)이 전문적인 도움을 구하는 러시아에서 온 방문학생을 돕고 있었다. 내담자 영어 구사력은 좋았으나, 자신은 러시아어로만이 스스로를 완벽하게 표현할 수 있기 때문에, 자신의 모국어로 의사소통할 수 있는 치료자와 만나고 싶다고 했다. 내담자가 경험하는 어려움 중 하나가 미국 생활 적응과 관련된 것이어서, 러시아 뿌리를 가진 사람이 자신을 가장 잘 이해할 수 있다고 생각했다. 반대로, 영어가 제2언어인 일부 내담자들은 영어를 사용하는 치료자와 작업하기를 선호한다. 코헨과 코헨(Cohen & Cohen, 1999)은 모국어를 사용하는 치료자에게 의뢰하는 것이 때로는 내담자 입장에서 주류 문화에서 자신이 효과적인 의사소통을 못하는 것으로 해석할 수 있다고 경고한다.

언어장벽이 있다 하더라도 의뢰가 반드시 필요하지 않을 수 있다. 토드와 보하트는 "치료자가 필요한 언어를 배울 수 없다면, 통역사를 이용할 수도 있고, 전문가는 아니지만 두 문화 속에서 자란 2개 국어를 구사하는 상담자와 협업할 수도 있다."(Todd & Bohart, 1999, p. 522)라고 언급했다. 만약 당신이 통역사의 도움을 받는다면, 통역사는 치료 과정에 익숙하고 비밀 보장을 숙지한 사람이어야 한다. 다른 가족 구성원을 통역사로 활용하는 것은 일반적으로 좋은 생각이 아니다. 왜냐하면 그들은 객관적일 수 없고 내담자가 말하는 것을 편집할 수 있기 때문이다(Mulphy & Dillon, 1998). 내담자도 어떤 내용에 대해서는 가족이 듣지 않았으면 하기 때문에 꺼릴 수 있다.

분명한 것은 예를 들어 당신이 내담자 대부분이 스페인어를 사용하는 지역에서 일한다면 당신도 스페인어로 말하는 것이 최선이다. 그러나 우리 문화가 점진적으로 다양성이 증가하고 있는 상황이라 하더라도, 당신이 앞으로 만나게 될 모든 내담자의 모국어를 구사할 수는 없다. 언어 차이가 치료를 방해할 것인가? 아마도 그럴 수도 있을 것이다. 그렇다면 이는 언어 차이가 있는 내담자의 경우에는 당신이 만나서는 안 된다는 의미인가? 반드시 그렇지는 않다. 가능한 한 내담자에게 결정을 맡기는 것이 가장 좋다. 그리고 내담자가 당신을 선택하지 않는다고 해서 그 결정을 당신 개인적인 문제로 치부하지 말라.

3) 시작하기

여러 저자가 다른 문화를 가진 내담자와 작업을 시작하는 방법에 도움이 되는 몇 가지 제안을 했다. 코틀러는 다음과 같이 조언한다. "당신이 돕고자 노력하고 있는 그들의 세계로 들어가라. 이는 그들의 독특한 문화, 가족사, 언어, 관습, 가치와 우선 사항을 배우라는 뜻이다"(Kottler, 2000, pp. 6-7). 당신이 가장 근접해서 함께 작업하게 될 내담자가 속한 인종집단의 관습과 전통을 우선적으로 학습하는 것은 합당한 일이다. 만약 당신이 일하는 지역이 멕시코계 이민자가 많은 곳이라면, 이러한 내담자들과 직접적으로 관련되어 있는 서적들을 읽어야 한다. 브램스는 "이런 지식은 그 문화에서 온 내담자들과 보다 효율적으로 치료자가 작업하는 데 도움을 줄뿐만 아니라 내담자가 치료자를 더 신뢰하게 할 것이다"(Brems, 1993, p. 80). 그러나 당신은 모든 문화 혹은 모든 사회집단에 대한 깊이 있는 전문성을 개발할 수는 없을 것이다. 좀 더 현실적인 목표는 다양한 배경과 경험을 가진 사람들의 독특한 욕구를 가늠하고, 그것에 민감하게 반응할 수 있도록 도와주는 도구를 확보하는 것이다(Burn, 1992).

다음으로 문화에 몰두하는 것도 도움이 된다. 다문화 주제에 대한 유능감을 가지려 노력하는 상담자는 다른 문화적 관점을 대표하는 사람들과 상호작용하는 기회를 찾아야 한다(Cormier & Hackney, 1999). 독서는 문화적 친숙함을 확보하기에는 오직 부분적으로 도움이 된다. 당신이 관심을 갖는 문화집단을 대표하는 사람들의 생생한 삶의 경험을 사실상 대체할 수 있는 것은 없다. 내담자도 당신의 학습을 도울 수 있다. 또 다른 문화에서 성장한 내담자에게 지대한 영향을 미친 관습, 가치 혹은 무언의 규칙들에 대해 질문하는 것을 부끄러워하지 말라. 내담자는 대체로 그러한 정보를 나누고 치료자를 교육하는 것을 기뻐한다. 내담자가 전문가가 될 수 있는 기회를 제공하는 것이다. 그러나 당신이 내담자로부터 얼마나 많은 정보를 구할지 신중하게 판단하라. 내담자는 자신의 전통에 대해 치료자를 교육하는 특권을 가졌다는 이유로 당신에게 비용을 지불하지는 않을 것이다. 따라서 너무 많은 질문은 내담자를 좌절시킬지도 모른다(Cormier & Hackney, 1999).

내담자 문화에 대해 학습하는 것은 내담자가 치료에 가져온 문제를 (문화적 관점 없이는 이해할 수 없을지도 모르는) 당신이 이해하는 데 도움이 될 것이다. 예를 들어, 젊은 아시아 여성의 시댁에서 그녀와 남편의 미국 유학 자금을 대 주었다. 그러나 그녀는 자신의 어머니를 돌보기 위해서 타이완으로 돌아가지 않은 것 때문에 점점 죄책감을 느꼈다. 그녀의 문화에서는 장녀에게 돌봄의 책임이 있다. 그녀의 가족은 그녀가 학업을 추구하느라 가족의 의무를 저버리는 것이 얼마나 이기적인지를 자주 상기시켰다. 이 내담자의 경우, 그녀가 선택한 문화의 가치는(교육을 받고 독립적이 되는 것) 자기 본래 문화(가족에 충성)와 갈등을 일으킨다. 치료자는 아시아 문화에 대한 연구 결과에 근거하여 이 갈등을 어느 정도 이해했다 해도, 치료 과정에서 훨씬 더 중요한 것은 그 갈등에 대해 내담자에게 기꺼이 물어보는 것이다. 길먼과 코베롤라는 "진솔한 개방적인 자세를 통해 치료에서 다루어지는 다양한 문제들에 내담자의 문화가 부여하는 의미를 당신과 공유하도록 초대할 수 있다."(Gillman & Koverola, 1995, p. 383)라고 했다. 이런 공유는 치료자를 교육시킬 뿐만 아니라 내담자가 갈등 그리고 그것과 관련된 감정을 자세히 살펴볼 수 있도록 돕는다.

치료자도 자신의 세계관과 이것이 내담자의 안녕에 어떠한 영향을 미칠 수 있는지 숙고해야 한다(Burn, 1992). 우리 모두는 특정 가치와 관습을 가르치는 환경에서 성장했다. 유능한 치료자는 자신의 가치체계, 잠재적 고정관념 혹은 편견을 자각하고 있다. 코틀러는 "당신이 인정하지 않거나 이해 안 되는 방식으로 살아가는 사람

3. 특정 문화집단   325

을 판단하는 경향성을 통제하기 위한 노력을 기울여라."(Kottler, 2000, p. 7)라고 조언한다. 그렇게 하지 못하면 내담자와 작업할 때 무감각해질 것이다. 특정 문화에 친숙한 사람에게 자문을 구하는 것은 당신이 이전에 아무 의심 없이 받아들이고 있었던 가치들을 인식하고, 당신과 다른 내담자의 세계관을 이해하는 데 상당한 도움이 된다. 코헨과 코헨은 "내담자에 대한 불필요한 정보를 누설하지 않고, 필요에 따라 특정 문화적 관점에 대해 다른 치료자와 상의할 수 있도록 내담자의 동의를 구하라."(Cohen & Cohen, 1999, p. 130)라고 조언한다. 자문을 구하는 것은 내담자를 더 잘 돕기 위한 당신 입장에서의 노력이라고 내담자에게 설명할 수 있다.

앞서 언급한 모든 제안은 당신과 다른 문화적 배경을 가진 내담자와의 치료 시작에 대한 내용이다. 그러나 이런 종류의 일반적인 내용 외에도, 특정 민족 그리고/또는 문화집단에 특별히 해당하는 몇 가지 쟁점과 우려 사항이 있다. 우리는 이제 이들 집단 중 몇 개 집단과 그들 각 집단에 고유한 일부 쟁점들을 다룬다.

3. 특정 문화집단

1) 아프리카계 미국인

많은 소수집단과 마찬가지로 아프리카계 미국인 내담자는 일반적으로 정신건강 환경에서 잘 드러나거나 대접받지 못했다. 연구에 따르면, 아프리카계 미국인은 백인에 비해 치료도 덜 받았고 치료를 받은 경우에도 몇 차례 진행 후 중단하는 경향이 있었다. 이러한 결과는 심리장애가 있는 아프리카계 미국인이 필요한 도움을 받지 못하고 있음을 시사한다. 팔함, 화이트와 아자무(Parham, White, & Ajamu, 1999)는 이렇게 저조한 활용의 주된 원인으로 비흑인(주로 백인) 치료사의 진단과 치료를 언급한다.

팔함과 그의 동료들은 아프리카계 미국인이 스트레스와 불안으로 힘들 때 가족, 조부모 또는 목사와 같은 전통적인 지원 네트워크에 더 많이 의존한다고 보고했다. 그러한 내담자가 전문적인 도움을 요청한다면 그가 선호하는 네트워크를 사용하지 않는 이유가 있을 것이다. 아마도 그것들을 이용할 수 없거나(사회적 고립이 그의 문제의 일부일 수 있음을 시사), 사용하지 않기로 결심했을 수 있다. (그리고 우리는 그 선택에 대해 유익하게 논의 할 수 있다.) 나아가 팔함과 동료들은 아프리카계 미국인의 문제가 더 심각할수록 전통적인 자원보다는 전문적인 자원을 사용해야 할 가능성이 더 높다고 지적한다. 게다가 그들은 그러한 도움을 구하기까지 전형적인 백인보다 더 오랜 시간이 걸릴 가능성이 높다. 즉, 당신의 사무실에 이들이 나타날 때 쇠약해져 있고 낙담해 있을 가능성이 높다는 것을 의미한다. 백인과 아프리카계 미국인 치료자 모두, 아프리카계 미국인 내담자와 작업 할 때 여러 가지 요소를 알고 있어야 한다. 여기에는 흑인에 대한 역사적 관점, 아프리카계 미국인 가족의 현재 및 역사적·사회적 지원 시스템, 흑인 가족의 고유한 가치체계와 신뢰 구축을 방해할 수 있는 의사소통 장벽이 포함된다(특히 치료사가 백인인 경우; Wilson & Smith, 1998).

백인 문화에 대한 아프리카계 미국인의 경험사는 억압과 착취의 사례로 가득 차 있으며, 많은 흑인 내담자는 치료 과정 동안 끊임없는 분노의 흐름을 경험할 것으로 예상된다. 그 분노는 역사적 착취가 현재 차별 및 편견과 결합 될 때 끓어 오르고, 당신을 포함하여 지배문화의 일부로 여겨지는 모든 사람에게(백인 치료자) 일반화 될 수 있다. 흑인 내담자가 겪는 그러한 편견과 차별의 역사와 여전히 그러하다는 현실이 어떤 것일지 완전히 알 수는 없지만, 그 역사적 존재를 인식하고 가능한 한 그 결과를 상상하고, 착취당한 소수집단의 일원으로서의 내담자 입장과 치료에 가져 오는 다른 문제와 어떻게 상호작용하는지 열린 마음으로 토론할 의무가 있다.

파니아과(Paniagua, 1998)는 아프리카계 미국인 내담자와의 작업에 대해 몇 가지 제안을 했다. 그는 시작하는 첫 만남에서 치료자와 내담자의 차이(인종, 문화)를 인정하고 해결하는 것이 중요하다고 했다. **"백인 치료자와 이야기하는 것이 어떤가요?" "다른 흑인이 곧바로 이해할 수 있는 무언가를 제가 놓친다면 알려 주시겠어요?"** 또한 대부분의 아프리카계 미국인에게 생물학적 확대가족은 대단히 중요하기 때문에 종종 가족 치료를 선택한다. 미국에서 '가족'의 형태는 다양하다. 아프리카계 미국인들 사이에서는 할머니 손에서 자란 아이들이 많다. 내담자가 '가족'으로 간주하는 사람을 당신이 알고 있다고 미리 가정하지 말라. 질문하는 것이 현명하며 답변을 듣고 그 답에 대해 되묻는 것이 유익할 때가 많다.

2) 히스패닉

'히스패닉'이라는 표식은 아마도 각각 고유한 문화를 가진 서로 다른 출신의 개인들의 복합체를 의미한다. 여기에는 쿠바인, 푸에르토리코인, 멕시코인, 중남미인이 포함된다. 히스패닉은 두 가지 면에서 인구 통계학적으로 독특하다. 그들은 미국에서 가장 빠르게 성장하는 인구이며 또한 몇몇 주에 몰려있는 경향이 있다(Atkinson, Morten, & Sue, 1998).

일반적으로 확대가족은 히스패닉계에게 중요하며, 여러 세대가 같은 지붕 아래에 사는 것은 드문 일이 아니다. 알타리바와 바우어(Altarriba & Bauer, 1998b)는 이러한 확대가족이 광범위한 사회적 지원을 제공하며(특히, 쿠바 가정에서), 가족 구성원이 도움을 받기 위해 집 밖으로 나가는 것을 꺼릴 수 있다고 보고한다. 또한 누군가가 전문가의 도움을 구하기로 결정하면 집 밖에서 가족 문제를 논의한 것에 대해 죄책감을 느낄 수 있다. 가족에 대한 충성심이 강하기 때문에 가족 치료는 히스패닉 내담자가 선호하는 치료법일 수 있다(Paniagua, 1998). 개인 치료가 필요한 경우에도 히스패닉 내담자는 가족 구성원과 동반하는 치료 환경에서 더 편안하게 느낄 수 있다.

인종 및 피부색 문제는 히스패닉 내담자에게도 나타날 수 있다. 알타리바와 바우어는 "한 개인이 흑인 히스패닉, 아시아계 히스패닉 또는 두 인종과 민족의 혼혈일 수 있다."(Altarriba & Bauer, 1998a, p. 292)라고 했다. 밝은 피부를 가진 개인이 히스패닉 사회에 수용되는 것이 더 쉬울 수 있으며, 일부 더 밝은 피부색을 선호하는 히스패닉 지역사회에서는 피부가 어두운 사람들의 삶이 더 어렵다. 치료자는 히스패닉 내담자의 문화정체성뿐만 아니라 그의 인종정체성도 고려해야 한다.

성역할 차이는 백인집단보다 히스패닉에서 더 큰 영향을 미치는 경향이 있다. '남자다움'이라는 가치는 아버지가 절대적인 권위자이기를 요구한다. 아버지 말에 의문을 제기해서는 안 된다. 특히, 여성이라면 더욱 그러하다. 여성은 가정과 자녀 양육에 책임이 있다. 어린 소녀들은 결혼할 때까지 처녀로 남아 있어야 하며, 많은 히스패닉 문화에서는 젊은 여성이 집을 나설 때는 여전히 보호자를 동반한다. 결혼은 젊은 부부가 결정하는 것이 아니라 가족 간에 이루어질 수 있다. 일반적으로 전통적인 히스패닉 여성은 백인 여성보다 훨씬 덜 자유롭다.

히스패닉 문화에서 권위는 매우 존중되며 치료자도 권위자다. 따라서 치료자가 내담자 문제를 (빠르게) 평가하고, 문제 해결을 위해 무엇을 해야 하는지 알려 줄 것이라고 기대한다. 당신이 치료에 접근하는 방식이 느긋하게 슬렁슬렁하는 태도로 "당신에게 중요하다 여겨지는 것들을 그냥 말해 보세요."라고 했다가는 첫 한두 회기 이후에 히스패닉 내담자를 잃을 가능성이 높다. 만약 그러한 히스패닉 내담자와 작업할 때 권위 있는 인물로 행동할 의사가 없다면, 당신이 일하는 방식과 그 방식으로 일하기로 한 이유를 내담자에게 명확히 밝혀야 한다.

3) 아시아인

히스패닉 사람들이 다양한 그룹을 나타내는 것처럼 아시아인도 마찬가지다. 아시아 이민자는 태평양섬, 일본, 중국, 인도, 한국, 베트남, 필리핀 등에서 올 수 있다. 아시아계 미국인은 이민 역사, 교육 수준, 종교, 언어, 전쟁 외상 노출(Lee, 1997), 기본적인 문화규범 및 가치 측면에서 서로 다르다. 안타깝게도 아시아 내담자를 다루는 대부분의 문헌은 중국인과 일본인을 기반으로 하며 다른 그룹은 종종 간과된다. 그리고 중국인이나 일본인조차 동질적인 그룹이 아니므로 함께 일하는 특정 내담자의 관습에 대해 배우는 것이 필수적이다. 아시아인은 다른 이민자 그룹보다 더 높은 성취를 했다는 고정관념이 있다. 일부 아시아 내담자에게는 해당 될 수 있지만 모든 아시아인 또는 모든 중국인과 일본인에게 해당되는 것은 아니다. 당신의 아시아인 내담자가 교육을 잘 받고 성취도가 높다고 단정하는 것은 절대 옳지 않다. 이렇게 되면 치료 과정을 심각하게 방해할 수 있는 고정 관념에 빠지는 것이다.

많은 아시아인에게 언어 장벽 및 자기 주변의 가용 자원 부족과 같은 요인으로 치료받기가 어려울 수 있다. 그러나 이런 장벽 요인이 없는 경우조차도 전문적인 도움을 구하는 것을 꺼릴 수 있다. 전문가의 도움을 구하는 것은 아시아 문화에서 전혀 고려되지 않았던 마지막 안식처로 간주되는 경향이 있다. 따라서 아시아 내담자는 위기에 처하지 않는 한 도움을 구하지 않을 것이다.

루트(Root, 1998)는 아시아 그룹을 특징 짓는 집단주의 가족성향 때문에, 아시아인 내담자는 가족에 대해 부정적인 시각으로 말하는 것을 꺼리거나 낯선 사람과 개인적인 문제를 이야기하는 것은 가족에게 불충하는 행동으로 인식할 수 있다고 했다. 루트는 "아시아계 미국인과 함께 작업할 때 치료자가 아시아인이 갖는 가족의 중요성과 지역사회에서의 가족 평판을 유지하고 조화로운 대인 관계를 유지하는 데 수반되는 가치에 대해 알고 있다면, 더 신뢰받을 수 있고 효과적으로 작업할 가능성이 높다."(Root, 1998, p. 218)라고 강조했다.

연구에 따르면, 아시아인은 다른 인구보다 자신의 심리적 문제를 스스로 해결할 가능성이 더 높다. 대부분의 아시아 문화에서는 정서적 문제보다 신체적 문제를 더 용인한다. 정신적 고통은 약점의 한 형태로 간주되기 때문에 그러한 고통을 인정하는 것은 수치스러운 일이다. 따라서 치료자는 아시아인 내담자가 고통의 정도를 감추려 한다는 것과, 만약 이를 인정한다면 깊은 수치심을 느낄 가능성에 대해 인식하고 있어야 한다.

아시아 하위 그룹 간 차이가 있음에도 불구하고, 리(Lee, 1997)는 모든 사람들이 공유하는 몇 가지 특성을 발견했다. 일반적으로 여러 세대가 함께 살고, 아버지는 권위자로 여겨진다. 아내와 남편은 가족을 위해 함께 일해야 하고 개인은 가족을 위해 희생해야 한다. 일반적으로 미국 심리치료에서 가장 자주 옹호되는 개인주의적 접근과는 대조적이다. 내담자가 원하는 것을 파악하고 이를 얻을 수 있는 방법에 익숙한 치료자는 아시아 내담자와 작업할 때, 보다 가족 및 집단 지향적인 접근 방식을 개발해야 할 수 있다.

심리치료 과정에 익숙하지 않은 내담자에게는 자신이 기대할 수 있는 것이 무엇인지 어느 정도의 초기 구조화를 해 주는 것이 유익할 수 있다. 루트(Root, 1998)는 초기 구조화가 도움이 많이 되는 사례가 아시아인 내담자일 가능성이 높다고 제안한다. 그리고 마지막으로 아시아인 내담자와 함께 일하는 치료자는 그들이 선물을 준다는 사실에 놀라지 않아야 한다. 많은 아시아인에게 '선생님'께 선물을 주는 것은 감사를 표현하는 적절한 방법이며 그렇게 하지 않는 것은 무례한 것으로 간주된다. 대부분의 미국 치료자는 선물을 받지 않도록 훈련을 받았지만 이러한 아시아 문화맥락에서 선물을 거부하는 것은 무례하고 내담자를 거부하는 것으로 인식되어 치료 관계를 손상시킬 수 있다(Murphy & Dillion, 1998).

4) 게이 및 레즈비언 내담자

인구의 5~10%가 동성애자라고 여겨지고 있다. 게이와 레즈비언은 다른 모든 내담자와 마찬가지의 공통적인 문제로 치료를 받을 수 있지만 생활방식과 성적 취향에 따른 고유의 어려움을 겪기도 한다. 이들은 종종 거부와 비난을 경험하기 때문에 안전하고 개방적이며 돌보는 치료 경험을 제공하는 것이 특히 중요하다. 패싱어는 "치료 관계의 핵심적인 중요성과 관련하여 인간적 접근이 레즈비언과 게이 내담자들과의 작업의 근간이 되어야 한다."(Fassinger, 2000, p. 109)라고 말한다. 일부 치료자는 자신의 도덕적 또는 종교적 가치 때문에 게이 및 레즈비언 내담자와 함께 일할 수 없다고 주장한다. 9장에서 논의된 바와 같이, 동성애자의 생활양식 혹은 가치관을 받아들일 수 없다고 생각하는 치료자는 그러한 내담자를 더 편하게 대할 치료자에게 의뢰해야 한다(Sobocinski, 1990). 당신 자신이 이성애자라면 게이 내담자는 당신을 위해 결정을 내릴 수 있다. 많은 게이와 레즈비언은 성적 지향을 공유하는 치료자를 선호한다. 이것은 이성애인 치료자의 거부행동이 아니라 긍정적인 정체성을 개발하고 유지하려는 내담자 욕구를 반영하는 행위로 간주되어야 한다(Buhrke & Douce, 1991). 게이 및 레즈비언 치료자는 동성애 내담자와 함께 일할 때 이성애자 치료자보다 반드시 더 능숙하지는 않지만 동성애 생활 방식이 제기하는 도전에 더 민감할 것이다.

ACA 및 APA와 같은 전문가 협회는 내담자의 성적 지향을 이해해야 한다고 강조하지만, 이러한 문제를 해결하는 훈련 프로그램은 거의 없다. 많은 치료자는 게이와 레즈비언 내담자 욕구에 익숙하지 않으며 실제로 동성애에 대해 상당히 부정적인 견해를 가질 수 있다. 이러한 생각은 미국에서 역사적으로 동성애가 다루어진 방식과 관련이 있을 수 있다. DSM에서 동성애를 '정신질환'으로 인식하지 않은지 불과 25년밖에 지나지 않았기 때문에, 그간 치료자들은 동성애자를 성적으로 '정상'이 되도록 변화시키려 했었다. 다행히도 이러한 태도는 최근에 바뀌었다. 소보친스키는 "사람의 성적 지향을 바꾸려는 노력은 이 사회의 이성애자들의 편파와 편견을 반영하는 것으로 본질적으로 비윤리적인 것이기 때문에 거부되었다."(Sobocinski, 1990, p. 244)라고 말한다.

일부 치료자들이 가지고 있는 또 다른 오해는 동성애 내담자의 어려움이 항상 성적 지향과 관련되어 있다고 생각하는 것이다. 일부 게이 및 레즈비언 내담자는 성역할에 대해 갈등을 겪고 그 갈등의 결과로 많은 고통을 경험할 수 있지만 그렇지 않은 이들도 있다. 아마도 동성애자가 성 관련 문제로 치료받는 경우는 이성애자와 유사하다고 말하는 것이 타당할 것이다. 다른 한편으로 이들이 치료받으러 오게 되는 주요한 문제는 동성애자의 성적 지향에 대한 다른 사람들의 반응 때문이다.

종종 동성애에 대해 사람들이 부정적으로 반응하기 때문에, '동성애임을 공식적으로 밝히는 일'은 게이 및 레즈비언 내담자에게 자주 문제가 된다. 가족과 친구들은 내담자의 성 정체성을 알게 된 후 강한 분노나 슬픔을 표현할 수 있다. 그들은 공개적으로 그를 거부하거나 그에게 거짓된 과잉행동을 할 수 있다. 타인들이 이렇게 반응하든 그렇지 않든 내담자는 그들이 그렇게 행동할 거라고 예상하거나 생각할 수 있다. 어느 쪽이든 관계는 망가진다. 보다 실질적인 수준에서 게이와 레즈비언은 고용, 주택 및 여가 활동 분야에서 차별을 겪을 수 있고, 심지어 폭력의 대상이 될 수도 있다. 다시 말해, 이러한 반응이 일어날 수 있다는 두려움은 현실적으로 타당하지 않을 때조차도 심각한 고통을 유발할 수 있다. 게이와 레즈비언이 나이가 들어감에 따라 생활 방식과 관련된 문제는 심화될 수 있다. 나이 든 동성애자들은 사회적 고립을 경험하고 파트너를 잃을 때 사회적 지지를 덜 받는 경향이 있다.

게이 남성들 사이에서는 에이즈로 인한 파트너 상실 경험은 특히 흔하다. 게이 남성은 친구나 파트너를 잃고 슬퍼할 가능성이 높으며, 치료자는 이러한 우려 사항과 관련된 지역사회 지지집단 및 자원을 잘 알고 있어야 한다. 에이즈는 또한 동성애에 대한 부정적인 태도를 유발하는 강력한 원인이기도 하다. 에이즈가 게이 남성에게만 있는 것은 아니지만 미국에서는 게이 문제로 간주되는 경향이 있으며, 많은 사람이 게이가 그들에게 질병을 옮길 수 있다고 믿기 때문에 게이 남성을 두려워한다. 의사와 공중 보건 관계자는 에이즈가 우연한 접촉을 통해 전염될 수는 없지만 왕성한 성관계를 하는 사람에게는 위험하다고 말한다. 그러나 게이 남성은 특히 이러한 위험성에 취약하다. 치료자는 게이 남성들과 안전한 성관계에 대해 논의하고, 그들이 앞으로 만나게 될 파트너에게 질병에 대해 질문하는 방법을 배울 수 있도록 돕는 데 능숙해야 한다.

일상적인 언어에 이성애를 선호하는 내재된 편견이 종종 포함되어 있기 때문에 치료자는 이에 민감해야 한다. 예를 들어, 관계에 대해 논의할 때 종종 남성에게는

'여자친구'가 있다고 가정하거나 여성의 파트너는 그녀의 '남편'이라고 가정한다. 내담자에게 결혼했는지 물어보기보다 '진지한 관계를 맺고 있는 사람이 있는지'를 물어보는 것이 더 좋다. 이 질문에 대해 답한 다음에 내담자는 자기 파트너의 성별을 명확히 밝힐지 말지를 선택할 수 있다.

당신이 내담자가 게이나 레즈비언일거라고 생각하는 이유가 있다면 그것에 대해 물어봐야만 하나? 아마도 성 정체성이 논의의 초점이 아니라면 물어봐야만 하는 것은 아니다. 새로운 내담자가 채식주의자인지 물어볼 필요가 있다고 생각하나? 매일 목욕을 하는지, 부자인지 등 개인 정보는 내담자의 치료 목표와 관련성이 있을 때 물어볼 수 있다. 그러한 관련성이 없을 때 묻는 것은 불필요하고 방해만 된다. 반면에, 만약 내담자가 치료에 늦게 오면 더 일찍 오거나 그러지 않고 이 시간에 온 이유와 늦게 온 것에 대해 내담자는 어떻게 느끼는지를 물어보는 것이 적절하다. 이러한 질문은 치료 관계의 본질에 주의를 기울이게 한다. 관계는 항상 탐색해야 하는 합당한 주제다.

5) 노인

미디어는 종종 '미국의 고령화'를 언급한다. 우리는 더 오래 살고 있으며 노인 인구는 증가하고 있다. 언젠가는 노인 내담자를 만날 가능성이 매우 높으며, 노인 내담자와 일할 때 밟아야 할 첫 번째 단계는 자기 편견을 점검하는 것이다. 노인에 대해 어떻게 생각하고 있는가? 노인과 있을 때 얼마나 편안한가? 알고 지내 온 노인은 얼마나 많으며, 그들을 알아가는 것이 즐거운가?

많은 젊은이는 노인에 대해 느리고 고집스럽고 충분한 지식이 없으며, 심지어 노망든 존재라는 고정관념을 가지고 있다. 나이가 들어 감에 따라 발생하는 신체적 변화는(탈모, 근육 소실, 청력 손상) 있다 하더라도, 많은 노인은 신체 건강이 좋으며 활동적이고 생산적인 삶을 영위하고 있으며, 그들보다 더 어린 내담자만큼 혹은 더 많이 심리치료를 통해 혜택을 받을 수 있다. 물론 나이 든 사람들이 더 많이 직면하게 될 가능성이 높은 일부 문제들이(건강 저하, 배우자 그리고/혹은 친구의 상실, 은퇴, 자기 자신의 피할 수 없는 죽음) 있다. 그리고 치료자가 인식해야 하는 중요한 점은 자신보다 훨씬 어린 치료자와 작업하는 것을 어려워할 수 있다는 것이다.

코틀러와 브라운(Kottler & Brown, 2000)은 치료자는 노인 내담자의 신체적 한계에 민감할 필요가 있다고 제안한다. 노인들은 질문을 정확하게 듣지 못하거나 일부 검사에서 요구되는 시각적 정확성 혹은 시지각 협응능력이 떨어질 수 있기 때문에 평가 방식을 수정할 필요가 있다. 그리고 아주 연로한 분은 쉽게 피로해지기 때문에 회기 길이를 조정하고, 당신이 익숙하게 사용하는 방법조차도 바꿀 필요가 있다.

우리가 매우 불안정한 아동을 만날 때 아동 학대 가능성에 민감해야 하는 것처럼, 매우 고통스러워하는 노인 내담자를 만날 때도 노인 학대 가능성에 대해 경계해야 한다. 노인 학대는 신체적 학대, 정서적 학대, 방치 등 다양한 형태로 나타날 수 있다. 돌보는 자가 노인의 안위를 위해 필요한 안경, 의치 및 재정적 자원을 주지 않는 것도 학대죄를 범하는 것이다. 주정부마다 노인 학대 신고의 필요 사항이 다르기 때문에, 당신이 활동하는 주의 법령을 숙지해야 한다. 이렇게 하면 학대 상황을 적절하게 처리할 수 있을 뿐만 아니라, 신고를 위해 비밀 보장을 위반하여 혹은 신고해야 하는데 하지 못해서 발생될 수 있는 법률적 결과로부터 당신을 보호할 수 있다.

노인들은 육체적으로나 심리적으로 스스로를 돌볼 수 없을 때 자기 방치의 희생양이 될 수도 있다(Kemp, 1998). 소득 감소, 의료비 지출, 배우자 상실로 인해 재정적 자원이 부족해질 수 있다. 신체적 질병도 흔하며 종종 여러 질환이 겹친다. 예를 들어, 70세 이상 노인의 여덟 명 중 한 명은 황반변성으로 인해 심각한 시력 상실을 경험할 것으로 추정되며, 이러한 저시력 노인 대부분은 당뇨병, 관절염 혹은 심장병과 같은 2차 질환을 앓고 있다. 베티 데이비스가 말했듯이 "늙어 간다는 것은 만만치 않은 일이다."

6) 종교

종교는 많은 이의 삶에서 정체성과 삶의 목적을 정의하는 핵심 요소다. 특히 위기상황에서 종교는 큰 위안이 될 수 있으며 고통을 완화하고 의미를 부여하는 수단이 될 수 있다. 이 모든 것에도 불구하고 일반적으로 치료자들은 사람들의 삶에 미치는 종교의 영향을 무시하고, 종종 치료 중에 종교적 신념에 대해 논의하는 것을 막으려는 경향이 있다. 이로 인해 많은 내담자는 심리치료에 대해 회의감을 느끼고 의심하게 되며 자기 신념이 오해받을까 봐 두려워한다. 토드와 보하트(Todd & Bohart, 1999)가 지적했듯이, 종교를 가진 사람의 경우, 목사나 주교가 부재하거나 이들이 도움을 줄 수 없는 경우에만 차선책으로 선택하는 자원이 심리치료사일 것이다.

일부 치료자는 내담자의 종교적 신념에 도전하기조차 할지도 모른다. 그들은 일반 대중 철학의 타당성을 확신하고서는 내담자의 종교를 방어기제로 보고, 내담자가 그러한 구식에서 벗어나 자신들과 세상과의 보다 진정성 있는 관계로 이동해야 한다고 생각한다. 길먼과 코베롤라는 다음과 같이 경고한다. "우리가 지향하는 바가 매우 대중적인 것이라고 스스로 믿고 있다면, 다른 사람들의 삶이 그들이 가진 종교적 신념에 의해 심오한 영향을 받을 수 있다는 사실을 수용할 수 있어야 한다"(Gillman & Koverola, p. 380). 많은 사람에게 종교는 전통적 치료의 보조수단으로 사용될 수 있는 힘의 원천이다. 더욱이 내담자와 치료자가 같은 종교적 신념을 공유한다면 이는 작업 관계를 증진시킬 수 있다(Nelson-Jones, 1993).

내담자의 종교적 신념을 도전하는 것도 어리석은 일이지만, 자신의 종교를 내담자에게 '파는 것(Sell)' 또한 어리석은 일이다. 일부 연구에 따르면, 치료자가 치료에서 명시적으로 종교적 언어를 사용하면 내담자는 부정적으로 인식한다(Morrow, Worthington, & McCullough, 1993). 내담자는 치료자의 개종 시도에 대해 분개하거나 성직자가 해야 더 적절한 역할을 치료자가 수행하려 든다고 느낄 수도 있다. 만약 내담자가 자신의 종교나 종교적 갈등에 대해 이야기하고 싶어 한다면 그렇게 하도록 물론 지지해야 한다. 내담자가 자발적으로 원하는 경우가 아니라면 전반적인 정보 수집 과정의 일부로서 "종교적 신앙을 가지고 있는가?"라는 간단한 질문을 넘어서는 종교 주제는 치료자가 제기하지 않는 것이 일반적으로 최선이다.

종교적 가치는 문화적 집단화에도 영향을 미친다. 동시에 대부분의 문화에는 문화적으로 중심이 되는 종교를 가지고 있다. 그리고 대다수의 구성원이(적어도 명목상으로라도) 이 종교에 소속을 둔다. 다양한 형태의 기독교는 서구 문화에서 가장 일반적인 신앙이기 때문에, 서구에서 태어난 내담자들이 기독교적 가치와 관습을 공유한다고 가정하기 쉽다. 이건 좋은 생각이 아니다. 유대교인 내담자, 바하이교 (Baha'i)인 내담자 혹은 불가지론자 내담자에게 "메리 크리스마스."라고 하면 실제로 기분 상해하지는 않을 수 있지만, 당신의 자기중심성과 민감성 수준에 대해 틀림없이 우려할 것이다.

어느 한 특정 문화의 구성원이 전형적으로 신앙과 교회 멤버십을 중요하게 생각하더라도, 예로 아프리카계 미국인들이 이에 해당하나, 이 가치가 해당 문화의 모든 구성원에게 적용된다고 가정 할 수는 없다. 내담자에 대해 추론 할 수 있는 다른 모든 것과 마찬가지로, 우리는 질문하고 그에 대한 내담자 대답에 세심한 주의를 기울여야 한다. 내담자에게 종교적·영적·철학적 가치를 존중할 것임을 알려라(말하는 것이 아니라 보여 줌으로써). 당신은 자기 사고방식대로 내담자를 변화시키기 위해 거기에 있는 것이 아니라, 내담자의 치유와 성장을 도모하면서 그들 자신의 신념체계를 사용하도록 돕고자 치료에 전념하는 것이다.

4. 결론

다양한 내담자와 함께 작업하는 법을 배우는 것은 치료자에게 있어 광범위하고 필수적인 과정이다. 그것은 결코 끝나지 않는 과정이다. 왜냐하면 우리는 항상 새롭고 예상치 못한 방식으로 우리와는 다른 내담자를 만날 수 있기 때문이다.

어떤 의미에서 문화, 인종, 나이 등과 연관된 차이는 개인의 독특성을 만들어 내는 다른 모든 특질과 동일하게 다루어져야 한다. 우리는 경청하고 질문하고 내담자에게 가르침을 받을 수 있어야 한다. 다름을 존중해야 하고 더 나아가 소중하게 생각해야 한다. 왜냐하면 다름은 우리가 창조하고 있는 관계를 풍요롭게 하기 때문이다. 하지만 다른 관점에서 보면, 우리는 문화, 인종, 연령, 성, 종교 모두 다를 수밖에 없다. 왜냐하면 특정 집단 구성원들과 관계를 맺고 일하는 방식을 오염시킬 수 있는 편견과 기대를 이미 가지고 있기 때문이다.

희망하는 바이기도 하지만, 상담자와 심리치료자 중에는 공공연하게 인종차별적 태도를 취하고 자신과 다른 이들을 공개적으로 편견을 가지고 대하는 사람은 거의 없다. 드러난 심한 편견은 심각한 위험요소가 아니다. 편견이 아주 심한 사람은 비교적 쉽게 알아볼 수 있으며, 내담자들은(주류와 소수 모두) 이들을 잘 피한다. 진짜 위험은 더 미묘하다. 편견을 가진 사람 자신도 자각하지 못하는 편견이다. 이것은 지속적인 자기 모니터링, 자문 및 슈퍼비전으로만 방지할 수 있는 그런 종류의 편견이다. 다양성에 대한 민감성은 "자기 문화와 다른 문화를 배우고 이해함으로써 얻을 수 있는 마음의 상태다"(Baker, 1996, p. 334). 다양성에 대한 민감성은 집단 간의 차이에 눈 멀게 하는 게 아니라 오히려 그러한 차이를 이해하고 즐기도록 요구한다. 차이는 시야를 확장시키고 우리 세계를 넓히며 흥미를 촉진한다. 그것은 내담자가 우리에게 주는 선물이기 때문에, 우리는 존경과 감사의 마음으로 받아들여야 한다.

제11장

치료자 돌봄과 충전

지금까지 많은 지면을 할애하여 우리가 논의해 온 다양한 주제들은 내담자의 안녕, 즉 그들의 성장과 행복을 도모하는 데 가장 도움이 되는 것을 어떻게 행할 수 있는지에 관련된 것이었다. 이제 이 마지막 장에서는 초점을 바꾸고자 한다. 내담자가 필요로 하는 게 뭔지를 찾는 대신에 치료자가 필요로 하는 것을 살펴볼 것이다. 이 두 가지가 매우 다른 이야기는 아니다. 왜냐하면 모든 내담자의 가장 기본적인 욕구 중 하나가 치료자가 유능하고, 자신감 있고, 스스로의 삶을 잘 운영하는 사람이길 바라기 때문이다. 치료자가 이러한 개인 내적 환경에 존재할 때만이 온전히 현존할 수 있으며, 내담자가 가용할 수 있는 대상으로 기능할 수 있다.

그러나 치료자가 그러한 개인적인 평정심을 유지하는 것이 얼마나 힘든 일인가. 우리 직업에 수반되는 특이한 요구 사항들은 우리가 거의 균형을 잃고 불안정해지도록 고안된 것처럼 보인다. 스트레스는 우리가 매일 감수해야 하는 과제다. 우리는 고통과 불안을 다루면서 시간을 보낸다. 워커와 매튜는 돕는 직업으로의 입문은 "당장은 매우 흥미롭고 자극적이고 보람 있지만, 한편 격렬하고 몹시 힘들고 정서적으로 진빠지는 일이기도 하다. 신체적 · 정서적 소진이 진짜 일어난다."(Walker & Matthews, 1997, p. 11)라고 했다.

우리가 하는 일은 우리에게 많은 것을 요구하고 또한 많은 것을 돌려준다. 심리치료를 수행하는 것에는 엄청난 보상도 도전도 기쁨도 존재한다. 이 장은 좌절과 고통을 최소화하면서 그 기쁨과 흥분 그리고 만족을 극대화하는 방법에 관한 것이다. 우리는 이야기를 시작하기에 앞서 이 장은 매우 개인적인 장임을 분명히한다. 우리에게 실재하고 실재해 온 주제들에 대해 이야기할 것이다. 다른 사람들에게 똑같이 중요한 문제들을 우리는 간과하고 있을지도 모른다. 우리 각자 연약한 부분이 있고 특별히 취약한 영역도 있고 또한 이러한 문제들을 처리하는 나름대로의 독특한 자기 방식을 개발한다. 각각의 고유한 내담자와 함께하는 각각의 고유한 치료자의 개별성 아래에는 공통적인 기반이 존재한다. 그것은 변화를 위한 도구로서의 심리치료의 강점과 한계 그리고 자신들의 모진 풍파를 견뎌 내고, 배운 것을 기꺼이 나누는 동료와 선배들이 누적한 지혜다. 앞으로 다룰 내용들은 우리 자신의 경험뿐만 아니라 이러한 지혜에 기초할 것이다.

다른 모든 살아 있는 생명체와 마찬가지로 치료자에 대한 적절한 돌봄과 충전은 기본적인 신체적 요구 사항을 충족하는 것보다 훨씬 더 많은 것이 필요하다. 안전한 환경을 유지하는 것, 성장과 확장을 위한 교육 그리고 애정 어린 지지와 격려를 포함한다. 캔터는 "정신건강 전문가 집단은 자신의 환자에게는 지나치게 관대할 수 있으나, 자기 자신에게는 지나치게 비관용적일 수 있다."(Kantor, 1990, p. 9)라고 말한다. 얼마나 슬프고, 얼마나 실감나는 이야기인가. 치료자는 스스로를 돕고 타인들에게 도움을 구하는 방법을 배울 필요가 있다. 우리는 고통스러운 상황이 일어나기 전에 그것을 피하기 위해 무엇을 해야 하는지 그리고 일어났을 때 어떻게 대처해야 하는지를 알아야 한다. 실수를 인지하고 바로잡을 수 있는 실수일 때는 애정 어린 시선으로 스스로를 바라보며 교정해 나가는 법을 알아야 한다. 만약 교정할 수 없을 때는 그냥 내려놓는 법도 배워야 한다. 사실상, 우리 내담자에게 그렇게 하도록 안내하는 바로 그것을 우리 자신을 위해 해야 한다.

이 방대한 필요 사항을 구조화하기 위해, 임의적으로 전체를 세 영역(전문성, 법적·윤리적 주제와 치료자 자기돌봄)으로 나눈다. 첫 번째 영역에서는 전문가가 된다는 것과 전문적 역할을 유지하기 위해 필요한 적절하고 유용한 태도와 행동에 대해 논의할 것이다. 두 번째 영역에서는 첫 번째 전문가 영역의 논리적 확장이면서, 법적·윤리적 문제를 다룬다. 전문가는 친근한 이웃집 조력자와는 다소 다르고 보다 엄격한 행동 규칙을 준수해야 한다. 전반적인 건강에 초점을 둔 세 번째 영역은 치료자에게 적용되는 일부 특정 스트레스와 요구 사항을 탐색하고 그러한 요구들을 해결하기 위한 다양한 전략을 제안한다. 마지막으로 우리 스스로를 어떻게 생기 있게 성장 지향적으로 유지하고, 일과 자신에 대해 즐거워할 수 있는지 그 방법에 대해 이야기할 것이다.

1. 전문성

만약 이 책을 읽고 있는 당신이 치료 영역에 막 들어온 경우라면, 아마도 아마추어와 전문가 사이 그 어디선가 고군분투 중일 것이다. 당신의 학생 시절 내내 당신에게 자신의 고민을 기꺼이 함께 나누고, 자신들을 대상으로 당신 기술을 적용하고 연습해 보도록 허용하는 사람들에게 그저 열과 성의를 가지고 대하고 감사했을 것이다. 실습 과정에 참여하고 자원봉사를 하거나, 혹은 내담자 상담으로 변변찮은 보수를 받는(그리고 때론 당신이 비용을 지불하는) 인턴십을 마쳤을 것이다. 아마도 사회적으로 만나온 친구, 가족 구성원과 동료들에게 치료자 역할을 하고, 그들을 진단하고 있는 자신을 발견했을지도 모른다. 우리 대부분은 공부하는 동안 그렇게 했고, 슬프게도 많은 이가 여전히 때때로 그러고 있다. 살라딘과 네스는 가족과 친구들에게 치료자 역할을 하는 것에 대해 다음과 같이 경고한다. "당신이 치료자로서 취하는 평범한 어떤 행동이 친구를 떠나게 할 수도 있다. …… 혹은 치료적 관계 방식을 이들에게 적용해서 관계가 힘들어질 수도 있다"(Saladin & Ness, 1995, p. 458). 치료자로서의 태도는 한 시간을 유지하기에도 충분히 힘들다. 우리가 함께 생활하거나 일하는 사람들에게 치료자 모드로 일관성 있게 행동하기는 본질적으로 불가능하다.

대체로 당신은 자신이 제공하는 전문적 서비스에 비해 경제적 보상이 적다는 씁쓸하고 힘든 경험을 하며, 길고 고되고 많은 주의 집중이 필요한 훈련 기간을 거쳐 왔을 것이다. 또한 주어진 치료 작업 환경이 어떠하더라도 수용하는 법을 배워 왔을 것이다. 편치 않는 사무실에서 내담자를 만나고, 당신이 모르는 사람과 사무실을 나누어 사용하고, 다른 이들의 편의에 맞는 시간을 활용해 상담했을 수도 있다. 당신에게 배정되거나 가용할 수 있는 내담자들을 만났을 것이다. 상대적으로 스스로 결정할 수 있는 것이 별로 없었을 것이고, 슈퍼바이저가 주장해 줘야 변경이 가능했을 것이다.

어느새 이제 모든 것이 갑자기 변했다. 당신은 일한 것에 대한 비용을 청구해야 한다("누군가와 한 시간 동안 대화를 나눴다는 이유만으로 그렇게나 내야 해?" 우리 중 누군가는 자격증을 갓 취득한 치료자의 말을 얼떨결에 듣는다). 당신은 사무실을 유지하고 상담 일정을 관리한다. 함께 작업할 그리고 작업하지 않을 내담자 유형을 결정할 수 있다. 당신 기술을 홍보할 필요성, 즉 당신이 매우 유능하고 제공하는 서비스가 도움이 된다고 사람들에게 실제로 말해야 하는 상황에 직면하기도 한다. 당신 자신의 치료 과정을 수립하고, 당신이 하는 모든 것에 대한 책임을 진다. 이는 엄청난 변화다. 왜냐하면 신참 치료자에게 자기 치료 과정을 만들도록 준비시킨 이가 없기 때문에, 대부분은 만들 준비가 되어 있지 않다.

다른 이유에서기는 하지만 숙련 치료자들 역시 적절한 전문가적 입장을 유지하는 데 어려움이 있다. 예를 들어, 내담자가 "저는 이미 이런 방식으로 항상하고 있고 늘 그럴 거예요." 하는 식의 반응을 하면, 치료자의 태도와 행동이 위축될 수 있다. 이럴 때 우리가 이 일을 얼마나 오랫동안 수행해 왔는지(그리고 그렇게 하기 위해 얼마나 노력했는지)와는 상관없이, 잠시 여유를 가진 다음 우리가 통상적으로 당연시해 온 규칙과 지침을 재점검하는 것이 좋다. 마치 잘 달리고 있는 차도 가끔씩 조율해 줘야 하듯이, 정기적으로 살펴보고 가능한 개정을 해 나갈 때 가장 명확한 지침들을 마련할 수 있다.

1) 치료 환경

내담자와 치료자 간의 진정한 최초 인사는 종종 나누는 인사말을 통해서라기보다는 치료 환경에 대한 시각적 인상을 통해 이루어진다. 내담자는 일반적으로 긴장된 상태로 상담실에 온다. 어떤 경험이 될까? 나의 치료자는 어떤 유형의 사람일까? 나는 어떻게 행동해야 할까? 의식적이든 무의식적이든 내담자는 이러한 질문에 답하기 위해 모든 종류의 정보를 사용한다. 사무실 위치, 가구와 소품의 종류, 배색, 활동 수준, 소리와 냄새에 주목한다. 내담자는 상담실을 편안하게 혹은 불편하게 경험하기도 하고, 겁먹기도 하고 안심하기도 한다. 당신이 내담자에게 말을 건네기도 전에, 내담자는 대체로 치료 경험이 자신에게 도움이 될지, 어려울지, 혹은 부담스러울지에 대한 일종의 기대를 이미 하고 있다.

개인적 스타일에 맞는, 즉 우리 자신에게 편안하고 적합한 작업 환경을 만듦으로써, 내담자들이 가질 수 있는 잘못된 기대를 최소화할 수 있다. 그래야 작업이 확실히 수월해지고, 우리가 격식 차리고 허술하고 뻣뻣하고 조급하고 부주의한 사람이 아니라는 것을 내담자가 이해할 때까지 기다리지 않아도 된다. 상담실의 물리적 환경은 내담자에게 영향을 미치지만 우리에게도 그 이상으로 영향을 미친다. 맥클린톡은 "치료자의 사무실 분위기는 중요하다. 쾌적하고 개방된 환경은 내담자, 치료자 그리고 치료 자체에 영향을 미친다. 밝은 색깔, 부드럽고 유쾌한 예술품과 편안한 가구는 분위기를 정한다."(McClintock, 1999, p. 67)라고 조언한다. 나아가 그녀는 분위기 조성은 내담자를 위로해 줄 뿐만 아니라, "긴 시간 동안 문제에 대해 경청해야 하는 치료자에게도 위안이 될 수 있다."(McClintock, 1999, 67)라고 말한다. 물리적 환경은 우리가 누구이고 무슨 일을 하는 사람인지 상기시켜 주기 때문에, 우리의 전문성을 유지하는 데도 도움이 된다. 책상을 깨끗하게 관리하고 파일을 최신 상태로 유지하고 참고 자료를 질서 있게 정리해 놓는 것은 전문가로서 지켜야 하는 기본적인 사항들을 준수하고 있다고 느끼는 데 도움이 된다.

당신이 일하는 장소는 자기 자신과 자기 신념, 태도 및 미적 감각에 적합해야 한다. 다른 무엇보다도 당신이 편안하게 느낄 수 있는 공간이어야 한다. 공간 색상, 가구, 벽에 걸린 그림이 신경에 거슬리거나 당신이 하고 있는 작업에 방해가 되어서는 안 된다. 삭막하고 황량하거나 어수선해서도 안 된다. 또한 충분히 방음이 되어야 한다. 그래야 내담자와 당신의 대화가 비공개로 보호되리라 믿을 수 있다. 벽에 특수 방음 장치를 달거나 비밀 보호를 위해 백색 소음 장치를 사용할 수도 있다. 당신에게 특별한 의미가 있는 책과 물건들을 사무실에 둘 수 있다. 이런 것들은 당신이 전문적 유능성을 키워 온 과정을 생각나게 해 주고 사상과 경험을 떠올리게 하거나 그 과정에서 중요한 선물을 준 사람들을 상기하는 데 도움이 된다. 내담자와 당신 모두를 위한 상담실은 당신 자신의 확장인 것이다. 사람, 작업, 환경이라는 모든 요소는 우리가 치료라고 부르는 전체를 이루는 부분들이다.

복장도 치료 전체에 기여한다. 다시 말하지만, 당신이 입는 옷은 당신이 수행하는 전문적 역할을 반영하고 상기시키면서도 자신에게 알맞아야 한다. 당신은 오페라 관람을 하러 가거나 마당에서 잔디를 깎는 게 아니라 지금 내담자를 만나고 있다. (이전 장에서 이미 복장에 대해 논의했지만 일부 요점은 반복된다.) 테니스화, 짧은 반바지, 낡은 티셔츠를 입었을 때 아무리 당신은 괜찮다고 느끼더라도, 40세의 비즈니스 임원이 내담자라면 그렇게 생각하지 않을 것이다. 반면, 양복과 넥타이 또는 하이힐과 맞춤정장은 경직되고 인위적인 느낌을 줄 수 있다. 이러한 복장은 아이들과 함께 일하기 어려울 수도 있다. 그렇다면 이런 옷은 입지 말라. 편안하고 깨끗하며 자신의 환경과 생활 방식에 적합한 의복은 치료적 자아의 또 다른 중요한 부분이다. 마이어와 데이비스는 다음과 같이 정리한다. "성공을 위한 복장은 상담보다 비즈니스에서 더 필수적일 수 있지만 일부 내담자는 상담자를 복장으로 판단한다. 다른 동료와 어울리는 외관이 적합하다. 상담자가 자신의 복장을 통해 주의를 끈다면 그런 복장은 문제 소지가 있다"(Meier & Davis, 1997, p. 57). 제대로 갖춰 입지 않는 것도 문제지만 과도하게 갖춰 입는 것도 내담자와의 거리감을 조성할 수 있다.

2) 교환

전문성의 본질은 활동가가 자신이 하는 일에 대해 실질적인 보상을 받는 것이다. 이는 대부분의 치료자가 내담자와의 작업에 대해 돈을 받을 것으로 기대한다는 의미다. 우리가 만약 대행사나 다른 기관 또는 기업의 급여를 받는 직원이라면, 무급 학생에서 유급 직원으로의 전환은 특별히 어렵지 않을 것이다. 즉, 내담자에게서 직접 돈을 받을 필요가 없는 것이다. 직접 교환을 가려 주는 중간 개입 구조가 있기 때문이다.

사설치료(개인상담) 환경으로 이동하면 이렇게 가려 주는 과정이 사라진다. 갑자기 우리는 내담자에게 우리가 제공한 작업에 대한 돈을 지불하라고 요청한다. 우리는 예외를 만들지 여부와 받을 금액을 결정해야 한다. 사설상담실을 운영하는 초심자들은 돈을 거의 또는 전혀 받지 않고 사람들을 만나고, 제때 지불하는 것에 대해 지나치게 융통성이 있고, 수수료에 대해 미안해하는(돈을 받는 것을 수줍어한다는 의미) 경향이 있다. 이 단계를 빨리 통과할수록 좋다. 비용을 지불할 만한 가치가 없다는 메세지를 내담자에게 전달하면 그는 그렇게 믿을 가능성이 높고 치료 작업은 힘들어질 것이다.

부르스케와 월턴은 "당신 지역의 다른 전문가들과 이야기를 나누고 누가 어느 정도의 비용을 얼마 동안 청구하는지 알아보라."(Brueske & Walton, 2000, p. 89)라고 조언한다. 그들은 또한 일반적으로 신규 치료자가 좀 더 먼저 시작한 동급 치료자에 비해 절반에서 2/3 정도의 상담비를 부과한다고 보고했다. 그러나 자신이 책정한 상담비에 만족하는지 살펴보라. 적절한 보상을 받고 있지 않다고 생각되면 내담자에게 분노와 분개를 느낄 수 있다. 전문가 소진으로 가는 지름길 중 하나다. 내담자가 당신을 덜 소중하게 여기게 될 뿐만 아니라, 스스로를 덜 소중히 여기게 될 수도 있다. 또는 더 많은 돈을 내는 내담자보다 돈을 덜 낸 내담자를 덜 소중히 여기고, 그와 함께 좋은 성과를 내지 못할 수도 있다. 치료 시작 전에 돈에 대한 합의를 도출하기 위해 치료비와 비용 처리 방식에 대한 명확하고 직접적인 설명이 중요하다.

많은 치료자는 자원이 거의 없는 내담자에게 더 적게 청구하는 차등 수수료 척도를 사용한다. 물론 각 활동가는 치료비를 스스로 결정해야 한다. 우리는 치료자에게 차등 척도에(단계적으로 돈을 받는 방식) 대해 주의를 기울이라고 한다. 공정한 합의에 도달하는 것이 종종 어려울 수 있기 때문이다. 내담자는 잠정적으로 서로 치료비를 논의하고 다른 사람이 더 적게 청구되는 것을 알게 되면 화를 낼 수 있다.

시간당 청구할 비용을 결정한 경우에는 그대로 유지하라. 특이 상황을 제외하고 치료비가 설정되면 변경해서는 안 된다. 매 회기마다 더 많은 비용을 부과하여 치료를 가속화하거나 내담자가 치료비를 낮추어 장기적인 작업을 계속할 수 있도록 하는 것은 좋은 생각이 아니다. 치료비가 가변적인 것으로 간주되면 이것은 또 다른 치료 문제가 되며 치료자와 내담자 간의 전문적인 관계를 혼란스럽게 만들며 전체 과정에 큰 해를 끼친다. 보험 적용 범위가 소진되거나 금융 위기에 처한 내담자는 잠시 동안은 치료비를 외상으로 하고 이후에 비용을 지불할 수 있다. 이 조치는 내담자가 지불과 관련하여 책임감 있게 행동할 수 있다고 가정하고 지속적인 치료 작업을 가능하게 한다. 그러나 이러한 종류의 합의는 재정적으로 위험할 수 있음을 기억하라. 내담자 작업이 완료되고 그가 도주할 가능성을 처리할 준비가 되어 있지 않은 한 시행하지 말라.

마찬가지로, 빠진 회기와 관련하여 명확한 동의를 얻어야 한다. 내담자는 치료 시작 시 빠진 회기 또는 24시간 이내에 취소한 회기에 대해 자기 계좌로 비용이 청구된다는 알림을 받는다. 이러한 첫 번째 빠진 회기는 특히 내담자가 아프거나 다른 예기치 않은 응급 상황이 있는 경우에 경고로 사용할 수 있다. 그 후에는 내담자가 그러한 상황에 있든 없든 약속에 대한 비용이 청구된다. 다시 말하지만, 원칙은 전문적인 교환 중 하나다. 내담자가 한 시간 동안의 계약을 체결했고, 그 시간을 치료자가 예약했다면 이에 대한 보상을 받아야 한다. 그렇게 하지 않는다면, 치료자 자기가치를 깎게 되고, 치료자의 헌신을 존중하는 내담자 역량을 무시하게 된다. 또한 빠진 회기에 대해서 보험 회사에 비용 청구를 할 수 없으므로 내담자가 전체 비용을 부담해야 한다.

지불 대상에 대한 논의를 마감하기 전에, 내담자가 치료자에게 주는 선물이라는 또 다른 문제를 다루어야 한다. 우리는 선물을 둘러싼 문화적 의미에 대해 10장에서 이야기했다. 화분, 손 뜨기 스웨터, 읽는 것을 좋아할 것 같다며 책을 가져다 준 내담자에 대해 어떻게 해야 하나? 여기에는 엄격한 규칙이 없다. 특정 내담자에 따라 선물을 거절하거나 받는 것이 치료적으로 중요할 수 있다. 하지만 치료자는 자신의 결정에 대한 이유를 명확히하는 것이 중요하다. 치료자는 이 내담자가 이 시점에서 선물을 가져오기로 선택한 이유를 스스로에게 물어볼 필요가 있다. 그리고 자신이 그것을 받아들이거나 거절하는 것의 의미는 무엇일지, 내담자가 자신의 특별함을 추구하는 것인지, 치료자와 내담자 관계를 넘어서는 우정을 원하고 있는 건지, 이것은 일련의 조정하고자 하는 내담자 행동의 시작인지? 내담자가 진정으로 감사하고 있고, 그저 그 감사함을 표현하고자 하는 건지? 치료자가 안심할 수 있는 무언가가 필요하다고 내담자에게 어떤 식으로 전달했는지 검토한다. 당신이 선물을 수락하든 안하든, 직접적으로든 간접적으로든, 이후 회기에서 내담자에 대한 당신 생각을 그에게 전달할 필요가 있다.

교환의 원리는 간단하다. 치료자는 시간과 기술을 제공한다. 내담자는 이에 대한 정해진 금액을 지불한다. 치료자와 내담자가 눈에 보이지 않는 정서적 요인이 중요한 역할을 하는 긴밀한 관계에 함께 참여한다는 것에 동의하더라도 이 간단한 구조는 유지되어야 한다. 교환의 원리에 대한 명확한 이해와 준수가 매우 중요한 이유는 일일이 치료자의 몫과 내담자의 몫을 정확하게 측정할 수 없기 때문이다. 교환의 원리는 친밀과 변화의 환경 내에서 일관된 구조와 보호 기능을 제공한다.

3) 전문가의 태도

전문성의 핵심은 내담자와 자신에 대한 태도다. 당신은 내담자를 당신보다 다소 열등한 존재로, 잠재적인 임대료 지불자로, 기분 좋게 관리해야 하는 비평가로, 당신 능력을 위협하는 어린이 혹은 학생으로 생각하는가? 때로는 이러한 방식으로 그들을 대하기도 하겠지만 자주는 아니기를 바란다. 당신은 스스로를 지혜의 전달자, 자신 있는 체 하는 겁먹은 아이, 치유자, 또는 각 내담자 문제를 해결할 책임이 있는 마술사라고 생각하는가? 때때로 이 모든 방식으로 자신을 느낄 수는 있겠지만 자주 그렇게 해서는 안 된다.

자신과 내담자를 대하는 전문가적 태도에서 가장 중요한 측면은 둘 다 자율적인 개인으로 바라보는 것이다. 당신은 특정 목표를 달성하기 위해 내담자와 함께 일하고 있지만, 모든 단계에서 무엇을 할 것인지 말것인지, 믿고 노력할 것인지를 결정할 권리가 각자에게 있다. 톰슨은 "내담자 자율성의 남용이 발생한다."라고 말하면서, "진단과 소통 과정에서 치료자의 가치관, 도덕적 관점 또는 내담자에 대한 견해를 제공할 때마다 유용한 견해나 관점 중에서 자유롭게 내담자가 선택적으로 수용할 수 있도록 치료자는 허용한다."(Thompson, 1990, p. 18)라고 했다. 이것이 의미하는 바는 당신 자신과 당신 필요에 대한 존중과 내담자와 내담자 필요에 대한 존중이다. 우리는 이런 종류의 존중을 유지하기 위해 우리 자신의 내면에서 일어나는 행동의 두 가지 요소인 돌봄과 호기심에 대해 생각해 보는 게 도움 된다는 것을 알게 되었다. 우리는 내담자를 진심을 다해 돌보고, 그들의 기쁨과 고통을 중요하게 여기며 보살펴야 한다. 우리는 그들이 무엇을 말하고 어떻게 말하는지, 지금의 모습이 되기까지 어떻게 살아 왔는지, 그들의 삶의 가닥들이 어떻게 함께 엮여져서 바로 이 순간에 존재하는 이런 방식이 만들어졌는지 호기심을 가져야 한다. 우리의 돌봄은 내담자에게 실제적인 것이며 둘의 관계는 치료적 요인으로 기능한다. 우리의 호기심은 적절히 뒤로 물러나, 내담자에 대한 사례 공식화를 하고 가설을 세우고 치료 계획을 마련할 수준에서 관여하게 한다. 균형 잡힌 돌봄과 호기심은 내담자와 우리 자신에게 마음에서 우러나는 존경심을 제공한다.

우리가 이 균형을 맞추려고 노력함에 따라, 매 순간 느끼는 특정 내담자에 대한 우리 감정이 중요한 피드백을 준다는 사실을 발견했다. 시간이 왜 이리 느리게 지나가는지 궁금해하며 지루해하고 있다면, 아마도 자유롭게 호기심을 펼치지 않고 있을 것이다. 짜증나거나 무관심하다면, 아마도 나는 이 사람을 더 잘 돌보기 위해 노력해야 할 것이다. 일상적인 일에 대한 엉뚱한 이야기를 듣기 힘들어하거나 내 질문에 대한 답을 얻기 위해 열심히 노력하고 있다면, 나는 내 의제에 너무 몰두하여 내담자에 대한 궁금증을 충분히 갖지 않고 있는 것이다. 과중하고 해결할 수 없는 문제를 해결해야 한다는 책임을 느끼며, 내담자가 갇힌 절망의 수렁에 나도 갇혀 있다면, 나는 너무나 지나치게 돌보고 있다는 것이다. 뒤로 물러나 호기심을 불러일으켜야 한다.

물론 이 두 가지 돌봄과 호기심에만 기반하여 모든 치료적 태도를 이해하는 것은 지나친 단순화다. 다른 많은 가능성, 자신과 내담자와 함께 존재하는 다양한 방법이 있다. 일부는 도움이 되고 일부는 그렇지 않다. 우리 자신의 스타일에 따라 어떤 것은 다른 것보다 더 친숙하기도 하다. 그저 우리 개인적 삶에서 사람들과 함께하는 방식을 살펴봄으로써 내담자와의 관계에서 피해야 할 것에 대해 많은 것을 배울 수도 있다. 우리가 부모, 배우자, 친구 및 자녀와 함께 관계하는 패턴은 내담자와의 관계에서도 반복할 가능성이 있을 것이다.

특히, 치료자가 의식하지 못하고 빠질 수 있는 위험한 태도 중 하나는 권력욕이다. 누군가의 삶에 영향을 미치고, 그들 내면의 비밀을 알고, 그들의 목표 수립과 선택 과정에서 중요한 역할을 하는 것을 멋지다고 느낄 수 있다. 마술사에게 치료받고자 하는 내담자의 소망은 마술사가 되고자 하는 치료자의 소망과 동일할 수 있다. 머피와 딜런은 "전문적인 역할, 훈련, 교육 및 경험으로 인해 임상가에게 부여된 권위는 관계에서 힘의 불균형을 자주 초래한다."(Murphy & Dillon, 1999, pp. 8-9)라고 경고했다. 당신이 내담자에게 가지는 이 힘을 남용하지 않도록 주의해야 한다.

우리는 내담자가 사용할 수 있는 도구적인 존재임을 스스로에게 그리고 내담자에게 일깨워 주는 것이 유용하다는 것을 알았다. 내담자 처분에 우리 기술을 맡기지만 그들은 그러한 기술로 무엇을 할지 결정해야 한다. 우리의 기술을 마음대로 사용하지만 무엇을 해야 할지 결정해야 한다. 우리는 사람을 성장시키는 것이지 치료하거나 치유하지는 않는다. 우리는 호기심과 돌봄의 마음가짐을 하고 지식과 전문성을 사용하여 사람들을 돕고 격려하고, 사람들은 이를 받아 스스로를 치료하고 치유한다. 우리는 내담자에 대한 우리의 책임을 질 수 있고, 질 수 있어야 한다. 그러나 내담자를 위한 책임을 지거나 지려고 노력해서는 안 된다.

2. 법적 · 윤리적 문제

　치료사로서 당신은 활동하는 주의 법률뿐만 아니라 전문적인 윤리 강령을 따라야 한다. 대부분의 경우 법적 · 윤리적 지침은 일하는 데 편안하고 일관된 틀을 제공한다. 경우에 따라서는 지침들끼리 간혹 충돌하거나 충돌하는 것처럼 보일 수도 있다. 궁극적으로 각 치료자는 주어진 상황에서 자신이 무엇을 할 것인지, 하지 않을 것인지를 결정해야한다. 보샹과 칠드러스(Beauchamp & Chidress, 1995)는 치료자들이 윤리적 딜레마에 직면했을 때 의사결정을 돕는 자율성(독립성), 무해성(해를 끼치지 않음), 유익성(건강증진), 정의 및 신의의 원칙에 대해 논의한다. 그러나 원칙은 그저 안내하는 원칙일 뿐이다. 개별적인 내담자들을 다루는 구체적인 방안을 제시하지는 못한다.

　합법적이고 윤리적인 결정을 내리는 첫 번째 단계는 자신의 주나 지역에서 치료 실제를 관장하는 법률을 아는 것이다. 모든 주에 유사한 법률이 있지만 세부 사항들은 다를 것이다. 요구 사항과 금지 사항을 아는 것은 우리 각자의 책임이다. 예를 들어, 위험한 행동이나 범죄 행위를 관련 당국에 언제 보고해야 하나? 내담자가 어떤 조건하에 있어야 비자발적 입원을 시킬 수 있는가? 미성년자 사전 동의를 제공할 수 없는 사람들의 치료에 적용되는 규칙은 무엇인가? 치료자는 내담자의 어떠한 행동에 대해 책임질 수 있는가? 가용성, 기록 보관, 서비스 계약과 관련한 내담자에 대한 당신의 법적 책임은 무엇인가? 일부 주정부는 요청 시 치료와 관련된 법령 개요를 제공한다. 다른 주에서는 이러한 법률을 함께 모아놓지는 않아서 일반 규범 및 법령에서 발췌해야만 한다. 안타깝게도 많은 치료자의 교육 과정에서 (치료에) 적용되는 법률에 대한 소개와 법원에서 법률내용이 어떻게 해석되는지, 그리고 내담자와 치료 실무자 모두에게 도움되는 방식으로 어떻게 사용될 수 있는지 등에 대한 내용은 포함되어 있지 않다. 그러한 공식적인 훈련을 받지 않은 사람이라면 심리치료 실무 분야에 대한 경험이 있는 유능한 변호사를 찾아 지속적인 자문과 정보 갱신을 해야 한다.

　최근 몇 년 동안 심리치료사에 대한 과실 소송 건수가 엄청나게 증가했다. 이러한 증가에는 일부 유익한 측면이 있다. 즉, 치료자들은 내담자에 대해 책임감 있게 행동해야 하며, 책임을 불이행한다면 이에 대한 책임을 져야 한다는 사실을 일깨워 준다. 한편으로는 과실에 대한 우려가 커짐에 따라 우리는 큰 상처를 입었다. 우리는 최선을 다했어도 결과적으로 내담자가 그것을 가져가지 못해 부적절한 행동이 표출되는 것조차도 방지해야 한다는 것을 배웠다. 우리 사회는 항상 더 많은 소송이 생겨나고 있기 때문에, 당신이 아무리 윤리적으로 업무를 수행하더라도 언젠가는 과실로 고소당할 수 있다고 예상하는 것이 타당하다. 내담자가 제기하는 대부분의 소송은 성적 접촉, 과실, 계약 위반 또는 비밀 보장과 관련이 있다.

과실 소송에서 피고인이 된 경우, 당신의 전문 보험사 및 변호사와 상의하고 그들이 조언한 대로 하라. 번스타인과 핫셀은 "대부분의 보험사는 치료자에게 변호인을 제공하고, 전문가를 활용할 수 있게 해 주고, 판사나 배심원이 인정하는 경우 손해 배상금을 지급하고, 필요한 경우 재판 기록 비용을 지불하고, 적절한 수준에서 소송 결산 비용을 지불한다."(Bernstein & Hartsell, 1998, p. 186)라고 알려 준다.[*] 고소를 당한다고해서 직업 경력이 끝나는 것은 아니다(그렇게 느껴지더라도). 당신이 직업윤리 강령에 따라 행동하는 한 폭풍을 이겨 낼 것이다.

그러나 "~하는 한"이라는 구절은 중요하다. 법적 요건을 알고 준수하는 것만으로는 법적으로든 감정적으로든 당신을 보호하기에 충분하지 않다. 치료에 관련된 각 전문가 집단이 따라야 하는 윤리적 지침은 세부적인 법조항을 넘어선다. 전문가 윤리 지침은 치료사, 상담사, 사회복지사 및 정신과 간호사가 이해하고 있는 좋은 치료 실제에 대한 정의를 시도한다. 미국심리학회에서 제공하는 안내 지침이 가장 완벽한 지침 중 하나다. 안내 지침에서 제공하는 심리서비스 제공자에 대한 표준 기준과 더불어 심리학자에게 적용되는 보다 일반적인 윤리적 원칙은 정기적으로 검토되고 갱신되며 이 표준기준이 특정 사례에 어떻게 적용되었는지 설명하는 사례집으로 보완된다.

당신의 전문가적 행동을 안내하는 윤리 강령에 대해 알아야 하는 사람은 당신만이 아니다. 내담자도 해당 정보에 대해 알 권리가 있다. 그렇게 되면 이들은 치료를 현명하게 활용할 수 있고, 당신에게 너무 많이 또는 너무 적게 요구하지 않을 수 있을 것이다. 코리는 다음과 같이 조언한다. "치료 과정에 대한 기본 정보를 서면으로

---

[*] 역자 주: 한국의 경우는 현재 의료인을 제외한 정신건강 분야에 종사하는 사람들을 보호하는 보험상품은 없는 상황임. 상담 및 심리치료 과정에서 발생하는 소송건은 개별적으로 변호사와 계약을 체결해야 함.

작성하고, 상담 성과를 극대화할 수 있는 방안을 내담자와 논의하는 게 좋다. 내담자는 이 서면 정보를 집에 가져갈 수 있고, 다음 회기에서 필요한 질문을 제기할 수 있다"(Corey, 2001, p. 48). 이 정보와 함께 윤리 강령 사본을 내담자에게 제공해야 한다.

공식적인 윤리 강령을 넘어서는 것에는 어떤 것이 존재하는가? 이 질문에 대해 우리는 필연적으로 개인적인 가치와 결정의 영역으로 이동한다. 내담자의 최선의 이익을 최우선으로 한다는 단순하고 명백한 원칙조차도 다음과 같은 질문 앞에서 흐릿하고 불확실해질 수 있다. "내담자 개인의 안녕보다 사회적 안녕이 더 중요하게 되는 때는 언제인가?" 혹은 "내담자 욕구를 충족하기 위해 내 자신의 욕구(시간, 돈, 개인의 자유를 위한)를 어느 정도로 희생해야 하는가?" 크레이머는 이 딜레마에 대해 잘 묘사하고 있다.

> 이 일에 대한 진실은 우리는 자주 난관에 봉착한다는 것이다. 즉, 우리는 전통적인 기존 치료가 어떤 것인지 완벽하게 잘 알고 있으나, 그것이 앞으로 언젠가는 효과적으로 작동하지 않으리라는 것도 확신한다. 따라서 우리는 스스로를 위해 설정한 경계에 직면해서 도전할지 여부를 결정해야 한다. 개인적 규칙을 어기고서도 여전히 더 광범위한 전문적 규정(윤리적 · 기술적) 내에서 머물 수 있는지 스스로에게 물어봐야 한다(Kramer, 1989, p. 199).

궁극적으로 우리 각자는 우리가 믿는 것을, 우리가 지지하는 것을, 결과에 관계없이 우리가 무엇을 할 것인지를, 하지 않을 것인지를 결정해야 한다. 법과 직업표준을 아는 것은 반드시 필요하다. 그러나 그러한 지식을 가진다 해도 우리 자신의 가치와 책무에 대한 명확한 점검과 이해 작업은 별도로 이루어져야 한다.

법적 · 윤리적 주제 중에 전통적으로 주요 초점의 대상이 되는 몇 가지 관심 영역(법적 요건, 윤리적 기준, 개인 행동)을 살펴보겠다. 살펴보면서 당신 스스로 계속해서 질문해 보도록 초대할 것이다. 예를 들어, 나는 이것에 동의하는가? 나는 그것을 기꺼이 따를 의향이 있는가? 내가 도덕적으로 다르게 행동해야 한다고 느끼는 상황이 있는가? 여기 우리 직업의 다른 모든 측면과 마찬가지로, 자신을 아는 것은 규칙을 아는 것만큼이나 중요하다.

1) 내담자에 대한 책임성

내담자에 대한 치료자의 최우선적 의무는 전문가답게 유능해야 하고, 그 유능성을 내담자에게 도움이 되는 방식으로 사용하는 것이다. 물론 유능성에 대한 정의를 포괄적이거나 일반적인 방식으로 내리기는 어렵다. 치료자는 오직 "교육, 훈련, 관리감독 받은 경험 혹은 적절한 전문적 경험에 기반한"(APA, 1995) 자기 능력 범위 내에서만 서비스를 제공해야 한다고 APA 윤리 강령에 명시되어 있다. 책임 있는 치료자는 특정 문제를 가진 특정 인물을 돕는 데 요구되는 훈련과 기술을 자신이 가지고 있다고 믿을 때만 내담자로 받아들일 것이다. 그리고 '내담자로 받아들이기'는 다양한 방식으로 이루어질 수 있음을 유념하라. "때때로 관계자가 …… 누군가의 자살을 암시하는 말이나 행동을 걱정하며 조언을 구할 것이다"(Doyle, 1990, p. 400). 단지 당신이 어떤 한 사람을 당신의 내담자로 생각하지 않는다고 해서, 그 사람 (혹은 법)도 그렇게 생각할 것이라는 의미는 아니다. 그 사람과 누군가의 상황에 대해 논의하는 것은 우연히든 공식적으로 사례를 맡든, 아무리 부추기더라도 그가 제시하고 있는 유형의 문제를 우리가 다룰 자격이 갖추어져 있을 때에만 이루어져야 한다. 내담자는 자신의 치료자를 즐겁게 하거나 교육하러 오는 게 아니라 자신에게 필요한 도움을 얻기 위해 치료를 찾는다. 만약 당신이 누군가와 작업할 역량에 대한 확신이 없다고 느껴진다면, 그 사람을 다른 곳으로 의뢰해야 할 법적·윤리적 의무가 있다.

당신이 내담자를 기꺼이 치료하기로 결정했다면, 이제 내담자가 당신의 치료를 수락할지 여부를 결정하도록 도와야 한다. 내담자는 치료받는 것에 동의해야 하며, 내담자가 자신이 동의하고 있는 내용을 제대로 알고 있는지 확인하는 것은 치료자의 책임이다. 사전 동의의 원칙은 치료윤리의 핵심 요소 중 하나다.

실제로 자신이 경험하기도 전에 심리치료가 어떤 것인지 어떻게 알 수 있는가? 자신이 앞으로 뭘 하게 될지 정말로 알 수 없는데 어떻게 사전 동의서를 줄 수 있는가? 이에 대한 유일한 상식적인 대답은 우리는 우리가 할 수 있는 최선을 다한다는 것이다. 우리는 내담자에게 치료 기간 동안 그가 기대할 수 있는 것들에 대해, 시간이 얼마나 걸릴지에 대해, 어느 정도의 비용이 드는지에 대해 최대한 명확하게 말한다. 우리는 전문용어나 기술적 언어를 사용하지 않고 내담자가 이해할 수 있는 언어로 말하고, 내담자에게 질문하고 답을 구할 수 있는 기회를 제공한다. 우리가 모를 때는 내담자에게 모른다고 말한다.

많은 내담자는 어떤 종류의 질문을 해야 할지 모르거나 알고 있다 하더라도 질문하기를 주저하거나 민망해할 수 있다. 다시 말하지만, 내담자가 알 수 있도록 안내하는 것은 우리가 맡아야 하는 책임이다. 내담자에게 도움이 되리라 여겨지는 것이 무엇이고, 우리가 제안하는 것은 도움이 되기 위한 것임을 알려야 한다. 또한 치료 결과로써 내담자에게 일어날 것으로 예상하는 것은 무엇이고, 그렇게 되기까지 예상되는 시간은 어느 정도이며, 어떤 위험이 포함될 수 있는지 알려야 한다. 우리는 방금 논의한 내용들을 기술한 서면 동의서 양식을 사용하도록 권한다. 당신과 내담자 모두 이 동의서에 서명을 해야 한다. 여기에 비밀 보장뿐만 아니라 비밀 보장 예외사항에 대해서도 포함해야 한다. 종종 내담자들은 첫 회기에 정서적으로 압도되어 있기 때문에, 동의서에 있는 정보를 간단한 말로 전하기보다는 읽을 수 있도록 하는 것이 그들에겐 더 수월하다. 또한 서명된 양식은 당신이 제공한 정보를 문서화하는 역할을 한다.

당신은 치료 결과를 보장할 필요는 없다. 심리치료 서비스를 사는 것은 토스트나 옷 건조기를 사는 것과는 다르다. 교재를 사는 것과 더 비슷하다. 만족스러운 결과는 교재의 적절성과 그것을 공부하는 사용자에 따라 달라진다. 당신이 내담자가 치료될 것이라고 보장하게 되면, 내담자의 협력 거부로 실패로 끝났다 하더라도 내담자가 나아지지 못한 것에 대한 법적 책임을 질 수 있다. 당신은 내담자가 치료 프로그램에 전적으로 참여했을 때의 성공 가능성에 대해 말해 줄 의무가 있다. 그러나 내담자가 개선되기 위해서는 치료자가 전념하는 만큼 자기 스스로의 전념이 요구된다는 것도 알아야 한다. 그리고 두 사람 모두 최선을 다한다 하더라도, 내담자가 치료를 통해 느끼리라 예상한 것과 정확하게 동일한 느낌을 경험하리라는 100% 보장은 여전히 어렵다는 것 또한 알아야 한다.

일단 사전 동의가 이루어지고 치료가 시작되면, 치료자는 내담자와 새로운 종류의 책임 관계에 들어간다. 치료자는 치료 시간 동안 적절한 치료와 보호를 제공해야할 뿐만 아니라, 내담자가 회기와 회기 사이에 치료자를 필요로 할 때 합당하게 이용할 수 있는 대상이 되어 줘야 한다. 물론 "합당하게 이용할 수 있는"이라는 문구는 유연한 용어다. 그게 정말 뭘 의미하는가? 대부분의 위기 내담자가 아닌 경우는 일반적으로 24시간 안에 응답 전화를 주는 것은 충분히 가용성 있는 것이다. 히턴은 다음과 같이 말한다. "우리는 적절하다 여겨지고 기관 정책과 부합한다면, 자살 충동이 있는 내담자나 어떤 다른 특별한 삶의 위기 상황에 있는 내담자는 우리에게 연락할 수 있다는 것을 확실히 해 두고 싶다. 또한 만약 이런 내담자들이 우리와 연락이 닿지 않을 때 전화할 수 있는 대체 계획을 가지기를 원할 것이다"(Heaton, 1998, pp. 174-175). 여기서 핵심은 당신이 내담자에게 기꺼이 제공하고자 하는 내용을 정확하게 밝히는 것이다. 즉, 회기와 회기 사이의 전화통화를 수락할 것인지? 얼마나 자주, 그리고 얼마 동안? 그러한 통화에 대해 비용을 부과할 것인지? 만약 응답서비스나 기계를 사용한다면, 당신은 얼마나 자주 메시지를 확인하는지? 이 모든 내용을 내담자를 위해 기록하고 상황이 변경될 경우 명시적으로 알림으로써, 당신과 내담자 모두 서로에게 무엇을 기대해야 하는지 알게 된다.

치료자들도 다른 사람들과 마찬가지로 휴가가 필요하다. 그러나 때때로 내담자들은 치료자가 쉬는 것을 원치 않거나 실제로 치료자의 휴가 기간 동안 치료자를 필요로 하게 될지도 모른다. 치료자가 책임져야 하는 부분은 내담자가 치료자를 이용할 수 없을 때 대안을 제공하는 것이다. 일반적으로 가장 좋은 방법은 내담자에게 당신이 자리를 비울 것이고, 도움이 필요한 상황이 오면 자격을 갖춘 다른 치료자를 활용할 수 있다고 알리는 것이다. 당신이 없는 동안 당신을 대신해 주고 위기 상황을 처리해 줄 동료와 계약을 맺어야 한다. 또한 당신의 부재를 내담자에게 알리기 위해 모든 메시지도 변경하도록 하라. 만약 자살 충동이 있는 내담자나 위기 사례가 있다면, 당신을 대신해 줄 동료에게 알리는 것이 최선이다. 그래야 동료 치료자가 대비할 수 있다.

내담자와의 예약된 약속을 빼게 될 경우, 당신의 책임은 지원 선택권을 제공하는 것 이상으로 확대된다. 당신이 떠나기 전에 미리 내담자에게 알려야 하고, 당신의 부재에 내담자가 어떻게 대처할 것인지 결정하도록 도와야 한다. 만약 내담자가 당신과의 의존적 관계를 형성한 상태에서 당신이 얼마 동안 자리를 비우는 경우라면, 이는 실제적인 문제일 뿐만 아니라 치료적 문제가 될 것이다. 따라서 당신은 내담자에게 사전에 충분히 알리고 내담자가 이 문제를 훈습할 수 있는 시간을 가지게 해야 한다. 경험상 좋은 규칙은 사전 안내 시점을 당신이 실제로 떠나 있을 기간과 동일하게 하는 것이다. 한 주 회기를 빠진다면, 한 주 전에 알리는 것으로 충분하다. 만약 한 달 정도 떠나 있을 계획이라면, 최소한 한 달 전에는 내담자에게 알려야 한다.

의존성은 치료자 책무의 또 다른 측면을 반영하는 것으로, 일반적으로 공식적인 윤리 강령에 적시되어 있지는 않지만 근본적으로 중요한 부분이다. 치료자마다 내담자의 의존성을 허용하거나 장려하는 정도가 다르다. 일부 치료자들은 의존이 필요하다거나 바람직하기도 하다는 견해를 부인한다. 예를 들어, 엄격한 행동 치료자는 내담자의 의존성을 치료 성과를 방해하는 것으로 간주할 수 있다. 정신분석적으로 더 지향된 치료자들은 어느 정도의 의존성은 치료의 필수적 요소로 본다. 예상컨대 대부분은 의존성을 보편적이지만 필연적이지는 않은 것으로 보고, 일부 내담자에게는 더 유용하고 다른 이들에게는 덜 유용한 것으로 간주하면서, 이러한 두 극단 사이 어딘가에 있을 것이다. 그러나 이 주제에 대한 당신의 이론적 입장이 무엇이건 간에, 당신의 윤리적 책임은 분명하다. 내담자의 의존성은 치료적 유용성 이상으로 결코 장려되어서는 안 된다. 치료적으로 그렇게 하는 것이 바람직하다고 판단되는 즉시, 내담자는 자신의 독립성과 자율성을 회복하는 방향으로 도움을 받아야 한다.

우리는 때때로 어쩔 수 없이 내담자가 이해할 수 없거나 예상할 수 없는 방식으로 영향을 미친다. 때로는 치료자조차도 자신이 미치는 영향 정도를 자각하지 못한다. 슈나이더 코리와 코리는 다음과 같이 경고한다. "일부 조력자들이 자기 중요성을 느끼기 위해 내담자의 의존성을 조장한다. 자신들이 모두 현명하고 내담자의 삶을 이끌 수 있다고 스스로 확신한다. 그들은 자기 존재의 중대함을 이끌어내기 위해 내담자의 의존 욕구를 이용하고 있을지도 모른다"(Schneider Corey & Corey, 1997, p. 131). 이중 어느 것도 적절한 행동이 아니다. 치료자로서 우리가 해야 할 일은 궁극적으로 각각의 내담자에게 필요한 존재가 아닌 불필요한 존재가 되어야 하는 것이다.

2) 비밀 보장

내담자의 모든 문제가 개방적이고 정직하게 다루어지기 위해서는, 내담자는 자기 사생활은 보호될 것이며, 어떤 내용을 말하건 간에 치료자는 비밀을 지킨다는 사실을 알아야 한다. 이러한 비밀 보장의 원리는 오랫동안 모든 의학적 치료에서 명백한 필요요건으로 인식되고 있다. 다음은 히포크라테스 선서의 일부다. "사람들과 소통하는 과정에서 내가 직업상 보거나 들은 것이 그 어떤 것이라도 널리 퍼져서는 안 되는 것이라면 나는 신성한 비밀로 간직한 채 절대로 누설하지 않을 것이다." 전통적으로 오직 소수의 몇몇 직업만이 면책특권(법정에서 증언을 강요당하지 않는)을 주장할 수 있는 법적 권리를 가졌다. 이들 소수 직업 중에는 변호사, 의사, 성직자와 심리치료사가 있다. 그러나 면책특권은 모든 주마다 동일하지 않다. 정신건강 분야(정신과 의사, 심리학자, 상담자, 사회복지사, 정신과 간호사)에서 전문 영역에 따라 다르게 적용되고, 내담자의 모든 가능한 의사소통을 항상 보호하는 것은 아니다. 모든 주에서 정신건강 서비스 제공자들은 아동 학대 사례에 대해서는 관계당국에 보고해야 한다. 이미 알려진 혹은 잠재적으로 불법적인 행동 사례이거나 내담자 혹은 그 주변인들의 안전을 위협하는 행동 사례를 보고해야 할 수도 있다. 다시 말하지만, 당신 자신의 개인적 지침을 결정하는 출발 지점은 법이다. 법에 기반하여 당신이 무엇을 해야 하는지 알게 되면, 실무 현장에서 법적 요구 사항들을 어떻게 적용할지 결정할 수 있다.

안타깝게도 임상실습을 관장하는 법률 중에 아마도 가장 모호한 것이 비밀 보장 영역이다. 실제 법규는 향후 이루어질 결정에 대한 판례법보다 관련성이 적다. 이러한 최근 사례 중 가장 잘 알려진 것은 타라소프 대 캘리포니아대학교 소송 사건[**]이다. 내담자는 학생상담센터에 소속된 자기 치료자에게 자신이 사랑했던 여성인 타시아나 타라소프를 죽이려 한다고 말했다. 이 위협을 심각하게 받아들인 치료자는 내담자에게 법적 책임을 지도록 하는 첫 단계로 경찰에 알렸다. 그러나 경찰은 내담자가 의식이 또렷하다고 생각했고, 타라소프를 내버려 두겠다는 약속을 받아들이고, 더 이상의 조치를 취하지 않았다. 내담자는 치료자가 자신을 배신했다고 여기고 이에 격분했고 치료에 돌아오지 않았다. 두 달 후 그는 타시아나 타라소프를 살해했다. 이에 대해 그녀의 부모는 자신들에게 딸이 위험에 처해 있다고 알려 주는 이가 없었다는 이유로 치료자(와 경찰 및 캘리포니아대학교)를 고소했다. 캘리포니아 대법원은 하급 법원의 판결을 뒤집고 그들의 소송을 지지했다.

이로 인해 많은 주에서는 치료자가 내담자의 폭력 행동의 대상이 된 피해자에게

[**] 역자 주: 살해 희생자가 된 타라소프에게 사전 경고를 하지 않은 상담자에게 법적 책임이 있음을 판결한 사건임. 김춘경 외(2016). 『상담학 사전』. 서울: 학지사.

경고하도록 하는 경고 의무 법안을 채택하게 되었다. 반데 크리크와 베넷은 "이후 발생한 사례들로 인해 신원불명의 피해자, 잠재적 피해자들의 가족 구성원, 재산 및 자살 피해자를 보호 대상자에 포함하는 보호 의무 확대가 시도되었다. 그러나 판례법 자체에도 유사한 상황이지만 상이한 결과라는 모순점이 있어, 판례법에서 합당한 의미를 채택하기가 어렵다."(Vande Creak & Bennett, 1994, p. 29)라고 했다.

분명한 것은 판례법이 항상 일관된 것은 아니라는 점이다. 게다가 어느 특정 주에서 선례가 결정될 때까지는 다른 주의 결정 중 어떤 것이 그곳에서 판결을 내리는 데 가장 영향력이 있는지 알 방법이 없다. 일부 주들에서 '경고의 의무'를 채택했다 하더라도 모든 주에서 그러한 것은 아니다. 많은 주에서 '신원이 확인된 피해자'에게 경고하는 것을 비밀 보장 위반으로 간주하지는 않지만 의무화하지도 않는다. 다시 말해, 당신이 속한 주의 법률을 아는 것이 가장 중요하다.

타라소프 사례와 그 이후에 발생한 사건들은 면책특권 정보와 적절한 보호와 관련된 모든 질문을 일종의 법률상의 금지지역(legal no-man's-land)으로 내던졌다. 타라소프 사례의 치료자는 그녀의 부모에게 내담자의 살해 의도를 경고하지 않은 것에 대해 책임을 졌다. 만약 치료자가 정반대의 과정을 밟아 타라소프와 그녀의 부모에게 위험을 경고했다면, 내담자는 예상컨대 비밀 보장 위반으로 치료자를 고소했을 수도 있다. 두 경우 모두 치료자의 결정은 오류적일 수 있고 그로 인해 스스로 곤경에 처하게 될 수 있다.

그렇다면 윤리적 치료자로서 우리는 스스로를 어떻게 보호할 수 있는가? 우리는 내담자가 누군가에게 위협을 가할 수 있다고 의심되는 경우에 당신이 취할 수 있는 여러 단계를 제안한다. 우선 고려 사항 순서로 나열한다.

① 내담자와 우려 사항에 대해 논의하라. 내담자가 진심으로 공격하려는 것으로 생각되면, 치료자인 당신은 위험에 처해 있다고 생각되는 잠재적인 피해자에게 경고할 의무(법적으로든 도덕적으로든)가 있다고 내담자에게 말하라. 이 상황을 당신이 어떻게 처리하기를 원하는지 물어보라. 가능하다면 그와 함께 폭력을 완화하거나 피해자에게 경고할 수 있는 방법을 결정하라.

② 이것이 만족스럽지 않다면, 내담자에게 당신은 잠재적인 피해자와 이야기할 의사가 있다고 말하고 그렇게 하라. 가능한 한 피해자와 접촉하는 것에 대한 내담

자의 서면 동의를 받아라. 만약 실행 가능하다면, 당신이 피해자와 나눈 이야기를 내담자가 알게 하라. 전화 대화를 듣게 하거나 당신이 보낸 편지의 사본을 제공하라.

③ 위험을 피할 수 있다고 여전히 합리적으로 확신할 수 없다면, 내담자를 입원시키는 것을 고려하라. 다시 말하지만 가능하다면 내담자의 협조를 구하라. 자발적 입원은 치료 과정을 덜 방해할 것이다. 입원을 고려할 때 내담자의 사회적 자원을 활용하라. 내담자가 현명한 선택을 하는 데 도움이 될 것이라고 생각된다면 가족 구성원, 목사 또는 가까운 친구를 데려와라.

④ 폭력의 위협이 바로 임박해 있다면 경찰에 알려라. 그들에게 다시 연락하여 문제 처리 상황을 알려 달라고 요청하라. 히턴은 "절대 자신을 위험에 빠뜨리지 말라."(Heaton, 1998, p. 149)라고 조언한다. 비록 당신이 내담자가 분노한 상태로 떠나는 것을 물리적으로 막을 수 있다는 영웅적인 환상을 가질 수도 있겠지만 그것은 당신과 내담자 모두를 위험하게 할 수 있다.

당신이 어떤 과정을 선택하든, 어느 하나 혹은 여러 가능한 개입의 조합이 적절하다고 생각하든, 가능한 한 일련의 순서에 따라 개입하는 초반에 취해야 할 두 가지 추가 단계가 있다. 동료들과 상의하는 것과 법률적 자문을 구하는 것이다. 첫 번째 것은 내담자, 피해자와 치료자에 대한 보호를 위한 것이다. 두 번째 것은 주로 당신 자신의 이익을 위한 것이다. 당신 자신의 안전과 보호는 이러한(혹은 다른 어떤) 위기 상황에서 당신이 해야 할 일을 결정하는 데 있어서 중요하고 온당한 고려사항이다.

타라소프 사건은 내담자의 권리와 다른 개인의 권리가 상충하는 사례를 다루는 법의 모호성뿐 아니라 비자발적 입원에 대한 문제점을 보여 준다. 당신이 심리치료를 수행하고 있는 주에서 채택한 책무에 관한 법률 내용을 아는 것은 전문적 돌봄제공자로서 당신이 갖는 절대적인 의무다. 나아가 당신의 특정 영역에서 그러한 책무를 지키는 데 필요한 구체적인 절차를 알아야 한다. 누구에게 전화할 것인가? 어떠한 근거가 필요한가? 누군가를 강제 입원시킬 수 있는가? 정확히 무엇을 할 것인가, 얼마나 빨리할 것인가, 얼마나 오랫동안 할 것인가? 많은 주는 24시간 구금(일반적으로 정신과적 평가 목적으로)에서 강제입원 절차에 이르기까지 여러 종류의 비자발적 규제안을 가지고 있다. 당신은 그것들이 어떤 것인지, 활용 가능한 선택지가 어떤 것들이 있는지 알아야 한다.

비자발적 입원은 어쩔 수 없이 당신 내담자와의 비밀 보장 의무 위반을 수반한다는 점을 인식하라. 내담자가 필요로 하는 도움을 받는 것과 관련된 내용에 한해 가능한 한 최소한으로 공개하도록 주의를 기울인다 해도 내담자는 당신에게 화를 낼 것이라고 예상할 수 있다. 내담자는 자신이 버림받거나, 배신당하거나 심지어 자신이 정당하다고 느낄지도 모른다("봐라, 당신이 증명한 것이다. 난 당신이 신뢰할만한 사람이 아니라는 것을 알고 있었다!"). 내담자가 치료를 지속한다면 이러한 주제들은 내담자가 다루어 왔던 다른 어떤 것보다 더 우선적으로 논의되어야 할 것이다.

비밀 보장과 관련된 또 다른 혼란의 영역은 미성년 내담자 또는 법적 무능력자로 여겨지는 내담자와 관련이 있다. 다시 말하지만, 의사소통 면책특권은 주마다, 전문가와 환경에 따라 다르다. 예를 들어, 학교 영역에서 일하는 심리학자는 사설치료기관의 동일한 심리학자와는 다른 법적 제약을 가질 수 있다. 물론 비밀 보장은 주제나 문제에 따라 달라진다. 예를 들어, 딸의 임신 및 이후 낙태에 대한 부모의 질문에 답할 필요는 없지만, 마리화나 사용이나 학교 무단결석에 대한 질문에는 반드시 답을 해야 한다.

그러나 결국은 당신이 침묵하기로 결심한다면 그 누구도 당신에게 말하라고 강요할 수는 없다. 내담자에 대한 윤리적 또는 도덕적 약속이라 여겨지는 것을 저버리느니 감옥에 갈 것인가? 심리치료 기록 제출을 거부하고 파기하겠는가? 우리의 법률시스템은 지금까지 우리가 고안할 수 있는 최선의 방법이지만 완벽과는 거리가 멀다. 당신이 생각하기에 틀렸고, 공정하지 않고 내담자에게 보호적이지 않다고 여겨지는 법을 어느 정도까지 어길 것인가? 만약 당신이 지켜야 하는 전문적 윤리와 법이 상충되는 상황에 처해 있다면, "법을 준수하는 동시에 윤리 강령을 최대한 따르는 방식으로 갈등을 해결하는 길"(Corey et al., 1998, p. 4)을 찾도록 노력하라. 그리고 자문의 가치를 결코 간과하지 말라.

비밀 보장에 대한 또 다른 위협은 제3자 비용 지불인의 정보 제공 요구다. 보험회사는 지불 비용 증가의 흐름을 막기 위해 정신건강 영역 지원금이 적용되는 문제 유형에 대해 더 세밀하게 꼼꼼하게 더 많은 관심을 기울이고 있다. 이는 치료자가 내담자에게 무슨 일이 일어나고 있는지 더욱더 자세하게 보고하도록 요청받는 것을 의미한다. 번스타인과 핫셀은 "치료자는 최소한 내담자 식별, 진단, 치료 계획, 사용되는 기법, 목표 설정과 소요되는 시간 추정치를 제공해야 할 것이다."(Bernstein & Hartsell, 1998, pp. 209-210)라고 했다. 이런 정보가 치료자의 손을 떠나게 되면 그것을 통제할 도리가 없다. 처음 시작할 때 내담자와 함께 보험회사에서 요구하는 정보와 내담자의 동의하에 공개할 정보를 논의하는 것이 좋다. 내담자는 보험을 이용한다는 것을 기억하라. 그들은 당신에게 현금을 줄 수도 있고, HMO나 PPO***)도 그 어떤 것에 대해서도 알 필요가 없다.

대부분의 비밀 보장 위반은 비자발적 강제 입원 과정이나 보험회사에 제출하는 공식 보고서 작성 과정에서 일어나지는 않는다. 비밀 보장 위반은 부주의함에서, 다른 사람들이 볼 수 있는 곳에 남겨 둔 메모를 통해, 즉흥적인 발언에서, 휴식 시간의 대화를 통해 발생한다. 브레너는 다음과 같이 말한다.

> 나는 아주 잘 진행되었던 어느 특별한 첫 만남을 생생하게 기억한다. 그런데 나중에서야 알게 된 것은, 이 사람이 상담실을 떠날 때 다른 사람의 이름이 적힌 노트를 봤다는 것이다(머리를 숙여야 볼 수 있었던 상황이라 하더라도). 거의 1년이 지난 이후 또 다른 곳에서 이 내담자를 만나게 됐을 때, 한 사람의 신상에 대해 그렇게 부주의한 치료자라면 자신에 대한 정보도 조심스럽게 다루지 않을 수도 있겠다 싶어 두 번째 방문을 하지 않았다고 했다(Brenner, 1982, p. 18).

치료자는 정보를 강제할 필요가 있는 사람(기관)을 제외한 사람들에게 내담자 신상 혹은 구체적인 상담 내용을 노출하지 않고 철저히 보호하는 원칙을 준수해야 한다.

비밀 보장에 대한 마지막 한마디는 끝까지 해낼 수 있다고 확신하지 않는 한 내담자에게 비밀 보장을 약속하지 말라는 것이다. 내담자에게 치료 시간에 말한 내용을 절대로 공개하지 않을 것이라고 말하지 말라. 비밀 보장을 깨야 하는 상황도 있다는 것과 그런 경우가 어떤 상황인지를 말해 줘라. 치료집단 구성원들이 비밀 보

***) HMO: 미국 보건 기관(health maintenance organization).
PPO: 미국 진료 계약 기관(preferred-provider organization). 보험 회사 같은 대규모 기관과 계약에 의해 의료 서비스를 제공하는 회사.

장을 존중하는 데 동의하는지 확실시하되, 그러한 동의가 도덕적 구속력은 있을 수 있지만 법적 지위는 없다는 것을 각 구성원들이 이해하는지에 대해서도 확인하라. 내담자에게 당신이 제공할 준비가 된 것보다 더 많은 것을 제공하지 말라. 대부분의 경우 내담자는 당신의 정직함을 존중할 것이고, 당신의 허심탄회함은 치료 관계를 약화하기보다 강화할 것이다.

3) 치료 관계를 벗어난 가외적 관계

"겉으로 표현은 정반대로 할지 몰라도 그 어떤 환자도 마음속 깊이 치료자와의 비전문적인 관계를 원하지는 않는다"(Fromm-Reichmann, 1950, p. 46). 이 진술은 50년 이상 지난 지금도 여전히 유효하다. 내담자는 종종 치료자에게 치료 환경 밖에서 만나기를 요구하거나 접촉하기 위한 계략을 꾸밀 것이다. 그러한 접촉의 타당성에 대한 전문가들의 견해는 갈린다. 일부 전문가는 그것을 무해하거나 심지어 유익하다고 생각하는 반면, 다른 이들은 그것이 치료 과정을 심각하게 방해할 수 있다고 생각한다.

내담자와의 다중 관계를 맺는 것은 치료 상황을 복잡하게 만든다는 것에는 이견의 여지가 없다. 그러한 다중 관계를 잘 관리하기가 어렵고 감당하기 힘들어지기 쉽다. 따라서 그렇게 달리 행동할 수밖에 없는 어떤 설득력 있는 이유가 있지 않은 한, 가능하다면 그러한 관계를 피하는 것이 합리적이다. 이 규칙은 다중역할이 초래하는 모든 얽히고 설킬 수 있는 것에 대해 인식하지 못하는 상대적으로 초심자들에게 특히 유효하다. '가외적 관계 없음'의 원칙은 때때로 깨질 수 있다. 치료자와 내담자 혹은 이전 내담자 간의 로맨틱한 관계는 결코 수용될 수 없다는 원칙을 지키고자 하는 치료자의 온갖 노력에도 불구하고 작은 지역사회에서는 때때로 깨질 수 있다. 치료자와 내담자 관계는 본질적으로 힘과 권위 측면에서 불평등하기 때문에, 그들 사이의 성적 관계는 건강할 수 없다. 치료자나 내담자가 아무리 그런 관계를 원한다 할지라도, 한쪽이든 둘 다이든 그들의 관계는 어찌되었건 다른 이들과는 다르고 잘 될거라고 진심으로 믿는다 하더라도 그렇게 되지는 않을 것이다. 카산은 내담자의 유혹에 대한 그의 경험을 논의하면서 경험 많은 노련한 치료자의 말을 전했다. "저는 그것에 대해 말합니다. 그렇게 하도록 배웠습니다. '당신은 무슨 일이 여기서 일어나고 있다고 생각하나요? 그런 일은 일어나지 않을 거예요. 당신이 그런 식으로 옷을 입거나 행동하는 게 불편합니다. 우리의 상황을 오해하지 않았으면 합니다.' 우리는 그것에 대해 이야기 나눕니다"(Kassan, 1996, p. 156). 치료자 쪽에서 로맨틱한 관계를 진전시키는 행동이 용인될 수 있는 환경은 없다. 이런 식으로 치료적 영향력을 사용하는 것은 도덕적으로 비난받을 일일 뿐만 아니라 법적인 과실 행동이다.

3. 치료자의 자기돌봄

치료자는 기계가 아니라 사람이다. 신체적·정서적 욕구를 돌봐야 한다는 것은 모두가 알고 있는 내용이기 때문에 그것을 강조하는 것은 어리석어 보일 수 있다. 그러나 치료자는 자신을 돌보는 것을 소홀히 하는 것으로 악명이 높다. 마호니(Mahoney, 1997)는 정신건강 관리 제공자를 대상으로 한 연구에서 거의 1/3에서 절반이 정서적 피로, 수면 부족, 만성 피로, 외로움, 불안 또는 우울증을 경험 한 것으로 나타났다. 따라서 우리 중 많은 이는 우리가 치료하는 내담자들이 가지고 있는 바로 그 질병으로 고통받고 있으며, 내담자가 스스로에게 허용하는 것보다 우리는 자기자신에게 훨씬 더 나쁘게 대하는 경향이 있다. 우리는 몸을 소홀히 하고 감정을 거칠게 다룬다. 그것을 감내할 수 있어야 강해질 수 있다고 여긴다. 나중에 시간이 나고 그렇게 바쁘지 않게 되면 우리 스스로를 돌볼 거라고 생각한다. 이 얼마나 어리석은가. 요리사와 목수는 도구에 기름을 바르고 날카롭게 유지해야 한다는 것을 충분히 알고 있다. 확실히 우리 정신건강 서비스 종사자들도 이처럼 똑같이 할 수 있는 감각을 가져야한다.

1) 신체적 안녕

자신의 일을 효과적으로 지속하고자 하는 좋은 치료자는 자기 삶에서 개인적·사회적 욕구가 소모되고 있는지 확인하고, 삶을 통해 적절한 만족감을 느끼는지도 확인하면서 신체적·정서적 건강을 유지해야 한다. 당신의 육체적 에너지가 고갈

된다면 내담자에게 제공할 수 있는 것도 줄어들게 된다. 치료자의 임무는 어렵고, 많은 에너지와 집중이 필요하다. 우리 대부분은 좋은 치료 작업을 수행하는 데 필요한 정신적·정서적 노력을 인식하고 있지만 신체적 요구를 간과하기 쉽다. "결국, 치료자는 그냥 앉아서 듣고 있지 않습니까?" "아니, 그렇지 않습니다." 치료자에게 요구되는 집중의 종류는 정서적 소진은 물론 신체적 소진을 야기한다. 정서적으로 소진되는 일의 속성에 더해서, 슈나이더 코리와 코리(Schneider Corey & Corey, 1997)는 우리 직업의 환경적 스트레스원, 즉 따라야 하는 관리기관의 방침, 보험회사의 요구 사항, 넘쳐나는 서류작업, 회기 수가 줄어드는 상황에서 돌봄을 제공해야 하는 것에 대해 논의했다. 이러한 요구에 직면해 있더라도 현명한 치료자는 충분한 휴식을 취하고, 건강한 식단을 유지하고, 정기적으로 운동하고, 문제가 생겼을 때뿐만 아니라 의사와 치과 의사를 정기적으로 만난다. 스스로의 신체를 잘 관리하는 것은 신체적으로 스스로를 보호하기 위한 합리적인 예방 조치를 취하는 것과 연결된다.

잠재적으로 폭력적인 내담자로 인한 불필요한 위험에 자신을 노출하는 행동은 고매한 것이 아니다. 우리가 두려워할 만큼 자주는 아니지만 내담자는 치료자에게 폭력을 행사할 가능성이 있고 또 실제 그렇게 하기도 한다. 폭력에 대한 최선의 방어는 사전 대처다. 자신의 한계를 알고, 내담자에게 폭력은 용납될 수 없음을 알리고, 폭력이 발생할 경우 자기 보호를 위한 조치를 인지해야 한다. 몇 가지 표준적이고 상식적인 예방 조치로서, 잠재적으로 폭력적인 내담자를 만날 때 필요한 경우 도움을 받을 수 있는지 확인해야 한다. 내담자에게 집 주소 또는 전화번호를 제공하지 않으며, 상담 시 흉기가 될 수 있는 물건을 가져오는 것을 금지한다. 금지약물이나 알코올의 영향을 받고 있는 내담자는 만나지 않는다. 가능하다면 사무실 건물이나 사무실 내에 절대 혼자 있지 않는 것도 좋은 생각이다. 비서가 늦게까지 남아주거나 동료가 근처에서 일하고 있는지 확인하라. 새로운 내담자를 만나는 경우 특히 그렇다. 어떤 일이 발생할지 전혀 모른다. 폭력적인 내담자와 자주 일하는 일부 치료자들은 사무실에 자동으로 911에 전화하는 '패닉 버튼'을 가지고 있다. 폭력에 대한 기본적인 예방 조치를 취하지 않으면 안전에 대한 자기 권리가 훼손될 뿐만 아니라 내담자 역시 파괴적인 충동으로부터 적절히 보호받지 못한다.

2) 정서적 안녕

현대 심리치료의 아버지인 칼 로저스는 미셸 볼드윈과의 인터뷰에서, "자신을 보존하고 보호할 필요와 권리가 있다는 것을 깨닫는 것이 중요하다고 생각한다. 줄 권리가 있는 것이지 주려고 노력하다가 지칠 권리가 있는 것은 아니다."(Rogers, 1987, p. 46)라고 주장했다. 설득력 있는 조언이지만 따르기는 참으로 어렵다. 치료자들이 자기 업무에 너무나 사로잡힌 나머지, 일과 정말 떨어지지 못하고, 다른 이와 온전히 사랑하지도 놀지도 일하지도 못하기 십상이다. 그것은 치료자와 그들의 내담자들 모두에게 슬픈 일이다. 물론 우리의 일을 즐겨야 하고, 일을 잘해 나가는 것을 즐겨야 한다. 그러나 이것이 우리의 유일한 혹은 주된 만족의 원천은 아니어야 한다. 치료자가 정서적 지지와 만족감을 얻고자 내담자들에게 의존하게 된다면, 치료자는 머지않아 그들에게 주는 사람이 아니라 가져가는 사람이 될 것이다. 이러한 사태를 방지하는 가장 좋은 방법은 사적인 개인 생활에서 풍부한 정서적 친밀감을 느낄 수 있는 이들을 찾아 경험하고, 치료자로서의 일에서 벗어나 흥미와 취미를 갖고, 내담자가 아닌 다른 사람과 사물에 마음을 쓰는 것이다.

치료자가 자신의 흥미와 애착의 균형을 잘 잡고 있을 때조차도, 여전히 엄청난 정서적 스트레스를 경험하고 있는 자신을 발견하게 될 것이다. 내담자 문제를 다루고 정서적으로 물든 상호 작용을 자주 목격하고 참여하다 보면 치료자 자신의 미해결된 문제가 필연적으로 드러날 것이다. 치료자는 보통의 사람보다 더 훌륭하거나 더 안정적일 필요는 없지만 자기 문제를 확실히 더 잘 알고 있어야 한다. 당신 자신의 심리게임에 대해 인식하지 못하고 있으면, 내담자와의 관계에서 필연적으로 재현할 것이고, 이는 두 사람 모두에게 유감스러운 결과를 초래한다. 당신의 문제는 내담자와의 상호 작용에서 강한 감정을 불러일으킬 가능성이 높다. 내담자의 문제는 당신 자신의 문제를 상기시킨다. 위대한 실존치료자인 롤로 메이는 이 현상에 대해 다음과 같이 언급했다. "솔직히 말해, 최소한 잠재적으로라도 내가 겪어 보지 못한 어려움을 가진 내담자를 만난 적은 없다. 모든 상담자는 적어도 이론적으로 이 같은 동일한 경험을 하게 될 것이다"(May, 1934, p. 39).

이 문제를 처리하는 유일한 방법을 우리는 알고 있다. 그것은 자기 치료 경험의 필요성을 주의 깊게 살펴보는 것이다. 우리는 모든 치료자는 내담자로서 치료를 경험해 볼 필요가 있다고 믿는다. 머피와 딜런은 이를 가장 잘 요약한다. "내담자가 되어보는 경험은 조력 과정과 관련된 관계 역동과 기술에 대한 임상가의 이해력을 증진할 수 있다. 나아가 임상가는 내담자와의 관계 역동과 그러한 관계에서 자신을 효과적으로 사용하는 것을 방해하는 사각지대를 탐색하기 위해 자기 자신의 치료 경험을 활용할 수 있다. 마지막으로 임상가는 내담자의 문제가 자신의 미해결된 문제를 자극할 때 치료를 찾을 수 있다"(Murphy & Dillon, 1998, p. 284). 우리는 또한 치료자들이 치료 작업을 수행하는 동안 한 번 이상 치료 경험을 가질 필요가 있다고 생각한다. 그것은 우리의 정신건강을 예방하는 그 이상의 의미가 있다. 즉, 치료자로서 가진 도구들이 예리한지와 우리의 시각이 선명한지를 확실시하기 위함이다. 당신은 치료자로서 내담자의 변화를 위한 도구로서 자신을 제공한다. 전문가답게 가능한 한 자신을 명확하고 정돈된, 그래서 효율적으로 작업할 수 있는 상태로 유지해야 할 의무가 당신에게 있다.

정서적 안녕감에 대한 마지막 내용은 소진과 관련된 것이다. 초보 치료자들은 아마도 심리적 소진을 별로 걱정하지 않을 것이다. 그러나 자신의 신체적·정서적 욕구에 주의를 기울이지 않는다면, 그것이 얼마나 빠르고 교묘하게 당신에게 영향을 미치기 시작하는지 놀랄 것이다. 여기서 가장 좋은 보호 방안은 자기 자각이다. 즉, 당신이 위험 지역에 있음을 알려 주는 초기 경고 신호를 알아차리고, 해결을 위한 무언가를 행하는 데 전념해야 한다. 그로시와 올슨(Grosch & Olsen, 1995)은 직장에서 얼마나 만족과 즐거움을 얻고 있는지, 출근에 대한 두려움, 지나친 지루함, 피곤함과 미래에 대한 비관, 새로운 일에 대한 환상이 있는지 등을 항상 확인해 보는 자세를 가지라고 조언한다. 주기적으로 이러한 증상 중 일부를 경험하고 있다면, 스스로를 어떻게 돌보고 있는지 열심히 살펴봐야 할 때가 온 것이다.

3) 특별한 관심 주제

치료자에게 특정 정서적 긴장을 유발할 수 있는 여러 상황이 있다. 상당히 빈번하게 발생하는 상황에 대해 여기에서 구체적으로 언급하고자 한다. 가장 큰 문제 중 하나는 자신감 부족이다. 우리는 실수하거나 부적절하게 될까 봐, 내담자가 별 도움이 안 된다고 생각할까 봐, 잘못된 말을 하거나 적어도 올바르게 말하지 못할까 봐 두려워한다. 코틀러와 브라운은 치료자가 매일 해결해야 하는 모호성을 다음과 같이 설명한다. "내담자는 종종 자신의 실제 문제를 온전히 인식하지 못한다. 그들이 보고하는 불편하고 모호한 추상적인 내용에 대해 상담자가 초점화를 시도하면 가차 없이 딴 데로 흐르기를 반복한다"(Kottler & Brown, 2000, p. 11). 당신이 무능하기 때문에 내담자가 혼란스러워 한다고 생각하지 말라.

치료자에게 또 다른 스트레스 유발자는 불가피한 실수다. 치료자가 실수를 피할 수 있는 방법은 없다. 실수하지 않았을 때마저도 종종 실수했다고 생각할 것이다. 햄릿이 말했듯이 "그러므로 양심은 우리 모두를 겁쟁이로 만든다." 자신이 불안하고 내담자에게 그것을 감추고 싶은 마음이 들 때, 우리는 가장 필요한 것을 드러내지 않고 마음을 닫고 덮어 버린다. 치료자의 불안은 자신을 차단함으로써 내담자와 좋은 치료적 접촉을 하지 못하게 하고 오류의 가능성을 더욱 높인다. 이 슬픈 역행하는 치료적 드라마의 마지막 장면은 내담자가 치료를 받으러 온 이유와 명확히 반대되는, 즉 역할을 바꾸어 내담자가 치료자를 안심시켜야 할 때 펼쳐진다. 다시 말하지만, 개인 치료 혹은 자문이 치료자의 불안 문제를 다루는 가장 좋은 방법이다. 내담자와의 상담회기 밖에서 그러한 경험을 해 본 사람과 이야기하고, 혼자가 아니라는 것을 인식하고, 근본적인 자기 문제를 해결하는 것이 자기 욕구를 충족하는 데 도움이 될 것이다.

또 다른 일반적인 치료자의 함정은 역전이다. 역전이란 당신의 과거 또는 현재의 삶에 있는 누군가에게 느끼는 것이 더 적절한 감정을 내담자를 대상으로 경험하는 것이다. 역전이가 항상 문제가 되는 것은 아니다. 치료자가 역전이를 인식하지 못하거나 내담자와의 지금-여기에서의 상호작용 실제에 기초하기보다 역전이에 기초하여 행동하기 시작할 때만 문제가 된다. 치료 관계에는 항상 어느 정도의 역전이가 있을 것이다. 역전이가 일어났을 때 일어났다는 사실을 인식하려면 요령이 필요하다. 코리와 동료들(Corey et al., 1998)은 역전이가 나타나는 여러 가지 방식을 제시했다.

- 내담자를 보호하기 위해 고통스러운 이야깃거리에서 벗어나도록 유도함
- 치료적 대화보다는 일상의 수다스러운 대화로 더 많은 회기를 진행함
- 어려움에 처한 내담자를 냉정하고 냉담하게 대함

- 내담자가 즉각적인 개선을 보이지 않을 때 낙담함
- 내담자에게서 당신을 칭찬하는 소리를 듣고 싶어함
- 내담자의 고군분투를 과도하게 동일시함
- 내담자를 유혹함
- 일부 내담자에게 마지못해 조언을 함
- 자신이 고군분투한 내용을 지나치게 개방함

　이러한 위험 신호에 주의를 기울이는 것은 치료자의 무의식적인 역전이 반응 인식실패 가능성을 줄이는 데 도움이 된다. 치료자가 느끼는 것과 느끼는 이유를 알아차리는 것이 부적절한 행동을 막는 첫 번째이자 최선의 방법이다.

　세 번째 종류의 스트레스 상황은 내담자가 잠재적으로 위험하거나 해를 끼치는 방식으로 행동하기 시작할 때 발생한다. 법적으로 요구되는 모든 조치를 취하고 내담자(및/또는 다른 사람)을 보호하기 위해 생각할 수 있는 모든 조치를 취한 후에도 여전히 그의 행동에 대한 불안과 책임감을 느끼기 쉽다. 정서적으로나 실질적으로 자문을 받는 것이 효과적이다. 자문가는 더 큰 객관성을 가지고 있기 때문에, 치료자가 간과했던 선택지를 제시해 줄 수 있다. 그러나 자문가의 도움을 받는다 하더라도 업무 압박감을 없애지는 못한다. 길리랜드와 제임스는 "내담자 자살시도 혹은 살해행위는 위기 관리자로 일하는 사람들에게 발생할 수 있는 가장 스트레스가 되는 사건 중 하나다."(Gilliland & James, 2001, p. 220)라고 했다. 만약 당신 내담자가 악화되고 폭력적이 되어 자살 시도를 한다면, 당신은 스스로를 사후 비판할 것이 분명하다. 내담자의 자살 시도에 대해 치료자들은 죄책감에 사로잡힌다. 그들은 무엇을 다르게 해야 했었을까 궁금해 하고, 종종 자신이 전문가로서 자격이 있는지에 대해 진지하게 질문한다. 내담자 중 한 명이 심각한 문제에 빠지면, 당신 자신도 정서적으로 어려움에 처할 가능성이 있다. 혼자서 처리하려고 하지 말라. 동료들과 이야기 나누거나 당신이 그것을 해결할 수 있도록 도와 줄 신뢰할 수 있는 치료자를 찾아라. 가능하다면 한꺼번에 두 명 이상의 자살, 폭력 혹은 기타 이례적으로 절박한 내담자를 치료하지 말라. 둘이면 충분하다. 치료자는 그러한 종류의 지속적인 요구와 진빠지게 하는 사례의 경우 오직 한정된 양만을 처리할 수 있다.

　어떤 의미에서 치료자는 정서적으로 이길 수 없는 상황에 처한 사람이다. 한편으로는 치료자는 내담자의 관점에서 내담자의 세계와 경험을 이해하려고 노력해야 한다. 즉, 내담자가 그것을 변화시킬 수 있도록 돕기 위해 내담자의 주관적인 세계로 들어가야 한다. 다른 한편으로는, 치료자는 스스로의 건강함과 균형을 유지하기 위해 충분한 정서적 분리를 확보해야 한다. 내담자의 문제를 가져와 그들의 감정과 걱정거리에 오염되는 것은, 방심하고 있는 치료자가 빠지는 또 다른 함정이다. 지나치게 많이 공감하다가 치료자가 자신의 감정과 내담자의 감정을 구별할 수 없는 상태에 놓이게 된다. 다시 말하지만, 전문가 동료와 함께 작업하고, 스스로 심리치료를 받아 자신의 감정을 분리하는 것밖에 대안이 없다. 그렇지 않으면 불필요한 개인적인 불편함뿐만 아니라 비효율성과 치료적 오류를 겪을 뿐이다.

아무리 많은 개인적인 작업을 한다 해도 오류를 방지 할 수는 없다. 당신은 실수를 할 것이고 때로는 당신 내담자가 그로 인해 괴로워할 것이다. 심리치료 영역에서 실수는 통상적인 것이다. 실수를 피할 수는 없지만 인식할 수는 있다. 진정한 실수는 실수를 범하는 것이 아니라 그런 실수에서 아무것도 배우지 못하는 것이다. 만약 실수를 알아차리고 분석하고 성장의 밑거름으로 사용한다면, 모든 실수는 치료적 유능성으로 향하는 새로운 발걸음의 신호가 될 수 있다. 자신의 실수에 대해 자만하지 말라. 실수는 좋지 않으며 어느 누구도 실수하는 것을 좋아하지 않는다. 그러나 과도하게 확대하지도 말라. 개울의 바위에 실수로 걸려 넘어질 수도 있지만, 새롭고 더 나은 곳으로 가는 다리로 사용할 수도 있다.

4) 성장과 발달

마지막 부분에서 말하게 될 내용 대부분은 이전에 말한 것을 반복하고 다시 강조하는 것이다. 하나의 주제에 대해 반복한다. 즉, 치료자로서 당신의 능력은 한 인간으로서의 능력을 초과할 수 없다는 것이다. 만약 당신이 열정적이고 성장 지향적이며 개방적인 사람이라면, 열정적이고 성장 지향적이고 개방적인 치료자일 것이다. 만약 당신이 자기 인식, 삶에 대한 열정, 호기심 혹은 유머감각을 잃는다면, 치료자로서도 그러한 특성들을 상실할 것이다.

이미 치료자들이 자신의 개인 심리치료에 대한 필요성을 받아들여야 한다는 우리의 입장을 분명히 했다. 그러한 경험은 자신의 삶을 풍요롭게 할 뿐만 아니라 더 나은 치료자가 되도록 할 것이다.

개인 심리치료를 넘어서, 치료자는 지속적인 상담, 관리감독 및 교육을 통해 늘 생기 있고 개방된 자세를 유지해야 한다. 우리는 결코 모든 것을 알 수도 없고 충분히 알지도 못할 것이다. 모퉁이를 돌면 늘 새로운 것이 있다. 예를 들어, 새로운 통찰, 내담자의 말을 경청하는 새로운 방법, 보다 효과적으로 일하는 데 도움이 될 새로운 이론적 관점 등이 있다. 치료자가 공식 훈련에서 배운 적이 없는 새로운 시도들을 할 만큼 유연하고 용감하지 않은 한, 우리 직업은 결코 진보하거나 발전하지 못할 것이다. 그리고 개인적으로도 성장하지 못할 것이다. 우리는 낯설고 내키지 않으며 심지어 완전히 틀린 것처럼 보이는 새로운 기법과 아이디어라 해도 기꺼이 숙고해야 한다. 대체로 우리가 새로운 것을 처음 접했을 때 좀처럼 그것이 맞다고 느끼기 힘들다. 대부분의 다른 전문가와 마찬가지로, 치료자들도 지속적인 교육은 반드시 필요한 노력이라 생각한다. 많은 주에서는 치료자에게 일 년에 일정한 횟수의 꾸준한 교육 시간을 요구한다. 새로운 아이디어를 접할 수 있는 워크숍을 찾아보라. 이는 필수적일 뿐 아니라 재미있다. 이런 일에 흥미를 잃었다면 그리고 당신이 수행하는 방식과 다른 이들이 하는 방식의 차이에 흥미진진해하고 궁금해할 수 있는 역량을 상실했다면, 당신은 내담자를 떠나 휴식을 취할 때가 된 것이다. 또한 내담자들도 당신을 떠나는 휴가가 필요하다.

여하간 전문적 치료자라면 무엇보다 성장을 위해 전념해야 한다. 개인적 성장, 정서적 성장, 전문적 성장, 지속적인 학습과 경험을 위해 그리고 적절해지기 위해 전념해야 한다. 우리 직업에서 유일하게 고정된 사실은 우리는 결코 고정되어서는 안 된다는 것이다. 우리가 기대할 수 있는 한 가지는 예상할 수 없는 일이 늘 닥친다는 것이다. 예측 가능하고 안정적이며 편안한 직업을 원한다면 치료자가 되지 말라. 기껏해야 지극히 평범하고 지루한 삶이 될 것이고, 최악의 경우는 당신과 내담자를 비참하게 만들 것이다.

선택은 분명하다. 성장 혹은 포기, 배움 혹은 쇠퇴, 확장 혹은 정체, 이 둘 중에 하나를 선택하는 것이다. 우리가 아는 다른 어떤 직업도 이와 같은 종류의 도전을 제공하지는 않는다. 우리는 확실한 것을 거의 알지 못하며 알려지지 않은 많은 위험을 감수한다. 우리는 현존하는 인간 동반자들의 흥망성쇠를 공유한다. 올라가고, 넘어지고, 떨어지고, 그리고 또 다시 오른다. 피곤하면 쉬어야 한다. 하지만 우리는 오래 머물 수는 없다. 발견의 기쁨과 인간 경험에 내재된 복잡한 패턴을 탐색하는 흥분 때문에 우리는 다시 시작한다. 이 대열에 가담하거나 회원 자격을 갱신하려는 여러분을 환영한다. 우리의 여행 과정에서 서로를 지지하고, 신나는 것을 나누고, 짐은 함께 짊어지기를 바란다.

참고문헌

Aguilera, D. C. (1998). *Crisis intervention* (8th ed.). St Louis, MO: Mosby.

Altarriba, J., & Bauer, L. M. (1998a). Counseling Cuban Americans. In D. R. Atkinson, G. Morten, & D. W. Sue (Eds.), *Counseling American minorities* (5th ed., pp. 280-300). Boston, MA: McGraw-Hill.

Altarriba, J., & Bauer, L. M. (1998b). Counseling the Hispanic client: Cuban Americans, Mexican Americans, and Puerto Ricans. *Journal of Counseling and Development, 76,* 389-396.

American Counseling Association (1995). *Code of ethics and standards of practice.* Alexandria, VA: Author.

American Psychological Association (1995). *Ethical principles of psychologists and code of conduct.* Washington, DC: Author.

American Pstchiatric Association (1994). *Diagnostic and statistical manual of men tai disorders* (4th ed.). Washington, DC: Author.

Atkinson, D. R., Morten, G., & Sue, D. W. (1998). *Counseling American minorities* (5th ed.). Boston, MA: McGraw-Hill.

Baird, B. N. (1999). *The internship, practicum, and field placement handbook* (2nd ed.). Upper Saddle River, NJ: Prentice Hall.

Baker, S. (1996). *School counseling for the twenty-first century.* Englewood Cliffs, NJ: Merrill.

Baldwin, M., & Rogers, C. (1987). Interview with Carl Rogers on the use of the self in therapy. In M. Baldwin, & V. Satir (Eds.), *The use of self in therapy* (pp. 45-52). New York, NY: Haworth Press.

Barlow, D., & Durand, M. (1999). *Abnormal psychology: An integrative approach.*

Pacific Grove, CA: Brooks/Cole.

Beauchamp, T. L., & Childress, J. F. (1995). *Principles of biomedical ethics* (4th ed.). New York, NY: Oxford University Press.

Berman, A. (1990). *Suicide prevention.* New York, NY: Springer.

Bernstein, B., & Hartsell, T. (1998). The portable lawyer for mental health professionals. New York, NY: John Wiley & Sons.

Brems, C. (1993). *A comprehensive guide to child psychotherapy.* Needham Heights, MA: Allyn & Bacon.

Brems, C. (2000). *Dealing with challenges in psychotherapy and counseling.* Belmont, CA: Brooks/Cole.

Brenner, D. (1982). *The effective psychotherapist.* New York, NY: Pergamon Press.

Brueske, L., & Walton, R. (2000). Becoming a private practitioner. In H. Hackney (Ed.), *Practice issues for the beginning counselor* (pp. 79-101). Needham Heights, MA: Allyn & Bacon.

Bugental, J. F. T. (1987). *The art of the psychotherapist.* New York, NY: W. W. Norton.

Buhrke, R. A., & Douce, L. A. (1991). Training issues for counseling psychologists in working with lesbian women and gay men. *The Counseling Psychologist, 19*(2), 216-234.

Burn, D. (1992). Ethical implications in cross-cultural counseling and training. *Journal of Counseling and Development, 70*(5), 578-583.

Clark, D. A. (1999). Case conceptualization and treatment failure: A commentary. *Journal of Cognitive Psychology, 73*(4), 331-336.

Cohen, P. (1999). Psychoanalytically informed short-term couple therapy. In J. Dono van (Ed.), *Short-term couple therapy* (pp. 144-172). New York, NY: Guilford Press.

Cohen, E., & Cohen, G. (1999). *The virtuous therapist: Ethical practice of counseling and psychotherapy.* Belmont, CA: Brooks/Cole.

Combs, A. W. (1989). *A theory of therapy.* Newbury Park, CA: Sage.

Cooper-Patrick, C., Crum, R. M., & Ford, D. E. (1994). Identifying suicidal ideation in general medical patients. *Journal of the American Medical Association, 272,* 1757-1762.

Corey, G. (2001). *Theory and practice of group counseling* (5th ed.). Belmont, CA: Wadsworth/Thompson Learning.

Corey, G. (2000). *Theory and practice of counseling and psychotherapy* (6th ed.). Pacific Grove, CA: Brooks/Cole.

Corey, G., Corey, M. S., & Callahan, P. (1998). *Issues and ethics in the helping professions.* Pacific Grove, CA: Brooks/Cole.

Corey, G., Schneider Corey, M., Callahan, P., & Russell, M. (1992). *Group techniques* (2nd ed.). Pacific Grove, CA: Brooks/Cole.

Cormier, S., & Cormier, B. (1998). *Interviewing strategies for helpers* (4th ed.). Pacific Grove, CA: Brooks/Cole.

Cormier, S., & Hackney, H. (1999). *Counseling strategies and interventions* (5th ed.). Boston, MA: Allyn & Bacon.

Dattilio, F. M., & Padesky, C. A. (1990). *Cognitive therapy with couples.* Sarasota, FL: Professional Resource Exchange.

Doyle, B. (1990). Crisis management of the suicidal patient. In S. Blumenthal & D. Kupfer (Eds.), *Suicide over the life cycle* (pp. 381–423). New York, NY: American Psychiatric Press.

Erskine, R. J. (1998). Psychotherapy in the USA: A manual of standardized techniques or a therapeutic relationship? *International Journal of Psychotherapy, 3,* 231–234.

Essandoh, P. K. (1996). Multicultural counseling as the "Fourth Force": A call to arms. *The Counseling Psychologist, 24*(1), 126–137.

Everett, C., & Volgy, S. (1991). Treating divorce in family therapy practice. In A. Gurman & D. Kriskern (Eds.), *Handbook of family therapy.* Vol. II (pp. 508–523). NewYork, NY: Brunner/Mazel.

Everstine, L. (1998). *The anatomy of suicide.* Springfield, IL: Charles C. Thompson.

Eysenck, H. J. (1952). The effects of psychotherapy: An evaluation. *Journal of Counseling Psychology, 16,* 319–324.

Fassinger, R. E. (2000). Applying counseling theories to lesbian, gay, and bisexual clients: Pitfalls and possibilities. In R. M. Perez, K. A. DeBord, & K. J. Bieschke (Eds.), *Handbook of counseling and psychotherapy with lesbian, gay and bisexual clients* (pp. 107–131). White Plains, MD: Automated Graphic Systems.

Fine, S., & Glasser, P. (1996). *The first helping interview: Engaging the client and building trust.* Thousand Oaks, CA: Sage.

Fong, M. L., & Gresbach, B. C. (1989). Trust as an underlying dynamic in the counseling process. In W. Dryden (Ed.), *Key issues for counseling in action* (pp. 26–36). London: Sage.

Foreman, S. (1996). The difficult couple. In H. Kessler & I. Yalom (Eds.), *Treating couples* (pp. 165–188). San Francisco, CA: Jossey-Bass.

Foxman, J. A. (1990). *A practical guide to emergency and protective crisis intervention.* New York, NY: Charles C Thomas.

France, A. (1988). *Consuming psychotherapy.* London: Free Association Books.

Freeman, J., Epston, D., & Lobovitz, D. (1997). *Playful approaches to serious problems.*

New York, NY: W. W. Norton.

Fremouw, W., de Perczel, M., & Ellis, T. (1990). *Suicide risk: Assessment and response guidelines*. Elmsford, NY: Pergamon Press.

Fromm-Reichmann, F. (1950). *Principles of intensive psychotherapy*. Chicago, IL: University of Chicago Press.

Garfield, S. L. (1992). Major issues in psychotherapy research. In D. K. Freedheim (Ed.), *History of psychotherapy: A century of change* (pp. 335-359). Washington, DC: American Psychological Association.

Gaylin, W. (2000). *Talk is not enough: How psychotherapy really works*. Boston, MA: Little, Brown and Company.

Gilbert, M., & Shmukler, D. (1996). *Brief therapy with couples: An integrative approach*. West Sussex, England: John Wiley & Sons.

Gilliland, B., & James, R. (2001). *Crisis intervention strategies* (4th ed.). Pacific Grove, CA: Brooks/Cole.

Gilman, D., & Koverola, C. (1995). Cross-cultural counseling. In D. Martin & A. Moore (Eds.), B*asis of clinical practice: A guidebook for trainees in the helping pro fession* (pp. 378-392). Prospect Heights, IL: Waveland Press.

Gladding, S. T. (1997). *Community and agency counseling*. Columbus, OH: Prentice Hall.

Gladding, S. T. (2001). *The counseling dictionary*. Upper Saddle River, NJ: Merrill/ Prentice Hall.

Glickhauf-Hughes, C., Foster, M., & Jurkovic, G. (1998). Treating fused couples: What Bowenian therapists can learn from their object relations colleagues. In B. J. Brothers (Ed.), *Couples: A medley of models* (pp. 21-32). New York, NY: Haworth Press.

Goldfarb, M. (1999). Making room for it all: Inclusive experimenting in psychotherapy. *Journal of Humanistic Psychology, 39*(4), 82-93.

Goldfried, M. R., & Castonguay, L. G. (1992). The future of psychotherapy integration. *Psychotherapy, 29*(1), 4-10.

Greenberg, L. S., & Safran, J. D. (1990). Emotional-change processes in psychotherapy. In R. Plutchick & J. Kellerman (Eds.), *Emotion, theory, research, and experience,* vol. 5 (pp. 59-84). San Diego, CA: Academic Press.

Groome, E. (1989). Goal setting and marital therapy. In G. Weeks (Ed.), *Treating couples* (pp. 22-37). New York, NY: Brunner/Mazel.

Grosch, W. N., & Olsen, D. C. (1995). Prevention: Avoiding burnout. In M. B. Sussman et al. (Eds.), *A perilous calling: The hazards of psychotherapy practice* (pp. 275- 287). New York, NY: John Wiley & Sons.

Guerney, B., Brock, G., & Coufal, J. (1986). Integrating marital therapy and enrichment:

The relationship enhancement approach. In N. Jacobson & A. Gurman (Eds.), *Clinical handbook of marital therapy* (pp. 151-172). New York, NY: Guilford.

Hare-Mustin, R., Marecek, J., Kaplan, A., & Liss-Levinson, N. (1995). Rights of clients, responsibilities of therapists. In D. Bersoff (Ed.), *Ethical conflicts in psychology* (pp. 305-310). Washington, DC: American Psychological Association.

Harris, M. J. (1994). Self-fulfilling prophecies in the clinical context: Review and implications for clinical practice. *Journal of Applied and Preventive Psychology, 3*, 145-158.

Heaton, J. (1998). *Building basic therapeutic skills.* San Francisco, CA: Jossey-Bass.

Hendren, R. (1990). Assessment and interviewing strategies for suicidal patients over the life cycle. In S. Blumenthal & D. Kupfer (Eds.), *Suicide over the life cycle* (pp. 235-252). New York, NY: American Psychiatric Press.

Hill, C., & O'Brien, K. (1999). *Helping skills: Facilitation exploration, insight and action.* Washington, DC: American Psychological Association.

Hof, L., & Treat, S. (1989). Marital assessment. In G. Weeks (Ed.), *Treating couples* (pp. 3-21). New York, NY: Brunner/Mazel.

Hutchins, D., & Cole-Vaught, C. (1997). *Helping relationships and strategies* (3rd ed.). Pacific Grove, CA: Brooks/Cole.

Ivey, A., & Bradford Ivey, M. (1999). *Intentional interviewing and counseling: Facilitating client development in a multicultural society* (4th ed.). Pacific Grove, CA: Brooks/Cole.

Ivey, A., Ivey, M. B., & Simek-Morgan, L. (1997). *Counseling and psychotherapy: A multicultural perspective* (4th ed.). Boston, MA: Allyn & Bacon.

Jacobs, E., Masson, R., & Harvill, R. (1998). *Group counseling: Strategies and skills* (3rd ed.). Pacific Grove, CA: Brooks/Cole.

Johnson, S. (1996). *The practice of emotionally focused marital therapy: Creating connection.* New York, NY: Brunner/Mazel.

Johnson, F, Van Hasselt, V., & Hersen, M. (1998). Rapport and empathy reflection. In M. Hersen & V. Van Hasselt (Eds.), *Basic interviewing* (pp. 41-56). Mahwah, NJ: Lawrence Earlbaum Associates.

Kantor, M. (1990). *Problems and solutions.* New York, NY: Praeger.

Karasu, T. B. (1986). The specificity versus nonspecificity dilemma: Towards identifying therapeutic change agents. *American Journal of Psychiatry, 14*(3), 687-695.

Kassan, L. (1996). *Shrink rap.* North Vale, NJ: Jason Aronson.

Kemp, A. (1998). *Abuse in the family: An introduction.* Pacific Grove, CA: Brooks/Cole.

Kessler, H., & Singer, M. (1996). Myths in couples therapy. In H. Kessler & I. Yalom (Eds.),

Treating couples (pp. 35-60). San Francisco, CA: Jossey Bass.

Kopp, S. (1977). *Back to one.* Palo Alto, CA: Science and Behavior Books.

Kottler, J. (1991). *The compleat therapist.* San Francisco, CA: Jossey-Bass.

Kottler, J. (1993). *On being a therapist* (rev. ed.). San Francisco, CA: Jossey-Bass.

Kottler, J. (2000). *Nuts and bolts of helping.* Boston, MA: Allyn & Bacon.

Kottler, J., & Brown, R. (2000). *Introduction to therapeutic counseling: Voices from the field* (4th ed.). Belmont, CA: Wadsworth.

Kramer, P. D. (1989). *Moments of engagement.* New York, NY: W. W. Norton & Company.

Lakin, M. (1991). *Coping with ethical dilemmas in psychotherapy.* Elmsford, NY: Pergamon Press.

Lauver, P., & Harvey, D. (1997). *The practical counselor: Elements of effective helping.* Pacific Grove, CA: Brooks/Cole.

Lawrence, E., Eldridge, K., Christensen, & Jacobson, N. (1999). Integrative couple therapy: The dyadic relationship of acceptance and change. In J. Donovan (Ed.), *Short-term couple therapy* (pp. 226-264). New York, NY: Guilford Press.

Lazarus, A. A. (1986). Multimodal therapy. In J. C. Norcross (Ed.), *Handbook of eclectic psychotherapy* (pp. 65-93). New York, NY: Brunner/Mazel.

Lee, E. (1997). Overview: The assessment and treatment of Asian American families. In E. Lee (Ed.), *Working with Asian Americans: A guide for clinicians* (pp. 3-36). New York, NY: Guilford Press.

Lemma, A. (1996). *Introduction to psychopathology.* Thousand Oaks, CA: Sage.

Luborsky, L., Barber, J. P., & Crits-Christoph, P. (1990). Theory based research for understanding the process of dynamic psychotherapy. *Journal of Consulting and Clinical Psychology, 55*(3), 281-287.

Luborsky, L., Diguer, L., Luborsky, E., Singer, B., Dichter, D., & Schmidt, K. (1993). The efficacy of dynamic psychotherapies: Is it true that "everyone has won and all must have prizes?" In N. Miller, L. Luborsky, J. P. Barber, & J. P. Docherty (Eds.), *Psychodynamic treatment research: A handbook for clinical practice* (pp. 497-516). New York, NY: Basic Books.

Luborsky, L., Diguer, L., Seligman, D. A., Rosenthal, R., Krause, E. D., Johnson, S., Halperin, G., Bishop, M., Berman, J. S., & Schweizer, E. (1999). The researcher's own therapy allegiances: A "wild card" in comparison to treatment efficacy. *Clinical Psychology: Science & Practice, 6*(1), 95-106.

Luborsky, L., Singer, B., & Luborsky, L. (1975). Comparative studies of psychotherapy. *Archives of General Psychiatry, 32*(8), 995-1008.

Lukas, S. (1993). *Where to start and what to ask: An assessment handbook*. New York, NY: W. W. Norton & Company.

Mahoney, M. J. (1997). Psychotherapists' personal problems and self-care patterns. *Professional Psychology: Research and Practice, 28*, 14-16.

Marino, T. W. (1995). Crisis counseling: Helping normal people cope with abnormal situations. *Counseling Today, 38*(3), 25-53.

Martin, D., & Moore, A. *A basis of clinical practice: A guidebook for trainees in the helping profession* (pp. 157-170). Prospect Heights, IL: Waveland Press.

May, R. (1934). *The art of counseling*. Nashville, TN: Cokesbury Press.

McClintock, E. (1999). *Room for change: Empowering possibilities for therapists and clients*. Boston, MA: Allyn & Bacon.

McKenzie, K. R. (1990). The changing role of emotion in group psychotherapy. In R. Plutchik & J. Kellerman (Eds.), *Emotion, theory, research and experience*, vol. 5 (pp. 147-173). San Diego, CA: Academic Press.

Mead, M. (1949). *Male and female: A study of the sexes in a changing world*. New York, NY: William Morrow.

Meier, S., & Davis, S. (1997). *The elements of counseling* (3rd ed.). Pacific Grove, CA: Brooks/Cole.

Morrow, D., Worthington, E. L., & McCullough, M. E. (1993). Observer's perception of a counselor's treatment of a religious issue. *Journal of Counseling and Development. 71*, 452-456.

Murphy, B., & Dillon, C. (1998). *Interviewing in action: Process and practice*. Pacific Grove, CA: Brooks/Cole.

Myers, S. (2000). Empathic listening: Reports on the experiences of being heard. *Journal of Humanistic Psychology, 40*(2), 148-173.

Nelson-Jones, R. (1993). *Lifeskills helping: Helping others through a systematic people-centered approach*. Belmont, CA: Wadsworth.

Norcross, J. C. (1986). Eclectic psychotherapy: An introduction and overview. In J. C. Norcross (Ed.), *Handbook of eclectic psychotherapy* (pp. 3-24). New York, NY: Brunner/Mazel.

Nystul, M. S. (1993). *The art and science of counseling*. New York, NY: Macmillan.

Ohlsen, M., Horne, A., & Lawe, C. (1988). *Group counseling* (3rd ed.). New York, NY: Holt, Rinehart & Winston.

Omer, H. (2000). Troubles in the therapeutic relationship: A pluralistic perspective. *Journal of Clinical Psychology, 56*(2), 201-210.

Othmer, E., & Othmer, S. (1994). *The clinical interview using DSM-IV. Vol. I:*

Fundamentals. Washington, DC: American Psychiatric Press.

Ottens, A., & Fisher-McCanne, L. (1990). Crisis intervention at the college counseling center. In A. R. Roberts (Ed.), *Crisis intervention handbook* (pp. 78-103). Belmont, CA: Wadsworth.

Paniagua, F. (1998). *Assessing and treating culturally diverse clients* (2nd ed.). Thousand Oaks, CA: Sage.

Parham, T., White, J., & Ajamu, A. (1999). *The psychology of blacks: An African centered perspective* (3rd ed.). Upper Saddle River, NJ: Prentice Hall.

Parry, G. (1990). *Coping with crisis: Problems in practice series.* New York, NY: Routledge.

Patterson, L., & Welfel, E. (2000). *The counseling process* (5th ed.). Stanford, CT: Brooks/Cole Thompson Learning.

Paulson, B., Truscott, D., & Stuart, J. (1999). Clients' perceptions of helpful experiences in counseling. *Journal of Counseling Psychology, 46*(3), 317-324.

Pedersen, P. (1997). *Culture-centered counseling interventions: Striving for accuracy.* Thousand Oaks, CA: Sage.

Perry, J. C., Banon, E., & Ianni, F. (1999). Effectiveness of psychotherapy for personality disorders. *American Journal of Psychiatry, 156*(9), 1312-1321.

Petretic-Jackson, P., & Jackson, T. (1990). Assessment and crisis intervention with rape and incest victims. In A. R. Roberts (Ed.), *Crisis intervention handbook* (pp. 124-152). Belmont, CA: Wadsworth.

Pittman, F. S. (1987). *Turning points.* New York, NY: W. W. Norton & Company.

Portnoy, D. (1999). Relatedness: When humanistic and psychoanalytic psychotherapy converge. *Journal of Humanistic Psychology, 39*(1), 19-34.

Quintana, S. M., & Holahan, W. (1992). Termination in short-term counseling: Comparison of successful and unsuccessful cases. *Journal of Counseling Psychology, 39*(3), 299-305.

Rice, D. (1989). Marital therapy and the divorcing family. In M. Textor (Ed.), *Divorce and divorce therapy handbook* (pp. 151-195). New York, NY: Jason Aronson.

Rogers, C. (1951). *Client centered therapy.* Boston, MA: Houghton Mifflin.

Rogers, J. R. (1990). Female suicide: The trend towards increased lethality in method of choice and its implications. *Journal of Counseling and Development, 69,* 37-38.

Rosenthal, H. (1998). *Before you see your first client: 55 things counselors and human service providers need to know.* Holmes Beach, FL: Learning Publications.

Root, M. P. P. (1998). Facilitating psychotherapy with Asian American clients. In D. R. Atkinson, G. Morten, & D. W. Sue (Eds.), *Counseling American Minorities* (pp.

214-234). Boston, MA: McGraw-Hill.

Saladin, M. E., & Ness, D. V. (1995). The therapist: Some thoughts on living well. In D. Martin & A. Moore (Eds.), *Basis of clinical practice: A guidebook for trainees in the help ing profession* (pp. 450-467). Prospect Heights, IL: Waveland Press.

Salzman, L. (1989). Terminating psychotherapy. In F. Flach (Ed.), *Psychotherapy* (pp. 223-230). New York, NY: W. W. Norton & Company.

Schneider Corey, M., & Corey, G. (1997). *Groups: Process and practice* (5th ed.). Pacific Grove, CA: Brooks/Cole.

Schuyler, D. (1991). *A practical guide to cognitive therapy.* New York, NY: W. W. Nor ton & Company.

Shannon, J. W., & Woods, W. J. (1991). Affirmation therapy for gay men. *The Counseling Psychologist, 19(2),* 197-215.

Shapiro, E. L. (2000). The double session in psychoanalytic therapy. *Journal of Psychotherapy, Practice and Research, 9*(1), 18-24.

Shea, S. C. (1988). *Psychiatric interviewing.* Philadelphia, PA: W. B. Saunders Company.

Slaby, E. (1989). Other psychiatric emergencies. In H. Kaplan & B. Sadock (Eds.), *Comprehensive textbook of psychiatry, vol.* 5 (pp. 1427-1441). New York, NY: Williams and Wilkins.

Smith, M. L., & Glass, G. V. (1977). Meta-analysis of psychotherapy outcome studies. *American Psychologist, 32*(9), 752-760.

Sobocinski, M. R. (1990). Ethical principles in the counseling of gay and lesbian adolescents: Issues of autonomy, competence and confidentiality. *Professional Psychology: Research and Practice. 21*(4), 240-247.

Stewart, D. W. (1995). Termination. In D. Martin & A. Moore (Eds.), *Basis of clinical practice: A guidebook for trainees in the helping profession* (pp. 157-170). Prospect Heights, IL: Waveland Press.

Sue, D. (1996a). ACES endorsement of the multicultural counseling competencies: Do we have the courage? *ACES Spectrum Newsletter, 57*(1), 9-10.

Sue, D. (1996b). Ethical issues in multicultural counseling. In B. Herlihy and G. Corey (Eds.), *ACA ethical standards casebook* (5th ed., pp. 193-197). Alexandria, VA: American Counseling Association.

Sue, D. W., & Sue, D. (1990). *Counseling the culturally different: Theory and practice* (2nd ed.). New York: Wiley.

Swensen, L. C. (1997). *Psychology and law* (2nd ed.). Pacific Grove, CA: Brooks/Cole.

Teyber, E. (2000). *Interpersonal process in psychotherapy: A relational approach* (4th Ed.). Belmont, CA: Wadsworth/Thomson Learning.

Thompson, A. (1990). *Guide to ethical practice in psychotherapy.* New York, NY: John Wiley & Sons.

Thompson, R. (1996). *Counseling techniques: Improving relationships with others, ourselves, our families and our environments.* Washington, DC: Accelerated Development.

Todd, J., & Bohart, A. (1999). *Foundations of clinical and counseling psychology* (3rd ed.). New York, NY: Addison-Wesley.

Truax, C. B. (1966). Some implications of behavior therapy for psychotherapy. *Journal of Counseling Psychology, 13*(2), 160-170.

Tryon, W. (1998). Identifying targets for treatment. In M. Hersen & V. Van Hasselt (Eds.), *Basic interviewing: A practical guide for counselors and clinicians* (pp. 217-234). Mahwah, NJ: Lawerence Earlbaum Associates.

Turner, S., & Hersen, M. (1994). The interviewing process. In M. Hersen & S. Turner, (Eds.), *Diagnostic interviewing* (2nd ed., pp. 3-24). New York, NY: Plenum Press.

Vande Creek, L., & Bennett, B. (1994). *Risk management with potentially dangerous patients.* Washington, DC: American Psychological Association.

Walker, C. E., & Matthews, J. R. (1997). Introduction: First steps in professional psychology. In J. R. Matthews & C. E. Walker (Eds.), *Basic skills and professional issues in clinical psychology* (pp. 1-12). Boston, MA: Allyn & Bacon.

Ward, D. E. (1989). Termination of individual counseling. In W. Dryden (Ed.), *Key is sues for counseling in action* (pp. 97-109). London: Sage Publications.

Watts, F. (1989). Listening processes in psychotherapy. In F. Flach (Ed.), *Psychotherapy* (pp. 114-124). New York, NY: W. W. Norton.

Weiss, J. B, , & Weiss, L. (1998). Perspectives on the current state of contractual regressive therapy. *Transactional Analysis Journal, 28,* 45-47.

Wessler, R. L., & Hankin-Wessler, S. (1990). Emotion and rules of living. In R. Plutchik & J. Kellerman (Eds.), *Emotion, Theory, Research and Experience, 5,* 231-252. San Diego, CA: Academic Press.

Westfall, A. (1989). Extramarital sex: The treatment of the couple. In G. Weeks (Ed.), *Treating couples* (pp. 163-190). New York, NY: Brunner/Mazel.

Whitaker, L. (1989). Suicide and other crises. In P. Grayson & K. Cauley (Eds.), *College psychotherapy* (pp. 48-70). New York, NY: Guilford.

Wilcox-Matthew, L., Ottens, A., & Minor, C. (1997). An analysis of significant events in counseling. *Journal of Counseling and Development, 75*(4), 282-291.

Wile, D. (1993). *Couples therapy: A non traditional approach.* New York, NY: John Wiley.

Wilson, L. L., & Smith, S. M. (1998). Culturally sensitive therapy with Black clients. In D. R. Atkinson, G. Morten, & D. W. Sue (Eds.), *Counseling American Minorities* (5th ed., pp. 116-130). Boston, MA: McGraw-Hill.

Wiseman, J. (1990). *Mediation therapy*. Lexington, MA: Lexington Books.

Yalom, I. (1995). *The theory and practice of group psychotherapy* (4th ed.). New York, NY: Basic Books.

Young, M., & Long, L. (1998). *Counseling and therapy for couples*. Pacific Grove, CA: Brooks/Cole.

찾아보기

저자 소개

Janet. P. Moursund 박사는 오리건 대학교(University of Oregon) 명예교수이며, 재직 당시 상담센터와 상담심리학 프로그램의 책임자로 활동하였다. 심리학과 심리치료 분야에 관한 대표적인 저서로는 『Beyond Empathy: a Therapy of Contact-in Relationships』(1999), 『The Process of Counseling and Therapy』(2001), 『Integrative Psychotherapy: The Art and Science of Relationship』(2003) 등이 있다. 그녀는 은퇴 후 현재 오리건주 유진에서 개인상담을 하고 있으며, 오리건 대학교에서 노인들에게 컴퓨터 사용법을 가르치는 것을 즐기고 있다.

Maureen C. Kenny 박사는 플로리다 국제대학교(Florida International University)에서 정신건강, 학교 및 재활상담 교수로 재직 중이다. 임상심리학자로 훈련받았으며, 전문 영역은 아동 학대 예방과 학대 외상치료다. 지역사회에서 아동 학대 신고 의무화 교육을 진행하고 있으며, 상담윤리 및 법적 문제뿐만 아니라 성인 정신병리학을 포함한 상담 교육 프로그램의 다양한 과정을 가르치고, 실습 및 인턴십 학생들을 지도·감독하고 있다. 대표적인 저서로는 『The Process of Counseling and Therapy』(2001), 『Sex Education: Attitude of Adolescents, Cultural Differences and Schools, Challenges』(2014)가 있으며, 아동 및 청소년 학대에 관한 연구논문을 학술지에 활발히 게재하고 있다.

역자 소개

서은경(Seo Eunkyung) 박사는 이화여자대학교 심리학과에서 상담심리전공으로 석·박사 학위를 받았으며, 심리학과 강사와 교육대학원 겸임교수를 역임하였다. 현재는 연합심리상담교육센터 대표이며, 한국상담심리학회 상담심리사 1급 주 수련감독자로 20년 이상 상담 및 심리교육과 상담수련 프로그램을 진행하고 있다. 대표적인 역서로는 『상담 및 임상 실무자를 위한 정신역동이론』(공역, 2009, 학지사), 『공감 그 이상을 추구하며: 진정한 만남을 통한 상담』(공역, 2011, 학지사)이 있으며, 저서로는 『교사를 위한 아동정신건강』(공저, 2013, 파란마음)이 있다.

상담 및 심리치료의 과정
The Process of Counseling and Therapy (4th ed.)

2021년 8월 10일 1판 1쇄 인쇄
2021년 8월 20일 1판 1쇄 발행

지은이 • Janet P. Moursund · Maureen C. Kenny
옮긴이 • 서은경
펴낸이 • 김진환
펴낸곳 • ㈜ **학지사**
　　　　04031 서울특별시 마포구 양화로 15길 20 마인드월드빌딩
대표전화 • 02)330-5114　　　팩스 • 02)324-2345
등록번호 • 제313-2006-000265호

홈페이지 • http://www.hakjisa.co.kr
페이스북 • https://www.facebook.com/hakjisa

ISBN 978-89-997-2464-0 93180

정가 23,000원

출판 · 교육 · 미디어기업 **학지사**

간호보건의학출판 **학지사메디컬** www.hakjisamd.co.kr
심리검사연구소 **인싸이트** www.inpsyt.co.kr
학술논문서비스 **뉴논문** www.newnonmun.com
교육연수원 **카운피아** www.counpia.com